"十三五"普通高等教育本科系列教材

（第二版）

工程地质学

主　编　刘忠玉

副主编　祝彦知　肖昭然　闫富有

编　写　王志荣　石明生　刘起霞

　　　　常利武　马崇武　郑召典

主　审　石林珂

CHINA ELECTRIC POWER PRESS

内 容 提 要

本书为“十三五”普通高等教育本科系列教材。全书共分七章，主要内容包括矿物和岩石、地质构造、岩体的工程性质、土的形成及其工程地质特征、地下水及其对建筑工程的影响、不良地质现象及其工程地质问题、岩土工程勘察等。本书根据最新的技术规范编写，结合工程地质学学科近年来的发展，系统地介绍了工程地质学的基本原理和分析方法，注重基本理论、基本概念的阐述，强调基本原理的工程应用。

本书可作为普通高等院校土木工程专业、城市地下空间工程专业及相近专业教材，也可作为土木工程研究人员和工程技术人员参考用书。

图书在版编目（CIP）数据

工程地质学/刘忠玉主编. —2版. —北京：中国电力出版社，2016.9（2021.8重印）

“十三五”普通高等教育本科规划教材

ISBN 978-7-5123-9727-9

Ⅰ.①工… Ⅱ.①刘… Ⅲ.①工程地质学-高等学校-教材 Ⅳ.①P642

中国版本图书馆CIP数据核字（2016）第206356号

中国电力出版社出版、发行

（北京市东城区北京站西街19号 100005 http://www.cepp.sgcc.com.cn）

北京雁林吉兆印刷有限公司印刷

各地新华书店经售

*

2007年8月第一版

2016年9月第二版 2021年8月北京第九次印刷

787毫米×1092毫米 16开本 16印张 393千字

定价 **49.00** 元

前　言

近年来，随着我国经济建设的飞速发展，工程建设的规模和数量越来越大，工程地质工作的重要性越来越突出，相关成果也越来越显著。随着相关国家标准和行业标准陆续修订，原书中的内容已陈旧，为适应新形式要求，编者对书中内容进行相应的修改。同时，由于专业调整，不少学校增设了城市地下空间工程专业，为适应其要求，在工程地质教学中有针对性地补充了地下工程方面的知识。

另一方面，随着编者在教学实践中经验进一步积累，对实施中的新规范及后续课程教学内容有了更加深入的了解，陆续发现了一些原书中存在的缺点和问题。尤其是使用和关心该书的广大师生在如何发挥本书的特点和优点，弥补不足与缺点方面提出的宝贵建议促使编者感到提高本书质量的责任感和紧迫性。

本书沿袭了《工程地质学》第一版的基本体系和主要内容，共分七章，具体编写分工如下：绪论由郑州大学刘忠玉编写，第一章第一～四节由郑州大学闫富有编写，第一章第五～六节由东莞理工学院马崇武编写，第二章由中原工学院常利武编写，第三章由郑州大学刘忠玉、河南工业大学肖昭然编写，第四章由河南工业大学刘起霞编写，第五章第一～四节由郑州大学王志荣编写，第五章第五节由烟台大学郑召典编写，第六章由中原工学院祝彦知、烟台大学郑召典编写，第七章由郑州大学石明生编写。全书由华北水利水电学院石林珂担任主审。

编者努力使本书在内容的系统性、体系的合理性，以及教学的适用性等方面达到协调统一。限于编者水平，书中难免存在错误或不妥之处，希望读者批评指正。

编　者

2016 年 5 月

第一版前言

为贯彻落实教育部《关于进一步加强高等学校本科教学工作的若干意见》和《教育部关于以就业为导向深化高等职业教育改革的若干意见》的精神，加强教材建设，确保教材质量，中国电力教育协会组织制订了普通高等教育"十一五"教材规划。该规划强调适应不同层次、不同类型院校，满足学科发展和人才培养的需求，坚持专业基础课教材与教学急需的专业教材并重、新编与修订相结合。本书为新编教材。

工程地质学是土木工程专业重要的专业基础课之一。本书依据土木工程专业本科教育培养目标和方案以及工程地质学课程教学大纲编写。考虑到不同的方向其讲授内容有所区别，本书主要侧重于建筑工程方向，同时也适用于交通土建工程、岩土工程等方向，也可作为桥梁工程、地下工程专业等相近专业的参考用书。本书在内容编制上，既注意先进性与实用性的协调，又注重新规范和新成果的引用，在满足培养要求和符合学生认知特点的基础上，力求遵循如下原则：

1. 强调基本概念、基本原理和基本方法

力求准确阐述本课程的基本概念和基本原理，使学生在理解和掌握基本原理的基础上，能正确处理和合理利用自然地质条件，能正确布置勘察任务并合理利用勘察成果解决设计和施工问题。同时在涉及到规范时，力求反映规范的基本原则和基本规定，以及与工程地质学的基本原理和基本概念的内在关系，有利于学生对基本原理的应用和提高。

2. 适当扩展学生的知识面

在传统的工程地质学内容的基础上，适当吸收国内外成熟的内容，以使学生较全面的认识和了解工程地质学的发展动态。

3. 内容层次分明，适应多层次教学要求

在章节安排上，力求层次分明，使全书各部分内容既相互关联具有系统性，又具有相对独立性，以适应不同学时、不同地区、不同类别教学的需要。

全书共分七章，其中绪论由郑州大学刘忠玉编写，第一章第一节～第四节由郑州大学闫富有编写，第一章第五节、第六节由东莞理工学院马崇武编写，第二章由中原工学院常利武编写，第三章由郑州大学刘忠玉、河南工业大学肖昭然编写，第四章由河南工业大学刘起霞编写，第五章由郑州大学王志荣编写，第六章由中原工学院祝彦知编写，第七章由郑州大学石明生编写。全书由刘忠玉统稿，由华北水利水电学院石林珂主审。

本书在编写过程中参考并引用了有关院校编写的教材，以及许多专家、学者在教学、科研、设计和施工中积累的宝贵资料，在此一并表示感谢。

鉴于编者水平，书中不妥之处在所难免，恳请读者批评指正。

编　者

2007 年 5 月

目 录

绪　　论

一、工程地质学的研究内容及任务

地球是人类赖以生息繁衍的共同家园。基于生活和生产等多方面的需要，人类对地球奥秘的探索始终没有中断过，并逐步形成了一门以固体地球为研究对象的学科——地质学。鉴于科学技术的发展水平、人类的认知能力和生存需要，当前地质学研究的重点主要是地壳，即固体地球的上层。随着人们对地球认识的不断深入，以及各学科之间的相互渗透、交叉，地质学已形成一个完整的学科体系，并形成了许多独特意义的分支学科。根据这些分支学科的研究对象、内容和任务的不同，可将其分为以下五类：①研究地球物质组成的学科，包括矿物学、岩石学、地球化学等；②研究地壳与地球构造特征及其变化规律的学科，包括构造地质学、区域地质学、地球物理学等；③研究地球及各地质时期生物的发展演变历史的学科，包括古生物学、地史学、岩相古地理学等；④研究地质学的研究方法与手段的学科，包括同位素地质学、数学地质学、遥感地质学等；⑤研究以地质学原理解决资料探寻、环境地质分析和工程防灾问题的应用学科，它包括以下两个方面：一是指导人们寻找各类矿产资源的，如矿床学、石油地质学、煤田地质学、铀矿地质学等，二是指导人们防灾减灾，确保工程建设安全、经济和正常运行的，即工程地质学。因此，工程地质学是地质学的一个重要分支，是研究人类工程活动与地质环境相互作用的一门学科，其主要任务就是防灾。

我们知道，人类的所有工程建筑都是在一定的地质环境中进行的，二者之间相互影响、相互制约，关系十分密切。首先，地质环境会以一定的作用方式影响到工程建筑的稳定和正常使用，对后者起着重要的制约作用。例如，软弱地基兴建工业和民用建筑常常遇到承载力不足以及沉降或不均匀沉降过大的问题，需要进行地基处理；大规模的崩塌、滑坡严重威胁公路、铁路的安全营运，并且常常因其难以治理而迫使道路改线；构造运动导致的强烈地震，顷刻间会将较大区域内的绝大多数建筑物夷为平地，给人民的生命财产造成毁灭性的损失，等等。因此，我们必须对工程建筑的地质环境进行足够的了解，特别是对严重制约工程建筑的不良地质作用和现象进行详细而深入的研究。其次，人类的工程活动又会以各种方式影响地质环境，甚至使自然地质条件恶化，从而又影响到工程建筑的稳定和正常使用，威胁到人类的生活和生存环境。例如，在城市过量抽取地下水会引起大范围的地面沉降或地面塌陷，这将严重影响沉降区建筑物和市政设施的正常使用；大型水库蓄水，改变了有关区域的水文地质条件，有可能造成库岸滑坡或诱发地震；开挖深路堑或修筑高填方路堤，有可能引起大范围的崩塌或滑坡；修筑桥墩或顺坝等构筑物改变了水流的运动状态，从而引起局部河段泥沙的冲淤变形，等等。这就要求我们应充分预估到一项工程，特别是重大工程的建设对地质环境的影响，并应有积极的预控措施，避免或减缓灾害的发生。因此，研究工程建筑与地质环境两者之间的相互制约关系，促使矛盾转化和解决，既保证工程安全、经济、正常使用，又合理开发和利用地质环境，就成了工程地质学研究的基本任务。

具体而言，工程地质学的任务包括五个部分：①评价工程地质条件，阐明地上和地下建筑工程兴建和运行的有利和不利因素，选定建筑场地和适宜的建筑形式，保证规划、设计、施工、使用、维修顺利进行；②从地质条件与工程建筑相互作用的角度出发，论证和预测有关工程地质问题发生的可能性、发生的规模和发展趋势；③提出及建议改善、防治或利用有关工程地质条件的措施、加固岩土体和防治地下水的方案；④研究岩体、土体分类和分区及区域性特点；⑤研究人类工程活动与地质环境之间的相互作用与影响。

工程地质学也十分重视工程地质勘察工作。工程地质勘察的目的就是为了取得有关建筑场地工程地质条件的基本资料和进行工程地质论证。因此，选择勘察方法，研究勘察理论和新的技术方法，也是工程地质学研究的内容和任务之一。

综上所述，工程地质学是工程科学与地质科学相互渗透、交叉而形成的一门边缘科学。它把地质学原理应用于土木工程实践，通过工程调查、勘察和研究建筑场地的地形地貌、地层岩性、地质构造、岩土体工程特性、水文地质和地表地质作用等工程地质条件，预测和论证有关工程地质问题发生的可能性并采取必要的防治措施，以确保建筑物的安全、稳定和正常运行。

二、工程地质条件和工程地质问题

要保证工程建筑的安全，就必须全面研究建筑场地及其周围地质环境的有关工程地质问题，以及施工期和工后因某些地质条件改变可能诱发的工程地质问题。

1. 工程地质条件

工程地质条件是指工程建筑物所在地区地质环境各项因素的综合。这些因素包括：

(1) 地层岩性。构成地层的岩土是建筑物的地基、建筑材料或建筑介质，其特性包括成因、时代、岩性、产状、成岩作用特点、变质程度、风化特征、软弱夹层和接触带以及物理力学性质等，对建筑物的安全稳定有着重要的影响，因而是最基本的工程地质因素。

(2) 地质构造。地质构造包括褶皱、断层、节理构造的分布和特征，特别是形成时代新、规模大的活动性断裂，对地震等灾害具有控制作用，因而对建筑物的安全稳定、沉降变形等具有重要意义。所以地质构造是工程地质工作研究的基本对象。

(3) 水文地质条件。水文地质条件包括地下水的成因、埋藏、分布、动态和化学成分等。地下水是降低岩土体稳定性的重要因素，在工程建设中经常要予以特别重视。比如，地基承载力和沉降量的计算，要考虑地下水位的变化；为预防基坑工程中的基坑突涌、流土，堤防工程的管涌以及道路工程中的道路翻浆等，首先要考虑的也是地下水位的变化。另外，地下水对建筑材料的腐蚀性也是我们不得不面对的工程问题。

(4) 地表地质作用。地表地质作用是现代地表地质作用的反映，与建筑区地形、气候、岩性、构造、地下水和地表水作用密切相关，主要包括滑坡、崩塌、岩溶、泥石流、风沙移动、河流冲刷与沉积等。它影响到建筑物的整体布局、设计和施工方法，对评价建筑物稳定性和预测工程地质条件的变化意义重大。

(5) 地形地貌。地形指地表高低起伏状况、山坡陡缓程度及形态特征等，地貌则说明地形形成的原因、过程和时代。平原区、丘陵区和山岳地区的地形起伏、土层厚薄和基岩出露情况、地下水埋藏特征和地表地质作用现象都具有不同的特征，这些因素都会直接影响到建筑场地和线路的选择。

(6) 天然建筑材料。工程中常用的黏土、砂砾、石料等建筑材料的分布、类型、品质、开采条件、储量及运输条件等，都关系到场址选择、工程造价、工期长短等，有时甚至成为选择工程建筑物类型的决定性因素，因此也是工程地质条件的一个重要组成。

应强调指出，不能将上述诸多因素中的某一方面片面地理解为工程地质条件，而工程地质条件必须是这些诸多因素的综合。另外，工程地质条件具有明显的区域性分布规律，因此工程地质问题也有区域性分布的特点，这是区域工程地质学的研究内容。

2. 工程地质问题

工程地质问题是指由于已有的工程地质条件在工程建筑和运行期间发生了一些新的变化和发展，对工程建筑安全构成影响或威胁的地质问题。由于工程地质条件复杂多变，不同类型的工程对工程地质条件的要求也不尽相同，所以工程地质问题是多种多样的。对工木工程而言，主要的工程地质问题包括：

(1) 地基稳定性问题。这是工业与民用建筑中常遇到的主要工程地质问题，它包括地基承载力和地基变形两个方面。此外，岩溶、土洞等不良地质作用和现象也是影响地基稳定的因素。软弱地基上修筑公路、铁路遇到的路基稳定性问题也可归为此类。

(2) 边坡稳定性问题。在道路工程、水利工程、基坑工程等人类活动中遇到的边坡包括天然形成的自然边坡和人类工程活动形成的人工边坡（路堑、路堤、堤坝、河岸、基坑等），有可能发生滑坡、崩塌、泥石流等灾害。一般认为，地层岩性、地质构造特征是影响边坡稳定性的物质基础，风化作用、地应力改变、地震、地表水和地下水等对其中软弱结构面的作用往往是边坡失稳的诱因，而地形、地貌和气候条件则是影响其稳定的重要因素。

(3) 洞室围岩稳定性问题。地下洞室的开挖和建设，破坏了地下围岩的原始平衡条件，如处理不当，便会出现如围岩塌方、岩爆、地下水突涌等一系列失稳现象。工程实践经验表明，区域稳定性、围岩岩性及结构等是地下洞室稳定性的决定性因素。

(4) 区域稳定性问题。对大型水电工程、地下工程以及大中城市，区域稳定性问题也是受到普遍关注的工程地质问题，主要包括地震、震陷和液化以及活断层等。

三、工程地质学的研究方法

工程地质学的研究对象是复杂的地质体，所以其研究方法应是定性分析与定量分析相结合的综合研究方法，即地质分析法与力学分析法、工程类比法与实验法等的密切配合。地质分析法是以地质学和自然历史的观点分析研究建筑场地及其周围工程地质条件的形成和发展，及其在工程建筑物作用下的发展变化，它是工程地质学的基本研究方法，也是进一步定量分析评价的基础。力学分析法就是在阐明主要工程地质问题形成机制的基础上，对其建立力学模型进行计算和预测，以此来指导工程建筑物的设计、施工和运用，例如地基承载力计算、地基沉降量计算、地震液化可能性计算、边坡稳定性计算等。工程类比法就是根据条件类似地区已有资料对研究区的问题进行定性评价。而实验法则是通过室内试验或现场测试（包括长期观测），取得定量分析所需要的岩土有关参数，它是力学分析法的前提，也可以用来验证力学分析法的预测结论。

四、工程地质学在土木工程建设中的作用

各种土木工程如房屋、铁路、公路、隧道、桥梁、港口以及堤坝等都是修建在地表或地下的工程建筑，即它们都以岩土为地基或材料，或以岩土为其周围的环境或介质。因此，建筑场地的工程地质环境和工程地质条件的优劣直接关系到工程的设计、施工和运营。这意味着工程地质工作就成了所有工程建设的先行工作。随着我国经济建设的日益发展，工程建设的规模和数量越来越大，工程地质工作的重要性也越来越突出。如果在工程建设中忽视工程地质工作，往往会给工程造成不同程度的影响，轻者修改设计、增加投资、延误工期，重者

导致工程建筑的部分或完全功能丧失，甚至突然破坏，酿成灾害，给人民生命和财产造成巨大损失。国内外工程失败的案例中，有许多是由于未经勘察或勘察不详，而盲目进行设计、施工造成的，其教训发人深思。

著名的案例之一就是加拿大特朗斯康谷仓。该谷仓平面呈矩形，由 65 个圆筒仓组成，南北向长 59.44m，东西向宽 23.47m，高 31.00m，自重 20000t，其下为钢筋混凝土筏板基础。谷仓地基土事先未进行勘察，仅根据邻近结构物基槽开挖试验结果，计算得到地基承载力为 352kPa，并应用于该谷仓。谷仓于 1913 年完工后，首次装入 31822m^3 谷物（基底压力为 329.4kPa）后，1h 内沉降达 30.5cm，24h 内谷仓向西倾斜达 26°53′，西端下沉 7.32m，东端上抬 1.52m。事后查明，该谷仓基础下埋藏有厚达 12.2m 的冰河沉积的高塑性软黏土，地基实际承载力仅为 194～277kPa，远小于谷仓破坏时的基底压力，致使其丧失整体稳定性。

再如，始建于二十世纪四十年代的宝（鸡）天（水）铁路，由于忽视了前期的工程地质工作，施工中即发生大量崩塌、滑坡、河岸冲刷和泥石流等地质灾害问题，直到二十世纪七十年代也不能正常通车运营，国家耗费巨资，历经数年对其进行维修、整治，乃至大段线路改线，才使之畅通。

因此，工程建设前，必须进行工程地质勘察工作，查明建筑场地的工程地质条件，并根据工程建设各个阶段的需要，提供可靠的工程地质资料，对有利的地质因素和不利的地质现象要做出正确的判断和分析，对影响建筑物施工和运营安全的主要工程地质问题要进行充分的论证和预测。只有这样，才能为工程建设的顺利进行奠定基础。例如，和前述宝天铁路形成鲜明对比的是成（都）昆（明）铁路的建设。该工程地处我国西南边陲，纵贯我国西南段横断山脉的断裂构造带，沿线气候、地形、地质条件异常复杂，以致当初某些外国专家实地考察后认为该铁路很难建成。但中央和铁道部高度重视，多次组织全国工程地质专家进行现场“会诊”和研究，动员和组织全路技术人员开展“大会战”，从而保证了成昆铁路的顺利建成通车。类似的例子还有很多。这都充分说明了工程地质在土木工程中的重要性。

五、工程地质学的发展简史

工程地质学是一门既古老而又年轻的应用学科。说它古老，是因为人类进入文明社会以来，为了生存、社会发展和进步，修建了大量的土木工程，并成功地解决了某些工程地质问题。就以我国来说，我国古代劳动人民早在春秋时代就修建了许多大型工程，留下了令今人叹为观止的工程遗产。例如：始建于公元前 722 年，自河南省荥阳引黄入淮的鸿沟；始建于公元前 506 年，在江苏高淳县，沟通太湖与长江的伍堰；闻名于世的大运河，南起杭州，北达北京的通县，全长 1782km，其中江苏境内的仪征至淮安一段始建于公元前 485 年；驰名中外的古长城和都江堰，也都兴建于战国时期。以后，我国劳动人民修建了许多规模巨大的水利工程、桥梁，以及恢宏的宫殿寺院、灵巧的水榭楼台、巍峨高塔等，其中一些建筑物正常运行千年以上，至今仍然存在。此外，世界其他许多国家也有许多举世闻名的古建筑保留至今，如埃及的金字塔等。这都说明古代劳动人民不仅具有高超的建筑技巧，而且对建筑场地的工程地质环境已有相当程度的了解，然而这些还仅仅局限于工程实践经验，受到当时生产力水平的限制，未能形成系统的工程地质学和工程建设理论。

工程地质学理论的逐渐形成始于 18 世纪兴起工业革命的欧洲，那时，为满足资本主义工业化的发展和市场向外扩张的需要，工业厂房、城市建筑、铁路等大规模的兴建，提出了许多与工程地质相关的问题，也积累了许多成功的经验和失败的教训。例如，美国于 1831～1833 年开始修建第一条铁路；法国于 1857～1870 年打通阿尔卑斯山萨尼峰的 11km 长的隧道等。但完整、系统的工程地质学理论体系，直到 20 世纪 30 年代才由原苏联地质学家提出来。1932 年，苏联莫斯科地质勘探学院成立了世界上第一个工程地质教研室，标志着工程地质学的诞生。代表人物有：Ф. П. 萨瓦连斯基、H. B. 波波夫、T. H. 卡明斯基和 B. A. 洛姆塔泽等，他们创立了比较完善的工程地质学体系。Ф. П. 萨瓦连斯基等明确指出："工程地质学是地质学的分支学科，它论述将地质学运用于工程建设事业的有关的问题"，其基本任务是"……研究地质作用和岩土的物理力学性质，正是这些作用和性质决定了建筑物的建筑条件，决定着为保证天然土体稳定性而采取的工程地质措施的方向。" H. B. 波波夫也强调，"工程地质学研究建筑物修建和运行的地质环境，其研究对象是地质实体"，突出了对建筑物运行过程中地质环境的研究。同时，其他各国学者也为工程地质学的发展作出了巨大贡献。例如，1933 年，法国学者 M. Lugeon 出版了《大坝与地质》一书，并最早提出了测定岩层渗透性的钻孔压水试验；1939 年，R. F. Legget 出版了《地质学与工程》；1951 年，最早认识到岩体结构面影响的奥地利学者 J. Stini 和 L. Müller 创办了《地质与土木工程》杂志；1957 年，法国学者 J. A. Talbore 出版了专著《岩石力学》，阐述了地质学与工程的关系；1972 年，C. Jaeger 出版了专著《岩石力学与工程》；1983 年，R. F. Legget 又出版了巨著《土木工程的地质学手册》，等等。

我国的工程地质学研究起步相对较晚。20 世纪前半叶，我国的工程地质工作仅限于几个工程项目的勘察，没有系统的理论综合。新中国成立后，由于国家建设的需要，地质部成立了水文地质工程地质局和相应的研究机构，在地质院校中设置了水文地质专业，培养了一大批专门人才。随后，城建等其他各部门相继成立了勘察和研究机构。当时一些重大工程项目，如 1957 年建成的武汉长江大桥等，都进行了较详细的工程地质勘察。这些工作，特别是三峡工程的勘察促进了我国 20 世纪 60 年代以来工程地质学的大发展，形成了一些新的工程地质思想和理论。例如，谷德振提出的岩体结构概念，为研究工程岩体变形破坏机理提供了重要理论根据；刘国昌从区域工程地质条件出发，指出了区域稳定性的研究方向；胡海涛根据"安全岛"思想，坚持在活动区寻找相对稳定地块，等。改革开放以来，随着经济高速发展，大规模基础工程设施陆续修建，如举世瞩目的三峡工程动工修建，京九线、青藏铁路等一大批铁路、高等级公路、海港码头、桥梁等大量修建，以及大中城市的高层建筑群如雨后春笋般拔地而起，都为工程地质工作者提出了许多新的研究课题。可以说，这三十多年是我国工程地质学的高速发展时期，研究水平与世界同步，并具有自己的特色。

需要指出的是，工程地质学发展到今天，其研究的深度和广度已有很大的变化。20 世纪 60 年代出现了一系列与人类活动有关，且大规模破坏环境的地质问题，如水库诱发地震、城市地面沉降等。人类的工程活动对地质环境的作用已达到与一定的自然地质作用相比拟的程度，甚至在某些地区，这种作用相当于甚至超过了一般的自然地质作用。因而提出了环境工程地质问题。现在工程地质学研究已明显地分为两个方向：一是传统工程地质学方向，继续着重研究原生地质环境对工程建设的影响；二是环境工程地质学方向，侧重于研究次生地质环境，即强调人类工程活动对原生地质环境的作用和影响及由此而引起的环境工程问题。

现在，随着各种土木工程等级标准的不断提高，各类工程建筑物对其工程地质条件的要求也会更高，同时人们对环境保护的呼声也越来越高涨。这必将促使工程地质学科进一步向前发展。

六、本课程的学习方法和要求

工程地质学是土木工程及相关专业的一门专业技术基础课。一般在土力学、基础工程等课程学习之前开设。由于其内容丰富、概念繁多、实践性很强，所以学习中一定要注意对基本概念、基本理论和分析方法的掌握，切忌死记硬背，应做到理论联系实际，学会具体问题具体分析，力争将学到的工程地质知识与其他课程知识紧密结合起来，去解决工程实际中的工程地质问题。

土木工程专业和城市地下空间工程专业学生学习本课程的要求是：系统学习和掌握工程地质基础知识和理论；了解工程地质勘察的基本内容、工作方法；能正确提出勘察任务及要求，并运用勘察数据和资料进行设计与施工，以及依据工程地质勘察成果进行一般的工程地质问题分析和采取处理措施。

0-1 什么是工程地质学？工程地质学的任务是什么？

0-2 什么是工程地质条件？都包括哪些因素？

0-3 什么是工程地质问题？对土木工程而言，工程地质问题主要包括哪些方面？

0-4 工程地质学的研究对象是什么？一般采用哪种研究方法？

第一章 矿物和岩石

作为地质学的一个分支，工程地质学主要研究人类工程活动与地质环境的相互作用。因此，在系统学习工程地质学之前，必须具备必要的基础地质知识，如各种地质作用、地质现象、矿物、岩石、地质构造、水文地质等。本章作为地质学的基础知识，重点介绍地壳的物质组成、发展变化、主要矿物和岩石的蕴藏规律以及岩石的主要物理力学性质和工程地质性质等。

第一节 地壳及其物质组成

地球可近似地看作一个旋转的椭球体，平均半径约为6370km，由表及里可分为外部圈层和内部圈层，二者各有不同的圈层构造，如图1-1所示。

一、地球的外部圈层

地球的外部圈层可分为大气圈、水圈和生物圈。

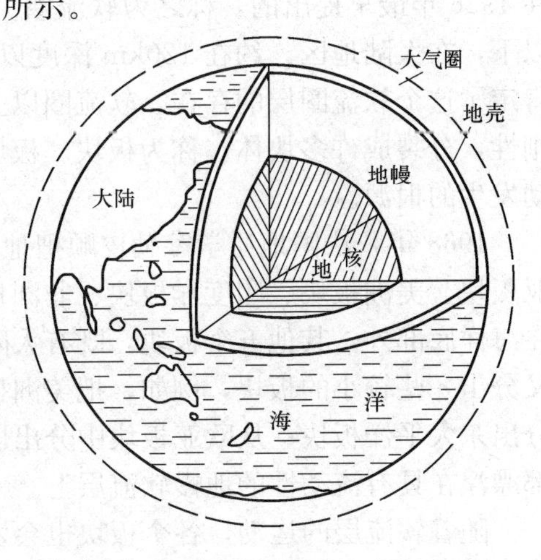

图1-1 地球构造示意图

包围着地球外部的空气，成为地球最外面的一个圈层，称为大气圈或大气层。大气圈没有明显的上界，在赤道上方高42000km和两极上方高28000km的高空仍有大气存在的痕迹。

水圈是包围地面的一个连续水层，包括地表水、地下水、大气水和生物水。水圈是外动力地质作用的主要介质，是塑造地球表面形态最重要的角色之一。

生物圈是地球上凡是出现并感受到生命活动影响的地区，是地表有机体包括微生物及其自下而上环境的总称。在地球表面的大气圈、水圈及地表岩石和土层中，都有大量的生物，包括动物、植物和微生物。生物圈是人类诞生和生存的空间，而生物圈与大气圈、水圈、岩石圈（地壳的表层岩土）又是相互依存和相互关联的，它们与人类的活动、特别是工程建设活动关系密切。

二、地球的内部圈层

根据地震波在地球内部传播速度的变化，发现地球内部存在着两个明显的分界面：一个在约33km（陆壳）深处，纵波从6.8km/s增加到8.1km/s，横波从3.9km/s增加到4.5km/s，这个面称为莫霍洛维奇面，简称莫氏面，是地壳的下界面；另一个界面在约2900km深处，纵波从13.7km/s突然下降到8.0km/s，而横波不能通过此面，称为古登堡面。以这两个面为界面，把地球分为三个圈层：地壳、地幔和地核。这三个圈层在不同深度处，具有不同的物理性质。

地壳是地球固体圈层的最外层，是岩石圈的重要组成部分。其底面为莫氏面。大陆地壳厚度一般为 35～45km，其中，高山、高原地区地壳较厚，平原、盆地地壳相对较薄。大洋地壳则远比大陆地壳薄，厚度只有几千米。地壳上部的岩石平均成分相当于花岗岩类岩石，其化学成分以氧、硅、铝为主，称为硅铝层，此层在海洋底部很薄，甚至缺失，是不连续圈层。下部岩石平均成分相当于玄武岩类岩石，其化学成分除硅、铝外，富含铁和镁，称为硅镁层，在大陆和海洋均有分布，是连续圈层。

地幔位于莫氏面以下和古登堡面以上的地下约 33～2900km 之间，主要由铬、铁、镍、二氧化硅等物质组成，温度为 1000～3000℃。地幔占地球总质量的 67.8%，地球总体积的 82%。

地幔以下直到地心的部分称为地核。地核的密度为 11～16g/cm^3，主要由铁镍等物质组成，温度为 3000～5000℃。深度 2900～4642km 之间是具有金属流体或流塑体性质的外核，其下仍为具有金属固态性质的内核。

三、板块与板块运动

在距地球表面以下约 100km 的上地幔中，有一个明显的地震波的低速层，这是古登堡在 1926 年最早提出的，称之为软流圈。它位于地幔的上部，在洋底下面，约在 60km 深度以下，在大陆地区，约在 120km 深度以下，平均深度约 60～250km。现代观测和研究已经肯定了这个软流圈层的存在。软流圈以上的物质均为固态，称为岩石圈。岩石圈具有较强的刚性，分裂成许多块体，称为板块。板块驮在软流圈上随之运动，即板块运动，也是构造运动发生的根源。

1968 年，法国地质学家勒皮顺把地球的岩石层划分为六个大板块，即太平洋板块、欧亚板块、美洲板块、印度洋板块、非洲板块和南极洲板块。其中，除了太平洋板块全部浸没在海洋底部外，其他五个板块，既有大陆也有海洋。随着研究的深入，有人在这些大板块中又分出一些较小的板块，例如，把美洲板块分为北美洲板块和南美洲板块；从太平洋板块中分出东太平洋板块；从欧亚板块中分出以中国大陆为主体的东亚板块等等。所有这些板块，都漂浮在具有流动性的地幔软流层上。

随着软流层的运动，各个板块也会发生相应的水平运动。据地质学家估计，大板块每年可以移动 1～6cm 距离。这个速度虽然很小，但经过亿万年后，地球的海陆面貌就会发生巨大的变化：当两个板块逐渐分离时，在分离处即可出现新的凹地和海洋；相反，当两个大板块相互靠拢并发生碰撞时，就会在碰撞合拢的地方挤压出高大险峻的山脉。例如，大西洋形成于美洲板块与欧亚板块及非洲板块发生分离处，东非大裂谷发生在非洲板块内部张裂处，而喜马拉雅山却是三千多万年前由南面的印度板块和北面的欧亚板块发生碰撞挤压而形成的。有时，当两个坚硬的板块发生碰撞时，接触部分的岩层还没来得及发生弯曲变形，其中有一个板块已经深深地插入另一个板块的底部。由于碰撞的力量很大，插入部位很深，以至把原来板块上的老岩层一直带到高温地幔中，最后被熔化了。而在板块向地壳深处插入的部位，形成了很深的海沟。西太平洋海底的一些大海沟就是这样形成的。

有学者研究指出，全球绝大多数地震都分布在板块边界上，可见板块间的相互作用（撕裂、推挤、摩擦错动等）可能是强烈地震的基本成因。

四、地壳的物质组成

根据大量岩石的化学成分分析，得知组成地壳的化学成分以 O、Si、Al、Fe、Ca、Na、K、Mg、H 等为主，这些元素在地壳中的平均质量分数（称克拉克值）也各不相同：

氧(O) 49.13　　硅(Si) 26.00　　铝(Al) 7.45
铁(Fe) 4.20　　钙(Ca) 3.25　　钠(Na) 2.40
钾(K) 2.35　　镁(Mg) 2.35　　氢(H) 1.00

可见这九种元素占了地壳总质量的98.13%。其中氧几乎占了一半，硅占1/4以上，其他近百种元素只占1.87%。所有元素除了少数如金刚石(C)、金(Au)等以自然元素产出外，绝大多数均以各种化合物出现，如石英(SiO_2)、方解石($CaCO_3$)等。

在地壳中，由于各种地质作用而形成的，具有一定化学成分和物理性质的自然元素或自然化合物，称为矿物，如上述的石英、方解石等。目前，自然界中已发现的矿物大约有3000多种，他们不仅有一定的化学成分，而且有其固定的物理性质。由一种或多种矿物所组成的集合体，称为岩石，如花岗岩由石英、长石、云母等矿物组成，大理岩主要由方解石组成。因此，矿物和岩石是组成地壳的基本单位。

第二节 地质作用

地球自形成以来，其物质组成、内部结构和表面形态，一直都在进行演变和发展。促使地壳演变和发展的各种作用，统称为地质作用。过去的大海经过长期的演变而成陆地、高山；陆地上的岩石经过长期的日晒、风吹逐渐破坏粉碎，脱离原岩而被流水携带到低洼地方沉积下来，结果高山被夷为平地。这些变化，有的速度快而强烈，为我们所察觉，如火山爆发、地震等，有的却十分缓慢不易被察觉，如山脉上升、海底扩张等。引起这些变化的自然动力，称为地质营力。

地质作用，按其能量来源不同，可以分为内动力地质作用和外动力地质作用两大类。

一、内动力地质作用

内动力地质作用是指由地球转动能、重力能和放射性元素蜕变的热能产生的地质营力所引起的地质作用。它们主要是在地壳中或地幔中进行的，其表现方式有构造运动、岩浆作用、变质作用和地震。岩浆岩、变质岩及其与之有关的矿产，是内动力地质作用的产物。

(一) 构造运动

使地壳改变相对位置和内部构造的动力作用称为构造运动，又称为地壳运动。按地壳运动的方向，可分为升降运动和水平运动。

水平运动是地壳演变过程中相对表现得较为强烈的一种运动形式，被认为是形成地壳表层各种构造形态的主要原因。由于水平运动，使地壳各部分受到挤压、拖拽、旋扭等种种作用，从而使地壳岩层发生强烈的褶皱和断裂。

升降运动是地壳演变过程中表现得比较缓慢的一种运动形式。在同一时期内，地壳在某一地区，表现为上升隆起，而在其他地区则表现为下降沉陷。地壳的升降运动，对沉积岩的形成有很大影响，不仅控制了沉积岩物质成分的来源和性质，同时也影响沉积岩的厚度和分布范围。这是因为，上升运动的隆起区是形成沉积岩的物质成分的供给区，而沉降区则是这些物质形成沉积物，并转化为沉积岩的场所。

水平运动和升降运动二者相互联系，密不可分。另外，构造运动在空间上和时间上的发展也是不均衡的。在同一地质时期，不同地区构造运动的方式和强度不同，有的地区运动强度大，称为活动区，有的地区运动强度小，称为稳定区。在同一地区，不同地质时期构造运动的方式和强度也不同，有时表现为比较稳定的、缓慢的运动，有时则表现为比较活跃的、剧烈运动。在漫长的地质历史中，构造运动具有一定的规律性，总是由长期缓慢运动转化为急速剧烈运动，使地壳发展历史显示一定的阶段性。此外，构造运动还促进岩浆作用、变质作用和地震。总之，地壳运动是地壳发展演化的主导因素，也是最主要的内动力地质作用。

（二）岩浆作用

岩浆是地壳深处富含挥发性物质的高温高压的黏稠硅酸盐熔融体，其中含有一些金属硫化物和氧化物。岩浆按 SiO_2 的含量不同，可分为超基性岩浆（<45%）、基性岩浆（45%～52%），中性岩浆（52%～65%）和酸性岩浆（>65%）。在地壳运动的影响下，由于外部压力的变化，岩浆向压力减小的方向移动，上升到地壳上部或喷出地表冷却凝固成为岩石的全过程称为岩浆作用。由岩浆作用形成的岩石叫岩浆岩。岩浆作用有喷出作用和侵入作用两种方式。

喷出作用是指岩浆直接喷出地表。喷出地表的岩浆冷凝后形成的岩石叫喷出岩。岩浆喷出地表时有液体、固体和气体三种物质。气体组分主要来自于地下的岩浆，小部分为岩浆上升过程中与围岩作用产生，其中水蒸气占 60%～90%，其次是 CO_2、CO、SO_2、NH_3、NH_4、HCl、HF、H_2S 等。液体物质称为熔岩流，是岩浆喷出地表后，损失了大部分气体而形成的，成分与岩浆类似。固体物质是熔岩喷射到空中冷却凝固或火山周围岩石被炸碎而形成的碎屑物质，称为火山碎屑物。

侵入作用是指岩浆未上升到地面，仅由地壳深部上升到地壳上部的活动。由侵入作用形成的岩石称为侵入岩。岩浆在侵入过程中，可以在不同的深度下凝固，在地表不太深的位置冷凝形成的岩石叫浅成侵入岩；在地下深处冷凝形成的岩石叫深成侵入岩。

（三）变质作用

在地壳形成发展过程中，早先形成的岩石（包括岩浆岩、沉积岩和先形成的变质岩），为了适应新的地质环境和物理化学条件的变化，在固态情况下发生矿物成分、结构构造的重新组合，甚至包括化学成分的改变，这个变化过程称为变质作用。由于变质作用形成的岩石称为变质岩。

1. 影响变质作用的因素

（1）温度。温度是变质作用的基本因素，主要来自地热、岩浆热和动力热。温度升高，增强了岩石中矿物分子的运动速度和化学活动性，可使矿物在固体状况下，发生重结晶作用或重新组合产生新的矿物。

（2）压力。一种是上层岩石对下伏岩石的压力，为静压力，随深度而增加，可使岩石体积缩小，密度增大。另一种是由于地壳运动产生的动压力，它具有一定的方向性，可使岩石破裂、变形或发生塑性流动。岩石在定向压力作用下，矿物可在垂直压力作用方向发生局部的细微的溶解，向平行压力方向流动而结晶。新生成的柱状或片状矿物的长轴垂直于压力方向排列，就形成了变质岩所特有的片理构造。

（3）化学成分的加入。外来物质主要来自岩浆。岩浆的热力使围岩结构构造发生变化，而岩浆分离出来的气体和液体可与围岩发生交代作用，生成新的矿物。如岩浆中的 F、Cl、B、P 等成分与围岩发生化学反应生成萤石、电气石、方柱石和磷灰石等。

2. 变质作用的基本类型

上述三种影响因素不是孤立的，而是相互伴随发生的。根据引起变质作用的基本因素，可将变质作用分为接触变质作用、动力变质作用和区域变质作用三种类型。

(1) 接触变质作用。接触变质作用是指岩浆侵入时，岩浆和围岩的接触带受到岩浆的热力与其分化出的气体和液体作用，使围岩发生变化而引起的变质作用。

引起这类变质作用的主要因素是温度和化学成分的加入，前者称为接触热变质作用，表现为重结晶作用，如石英砂岩变成石英岩，石灰岩变成大理岩等；后者称为接触交代作用，指岩浆侵入围岩时，侵入体与围岩交换某些组分发生化学反应而形成新矿物的地质作用，发生在侵入体与围岩接触带附近，与前者的显著区别在于有组分的交换，即有交代作用。常见的有，中酸性侵入体与碳酸岩围岩接触时，侵入体中富含挥发性组分的气体和溶液进入围岩，带入 SiO_2、Al_2O_3等组分，而围岩中一部分 CaO、MgO 组分被带入侵入体，接触带附近的围岩和侵入体都要发生成分、结构、构造的变化，形成一系列接触交代成因的矿物，它们组成交代成因的矽卡岩。这是一种局部变质作用，仅限于接触带附近，具有高温、低压的特点。

(2) 区域变质作用。区域变质作用指伴随着区域构造变动而发生的大面积的变质作用。造成变质的直接因素是地壳变动时出现的高温、高压及以 H_2O、CO_2为主要活动组分的流体，使原有岩石和矿物所处的物理化学条件发生了很大的变化，原有岩石在结构、构造和矿物成分上调整改造，以适应新的物理化学条件，从而导致了新矿物的生成。

区域变质作用是分布最广泛、变质因素最复杂的一种变质作用，一般具有比较大的规模，分布面积可以达到数百，甚至数千平方公里。高温和定向构造应力是引起区域变质作用诸多因素中的主要因素。

(3) 动力变质作用。动力变质作用是因地壳运动而产生的局部应力使岩石破碎和变形，其中机械过程占主导的一种变质作用。这种变质作用以压力为主，温度次之，大部分发生在地壳活动地带，与断裂构造有关，出现在断裂带两侧，常见于比较坚硬的脆性岩石。主要表现为岩石破裂、韧性变形和矿物重结晶。

3. 变质作用和岩浆作用的主要区别

区别之一在于它们的形成过程不同。变质作用本身是一个升温的过程，早先形成的岩石因为温度上升发生各种变质反应，形成新的矿物组合。而岩浆作用主要是个降温过程，是在温度下降的条件下，不断冷凝、结晶形成矿物的过程。

另一个区别在于矿物的形成环境不同。在变质作用过程中的矿物转变是在固态情况下完成的，而岩浆作用形成的矿物是从液态中结晶的，先结晶的矿物晶体形态好，也就是说晶体长得完整规则；结晶晚期形成的矿物往往没有一定的形状。变质作用的矿物颗粒生长得是否完整主要受矿物自己结晶能力的控制，和结晶顺序无关。

(四) 地震作用

地震作用是在接近地表的岩层中，构造运动以弹性波的形式释放出应变能而引起地壳的快速震动。地壳内部发生地震的地方叫震源。从震源垂直向上到地表的地方叫震中。从震中到震源的距离叫震源深度。对于同样大小的地震，由于震源深度不一样，对地面造成的破坏程度也不一样。震源越浅，破坏越大，但波及范围越小，反之亦然。

二、外动力地质作用

外动力地质作用是指来自地壳以外的能量，如太阳辐射能、重力能或日月及天体引力等的影响下产生的动力，对地壳表层所进行的地质作用。

1. 风化作用

风化作用是地壳表层的岩石，在太阳辐射、温度变化、水、二氧化碳、氧气、生物等因素的长期共同作用下，其物理状态和化学成分发生变化，并遭受破坏的作用。

2. 剥蚀作用

剥蚀作用是地表岩石受风力、地面流水、地下水、湖泊、海洋或冰川等动力作用，将风化产物从岩石上剥蚀下来，同时对未风化的岩石进行破坏，不断改变岩石面貌的一种作用。

陆地是剥蚀作用的主要场所。在地形起伏、气候潮湿、降雨量大的地区，剥蚀作用主要为流水的冲刷和侵蚀，使岩石遭受破坏；在干燥的沙漠地区，剥蚀作用主要为风对岩石的破坏。

3. 搬运作用

搬运作用指风化、剥蚀后的岩石碎屑、胶体、分子或离子等不同状态的物质，被各种外动力，如流水、风、冰川、地下水、海浪等以不同方式，迁移或搬运到他处的过程。搬运和剥蚀往往是同时由同一种地质营力来完成的。如风和流水一边剥蚀岩石，同时又将剥蚀下来的岩石碎屑带走，二者是不能截然分开的。

搬运作用可分为三种：

(1) 拖曳搬运：被搬运的岩块粗大，被风或流水在地面上或河床底滚动或跳跃前进，并在搬运过程中逐渐堆积于低洼地方或河床底部，少部分被带入海洋或湖泊中。

(2) 悬浮搬运：被搬运的物质颗粒细小，随风在空气中或浮于水中前进，搬运距离可以很远。例如，我国西北地区的黄土就是从很远的沙漠地区以悬浮方式搬运过来的。

(3) 溶解搬运：被搬运的物质溶解于水中，以真溶液和胶体溶液状态搬运，搬运距离可以很长，一般被带到湖泊或海洋中沉积。

4. 沉积作用

被搬运的物质，由于搬运介质的物理及化学条件的改变，而呈有规律的堆积现象，称为沉积作用。沉积作用的方式有机械沉积作用、化学沉积作用和生物沉积作用。

由于搬运介质搬运能力的减弱，将其搬运的物质按颗粒大小、形状和比重在适当地段逐渐沉积下来，这种沉积作用称为机械沉积作用；呈真溶液或胶体状态被搬运的物质，由于介质物理化学条件的改变发生的沉积作用，称为化学沉积作用。生物沉积作用是指生物在其生活的历程中所进行的一系列生物化学作用和生物大量死亡后，尸体内较稳定部分直接堆积下来的沉积过程。

5. 成岩作用

使松散的沉积物转变为沉积岩的作用称为成岩作用。在成岩作用阶段，沉积物发生的变化有压固作用、胶结作用和重结晶作用三种。

压固作用是上覆沉积物的重量作用于下部使其压实，使得下面的沉积物孔隙减少，水分被排除，从而体积减小。

胶结作用是经压固后的沉积物在粒间仍有些孔隙，由胶结物质充填到孔隙中，使沉积颗粒胶结在一起变坚硬。胶结物主要是化学沉淀物，如硅质(SiO_2)、铁质($Fe_2O_3 \cdot nH_2O$)、钙质($CaCO_3$)等。胶结作用主要发生在碎屑沉积物中，形成碎屑岩。

重结晶作用是沉积物的矿物成分在温度、压力作用下借溶解或固体扩散等作用，使物质质点发生重新排列组合，颗粒增大。如化学沉积的方解石、白云石、石膏，胶体沉积物的黏土矿物，都容易发生重结晶作用，使颗粒增大，对疏松沉积物的固结成岩起着促进作用。因此，重结晶作用主要出现于黏土岩和化学岩的成岩过程中。

三、地质作用的结果

上述各种内外动力地质作用长期反复地进行，使地壳的组成物质和地壳的外表形态产生不断的变化，一方面不断使地壳形成新的矿物和岩石、地质构造及地表形态，另一方面又不断地破坏矿物、岩石、地质构造和地表形态。各种地质作用往往是反复交替地进行，从而促使地壳不断地变化和发展，地壳和地球永远是运动着的物体。

地质作用强烈地影响着气候以及水资源与土壤的分布，创造出了适宜人类生存的环境。这种良好环境的出现，是地球大气圈、水圈和岩石圈演化到一定阶段的产物。地质作用也会给人类带来危害，如地震、火山爆发、洪水泛滥等。人类无力改变地质作用的规律，但可以认识和运用这些规律，使之向有利于人类的方向发展，防患于未然，如预报、预防地质灾害的发生，就有可能减轻损失。

第三节　矿　　物

矿物是天然产出的、具有特定的化学成分和物理性质的自然均质体（单质或化合物），它是地质作用的产物，也是岩石或矿石的基本组成部分。人造矿物不属于地质学的范畴。

自然界中，只有少数的矿物是以自然元素形式出现的，如金刚石(C)、自然金(Au)、硫磺(S)等，其他绝大多数矿物都是由两种或两种以上元素组成的化合物，如石英(SiO_2)、方解石($CaCO_3$)等。在自然界已发现的3000多种矿物中，除个别以气态(如碳酸气、硫化氢气等)或液态(如水、自然汞等)出现外，绝大多数矿物均呈固态。而常见的组成岩石的矿物，即造岩矿物仅有20～30余种。

一、矿物的类型

1. 晶质体和非晶质体

固态矿物按其内部构造的不同，即按其质点（原子、离子、分子）的有无规则排列，可分为晶质体和非晶质体。

晶质体的内部质点有规律地排列，往往具有规则的几何外形，如岩盐、金刚石等。但由于矿物在岩石中受到许多条件和因素的控制，晶体也常呈不规则的几何形状。在晶质体中，习惯上还根据肉眼对晶粒的能否分辨而分为显晶质和隐晶质两类。

非晶质体的内部质点的排列则是杂乱无章没有规律的，因此不具有规则的几何外形。如蛋白石、玉髓、褐铁矿等。非晶质又分为玻璃质和胶体质两种。

大多数矿物是晶质的，但非晶质矿物，特别是其中的胶体矿物，也有一定的数量。

2. 矿物的成因类型

自然界中的矿物按其成因分为三大类：

(1) 原生矿物。在成岩或成矿时期，岩浆冷凝结晶形成的矿物，如石英、正长石。

(2) 次生矿物。原生矿物遭受化学风化所形成的新矿物，如正长石经过水解作用后形成的高岭石。

(3) 变质矿物。在变质作用中形成的矿物，如结晶片岩中的蓝晶石和十字石。

二、矿物的形态

晶质矿物具有各自特定的晶体结构，当条件合适时，同种矿物的单个晶体往往都有自己常见的形态，称为晶体习性，如柱状、针状、粒状、板状、片状等（图 1-2）。但由于形成时外在环境的制约，矿物晶体往往不能发育成如图 1-2 所示的完美形态，即很少以单体出现，它们常常挤在一起呈集合体产出。而非晶质矿物则根本没有规则的单体形态。所以常按集合体的形态来识别矿物。根据组成集合体矿物的延伸类型，可分为一向延伸、二向延展和三向等长三种类型。

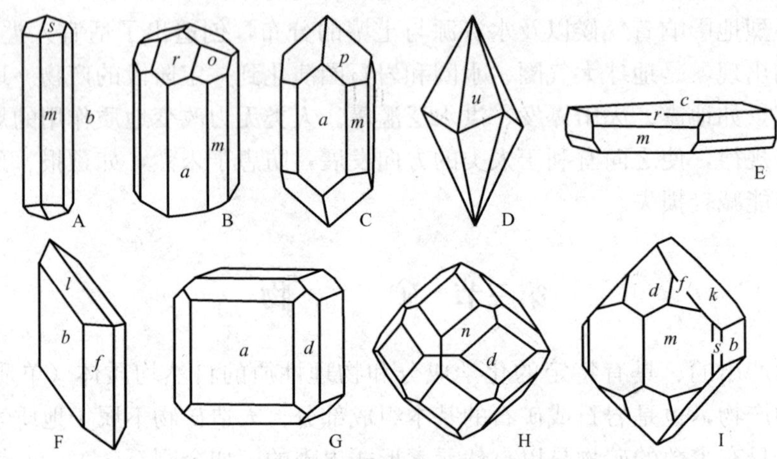

图 1-2　常见晶体的习性

A—柱状（辉锑矿）；B—柱状（电气石）；C—带双锥的柱状（锆石）；D—带双锥的柱状（方解石）；E—板状（钛铁矿）；F—板状（石膏）；G—粒状（方铅矿）；H—粒状（石榴子石）；I—粒状（橄榄石）

（1）一向延伸：根据单体的粗细可分为柱状集合体和针状集合体。

（2）二向延展：根据单体的厚薄大小可分为板状集合体、片状集合体和鳞片状集合体。

（3）三向等长：呈三向等长类型者组成粒状集合体。

还有一些特殊的集合体类型，如放射状、树枝状、纤维状、晶簇（图 1-3）、晶腺（图 1-4）、结核、鲕状集合体（图 1-5）、豆状集合体、钟乳状、葡萄状和肾状等。

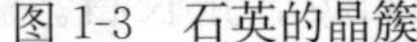

图 1-3　石英的晶簇

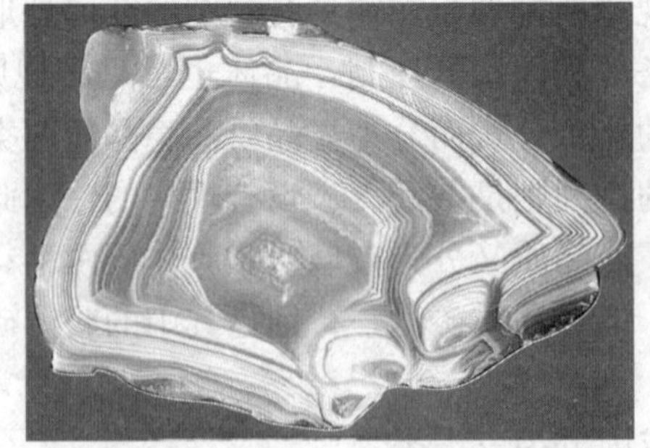

图 1-4　晶腺玛瑙

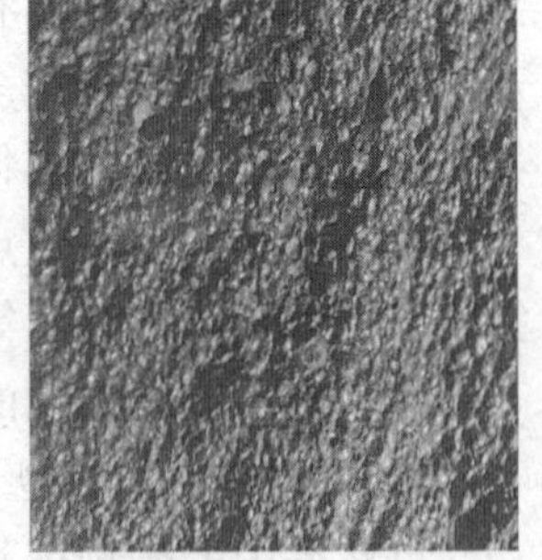

图 1-5　鲕状赤铁矿

三、矿物的物理性质

矿物的物理性质取决于矿物的化学成分和晶体结构。因此，矿物的物理性质是肉眼鉴定矿物的依据。认识和学习鉴定矿物（特别是造岩矿物）是学好岩石的基础，也是对岩土工程师的基本要求。下面着重介绍用肉眼和简单工具就可分辨的矿物的若干光学性质和力学性质。

（一）矿物的光学性质

矿物的光学性质是指矿物对可见光的吸收、反射、折射以及可见光在矿物中传播的性质，主要有矿物的颜色、条痕、光泽、透明度等。

1. 颜色

许多矿物具有绚丽多彩的颜色，十分美丽，甚至有些矿物的名称就是根据颜色而定名。矿物的颜色是鉴定矿物的最大特征之一，有自色、他色和假色之分。

（1）自色。自色是矿物本身固有的颜色，即由组成矿物的化学元素所显示出来的颜色。赤铁矿(Fe_2O_3)由三价铁离子而显示出来红色，孔雀石[$Cu_2(CO_3)(OH)_2$]由二价铜离子呈现出孔雀色，这些均为色素离子引起的颜色。矿物由自色呈色时，颜色一般稳定不变。

（2）他色。他色是由于外来的带色杂质而引起的颜色，当矿物由于他色而呈色时，颜色常常发生变化，如无色透明的水晶里，含铁质时呈玫瑰色，含有机质时呈黑色。

（3）假色。由矿物表面的氧化膜以及裂缝面上由光线干涉所表现出来的虹彩，称为假色。

2. 条痕

条痕是矿物粉末的颜色。矿物的条痕通常是在白色无釉瓷板（条痕板）上划擦时所留下的粉末颜色。有些矿物的颜色与条痕一致，如金的颜色和条痕都是金黄色，而有些矿物的颜色同条痕不相同，如赤铁矿不管其颜色是暗红色还是铁黑色，但它的条痕总是樱红色。条痕色去掉了矿物因反射所造成的色差，增加了吸收率，扩大了眼睛对不同颜色的敏感度，因而比矿物的颜色更为固定，但一般仅适用于一些深色矿物，对浅色矿物无鉴定意义。

3. 光泽

光泽是指矿物表面对可见光的反射能力。根据矿物表面反光的强度，由强而弱分为：

（1）金属光泽：反光很强，如小刀、金、银的反光，例如自然铜、方铅矿、磁铁矿、方解石等表面的金属光泽。

（2）半金属光泽：反光较强，较金属光泽稍弱，有点类似于没有磨光的金属器皿的反光，如辰砂、黑钨矿等。

（3）金刚光泽：像金刚石状光亮，如金刚石、锡石、浅色闪锌矿等。

（4）玻璃光泽：反光较弱，像玻璃一样反光，如水晶、正长石、冰洲石等。

（5）油脂光泽：矿物表面像涂了一层油脂一样，如石英断口上呈现的光泽。

（6）松脂光泽：光亮像松香、松树油，如闪锌矿等。

4. 透明度

透明度是矿物透过光线的程度，常与矿物的光泽有关，可分为三级：透明（如水晶、冰洲石）、半透明（如闪锌矿、辰砂）和不透明（如黄铁矿、磁铁矿）。一般玻璃光泽、油脂光泽、金刚光泽的矿物都是透明至半透明的矿物，金属光泽和半金属光泽的矿物都是不透明矿物。

（二）矿物的力学性质

矿物的力学性质是指矿物受外力作用，如刻划、摩擦、打击、弯曲时显示出来的性质，即矿物受力后的反映，主要包括矿物的硬度、解理、断口、相对密度，有时还有弹性、挠性和延展性。

1. 硬度

矿物的硬度是指矿物抵抗刻划、摩擦、压入的能力。在矿物的肉眼鉴定工作中，通常采用摩氏硬度计，即根据 10 种标准矿物提出的硬度定性级别（表 1-1）。摩氏硬度只代表硬度的相对顺序。实际上，金刚石的绝对硬度为石英的 1150 倍，石英的绝对硬度为滑石的 3500 倍。测定某矿物的硬度，只需将该矿物同硬度计中的标准矿物相互刻划，进行比较即可。如某矿物能刻划方解石，但又能被萤石划破，则该矿物的硬度介于 3 到 4 之间。

表 1-1 **摩氏硬度表**

矿物名称	化学组成	硬　度	矿物名称	化学组成	硬　度
滑石	$Mg_3[Si_4O_{10}](OH)_2$	1	正长石	$K[AlSi_3O_8]$	6
石膏	$CaSO_4 \cdot 2H_2O$	2	石英	SiO_2	7
方解石	$CaCO_3$	3	黄玉	$Al_2[SiO_4](F、OH)_2$	8
萤石	CaF_2	4	刚玉	Al_2O_3	9
磷灰石	$Ca_5[PO_4]_3(F、Cl、OH)$	5	金刚石	C	10

2. 解理和断口

解理是矿物被敲打后，沿一定方向规则破裂成平面的性质。其破裂面称为解理面，一般比较平滑而有光泽。不同矿物或同一矿物的不同方向上，解理发育的程度是不一样的。有些矿物的解理只有一个方向，如云母；有些矿物的解理有两个方向，如长石；有些矿物甚至有三个方向和四个方向的解理，如方解石、萤石。根据解理面的完整程度，可将节理分为：

（1）极完全解理：解理面非常光滑，极易裂开成薄片，解理面大而完整，如云母。

（2）完全解理：解理面平滑，矿物易分裂成薄板状或小块，如方解石。

（3）中等解理：解理面不很平滑，如角闪石。

（4）不完全解理：解理面很难出现，常出现断口，如磷灰石。

断口是矿物受打击后所产生的不规则的破裂面。按断口面的形状可分为下述几种：

（1）贝壳状断口：矿物破裂后具有弯曲的凸面或凹面和同心状构造，很像贝壳，如石英的断口。

（2）平坦状断口：断口面虽然粗糙，但比较平整，如高岭石的断口。

（3）参差状断口：断口面粗糙极不平整，许多矿物具有此种断口，如电气石。

（4）锯齿状断口：断口面如狼牙锯齿，突起尖锐，如自然金属矿物的断口。

3. 相对密度

矿物的相对密度相差很大，如琥珀的相对密度小于 1，而铂族自然元素矿物的相对密度可达约 23。在野外鉴定矿物的相对密度时，通常是把矿物拿在手上掂一掂，粗略地估计相对密度的大致范围。根据相对密度大小，一般把矿物分为三类：①轻，相对密度小于 2.5；

②中等，相对密度在2.5～4；③重，相对密度大于4。

4. 弹性、挠性、延展性

矿物受外力作用后发生弯曲变形，外力解除后仍能恢复原状的性质称为弹性，而外力解除后不能恢复原状的性质则称为挠性，例如云母的薄片具有弹性，绿泥石、滑石则具有挠性。另外，金属矿物如自然金、自然铜等具有能被锤击成薄片或拉长为细丝的特性称为延展性，用小刀刻画时，这些矿物表面可留下光亮的刻痕，不会产生粉末。

（三）矿物的某些特殊性质

矿物的某些特殊性质，如发光性、磁性、压电性、放射性、特殊的味道等仅存在于少数矿物中。这些性质除了可用于鉴定矿物之外，在工业上也具有相当价值。

四、矿物的肉眼鉴定

要准确地鉴定矿物，需要在专门的实验室内用多种方法进行，如差热分析、光谱分析、偏光显微镜分析以及电子显微镜扫描等。但这些方法在野外一般无法使用，而多数情况下是采用肉眼鉴定的方法即外表特征鉴定法，也就是主要凭肉眼和一些简单的工具，如小刀、钢针、放大镜、磁铁和条痕板等，对矿物的外表形态和物理性质进行观察，从而对矿物进行粗略的鉴定。

（一）矿物的肉眼鉴定要点

肉眼鉴定过程中，前面所述矿物的各项物理特征，在同一个矿物上不一定全部显示出来，必须善于抓住矿物的主要特征，尤其是那些具有鉴定意义的特征。

1. 矿物形态的观察

矿物单体形态观察：六方双锥(或六方锥)—石英(水晶)；菱面体—方解石；菱形多面体—石榴子石；长柱体—红柱石；长柱状或纤维状—普通角闪石；短柱状—普通辉石；板状—板状石膏、长石；片状—云母。

矿物集合体形态观察：晶簇状—石英晶簇；粒状—橄榄石；致密状—黄铜矿；鳞片状—绿泥石；纤维状—石棉、(纤维)石膏；放射状—阳起石、红柱石；结核状—(鲕状、豆状、肾状)赤铁矿；土状—高岭土、蒙脱石。

晶面条纹的观察：有些晶体的晶面具有条纹状，如黄铁矿三个方向的晶面条纹彼此垂直，斜长石的晶纹相互平行。

2. 光学性质的观察

矿物的颜色：方解石、石英—白色；橄榄石—深绿色；赤铁矿—铁红色；磁铁矿—黑色；铅锌矿—灰色；黄铜矿—铜黄色。

矿物的条痕：观察方解石、角闪石、斜长石、橄榄石的条痕，对比黄铁矿、黄铜矿、赤铁矿等矿物的条痕与颜色之间的关系。

矿物的光泽：对着光线，看其反射光线的性质来确定属于何种光泽。黄铜矿、黄铁矿—金属光泽；赤铁矿—半金属光泽；石英(晶面)—玻璃光泽；叶腊石、蛇纹石—腊状光泽；滑石、石英(断面)—油脂光泽；高岭土—土状光泽；石棉、(纤维)石膏—丝绢光泽；白云母、冰洲石—珍珠光泽。

矿物的透明度：手拿标本，注意观察矿物碎片边缘的透明程度。白云母、石英(水晶)—透明；蛋白石—半透明；黄铁矿、磁铁矿—不透明。

3. 力学性质的观察

矿物的硬度：用简便工具对矿物的硬度进行测试。如指甲的硬度约为 2～2.5，铜钥匙的硬度约为 3，小钢刀的硬度约为 5～5.5，玻璃的硬度约为 6。

矿物的解理和断口：观察矿物的解理时，要注意在同一方向上对应侧面解理的一致性，又要观察解理面光滑平整的程度。如：云母——一组极完全解理；方解石—三组完全解理；长石——一组完全解理；石英—无解理（贝壳状断口）；黄铁矿—参差状断口。

（二）常见矿物的主要特征

1. 硫化物

（1）雄黄 AsS。晶体呈柱状，柱面有纵纹，但晶体少见，常呈致密粒状或块状集合体。橘红色，条痕淡橘红色。晶面金刚光泽，断口油脂光泽。相对密度 3.4～3.6，硬度 1.5～2。二组完全解理。烧之，有强烈酸臭，并发出蓝色火焰。形成于低温热液矿床中，与雌黄、辉钼矿共生。也有见于火山喷发物及温泉中。

（2）黄铁矿 FeS_2。晶体立方体或五角十二面体，相邻晶面常有互相垂直的晶面条纹，集合体呈致密块状、浸染状、结核状等。浅黄铜色，表面常有蓝紫、褐黄色，条纹绿黑色。相对密度 4.9～5.2，硬度 6～6.5。金属光泽，性脆。一般无解理，参差状或贝壳状断口。分布极广，可形成于各种成因的矿床中，具有开采价值者，多为热液型。能与氧化物、硫化物、自然元素等各种矿床共生。

（3）黄铜矿 CuS_2。晶体少见，通常为致密块状及粒状块体。铜黄色条痕绿黑色。相对密度 4.1～4.3，硬度 3～4。金属光泽，性脆，能导电。可形成于各种条件下，主要为气化—热液及火山成因矿床中，常与各种硫化物矿物共生。

2. 氧化物

（1）刚玉 Al_2O_3。晶体呈桶状或短柱状，柱面或双锥面上有条纹，集合体呈致密粒状或块状。钢灰或黄灰色。玻璃光泽。相对密度 3.95～4.1，硬度 9。性脆，无解理。可形成于接触交代、区域变质、岩浆等成因类型的矿床或岩石中。

（2）赤铁矿 Fe_2O_3。晶体呈片状或板状，通常呈致密块状、鱼子状、肾状等集合体。常呈钢灰或红色，条痕樱红色。相对密度 5～5.3，硬度 5.5～6.5。半金属至土状光泽。性脆，无解理，火烧后具有弱磁性。结晶呈片状并具金属光泽的赤铁矿，称为镜铁矿。形成于各种不同成因的矿床和岩石中，在氧化条件下形成。分布十分广泛。

（3）石英 SiO_2。晶体为六方柱、六方双锥等所形成之聚形，集合体多呈粒状、块状或晶簇状。常为白色，含杂质时可呈紫、玫瑰、黄、烟黑等各种颜色。相对密度 2.65，硬度 7。晶面玻璃光泽，断口油脂光泽。无解理，贝壳状断口。隐晶质的石英称石髓，呈结核状者称燧石，具不同颜色的同心层或平行带状者称玛瑙。形成于内生、外生及变质成因的各种岩石或矿床中。分布极广泛。但大的晶体常形成于伟晶岩或热液充填矿床的晶洞中。

（4）磁铁矿 Fe_3O_4。晶体多呈八面体，少数呈菱形十二面体，晶面上有平行于菱形晶面长对角线的条纹，集合体多呈致密粒状、块状，颜色和条痕均为铁黑色。相对密度 4.9～5.2，硬度 5.5～6。半金属至土状光泽。不透明，强磁性。成因不一，主要形成于内生和变质矿床中。常与赤铁矿、钛铁矿、铬铁矿等伴生。

3. 氢氧化物

蛋白石 $SiO_2 \cdot nH_2O$。非晶质，通常呈致密块状，外观呈钟乳状。多呈白色，含杂质时，可呈黄、褐、红、绿、黑等各种颜色。玻璃或蜡状光泽。相对密度 1.9～2.5，硬度 5～6.5。贝壳状断口。主要由风化或沉积作用所形成的，也常为火山区温泉的沉积物。

4. 硅酸盐

(1) 橄榄石$(Mg, Fe)_2[SiO_4]$。晶体不常见，通常呈粒状集合体。颜色为橄榄绿、黄绿至黑绿。相对密度 3.3～3.5，硬度 6.5～7。玻璃光泽，半透明，贝壳状断口。为岩浆成因矿物，主要产于基性、超基性岩中，常与铬铁矿、辉石等共生。

(2) 石榴子石 $A_3B_2[SiO_4]_3$。化学分子式中，A 代表二价阳离子：Mg^{2+}、Fe^{2+}、Mn^{2+}、Ca^{2+}；B 代表三价阳离子：Al^{3+}、Fe^{3+}、Cr^{3+}。晶体呈菱形十二面体、四角三八面体或两者的聚形体，集合体为散粒状或致密块状。有肉红、褐、绿、紫等色。玻璃或油脂光泽。相对密度 3.5～4.2，硬度 6～7.5。不完全或无解理，断口参差状。主要由接触交代和变质作用形成。常与透辉石、绿帘石、蓝晶石、硅线石等矿物共生。结晶片岩中也可见到。

(3) 黄晶 $Al_2[SiO_4](F, OH)_2$。晶体呈柱状，晶面有纵纹，通常为致密粒状集合体。有浅黄、浅蓝、浅绿、浅红等色。相对密度 3.52～3.57，硬度 8。玻璃光泽，一组完全解理，贝壳状断口。为典型的高温气成矿物，常见于花岗伟晶岩脉、云英岩及钨锡石英脉内。

(4) 绿柱石 $Be_3Al_2[Si_6O_{18}]$。晶体呈六方柱状，柱面有纵纹。集合体呈晶簇。常呈绿色或黄色，有时呈玫瑰色或无色透明。相对密度 2.63～2.91，硬度 7.5～8。玻璃光泽，不完全解理，贝壳状或参差状断口，性脆。主要为气成作用的产物，常见于花岗伟晶岩中。

(5) 透辉石 $CaMg[Si_2O_6]$。晶体呈短柱状，完整者少见，其中横断面呈假正方形或八边形，集合体呈粒状或放射状。浅灰或浅绿色。相对密度 3.27～3.38，硬度 5.5～6。玻璃光泽，二组解理交角为 87°。主要形成于接触交代过程中，为矽卡岩的主要矿物成分，常与石榴石、硅灰石等矿物共生。此外还广泛分布于基性岩和超基性岩中。

(6) 普通辉石 $Ca(Mg,Fe,Ti,Al)[(Si,Al)_2O_6]$。晶体呈短柱状，横断面近等边的八边形，集合体呈致密粒状，颜色为黑绿或褐黑色，条痕灰绿色。相对密度 3.2～3.6，硬度 5～6。玻璃光泽，二组解理交角为 87°。为岩浆成因的矿物，常见于基性岩中，与橄榄石、基性斜长石等矿物共生。

(7) 角闪石 $Ca_2Na(Mg,Fe)_4(Al,Fe)[(Si,Al)_4O_{11}]_2(OH)_2$。晶体呈柱状。深绿至黑色，条痕微带浅绿的白色。相对密度 3.1～3.3，硬度 5.5～6。玻璃光泽，其横断面呈假六方形，二组解理交角为 56°。为岩浆成因或变质成因的矿物，常见于基性、中性岩浆岩和变质岩中。

(8) 滑石 $Mg_3[Si_4O_{10}](OH)_2$。晶体呈板状，但少见，一般为致密块状、叶片状、纤维状或放射状集合体。白色或各种浅色，条痕常为白色，脂肪光泽(块状)或珍珠光泽(片状集合体)，半透明。硬度 1，比重 2.6～2.8。一组极完全解理，薄片具挠性。有滑感、绝缘性。热液蚀变矿物。富镁矿物经热液蚀变常变为滑石，故滑石常呈橄榄石、角闪石、透闪石等矿物假象。

(9) 高岭石 $Al_4[Si_4O_{10}]\cdot(OH)_8$。常呈疏松鳞片状，结晶颗粒细小。多呈隐晶质、分散粉末状、疏松块状集合体。主要为白色或灰白色，也有浅绿、浅黄、浅红等颜色，条痕白色，土状光泽。硬度 2～2.5，比重 2.6～2.63。吸水性强，和水具有可塑性，粘手，干土块具粗糙感。主要由富含铝硅酸盐矿物的岩浆岩及变质岩风化而成。有时也为低温热液对围岩蚀变的产物。

(10) 黑云母 $K(Mg,Fe^{2+})_3(Al,Fe^{3+})Si_3O_{10}(OH,F)_2$。晶体呈板状或短柱状，集合体呈片状。因含铁量高，故颜色较深，呈红棕色、深褐色乃至黑色。硬度 2～3，比重 3.02～3.12。玻璃光泽，解理面呈珍珠光泽，半透明，条痕为白色略带浅绿色，断口不平坦，一组极完全解理。薄片具弹性。受热后，略带磁性。主要为岩浆和变质成因的矿物。大的晶体常见于花岗伟晶岩脉中。

(11) 白云母 $KAl_2[AlSi_3O_{10}](OH)_2$。晶面呈板状或片状，外形呈假六方形或菱形，集合体多呈致密片状块体。硬度 2～3，比重 2.76～3.10。解理面具珍珠光泽，一组极完全解理。绝缘性极好。具有丝绢光泽的隐晶质块体称为绢云母。泥质岩石在低级区域变质过程中可形成绢云母，变质程度稍高时，成为白云母。酸性岩浆结晶晚期以及伟晶作用阶段，均有大量白云母生成。由高温至中低温的蚀变作用过程中，也能生成白云母。

(12) 绿泥石 $Y_3[Z_4O_{10}](OH)_2\cdot Y_3(OH)_6$。绿泥石是一族层状结构的硅酸盐矿物的总称。化学式中 Y 主要代表 Mg^{2+}、Fe^{2+}、Al^{3+} 和 Fe^{3+} 等阳离子，Z 主要是 Si 和 Al，少量的 Fe^{3+} 和 B^{3+}。通常所称的绿泥石是富含镁铁质的绿泥石。晶体呈假六方片状或板状，薄片具挠性。集合体呈鳞片状、土状。浅绿至深绿色。玻璃光泽或珍珠光泽，透明至不透明。一组极完全解理。硬度 2～2.5，比重 2.60～3.40。与云母极相似，但绿泥石具有特殊的绿色，有挠性而无弹性。为变质岩的造岩矿物。岩浆岩中的镁铁矿物如黑云母、角闪石、辉石等在低温热液作用下易形成绿泥石。

(13) 斜长石 $(100\text{-}n)Na[AlSi_3O_8]\cdot nCa[Al_2Si_2O_8]$。斜长石属于 $NaAlSi_3O_8(Ab)\text{-}CaAl_2Si_2O_8(An)$ 类质同象系列的长石矿物的总称，共分为 6 个矿物种：钠长石、奥长石、中长石、拉长石、倍长石和钙长石($An_{90-100}Ab_{10-0}$)。岩石学中将前二者统称为酸性斜长石，而将后三者统称为基性斜长石。晶体属三斜晶系的架状结构硅酸盐矿物，多为柱状或板状，常见聚片双晶，在晶面或解理面上可见细而平行的双晶纹。白至灰白色，有些呈微浅蓝或浅绿色，玻璃光泽，半透明。两组解理(一组完全、一组中等)相交成 86°24′，故得名斜长石。硬度 6～6.5，比重 2.6～2.76。内生、变质作用均可形成斜长石。广泛存在岩浆岩、变质岩中，是主要造岩矿物之一。

(14) 正长石 $K[AlSi_3O_8]$。晶体呈短柱状或厚板状。集合体为粒状或致密块状。常为肉红或黄褐色。硬度 6～6.5，比重 2.55～2.75。玻璃光泽，两组解理完全，其交角为 90°。当两组解理交角为 89°30′时，称为钾微斜长石。分布于酸性和碱性成分的岩浆岩、火山碎屑岩中，在钾长片麻岩和花岗混合岩以及长石砂岩和硬砂岩中也有分布。

5. 硫酸盐

石膏 $Ca[SO_4]\cdot 2H_2O$。晶体呈板状或柱状，通常呈纤维状、叶片状、粒状、致密块体等集合体。多为白色，也有灰、黄、红、褐等浅色。硬度 2，比重 2.3。玻璃或丝绢光泽，性脆。两组解理夹角为 66°。较易溶于水，当温度 37～38℃时溶解度最大。成因不一，但主要为化学成因作用的产物。常在干旱盐湖中，与石岩、硬石膏等矿物共生。

6. 碳酸盐

(1) 方解石 $CaCO_3$。有完全的菱面体解理，玻璃光泽，透明至半透明。一般为白色或无色，含有杂质而呈各种色彩，条痕白色，硬度 3.0，比重 2.71，遇稀盐酸起泡。纯净透明的称为冰洲石，具有强烈双折射和完全解理。各种地质作用均可形成。可产于各种岩石中，是石灰岩的主要组成矿物。

(2) 白云石 $CaMg[CO_3]_2$。晶体呈菱面体，晶面常弯曲成马鞍状，集合体常呈粒状、多孔状或肾状。纯者为白色，含铁时呈灰色，风化后呈褐色。玻璃光泽，菱面体解理完全。硬度 3.5～4。比重 2.85～3.2。遇稀盐酸时缓慢起泡。热液中可直接结晶形成白云石，也可由含镁的热水溶液交代石灰岩或白云质灰岩而形成。

(3) 孔雀石 $Cu_2[CO_3](OH)_2$。晶体呈柱状或针状，极少见，通常呈肾状、葡萄状、放射纤维状集合体。绿色，条痕淡绿色，硬度 3.5～4，比重 3.9～4.1。玻璃至金刚光泽，纤维状者具丝绢光泽。遇稀盐酸时起泡，并且容易溶解。韧性差，非常脆弱，易碎。仅产于含铜硫化物矿床的氧化带，常与蓝铜矿、赤铜矿、辉铜矿等矿物共生。

第四节　岩　　石

岩石是天然产出的具一定结构构造的矿物集合体，是各种地质作用的产物，也是构成地壳的物质基础。岩石按形成方式可分为岩浆岩（火成岩）、沉积岩和变质岩三类，它们分别是岩浆作用、外力地质作用和变质作用的产物。地质作用的方式及发生的环境不仅影响着岩石的矿物组成，而且也对岩石中矿物的形貌及彼此间的组合方式起着控制作用。而岩石的形貌特征通常用其结构和构造来描述。

岩石中矿物的结晶程度、颗粒大小和形状，以及彼此间的组合方式称为岩石的结构。它主要决定于地质作用进行的环境。在同一大类岩石中，由于它们生成的环境不同，就产生了种种不同的结构。

岩石中矿物集合体之间或矿物集合体与岩石的其他组成部分之间的排列方式和填充方式称为岩石的构造。它反映着地质作用的性质。例如，由岩浆作用生成的岩浆岩大多具有块状构造；由外动力地质作用生成的沉积岩，是逐层沉积的，多具层状构造；由变质作用生成的变质岩，多数情况下它们的组成矿物一般都依一定方向作平行排列，具片理状构造。

在研究各种岩石时，必须注意分析岩石的矿物成分、结构和构造特征，它们是识别岩石类型的主要依据。

一、岩浆岩

岩浆岩是由失去了大量挥发成分的岩浆冷凝形成的，又称为火成岩。它占地壳岩石体积的 64.7%，在地表及地下，都有广泛分布。

岩浆岩分喷出岩和侵入岩两大类。岩浆喷出或者溢流到地表后，冷凝形成的岩石称为喷出岩。喷出岩由于岩浆温度急剧降低，固结成岩时间相对较短。侵入在地壳一定深度处的岩浆经缓慢冷却而形成的岩石，称为侵入岩。侵入岩根据形成深度的不同，又细分为深成侵入岩和浅成侵入岩。侵入岩固结成岩需要的时间很长。

（一）岩浆岩的物质成分

在岩浆从上地幔或地壳深处沿着一定的通道上升到地壳形成侵入岩或喷出到地表形成喷出岩的过程中，由于温度、压力等物理化学条件的改变，岩浆的性质、化学成分、矿物成分也随之不断地变化，因此，在自然界中形成的岩浆岩是多种多样、千变万化的，这也充分说明了岩浆成分的复杂多样性。

岩浆岩的物质成分包括化学成分和矿物成分。研究物质成分不仅有助于了解分析各类岩浆岩的内在联系、成因及次生变化，而且可以作为岩浆岩分类的依据。

1. 岩浆岩的化学成分

地壳中存在的元素在岩浆岩中几乎都有，但含量不尽相同。O、Si、Al、Fe、Mg、Ca、Na、K、Ti元素在岩浆岩中普遍存在，其含量占岩浆岩组分的99.25%，其中O和Si占岩石总质量的75%、体积的93%，其次是Al和Fe。岩浆岩的化学成分常用氧化物表示，其中SiO_2的平均含量占59.14%，其次是Al_2O_3，占15.34%，其他为FeO、MgO、CaO、K_2O、Na_2O等。划分岩浆岩类型时，岩石化学成分中的酸度是主要考虑的因素之一。岩石的酸度，是指岩石中含有SiO_2的重量百分数。通常，SiO_2含量高时，酸度也高；SiO_2含量低时，酸度也低。而岩石酸度低时，说明它的基性程度比较高。岩浆岩中各种氧化物随SiO_2含量的增减而作有规律的变化，根据SiO_2的含量，把岩浆岩分为四类：超基性岩(SiO_2含量<45%)、基性岩(45%～52%)、中性岩(52%～65%)和酸性岩(>65%)。

从超基性岩、基性岩到酸性岩的过渡，随SiO_2含量的增加，FeO及MgO逐渐减小，故基性岩中FeO及MgO的含量比酸性岩中多。CaO在超基性岩中很少，在基性岩中大量出现，以后又随SiO_2含量的增加又逐渐减少。Al_2O_3在基性岩中大量出现，随着SiO_2的增加略有变少的趋势。K_2O和Na_2O在超基性岩中几乎没有，而在酸性岩中显著增加。

2. 岩浆岩的矿物成分

组成岩浆岩中的大多数矿物，根据其化学成分特征，常分为硅铝矿物和铁镁矿物两类。

(1) 硅铝矿物：SiO_2和Al_2O_3含量较高，不含铁、镁，其颜色较浅，也称浅色矿物，包括石英和长石类矿物。

(2) 铁镁矿物：含FeO和MgO较多，SiO_2和Al_2O_3含量较少，其颜色较深，也称暗色矿物，包括橄榄石类、辉石类、角闪石类及黑云母类。通常，超基性岩中石英极少，长石也很少，主要由暗色矿物组成；而酸性岩中暗色矿物很少，主要由浅色矿物组成；基性岩和中性岩的矿物组成位于两者之间，浅色矿物和暗色矿物各占有一定的比例。所以，岩浆岩中所含浅色矿物和暗色矿物的比例，对岩浆岩的分类和鉴别有着一定的意义。

（二）岩浆岩的结构和构造

由于温度变化不同，喷出岩、浅成侵入岩和深成侵入岩中矿物的结晶程度也是不同的。尽管在化学成分上是一致的，也就是说岩浆成分是相似的，但由于形成环境不同，造成了它们的结构和构造有明显的差别。岩浆岩的结构和构造是岩石生成时所处的外界环境在岩石里的反映，也是岩浆岩分类和命名的重要依据之一。

1. 岩浆岩的结构

岩浆岩的结构主要指组成岩浆岩的矿物颗粒大小和结晶程度等。常见的结构有：

(1) 等粒结构：又称全晶质均粒结构。在岩浆岩的形成过程中，如果压力、温度较高，温度下降比较缓慢，比如在地壳深部，即深成侵入岩，矿物的结晶程度比较好，岩石中的矿物全部为肉眼或放大镜能分辨出的晶体颗粒（图 1-6）。这主要是深成侵入岩所具有的结构。按矿物颗粒的粗细可分为粗粒（晶粒直径＞5mm）、中粒（5～2mm）、细粒（2～0.2mm）三种。

（2）斑状结构：岩石中大的晶体散布在较细物质之间的结构（图 1-7）。大的晶体称为斑晶，细小的部分称基质。这种结构主要是由于矿物结晶的时间先后不同造成的。在地下深处，温度、压力较高，部分物质先结晶，生成一些较大的晶体——斑晶。随着岩浆继续上升到浅处或喷出地表，尚未结晶的物质，由于温度下降较快，迅速冷却形成结晶细小的或不结晶的基质。所以，斑状结构为浅成侵入岩或喷出岩所具有的结构。

图 1-6　等粒结构

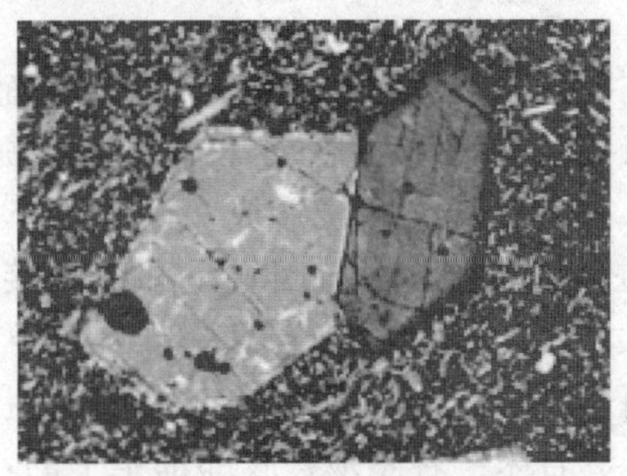

图 1-7　斑状结构

（3）隐晶质结构：矿物颗粒在肉眼或放大镜下不能分辨，只有在显微镜下才能看清的结构。在肉眼或放大镜下，岩石断面是粗糙的。它是岩浆在很快冷却的情况下形成的，常为喷出岩及浅成侵入岩所具有。

（4）玻璃质结构：矿物没有结晶，岩石断面光滑，具玻璃光泽，为喷出岩所具有的结构。

2. 岩浆岩的构造

岩浆岩的构造是指岩石外表的整体特征，是由组成岩石的矿物的排列方式和充填方式所决定的。常见的构造有：

（1）块状构造：组成岩石的各种矿物，无一定的排列方向，均匀分布在岩石中，是侵入岩特别是深成侵入岩所具有的构造。

（2）气孔状与杏仁状构造：岩石中分布着大小不同的空洞，称为气孔状构造。它是由于熔岩冷却较快，所含气体占有一定的空间位置，气体逸出后，形成的不规则空洞。如气孔被岩浆后期的一些次生矿物（如石英、方解石等）所充填，则形成杏仁状构造，这两种构造为喷出岩所特有（图 1-8）。

图 1-8　气孔状与杏仁状构造

（3）流纹构造：指黏度较大的岩浆在流动过程中，冷凝形成不同颜色的条纹或拉长的气孔，且长条状矿物沿一定方向排列（图 1-9），常见于流纹岩中。

（三）岩浆岩的产状

岩浆岩的产状指岩体的形态、大小以及与围岩的关系。由于生成条件和所处的环境不

图 1-9 流纹构造

同，岩浆岩的产状是多种多样的（图 1-10）。

（1）深成侵入岩的产状。深成岩的规模较大，面积达几平方公里甚至几百平方公里，其形态有岩基和岩株。岩基是体积巨大，形状不规则，下大上小的穹隆状岩体，一般向下延伸很深，为粗大的等粒全晶质花岗岩组成。岩株是岩基边缘的分枝，在深部与岩基相连，在上部则向外伸出。岩株切穿围岩。岩浆在上升过程中，从围岩掉下来的碎块叫捕虏体。

（2）浅成侵入岩的产状。其岩体规模不大，出露面积由几平方米到几平方公里。岩体形态及其与围岩接触关系有下列几种：①岩盘：岩浆顺裂隙上升，侵入于岩层之中，由压力将岩层沿层面撑开，岩浆在其中冷凝形成一个上凸下平透镜状的岩体，与围岩呈和谐的接触关系；②岩盆：与岩盘一样，其不同点是顶部平整，其中央向下凹的岩体；③岩床：岩体顶、底部都是平的，呈层状夹于沉积岩中，且与之呈和谐的接触关系，但上下岩层皆受热力影响而发生变化，表示岩床系由岩浆侵入所造成的；④岩墙：岩浆侵入到岩层裂隙中，冷凝而成的岩体，它切穿围岩并与之成不和谐的接触关系，形状不规则的岩墙或其分支叫岩脉。

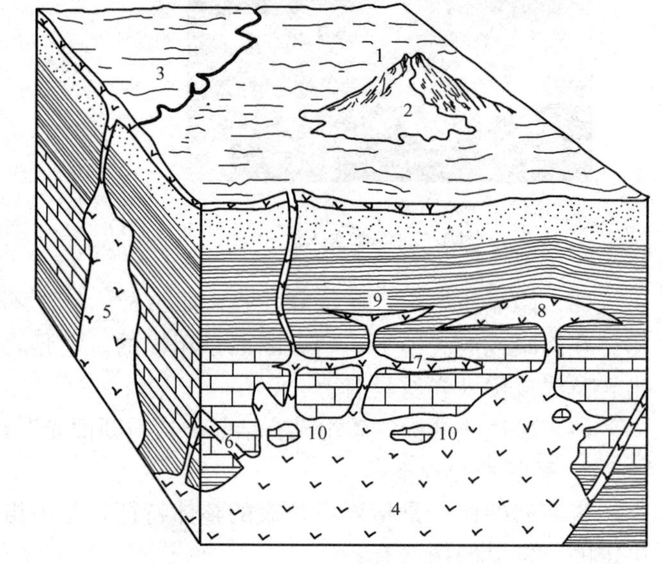

图 1-10 岩浆岩的产状

1—火山锥；2—熔岩流；3—熔岩被；4—基岩；5—岩株；6—岩墙；7—岩床；8—岩盘；9—岩盆；10—捕虏体

（四）岩浆岩的分类

岩浆岩的分类方法很多，最基本的是根据 SiO_2 的含量，把岩浆岩分为超基性岩、基性岩、中性岩和酸性岩四大类，然后再按照岩石的结构、构造和产状，将每类岩石划分为深成侵入岩、浅成侵入岩和喷出岩等不同类型，并赋予相应的名称，如表 1-2 所示，所以是一种双向分类法（纵向和横向）。

表 1-2　　岩浆岩分类简表

<table>
<tr><td colspan="4"></td><td colspan="2">超基性岩</td><td colspan="2">基性岩</td><td colspan="2">中性岩</td><td colspan="2">酸性岩</td></tr>
<tr><td colspan="4">SiO₂ 含量（%）</td><td colspan="2"><45</td><td colspan="2">45～52</td><td colspan="2">53～65</td><td colspan="2">>65</td></tr>
<tr><td colspan="4">颜　色</td><td colspan="8">深色（黑绿、深灰）→浅色（红、浅灰、黄）</td></tr>
<tr><td rowspan="3">成因类型</td><td colspan="2" rowspan="2"></td><td rowspan="2">矿物成分</td><td>主要矿物</td><td>次要矿物</td><td>主要矿物</td><td>次要矿物</td><td>主要矿物</td><td>次要矿物</td><td>主要矿物</td><td>次要矿物</td></tr>
<tr><td rowspan="2">橄榄石
辉石</td><td rowspan="2">斜长石</td><td rowspan="2">斜长石
辉石</td><td rowspan="2">角闪石
橄榄石</td><td rowspan="2">斜长石
角闪石</td><td rowspan="2">黑云母
辉石</td><td rowspan="2">钾长石
斜长石
石英</td><td rowspan="2">黑云母
角闪石</td></tr>
<tr><td>产状</td><td>构造</td><td>结构</td></tr>
</table>

续表

<table>
<tr><th colspan="4"></th><th>超基性岩</th><th>基性岩</th><th>中性岩</th><th>酸性岩</th></tr>
<tr><td rowspan="2">喷出</td><td rowspan="2">火山锥
熔岩流
熔岩被</td><td rowspan="2">致密块状
气孔状
杏仁状
流纹状</td><td>玻璃质</td><td colspan="4">火山玻璃（黑曜岩、浮岩等）</td></tr>
<tr><td>隐晶质
斑状
细粒状</td><td>金伯利岩（少见）</td><td>玄武岩</td><td>安山岩</td><td>流纹岩</td></tr>
<tr><td rowspan="3">侵入</td><td rowspan="2">岩床
岩盘
岩脉</td><td rowspan="2">块状</td><td>巨粒状
细粒状
斑状</td><td colspan="4">伟晶岩　细粒岩　煌斑岩</td></tr>
<tr><td>斑状
细粒状</td><td>苦橄玢岩（少见）</td><td>辉绿岩
辉绿玢岩</td><td>闪长玢岩</td><td>花岗斑岩</td></tr>
<tr><td>岩基
岩株</td><td>块状</td><td>粒状</td><td>橄榄岩
辉石岩</td><td>辉长岩</td><td>闪长岩</td><td>花岗岩</td></tr>
</table>

（五）常见岩浆岩简要描述

1. 酸性岩

酸性岩的 SiO_2 含量极高，超过 65%，K_2O 和 Na_2O 之和平均在 6%～8%之间，铁、钙含量不高。矿物成分的特点是浅色矿物大量出现，主要是石英、碱性长石和酸性斜长石。暗色矿物含量很少，主要是黑云母和角闪石。酸性岩类中以人们熟悉的花岗岩类出露最多，它是在大陆壳中分布最广的一类深成岩，常形成巨大的岩体。喷出岩主要是流纹岩和英安岩。

(1) 花岗岩：深成侵入岩，俗称花岗石。颜色较浅，以灰白色、肉红色者较常见。全晶质等粒结构，块状构造。主要由石英（含量 20%～40%）、长石（含量 60%）和少量黑云母等暗色矿物组成，偶见角闪石和白云母等。质地均匀、坚硬，色泽美观，是良好的建筑石材。具花岗结构或似斑状结构。许多有色金属矿产如铜、铅、锌、钨、锡、铋、钼等，贵重金属如金、银等，稀有金属如铌、钽、铍等，放射性元素如铀、钍等都与花岗岩有关。

(2) 花岗斑岩：灰白色或肉红色，全晶质斑状结构，块状构造。矿物成分与相应的深成岩——花岗岩相同，斑晶含量一般为 15%～20%，主要为石英和正长石，有时也有黑云母和角闪石。石英斑晶往往呈六方双锥状。斑晶通常被基质熔蚀，基质呈细粒或隐晶质，其矿物成分与斑晶一致。

(3) 流纹岩：是一种分布较为广泛的喷出岩。一般呈绛红、肉红、灰黄等色，斑状结构，流纹构造。斑晶主要是石英和正长石，少量黑云母，偶尔见辉石斑晶。石英多为烟灰色，浑圆状，断口呈油脂光泽。正长石晶形近似方形板状，具明显的玻璃光泽。基质为隐晶质或玻璃质。

2. 中性岩

中性岩类岩石颜色较浅，多呈浅灰色，比重比基性岩小。化学成分特征是 SiO_2 为 53%～65%，铁、镁、钙比基性岩低，Al_2O_3 为 16%～17%，比基性岩略高，而 Na_2O+K_2O 可达 5%，比基性岩明显增多。像这个岩类的名称一样，它是基性岩和酸性岩中间的过渡类型。侵入岩是闪长岩，相应的喷出岩是安山岩。闪长岩既可以向基性岩（辉长岩）过渡，也可以向酸性岩（花岗岩）过渡。喷出岩之间的关系也很密切，安山岩和玄武岩、流纹岩也常常共生在一起。

(1) 正长岩：肉红色、灰色或浅灰绿色，具粗粒等粒结构，块状构造。主要由长石(60%以上)、其次是角闪石(20%左右)和黑云母组成，不含或含极少量的石英。

(2) 正长斑岩：其特点与正长岩相似，区别在于具明显的斑状结构。

(3) 粗面岩：浅灰、浅黄或粉红色。成分主要为碱性长石，其次为黑云母，尚有少量斜长石和角闪石。粗面结构（长条状的碱性长石微晶近于平行的流状排列）及斑状结构，一般为块状构造，有时可见流纹状或气孔状构造。

(4) 闪长岩：为中性深成岩的代表岩石，颜色较深，浅灰色、灰色、灰绿色、灰黑色，带深绿斑点的灰色或浅绿色，色率20%～35%。常呈等粒结构，块状构造。矿物成分主要由中性斜长石和一种或数种暗色矿物组成。最常见的暗色矿物是角闪石，有时为辉石、黑云母。岩石中可含少量石英和钾长石。是花岗石石材中主要岩石类型之一。当暗色矿物因蚀变而绿泥石化时，岩石表现出不同程度的绿色色调，作为饰面石材更具美感。

(5) 安山岩：颜色甚多，灰色、紫色、浅玫瑰色、浅黄色、红褐色等，通常都较流纹岩深些，但其中所含浅色矿物仍较暗色者多。因内部所含矿物不同而各具特色，如石英安山岩、角闪安山岩、普通辉石安山岩、辉石安山岩、两辉石安山岩、角闪两辉安山岩等，与玄武岩同为岩浆岩中分布最广的岩类之一。常呈斑状结构，斑晶常为条纹状的斜长石。杏仁构造特别明显，气孔中常为方解石所充填。

粗面岩与流纹岩、安山岩极为相似。主要区别在于粗面岩的斑晶为钾长石，没有或极少有石英，而流纹岩中有明显的石英，安山岩的斑晶主要是斜长石。

3. 基性岩

基性岩颜色比超基性岩浅，相对密度也稍小，一般在3左右。侵入岩很致密，喷出岩常具有气孔状和杏仁状构造。其化学成分的特征是SiO_2为45%～52%，Al_2O_3可达15%，CaO可达10%；而铁镁含量约各占6%左右。在矿物成分上，铁镁矿物约占40%，而且以辉石为主，其次是橄榄石、角闪石和黑云母。和超基性岩的另一个区别在于基性岩中出现了大量斜长石。

这类岩石的侵入岩是辉长岩，分布较少；而喷出岩是玄武岩，大面积分布，海洋底部几乎全部由玄武岩形成。

(1) 辉长岩：灰、灰黑或暗绿色。主要矿物是辉石和斜长石，次要矿物有角闪石、橄榄石、黑云母等。斜长石为灰白色、深灰色的长条形板状晶体，辉石为黑色、暗绿色、暗褐色，短柱状。具等粒结构，块状构造。

(2) 辉绿岩：灰绿色、深灰色，矿物成分与辉长岩类似，但结构不同，呈细至中粒、具辉绿结构或次辉绿结构。斜长石矿物自形程度较好，呈长条状。辉石则为他形粒状，且多为普通辉石或贫钙的易变辉石。

(3) 玄武岩：深灰、灰绿或黑色。矿物成分同辉长岩。隐晶质结构，常具气孔状或杏仁状构造，柱状节理特别发育。由海底喷发而形成的玄武岩称细碧岩，浅绿色，杏仁状或枕状构造特别明显。枕状团块之间由碧石胶结。玄武岩因其岩浆黏度小，易于流动，通常有大面积的熔岩流产出。我国云、贵、川等地，有大面积的玄武岩分布。

辉长岩的成分和玄武岩很相近，但是结构上差别较大。辉长岩因为在地下深处，斜长石和辉石同时结晶，因此，矿物颗粒形态发育比较完整，大小也差不多。玄武岩一般由斑晶矿物和基质两部分组成，斑晶主要是斜长石、辉石、橄榄石，基质就是岩浆喷发时没有来得及结晶的玻璃质或者是只有在显微镜下才能看出的隐晶质。

4. 超基性岩

在四大岩类中，超基性岩类在地表分布很少，是四大岩类中最小的一个分支，仅占岩浆岩总面积的0.4%。超基性岩体的规模也不大，常形成外观像透镜状、扁豆状的岩体，它们好像一串大小不同的珠子一样沿着一定方向延伸，断断续续排列，有时可以追索上千公里。

超基性岩颜色比较深，大部分都是黑灰色、墨绿色，相对密度也很大，一般都在3.0以上，因此很坚硬，常具致密块状构造。它的化学成分特征是酸度最低，SiO_2 含量小于45%；碱度也很低，一般情况下 K_2O+Na_2O 不足1%；但铁、镁含量高，通常 $FeO+Fe_2O_3$ 在8%～16%之间；MgO含量范围较宽，在12%～46%之间。

超基性岩基本上由暗色矿物组成，主要是橄榄石、辉石，二者含量可以超过70%。其次为角闪石和黑云母；不含石英，长石也很少。常见的侵入岩是橄榄岩、辉岩类，喷出岩少见。

（1）橄榄岩和辉岩：绿色或黑色粒状岩石。主要矿物为橄榄石，次要矿物为辉石或角闪石，不含长石或石英。岩石中若辉石数量特别多时，则过渡为辉岩。后者辉石往往形成粗大晶体，橄榄石则很少，镶嵌在辉石晶体内，颜色多呈绿褐色。

（2）角砾云母橄榄岩（又称金伯利岩）：主要有橄榄石、辉石和金云母组成，尚含少量磁铁矿、磷石、石榴子石等。岩石一般都蛇纹石化，常呈管状出现，亦有呈岩墙、岩脉产出者。因为爆发的关系，岩石中夹有大量的角砾（由超基性岩、变质岩、沉积岩组成）。岩管大小不一，有数十米至千米。世界著名的南非金刚石矿即产于这类岩石中。

（六）岩浆岩的肉眼鉴定

肉眼鉴定岩浆岩的主要依据是岩石的产状、结构、构造、矿物组成和颜色等，鉴定时可以参照下列步骤：

（1）结合岩石的野外产状、结构和构造，区分深成侵入岩、浅成侵入岩和喷出岩，其特征见表1-3。

表1-3 岩浆岩区别表

特征	深成侵入岩	浅成侵入岩	喷出岩
产状	呈大的侵入体、岩基、岩株，部分呈岩盆、岩盖产出，接触带附近的围岩有明显的变质圈	多呈岩床、岩墙、岩脉产出，围岩可有狭窄的接触变质圈	呈层状或不规则层次，火山锥、熔岩流。围岩一般无变质圈
构造	常具块状构造	块状构造，有时有少量的气孔，一般无杏仁状构造	常为气孔状、杏仁状、流纹状构造
结构	常具等粒全晶质结构、岩体中心可出现似斑状结构	多呈细粒或斑状结构，基质多为细粒至隐晶质	具斑状结构、隐晶质结构或玻璃质结构

（2）观察岩石的颜色。岩浆岩的颜色在很大程度上反映了它们的化学成分和矿物成分。一般情况下，SiO_2 含量越高，浅色矿物就越多，暗色矿物则相对越少。从超基性岩到酸性岩，颜色由深变浅。如超基性岩呈黑色—黑绿色—暗绿色，基性岩呈灰黑色—灰绿色，中性岩呈灰色—灰白色，酸性岩呈肉红色—淡红色—白色。

（3）观察矿物成分。先观察岩石中有无石英及其数量，其次观察有无长石及其属于正长石还是斜长石，继而观察有无橄榄石存在。这些矿物都是判别不同类别岩石的指示矿物。此外，注意有无黑云母出现，它经常出现于酸性岩中。

二、沉积岩

沉积岩是由成层沉积的松散沉积物固结而成的岩石。它占地壳岩石总体积的7.9%，但在地壳表层分布最广，约占地壳表面积的75%，常呈层状分布，这是它区别于其他类型岩石的重要标志之一。

（一）沉积岩的一般特征

1. 沉积岩的物质成分

沉积岩的组成物质来源于先成的各种原岩碎屑、造岩矿物及溶解物质。

（1）碎屑矿物：主要是原岩经过风化、剥蚀、搬运来的产物。因岩浆岩和变质岩中的斜长石、铁镁矿物等都易于风化，而石英、正长石、白云母等比较稳定，所以，沉积岩中的碎屑矿物主要是石英、正长石和白云母。

（2）在沉积作用中形成的新矿物：主要有方解石、白云石、岩盐、石膏、高岭石、菱铁矿、褐铁矿等。这些矿物常大量出现在沉积岩中。

（3）胶结物：指在沉积颗粒之间，把松散沉积物联结起来的物质。胶结物对于沉积岩的颜色、坚硬程度有很大影响。按其成分可分为下列几种：①泥质胶结物：如泥土或黏土，其胶结成的岩石硬度较小，易碎，断面呈土状；②钙质胶结物：胶结物的成分为钙质，所胶结岩石的硬度比泥质胶结的岩石大，呈灰白色，滴稀盐酸起泡；③硅质胶结物：胶结物的成分为二氧化硅，所胶结岩石的硬度比前两种都大，呈灰色；④铁质胶结物：胶结物的成分为氢氧化铁或三氧化二铁，所胶结成的岩石坚硬程度也较大，常呈黄褐色或砖红色。胶结物在岩石中的含量一般小于25%，若含量超过25%时，即可参与岩石的命名。如钙质长石石英砂岩即为长石石英砂岩中钙质胶结物超过25%。

另外，在岩浆岩中大量存在的橄榄石、辉石、角闪石、黑云母，在沉积岩中极为罕见，SiO_2 在岩浆岩中绝大部分是以单晶矿物石英出现的，而在沉积岩中，除石英外，尚有大量的石髓、蛋白石等变种。岩浆岩中很少的矿物，如黏土矿物、岩盐、石膏及碳酸盐矿物等，在沉积岩中则占有显著地位。

2. 沉积岩的颜色

沉积岩的颜色受沉积岩中碎屑成分、矿物成分和胶结成分的影响，往往反映了当时的沉积环境及成岩后的变化。例如由石英颗粒组成的石英砂岩，往往显示白色、灰白色；由正长石颗粒组成的长石砂岩，往往显示肉红、黄白等色。有时岩石的颜色是由于其中混入的某些微量成分染色而成的，例如岩石中含有少量的 Fe_2O_3，就会呈现红色；含有少量的 FeO，就会呈现绿色；高价铁与低价铁的比例不同，又会呈现紫红、棕红、绿灰、黑色等。岩石中若含有微量 MnO_2，便会呈现黑褐色；含有一些有机碳质，常常呈现灰、黑色。这些微量成分有时是在沉积过程中形成的，例如在氧化条件下可以形成 Fe_2O_3，在还原环境下可以形成 FeO。有时岩石的颜色是在成岩后经受风化作用所产生的次生色，例如岩石中含有黄铁矿，在风化过程中可以变成褐铁矿，从而把岩石染成黄褐色。次生色的特点是颜色深浅不均，分布不均，或者呈斑点状。

（二）沉积岩的结构和构造

1. 沉积岩的结构

沉积岩的结构是指沉积岩组成物质的颗粒大小、形状及胶结程度，根据成因，可分为碎屑结构、泥质结构、结晶结构（化学结构）和生物结构。

（1）碎屑结构：碎屑结构是岩石由粗粒的碎屑和细粒的胶结物组成的一种结构。按照岩石中主要碎屑物质颗粒的大小，可分为以下两种：①砾状结构：粒径大于 2mm，磨圆程度较好，无棱角，若磨圆度较差，而具有明显棱角的，则称为角砾状结构。②砂状结构：粒径介于 2～0.05mm 的颗粒经胶结而成的结构。③粉砂状结构：粒径为 0.005～0.05mm 的颗粒组成的结构。

（2）泥质结构：由粒径小于 0.005mm 的细小碎屑和黏土矿物组成的结构。其质地较为均一、致密而性软，也称黏土结构，为黏土岩类所特有的结构。

（3）结晶结构：由化学沉积物的结晶颗粒组成的岩石结构，也称为化学结构，它是物质从真溶液或胶体溶液中沉淀时的结晶作用以及非晶质、隐晶质的重结晶作用和交代作用所产生的，如石灰岩、白云岩是由许多细小的方解石、白云石晶体集合而成的。沉积岩的结晶结构与岩浆岩的结晶结构类似，但其成因和物质组成两者截然不同。按晶粒大小，可分为粗粒（$>$2mm）、中粒（2～0.5mm）、细粒（0.5～0.01mm）、隐晶质（0.01～0.001mm）和胶状（$<$0.001mm）结构。结晶结构为化学岩所特有的结构。

（4）生物结构：由生物遗体及其碎片组成，如生物碎屑结构、贝壳结构等，系生物化学岩所具有的结构。

2. 沉积岩的构造

沉积岩的构造是指其组成部分的空间分布及其相互之间的排列关系。

（1）层理构造。层理构造是沉积岩最典型的构造特征。沿垂直方向观察这种层状构造可以发现，由于矿物成分、结构或颜色的不同而表现出成层性。根据纹层排列的特点，层理可以继续细分。比如纹层呈直线状相互平行，并且平行于层面，称为水平层理和平行层理；纹层呈对称或不对称的波状，总方向平行于层面，称为波状层理；纹层斜交层面，斜层系呈彼此重叠、交错、切割的组合方式，称为交错层理或斜层理，如图 1-11 所示。

(a)

(b)

图 1-11 层理构造

（a）水平层理；（b）交错层理

（2）块状构造。块状构造是指岩石层理不清楚，矿物颗粒排列无一定规律的构造。

（3）其他构造。除以上构造特征外，沉积岩岩层面上还有如下构造特征，反映了沉积岩生成条件和形成环境的特殊性。

波痕是在沉积过程中，由于流水、波浪、潮汐、风力作用产生的波浪状构造，称为波痕，常出现在沉积岩层的层面上。波痕经常保存在砂岩中，但在泥灰岩、薄层灰岩中也可见到。

泥裂是在沉积过程中，当时沉积物未固结即露出水面，受到日晒，水分蒸发，体积收缩而产生的。裂纹常具上宽下窄形态，其中被泥沙填充，充填物与上覆岩层的成分相当。泥裂多见于泥岩、泥质砂岩中，在碳酸盐岩中也偶有见到。

雨痕是雨点或冰雹降落在未固结的泥质、砂质沉积物表面，所形成的圆形或椭圆形凹坑。

化石是沉积岩在形成过程中，生物的遗体或遗迹（足迹、蛋、粪便等）和沉积物质一起沉积下来，并经过石化而被保存在岩石中的生物遗迹。常见的有恐龙足痕、动物爬痕、虫孔等。

结核指在沉积岩中常含有与围岩成分有明显区别的某些矿物质团块，形状有球状、椭球状、透镜体状、不规则状等，内部构造有同心圆状、放射状等，且大小不一，从数厘米到数十厘米，甚至数米。结核在地层中的分布与岩性有密切关系，例如在黄土中经常见到钙质结核，煤系地层中广泛出现黄铁矿、菱铁矿结核，石灰岩中多见燧石结核等。

（三）沉积岩的分类及其特点

沉积岩按成因及组成成分，可以分为碎屑岩、黏土岩、化学岩及生物化学岩三大类（表1-4）。

表 1-4　沉积岩分类简表

岩类		物质来源	沉积作用	结构特征	岩石分类名称
碎屑岩类	沉积碎屑岩类	母岩机械破坏碎屑	机械沉积作用为主	沉积碎屑结构	1. 砾岩及角砾岩（$d>2$mm） 2. 砂岩（$d=2\sim0.05$mm） 3. 粉砂岩（$d=0.05\sim0.005$mm）
	火山碎屑岩类	火山喷发碎屑		火山碎屑结构	1. 集块岩（$d>100$mm） 2. 火山角砾岩（$d=100\sim2$mm） 3. 凝灰岩（$d=2\sim0.005$mm）
黏土岩类（泥质灰岩）		母岩化学分解过程中形成的新生矿物——黏土矿物	机械沉积作用和胶体沉积作用	泥质结构	1. 黏土岩（$d<0.005$mm） 2. 泥岩（$d<0.005$mm） 3. 页岩（$d<0.005$mm）
化学和生物化学岩类		母岩化学分解过程中形成的可溶物质和胶体物质，生物作用产生	化学沉积作用和生物沉积作用为主	结晶结构 生物结构和生物碎屑结构	1. 铝、铁、锰质岩 2. 硅、磷质岩 3. 碳酸岩 4. 盐类岩 5. 可燃有机岩

1. 碎屑岩类

碎屑岩指碎屑矿物被压密胶结而成的岩石。根据碎屑物质的来源，又分为沉积碎屑岩（或正常碎屑岩）和火山碎屑岩两个亚类。

（1）沉积碎屑岩类。沉积碎屑岩是沉积岩中最常见的岩石之一，特别是在陆相沉积物中分布极为广泛。它是由50%以上的碎屑物（包括矿物碎屑及岩石碎屑）经胶结作用所形成的岩石。除小部分在原地沉积外，大部分都经过搬运、沉积等过程。碎屑岩中，也可混入纯化学沉淀物质与黏土物质，并且多以胶结物的形式存在，即沉积碎屑岩的胶结物主要是指充填于碎屑颗粒孔隙中的化学沉淀物质和黏土物质。当这些混入物的含量增多而超过50%时，则分别过渡为化学岩或黏土岩。它的坚固性与胶结物的性质及胶结形式有密切的关系。

沉积碎屑岩按碎屑颗粒的大小，可分为砾岩、砂岩、粉砂岩三种。

1）砾岩：破碎的岩石，经过长距离的搬运或受到海浪的反复冲击，使棱角消失，形成圆形或椭圆形的砾石，再经胶结所形成的岩石称为砾岩。凡直径在 2mm 以上的碎屑（含量大于 50%）胶结而成的岩石都属此类。砾岩具砾状结构、层理构造，但层理一般都不发育。这类岩石中，如果砾石未被磨圆者，称为角砾岩。

2）砂岩：由粒径在 2～0.05mm 之间的碎屑（含量大于 50%）胶结而成的岩石统称为砂岩。胶结物有泥质、钙质、铁质和硅质等。砂岩碎屑成分复杂，主要为石英和长石，其次为云母、黏土矿物以及各种岩屑。根据粒径大小，砂岩可分为：粗粒砂岩（2～0.5mm），中粒砂岩（2～0.5mm）、细粒砂岩（0.1～0.05mm）。按碎屑成分又可分为石英砂岩（石英含量在 90%以上，含少量长石及燧石）、长石砂岩（石英占 30%～60%，长石在 30%以上，尚有少量云母及岩屑）、硬砂岩（石英小于 60%，长石 20%～30%，岩屑占 20%以上）。

3）粉砂岩：由直径为 0.05～0.005mm 的砂粒经胶结而成，其成分以石英为主，有少量的长石、云母、绿泥石及泥质混入物等。粉砂岩外貌颇似泥质岩，但较坚硬，并有粗糙感。第四纪沉积物中的黄土及黄土岩即属于粉砂岩类。

(2) 火山碎屑岩类。火山碎屑岩是介于沉积岩和岩浆岩中的喷出岩之间的过渡岩石，主要由火山碎屑物质组成，在地表经过短距离的搬运或就地沉积而成。喷出岩受冲刷作用形成的碎屑材料，经正常沉积作用而产生的沉积岩不是火山碎屑岩，而是沉积碎屑岩。喷出的熔岩流直接冷凝而成的岩石属于喷出岩。

火山碎屑岩根据碎屑颗粒的大小，又分为集块岩、火山角砾岩和凝灰岩。

2. 黏土岩类

黏土岩，又称泥质岩，是沉积岩中最常见的一类岩石，约占沉积岩总体积的 50%～60%，是介于碎屑岩与化学岩之间的过渡类型。黏土岩主要是指由粒径小于 0.005mm 的颗粒（含量在 50%以上）组成且含有大量黏土矿物的沉积岩。此外，黏土岩还含有少量的石英、长石、云母。黏土岩具典型的泥质结构，质地均一，有细腻感。黏土矿物颗粒细小，肉眼不能辨别。黏土岩一般都具有可塑性、吸水性、耐火性，吸水后体积增大，具有重要的工程意义。主要的黏土岩有两种：泥岩和页岩。

(1) 页岩：由松散黏土经硬结成岩作用而成。以具页片状构造为特征，易沿页片剥开，岩性致密均一，强度较小，不透水，有滑感，颜色多为土黄色或黄绿色。如含较多的炭质或铁质，则岩石呈黑色或褐红色。页岩由于不透水，通常被称为隔水层。但性质很软弱，抗压强度为 20～70MPa 或更低，浸水后强度显著降低。其成分复杂，除各种黏土矿物外，尚有少量的石英、绢云母、绿泥石、长石等混入物。

(2) 泥岩：泥岩是固结程度较高的黏土岩，其成分与页岩相似，但层理不发育，具块状构造。

3. 化学岩及生物化学岩类

这类岩石是由于母岩遭受强烈化学风化之后，其中某些风化产物形成水溶液被搬运到盆地中，通过蒸发作用、化学反应和在生物的直接或间接作用下沉积而成的。其分布比碎屑岩和黏土岩少，但在岩石学中却占有重要的地位，因为它们本身许多就是具有经济价值的矿产，如石灰岩、白云岩、铝质岩等。在地壳中，该类岩石分布最广的是碳酸盐岩，其次是硅质岩。

1）石灰岩：简称灰岩，由结晶细小的方解石组成，常含有少量的白云石、黏土、菱镁矿等混入物。浅灰色、灰色，混入杂质时为浅黄色、浅红色、灰黑色等，遇稀盐酸起泡。

2）白云岩：由结晶细小的白云石组成，含少量的方解石、石膏、菱镁矿等。其外表特征与石灰岩相似，具有粗糙的断面，遇稀盐酸不起泡或反应很微弱。白云岩中方解石含量增多时，逐渐向石灰岩过渡，称为石灰质白云岩。

三、变质岩

原来的岩石在地壳中受到高温高压以及化学成分渗入的影响，在固体状态下，发生矿物成分或结构构造的改变，从而形成的新岩石，就是变质岩。变质岩不仅具有自身独特的特点，而且还常常保留着原岩的某些性质。

岩石的变质作用，一方面是在地下一定深度、处于较高的温度和较大的压力条件下进行的，因而不同于在常温常压条件下进行的外动力地质作用；另一方面，这种作用是在固态下进行的，所以也不同于岩浆作用。由岩浆岩形成的变质岩称为正变质岩；由沉积岩形成的变质岩称为副变质岩。

变质岩在我国和世界上皆有广泛分布。特别是前寒武纪地层，绝大部分都是变质岩组成的。在古生代及其以后的岩层中，在岩浆体的周围和在断裂带附近，也均有变质岩分布。变质岩中含有丰富的金属矿和非金属矿，例如全世界铁矿储量，其中70%储藏于前寒武纪古老变质岩中。

（一）变质岩的矿物组成及其特点

组成变质岩的矿物大致可以分为两部分。一部分是与岩浆岩和沉积岩共有的矿物，主要是石英、长石、云母、角闪石、辉石、方解石、白云石等。另一部分是变质岩所特有的矿物，主要有石榴子石、红柱石、蓝晶石、阳起石、硅灰石、透辉石、蛇纹石、滑石、绿泥石等，这些矿物是辨认变质岩的标志。

变质矿物多具有如下特点：变质矿物在高温条件下，一般都较稳定；变质岩由于常受定向压力的影响，某些矿物呈针状、放射状、纤维状等；变质岩中的矿物，虽有些与岩浆岩中的矿物相同，但形成时的温度远较岩浆岩中的相同矿物低。

变质条件决定了变质岩中矿物的形成，一定的原岩成分，经过变质作用后会产生不同的矿物组合，例如，同样是含 Al_2O_3 较多的泥质岩类，在低温时产生绿泥石、绢云母与石英组合的变质岩，在中温条件下产生白云母、石英的矿物组合，在高温环境中产生矽线石、长石的矿物组合。

（二）变质岩的结构和构造

变质岩的特点，一方面受原岩的控制，具有一定的继承性；一方面由于变质作用的类型和程度不同，而在矿物成分、结构和构造上具有一定的特殊性。

1. 变质岩的结构

变质岩一般都具有结晶结构，但由于变质作用的程度不同，又可分为变余结构、变晶结构、压碎结构（碎裂结构）。

（1）变余结构。变余结构是变质作用进行得不彻底，还残留着原来岩石的结构。比如沉积形成的砂砾岩，变质后还保留着砾石和砂粒的外形，有时虽然砾石成分发生了变化，但其轮廓仍然很清楚。变余结构一般常见于变质较轻的岩石中。如沉积岩中的砾状、砂状结构可变质成为变余砾状结构、变余砂状结构等。

（2）变晶结构。变晶结构是一种因变质作用使矿物重结晶所形成的结构。由于这种结构是原岩中各种矿物同时再结晶形成的，所以矿物晶体互相嵌生，晶形的发育程度，并不取决于矿物的结晶顺序，而是取决于矿物的结晶能力。这与岩浆岩的结晶结构不一样，岩浆岩的结晶结构一般是先形成的矿物，其自形程度比后生成的矿物高。为了区别起见，在变质岩命名时，冠以“变晶”字样。

根据变质岩中矿物晶形的完整程度和形状，变晶结构可分为如下三种：①等粒变晶结构：岩石中所有矿物晶粒的大小近于相等，与岩浆岩的等粒结构相似，石英岩、大理岩等具有该结构；②斑状变晶结构：与岩浆岩的斑状结构相似，片岩、片麻岩常具这种结构；③鳞片变晶结构：变晶矿物呈片状，沿一定方向平行排列，如云母片岩等。

（3）压碎结构。由于动力变质作用，使岩石发生破碎所形成的变质岩结构，如破碎岩等。

2. 变质岩的构造

变质岩的构造是识别变质岩的重要标志之一。原岩变质后仍残留有原岩的部分构造特征者，称为变余构造，如变余层理构造、变余气孔构造、变余杏仁构造、变余流纹构造等。通过变质作用所形成的新的构造，称为变成构造，这是变质岩在构造上区别于其他岩石的又一个特征。

（1）片理构造。片理构造是岩石中所含的大量片状、板状和柱状矿物在定向压力作用下，平行排列所形成的类似于层状的构造。根据矿物组合和重结晶程度，常见的片理构造有：①板状构造：柔软的泥质岩石，受挤压后，形成易劈成薄片的构造，称为板状构造，劈开面称板理面，劈开面上常有鳞片状绢云母散布，是板岩所具有的构造；②片状构造：由一些片状或柱状、针状矿物（如云母、滑石、绿泥石、角闪石、矽线石等）作平行排列而成，片理特别清楚，是片岩所具有的构造；③片麻状构造：岩石中的深色矿物（黑云母、角闪石等）和浅色矿物（长石、石英等）相间呈条带状分布，在岩石的外观上，构成一种黑白相间的断续条带，是片麻岩所具有的构造；④千枚状构造：矿物初步具有定向排列，但重结晶不强烈，矿物颗粒肉眼不能分辨，仅在片理面上见有强烈的丝绢光泽，裂开面不平整而且有小褶皱，是千枚岩所具有的构造。

（2）块状构造。块状构造是指矿物或矿物集合体在岩石中排列无顺序，呈均匀分布。一般原岩是块状构造的岩石，如岩浆岩、砂岩、石灰岩变质后仍然保持块状构造。石英岩、大理岩等就具有这种构造。

（3）混合岩的构造。原来的变质岩，如片岩、片麻岩、石英岩等，由于许多相当于花岗岩的物质（来自于上地幔的碱性流质），沿片理贯注或与原岩发生强烈的交代作用（称为混合岩化作用），所形成的一种特殊岩石称为混合岩，它是在深成褶皱区的超变质作用下形成的。

混合岩通常由两部分构成：一部分为原岩，如云母片岩、斜长角闪岩等，称为基体；另一部分是混合岩化过程中的活动组分，成分以钾长石、石英为主，称为脉体。混合岩的构造多样，脉体在基体中常成岩球状、条带状、片麻状等分布，分别称之为眼球状构造、条带状构造、肠状构造等。

3. 变质岩的分类

根据变质作用的类型，把变质岩分为三大类：区域变质岩、接触变质岩和动力变质岩。

区域变质岩首先按构造进行分类命名，然后可根据矿物成分进一步定名。如具片理构造的岩石叫片岩，若片岩中含绿泥石较多，则可进一步命名为绿泥石片岩。凡具块状构造和变晶结构的岩石，首先按矿物成分命名，如石英岩；也有按地名命名的，如大理岩。动力变质岩则主要根据岩石结构分类定名。变质岩分类见表 1-5。

表 1-5 变质岩分类简表

类别	岩石名称	主要矿物	构造		变质作用
区域变质岩	板岩	肉眼不能辨别	片理	板状	区域变质作用
	千枚岩	绢云母		千枚状	
	片岩	石英、云母（绿泥石）等		片状	
	片麻岩	石英、长石、云母、角闪石等		片麻状	
	大理岩	方解石、白云石	块状	糖粒状	
	石英岩	石英		致密状	
	混合岩	石英、长石	片理	条带或片麻状	混合岩化作用
接触变质岩	大理岩	方解石、白云石	块状	糖粒状	热力变质
	石英岩	石英		致密状	
	角页岩	长石、石英、角闪石、红柱石		斑状或致密状	
	矽卡岩	石榴子石、透闪石等		斑状或致密状	接触交代
动力变质岩	构造角砾岩	原岩碎块	角砾状		动力变质
	糜棱岩	原岩碎屑	条带或眼球状		

（三）常见变质岩的特征

（1）片麻岩：一种变质较深的岩石，由石英、长石及某些暗色矿物所组成，岩石中片状或条状矿物较少，矿物常成断续条带状定向排列，形成典型的片麻构造。片麻岩可按长石种类分为钾长石片麻岩和斜长石片麻岩。然后再按所含其他矿物进一步详细定名，如黑云母钾长石片麻岩等。

（2）片岩：矿物主要成分是一些片状矿物，如云母、绿泥石、滑石等，尚有石榴子石、蓝晶石等变质矿物。变晶结构，具明显的片状构造。片岩与千枚岩、片麻岩极为相似，但其变质（结晶）程度较千枚岩深。而片岩与片麻岩的区别，除在构造上不同外，最主要的是片岩中不含或很少含长石。片石可按其主要成分分为：石英片岩、云母片岩、绿泥石片岩等。

（3）千枚岩：由板岩进一步变质而成，成分与板岩相同，但结晶程度较好，在稍有弯曲的片理面上常可见云母小片，呈丝绢光泽，千枚状构造，变晶结构。颜色多种，一般为绿色、黄绿色、黄色、灰色、红色和黑色等。有时可见红柱石、石榴子石斑晶。

（4）板岩：是一种结构均匀致密且具有板状劈理的岩石，由泥质的沉积岩变质而成。岩石由细小的云母、绿泥石、石英等组成，隐晶质，有大量的泥质残余，片理面平整。变余泥质结构，板状构造。

（5）石英岩：是石英砂岩等硅质岩石在充分热力影响下重结晶而形成的块状岩石，主要是区域变质，部分是由热变质作用而形成的。岩石具粒状变晶结构，因重结晶而失去原有的碎屑结构，其颗粒大小决定于原来岩石的粒度及重结晶程度。石英岩主要由石英组成，并有云母、绿泥石等矿物混入，其重要变种是含铁石英岩。含铁石英岩除有石英外还发育有薄片状赤铁矿及粒状磁铁矿，当铁质矿物占主要地位时，岩石就转变为矿石。

(6) 大理岩：碳酸盐类岩石（石灰岩和白云岩）在区域变质作用下，重结晶而形成的变质岩，一般呈白色，块状构造，粒状变晶结构。遇稀盐酸起泡。大理岩可以是主要由方解石组成的方解石大理岩，也可以是由白云石组成的白云石大理岩。由于碳酸盐岩石中常有许多不同的混入物，如石灰岩中二氧化硅的存在可促使形成矽灰石，白云岩中二氧化硅的存在可促使形成透闪石或蛇纹石，因此成为矽灰石大理岩、透闪石大理岩、蛇纹石大理岩等。大理岩色彩多异，有纯白色（亦称汉白玉）、浅红色、淡绿色、深灰色等，含杂质而出现美丽的花纹。

(7) 矽卡岩：主要由含钙的石榴子石和辉石及其他一些铁镁硅酸盐矿物所组成的岩石。岩石常产于中酸性侵入体和碳酸盐岩石接触带附近，由粗粒到细粒，块状构造，变晶结构，常见为花岗变晶结构，有时有斑状变晶结构。

(8) 碎裂岩：在压应力作用下，岩石沿扭裂面破碎，方向不一的碎裂纹切割岩石，碎块间基本没有相对位移，碎块外形相互适应，这样的岩石称为碎裂岩。可根据破碎轻微部分的岩性特征确定其原岩名称。命名时在原岩名称前冠以“碎裂”两字，如碎裂花岗岩。

(四) 变质岩的肉眼鉴定

在野外鉴定变质岩时，首先要注意产状的观察，如石英岩和大理岩在接触变质或区域变质作用中均可形成，片岩和片麻岩为区域变质作用的产物。有时从岩性上无法区别某些变质岩的成因类型，但结合岩石的野外产状、分布及共生的岩石类型就能较好的解决。

肉眼鉴定的一般顺序为：

(1) 观察岩石的构造。如板状、千枚状、片状及片麻状等，在辨别时首先观察矿物的结晶颗粒大小。如肉眼无法分辨的则可能属板状或千枚状构造类；反之属于片状或片麻状构造类。然后观察破裂面的特点，如破裂面光滑整齐，易裂成均匀的薄板者为板状构造；若片理面上有强烈的丝绢光泽和小褶皱者为千枚状构造。对于片理与片麻构造的区别，主要是看矿物的形态特征和定向排列的连续性，若主要由片状或柱状矿物组成且又连续分布，则为片理构造，若是以粒状矿物为主，片、柱状矿物虽定向排列但不连续成层则为片麻状构造。若岩石中全部由粒状矿物组成，无定向性，则为块状构造。

(2) 观察岩石的结构。在观察岩石结构时要注意岩石中既有粒状、又有片状、柱状矿物时，对结构的描述必须是综合的，如片麻岩主要由长石、石英的粒状矿物组成，并含少量片状矿物黑云母或柱状矿物角闪石，片、柱状矿物又呈定向而不连续排列，这样就描述为鳞片粒状变晶结构。

(3) 区分岩石的矿物成分。对岩石的矿物成分尽量做出准确的鉴定，并估计各种矿物的百分含量，特别是变质矿物的特征（形态和物理性质）。

(4) 最后观察岩石的总体颜色，注意以新鲜面为准。

鉴定时，一方面要注意区别岩浆岩中的斑状结构与变质岩的斑状变晶结构：岩浆岩中的斑晶主要是长石、石英、角闪石、辉石；变斑晶常常是石榴石、红柱石、蓝晶石、方柱石等，且多具片状和片麻状构造。另一方面要注意区分片理构造与沉积岩的层理构造，变质岩的结构虽不参加岩石命名，但对鉴定岩石有重要意义，它是区别不同成因、不同变质程度的依据。

第五节 岩石的物理力学性质

一、岩石的物理性质

1. 岩石的相对密度

岩石的相对密度G是指岩石固体部分单位体积的重量与同体积的纯水在4℃时的重量比，即

$$G=\frac{W_s}{V_s\gamma_w} \tag{1-1}$$

式中 W_s——体积为V的岩石固体部分的重量，kN；

V_s——岩石固体部分（不包括孔隙）的体积，m^3；

γ_w——4℃时纯水的重度，kN/m^3。

岩石相对密度的大小，取决于组成岩石的矿物的相对密度及其在岩石中的相对含量。如果岩石含有较多的相对密度大的矿物，则其相对密度就大。常见岩石的相对密度多在2.5～3.3之间。

2. 岩石的重度

岩石的重度γ是指单位体积岩石的重量，即

$$\gamma=\frac{W}{V} \tag{1-2}$$

式中 W——岩石试件的重量，kN；

V——岩石试件的体积（包括孔隙），m^3。

根据岩石的含水状况，重度可分天然重度、干重度（完全干燥状态）和饱和重度（完全饱和状态）三种。天然的饱和重度有时也称为湿重度。岩石的天然重度取决于组成岩石的矿物成分、孔隙大小程度及其含水情况。但由于一般岩石的孔隙很少，其干重度与湿重度在数值上相差不大，都接近于岩石的相对密度，因此，通常用干重度来表示岩石的天然重度。

3. 岩石的空隙度

岩石中孔隙和裂隙的体积与岩石总体积的比值，一般用百分数表示，称为岩石的空隙度n，即

$$n=\frac{V_n}{V}\times 100\% \tag{1-3}$$

式中 V——岩石总体积，m^3；

V_n——岩石中孔隙和裂隙的体积，m^3。

岩石空隙度的大小，主要取决于岩石的结构、构造和岩石的矿物成分，同时也要受到外界因素的影响，其中岩石的风化程度对岩石孔隙率的影响很大。风化程度低或构造运动不强烈地区的侵入岩、化学成因的沉积岩和某些变质岩，其孔隙率一般很小，而碎屑沉积、生物沉积的砾岩、砂岩等沉积岩则往往具有较大的孔隙率。另外，碎屑之间的胶结程度对此类沉积岩的孔隙率影响也很大。

岩石的空隙度对岩石的强度和稳定性有重要影响，一般地，孔隙度较大的岩石，其强度和稳定性相对较低。

二、岩石的水理性质

岩石的水理性质是指岩石与水相互作用时所表现出的性质，通常包括岩石的吸水性、持水性、给水性、透水性、软化性和抗冻性等。

1. 岩石的吸水性

岩石在一定条件下吸收水分的能力，称为岩石的吸水性。它主要取决于岩石空隙体积的大小、开闭程度和分布情况。表征岩石吸水性的指标主要有吸水率、饱水率和饱水系数等。

（1）岩石吸水率 w_a：是指岩石试件在常温常压下吸入水的重量 W_{w1} 与岩石干重 W_s 的比值，并用百分数表示，即

$$w_a = \frac{W_{w1}}{W_s} \times 100\% \tag{1-4}$$

（2）岩石的饱水率 w_p：是指岩石在高压（一般为 15MPa）或真空条件下，岩石吸入水的重量 W_{w2} 与岩石干重 W_s 的比值，并用百分数表示，即

$$w_p = \frac{W_{w2}}{W_s} \times 100\% \tag{1-5}$$

（3）饱水系数 k_s：是指岩石吸水率 w_a 与饱水率 w_p 之比，即

$$k_s = \frac{w_a}{w_p} \times 100\% \tag{1-6}$$

一般情况下，岩石的饱水系数为 0.5～0.8，它是评价岩石抗冻性的重要物理指标。岩石的饱水系数越大，其抗冻性越差。当 $k_s<0.8$ 时，说明在常温常压下岩石吸水后还有余留空隙没被水充满，所以在冻结过程中岩石内的水有膨胀和挤入开空隙的余地，岩石将不会被冻坏；当 $k_s>0.8$ 时，说明在常温常压下岩石吸水后的余留空隙相当小，甚至几乎没有余留空隙，所以，在冻结过程中形成的冰将在岩石内产生十分强大的冻胀力，致使岩石被冻裂。

2. 岩石的持水性

岩石具有容纳和保持一定水量的性能称为持水性，持水度即表征岩石持水性的水文地质指标。其数值等于自然状态下，所保留水体积与整个岩石体积之比，用小数或百分数表示。按持水度的不同可将岩石分为三类：①持水的：泥炭、黏土、粉质黏土等。②弱持水的：黏质砂土、黄土、泥灰岩、黏土质砂岩等。③不持水的：砂、砾石、火成岩和坚硬的沉积岩。可见持水度最大的是黏土质岩石。

持水度又可分为下列数种：①饱和持水度，即水充满了岩石全部空隙时的水量；②毛细持水度，即岩石中的水以毛细水的形态存在时岩石所能保持的水量；③最大分子持水度，即被岩石保持的最大薄膜水量。

岩石的饱和持水度与天然湿度之差，称为饱和差。

3. 岩石的给水性

在重力影响下重力水由饱水岩石中流出来的能力称为给水性。其指标为给水度，数值等于流出的水的体积与整个岩石体积之比，用小数或百分数表示。因此，给水度等于饱和持水度和最大分子持水度之差。

岩石的给水度各不相同，粗粒砂和砾石的给水度平均为 27.4%，黏土和泥炭等实际上是没有给水度的。

4. 岩石的透水性

岩石本身的透水能力称为透水性。按透水性的不同，可把岩石划分为三种：①透水的：

疏松的碎层沉积岩，如卵石、砾石、砂及裂隙多的火成岩、变质岩、喀斯特化的石灰岩等。②半透水的：如黏质砂土、泥炭等。③不透水的：如没有裂隙的火成岩与变质岩，胶结良好的沉积岩、黏土等。

岩石之所以能够透水，是因为岩石中有空隙存在，并且这些空隙在某种程度上是互相连通的，而空隙的大小又与透水性的大小有着密切关系。但是，透水程度并不是由空隙的绝对数值来决定的，可能岩石的空隙度很大，而其透水性却很小，黏土即是一个例子。

岩石透水性的强弱可以用渗透系数（K）表示。不同岩石的渗透系数可以相差很大，就是同类岩石，由于颗粒成分、胶结程度、孔隙和裂隙的不同，也可以有很大不同。例如北京地区靠近西山部分的砾石层，渗透系数大于300m/d，内蒙古呼和浩特的砂砾层一般仅为20～50m/d，以碎石及卵石为主时也不过100m/d。基岩的渗透系数往往很小，不足1m/d，但有些胶结较差的砂岩、砾岩及裂隙和孔洞发育的岩石，其渗透系数也可以很大。

实际上，渗透系数的大小还受到液体物理性质的影响。

5. *岩石的软化性*

岩石浸水后强度降低的性能，称为岩石的软化性。岩石的软化性与岩石的空隙性、矿物成分、胶结物质等有关，它常用软化系数 k_d 来表示，即

$$k_d = \frac{R_{cw}}{R_{cd}} \times 100\% \tag{1-7}$$

式中　R_{cw}——岩石在饱水状态的抗压强度，kPa；

R_{cd}——岩石在干燥状态的抗压强度，kPa。

软化系数小于1。一般地，$k_d > 0.75$ 的岩石，其软化性弱，抗风化和抗冻性强，反之，工程性质较差。

6. *岩石的抗冻性*

岩石的抗冻性是指岩石抵抗冻融破坏的性能。岩石浸水后，当处于负温时，其空隙中的水将被冻结，体积增大约9%，可产生较大的膨胀压力，使岩石的结构和联结发生改变，甚至破坏。反复冻融，将使岩石的强度降低。岩石的抗冻性一般用抗冻系数 R_p 和质量损失率 k_m 来表示。

（1）岩石的抗冻系数 R_p：是指岩石冻融试验后的抗压强度 R_{cr} 与未经冻融（冻融试验前）的抗压强度 R_c 之比，并用百分数表示，即

$$R_p = \frac{R_{cr}}{R_c} \times 100\% \tag{1-8}$$

（2）岩石的质量损失率 k_m：是指岩石冻融前后的干质量差（$m_s - m_{sr}$）与冻融试验前的干质量 m_s 的比值，并用百分数表示，即

$$k_m = \frac{m_s - m_{sr}}{m_s} \times 100\% \tag{1-9}$$

三、岩石的力学性质

在外力作用下，岩石会发生变形甚至破坏，因此在研究岩石的力学性质时，主要考虑其变形特性和强度特性。前者是在外力作用下岩石中的应力与应变的关系特性；后者则为岩石抵抗应力破坏作用的性能。

（一）*岩石的变形*

按照岩石在变形过程所表现出的应力—应变—时间关系的不同，岩石变形可分为弹性、

塑性及黏性等三种性质各异的基本变形作用。

1. 弹性

岩石在外力作用下发生变形，当外力移去后可以恢复其原有的形状和体积的性质称为弹性。外力移去后可以恢复的变形称为弹性变形。在弹性变形过程中，如应力 σ 与应变 ε 之间呈线性关系，称为线弹性，否则称为非线弹性。

2. 塑性

岩石在超过其屈服极限外力作用下发生变形，当外力移去后不能完全恢复其原有的形状和体积的性质称为塑性，有时也称为韧性。外力移去后不能恢复的变形称为塑性变形。另外，塑性也可理解为岩石发生永久变形而没有失去其承载力。如果岩石承载力随其变形的增加而减小，则称这种性质为脆性。从这个意义上讲，韧性与脆性相对应，而塑性与弹性相对应。

3. 黏性

岩石在外力作用下变形不能在瞬间完成，其应变速率 $\dot{\varepsilon}$ 是应力 σ 的函数，也可以说，随着应变速率 $\dot{\varepsilon}$ 增大，应力 σ 也上升，而当外力移去后不能恢复其原有形状及体积，这种变形性质称为黏性，相应的变形称为黏性变形。

实际上，自然界中的岩石一般并不表现为上述某种单一的变形性质，而往往是集两种或两种以上的变形性质于一体，例如，弹塑性、黏弹性、黏塑性或黏弹塑性等。要注意，影响岩石的变形特性的因素首先是其自身的物质组成及结构构造，其次是其受力条件，如荷载性质或类型、荷载组合形式、荷载大小、加载方式、加载速率、加载过程及加载时间等。此外，岩石赋存的环境条件，例如地应力状态、温度、围压及地下水等对其变形特性的影响也很大，有时甚至起控制作用。

4. 岩石常用的变形指标

在弹性范围内，岩石的变形特性一般用弹性模量、变形模量和泊松比等指标来表示。

（1）岩石的弹性模量 E_e：即岩石在无侧限受压条件下的应力与弹性应变之比。该值越大，变形越小，说明岩石抵抗变形的能力越大。

（2）岩石的变形模量 E_0：定义为岩石在无侧限受压条件下的应力与总应变（包括弹性应变和塑性应变）之比。该值越大，变形也越小，同样说明岩石抵抗变形的能力越大。

（3）岩石的泊松比 μ：即岩石在无侧限受压条件下横向应变与纵向应变之比的绝对值，用小数表示。岩石的泊松比一般在 0.2～0.4 之间。

（二）岩石的强度

岩石的强度与其变形特性有很大关系。对应于岩石受外力作用破坏的压碎、拉断和剪断等形式，岩石的强度可分为抗压强度、抗拉强度和剪切强度三种。

（1）岩石的抗压强度。岩石的抗压强度 R_c 是指岩石在单轴受压时抵抗压碎破坏的能力，即岩石受压破坏时的极限应力。岩石抗压强度相差很大，它直接与岩石的结构和构造有关，同时受矿物成分和岩石生成条件等因素的影响。

（2）岩石的剪切强度。岩石的剪切强度是岩石抵抗剪切破坏的能力。根据试验条件的不同，它主要有如下三种。

1）抗剪断强度：是指在垂直压力 σ 作用下岩石被剪断的极限剪应力 τ_f，一般可表示为

$$\tau_f = c + \sigma\tan\varphi \tag{1-10}$$

式中 c，φ——抗剪断强度参数（指标），分别称为黏聚力和内摩擦角。

坚硬岩石因结晶联结或胶结联结牢固，因此其抗剪断强度高。

2）抗剪强度：是沿已有的破裂面发生剪切滑动时的强度，即

$$\tau_f = \sigma\tan\varphi \tag{1-11}$$

抗剪强度大大低于抗剪断强度。

3）抗切强度：是指压应力等于零时的抗剪断强度，即

$$\tau_f = c \tag{1-12}$$

（3）岩石的抗拉强度。岩石的抗拉强度 R_t 是指岩石在单轴拉伸荷载作用下所能承受的最大拉应力。

岩石的抗压强度最高，抗剪强度居中，抗拉强度最小。岩石越坚硬，三种强度之间的差值越大。岩石的抗剪强度和抗压强度是评价岩石稳定性的重要指标。

四、常见岩石的物理力学性质指标参考数据

常见岩石的物理性质和水理性质指标见表 1-6，力学性质指标见表 1-7。

表 1-6　　常见岩石的物理性质和水理性质指标表

岩石种类	相对密度	天然重度(kN/m³)	空隙度(%)	吸水率(%)	软化系数
花岗岩	2.50～2.84	22.5～27.4	0.04～2.80	0.10～0.70	0.75～0.97
闪长岩	2.60～3.10	24.7～290	0.18～5.00	0.30～0.38	0.60～0.84
辉长岩	2.70～3.20	25.0～29.2	0.29～4.00	—	0.44～0.90
辉绿岩	2.60～3.10	24.8～29.1	0.29～5.00	0.80～5.00	0.44～0.90
玄武岩	2.60～3.30	24.9～30.4	0.30～7.20	0.30	0.71～0.92
砂岩	2.50～2.75	21.6～26.5	1.60～28.30	0.20～7.00	0.44～0.97
页岩	2.57～2.77	22.5～25.7	0.40～10.00	0.51～1.44	0.24～0.55
泥灰岩	2.70～2.75	24.0～26.0	1.00～10.00	1.00～3.00	0.44～0.54
石灰岩	2.48～2.76	22.5～26.5	0.50～27.00	0.10～4.45	0.58～0.94
片麻岩	2.63～3.01	25.5～29.4	0.70～2.20	0.10～3.20	0.91～0.97
片岩	2.75～3.02	26.4～28.6	0.02～1.85	0.10～0.20	0.49～0.80
板岩	2.84～2.86	26.5～28.1	0.10～0.45	0.10～0.30	0.52～0.82
大理岩	2.70～2.87	25.8～27.0	0.10～6.00	0.10～0.80	—
石英岩	2.63～2.84	25.5～27.4	0.10～8.70	0.10～1.45	0.96

表 1-7　　常见岩石的力学性质指标表

岩石种类	抗压强度(MPa)	抗拉强度(MPa)	弹性模量(GPa)	泊松比	内摩擦角(°)	黏聚力(MPa)
花岗岩	100～250	7～25	50～100	0.2～0.3	45～60	14～50
流纹岩	180～300	15～30	50～100	0.1～0.25	45～60	10～50
安山岩	100～250	10～20	50～120	0.2～0.3	45～50	10～40
辉长岩	180～300	15～35	70～150	0.1～0.2	50～55	10～50
玄武岩	150～300	10～30	60～120	0.1～0.35	48～55	20～60
砂岩	20～200	4～25	10～100	0.2～0.3	35～50	8～40

续表

岩石种类	抗压强度(MPa)	抗拉强度(MPa)	弹性模量(GPa)	泊松比	内摩擦角(°)	黏聚力(MPa)
页岩	10～100	2～10	20～80	0.2～0.4	15～30	3～20
石灰岩	50～200	5～20	50～100	0.2～0.35	35～50	10～50
白云岩	80～250	15～25	40～80	0.2～0.35	30～50	20～50
片麻岩	50～200	5～20	10～100	0.2～0.35	30～50	3～5
大理岩	100～250	7～20	10～90	0.2～0.35	35～50	15～30
板岩	60～200	7～15	20～80	0.2～0.3	45～60	2～20
石英岩	150～350	10～30	60～200	0.1～0.35	50～60	20～60

第六节 岩石的工程地质性质

一、影响岩石工程地质性质的因素

影响岩石工程地质性质的因素是多方面的，归纳起来，主要有两个方面：一是岩石的组成成分、结构与构造及成因等；二是岩石形成后的外部因素，如风化以及水的作用等。现分别说明如下。

1. 矿物成分

组成岩石的矿物成分是直接影响岩石基本性质的主要因素。对于岩浆岩，岩基和侵入体中的深成侵入岩，结晶良好、晶粒较粗，具有较高的强度，而细晶粒或非晶质的喷出岩类，其强度往往较低；由基性矿物组成的岩石比酸性矿物的相对密度大；含云母、角闪石等成分的岩石，容易风化，其强度相对较低。沉积岩的性质与组成岩石的颗粒成分以及胶结物的强度密切相关，一般情况下，由石英和硅质胶结的砂岩的强度要比细颗粒黏土矿物和泥质胶结的页岩高很多。变质岩的强度则与原岩的成分有关。

2. 结构

根据结构特征，岩石可分为结晶联结和胶结联结两大类，其物理力学性质有很大不同。

(1) 结晶联结的岩石是由岩浆或溶液中结晶或重结晶形成的，如大部分岩浆岩、变质岩和一部分沉积岩。此类岩石晶体间的联结力强，孔隙率小，结构致密，相对密度大，吸水率小，具有较高的强度和稳定性。但晶粒大小对岩石的强度有明显影响，细晶粒结构或隐晶质结构的岩石往往比粗晶粒结构的强度大。例如粗晶粒花岗岩的抗压强度一般为118～137MPa，而细晶粒花岗岩的抗压强度则高达196～245MPa。

(2) 胶结联结的岩石是矿物碎屑由胶结物联结在一起的，如沉积岩中的碎屑岩和部分喷出岩等。此类岩石的强度变化很大，主要决定于胶结物的成分和胶结形式。试验发现，硅质基底式胶结的强度与稳定性较高，泥质接触式胶结的较低，钙质和铁质胶结的则介于二者之间。例如泥质砂岩的抗压强度一般只有59～79MPa，钙质和铁质胶结的约有118MPa，而硅质胶结的则可达137～206MPa。另外，此类岩石的强度也受碎屑成分的影响，如石英质的砂岩和砾岩比长石质的砂岩为好。

3. 构造

岩石的构造对其物理力学性质的影响主要取决于矿物成分在岩石中分布的不均匀性和结

构的不连续性。后者使岩石强度具有各向异性的特点，例如：具有千枚状、板状、片状、片麻状结构的岩石，在片理面、层理面上往往强度较低，当岩石受压剪切时，常常沿此类结构面发生剪切破坏，且垂直于此类结构面的抗压强度一般都大于平行于结构面的抗压强度。

4. 岩石形成后的外部因素

(1) 风化作用。岩石形成后，地表岩石就受到风化作用的影响。风化作用可使岩石破碎而松散，导致空隙度增大，吸水性和透水性显著提高，而岩石强度和稳定性则大大降低，严重影响岩石的物理力学性质。

(2) 水。当水沿着岩石中的孔隙、裂隙浸入后，矿物颗粒间的联结会被削弱，这样孔隙、裂隙会进一步扩大，结果可使岩石的强度降低。

二、各类岩石的工程地质性质

1. 岩浆岩的工程地质性质

各种岩浆岩因其生成条件不同，结构、构造和矿物成分各异，岩石的工程地质性质也各不相同。

深成侵入岩呈结晶联结，晶粒粗大均匀，一般裂隙不发育，孔隙率小，透水性弱，而强度和整体稳定性往往较高，所以一般是良好的建筑地基和天然建筑石材。但要注意的是，此类岩石一般由多种矿物结晶而成，抗风化能力较差，特别是含铁镁质较多的基性岩，则更易风化破碎。因此应重视对其风化程度和深度的调查研究。

浅成侵入岩，如为细晶粒或隐晶质结构，则岩石的透水性弱，力学强度高，且抗风化能力比深成岩强，因此通常也是良好的建筑地基；如为斑状结构，则岩石的透水性和力学强度变化较大，特别是脉岩类，岩体小，且穿插于不同的岩石中，易蚀变风化，从而强度降低，透水性增强。

喷出岩多为隐晶质或玻璃质结构，力学强度也高，一般是较好的建筑地基。要注意的是，其中具有气孔构造、流纹构造或发育有原生节理时，透水性较强。此外，喷出岩多呈流状产出，厚度较小，岩相变化大，从而较大地影响到地基的均匀性和整体稳定性。

2. 沉积岩的工程地质性质

各类沉积岩都具有成层分布规律，多存在各向异性特征。因此，在工程建设中需特别重视对其层理构造的研究。另外，沉积岩的不同成因也导致它们具有不同的工程地质性质。

沉积碎屑岩的工程地质性质一般较好，但如前所述，受其中胶结物的成分和胶结类型影响显著，同时，也受碎屑的成分、粒度、级配的影响。

火山碎屑岩的类型复杂，岩体结构变化较大，如为粗粒碎屑岩，其工程地质性质较好，接近于岩浆岩，但由细小火山灰组成的凝灰岩等，其力学强度低，水理性质很差，为软弱岩层。

黏土岩和页岩的性质接近，抗压强度和抗剪强度都低，受力后变形量大，浸水后易软化或泥化。如其中含较多的蒙脱石，则还具有较大的胀缩性。因此这两类岩石对水工建筑物地基和建筑场地边坡的稳定都极为不利。考虑到它们的透水性很弱，可作为隔水层和防渗层。

化学岩和生物化学岩抗水性差，常具有不同程度的可溶性。硅质成分的化学岩，其强度较高，但性脆易裂，整体性差。碳酸盐类岩石如石灰岩、白云岩等具中等强度，一般能满足结构设计要求，但其中存在的各种不同形式的岩溶，往往成为集中渗漏的通道。易溶的石膏、岩盐等化学岩往往以夹层或透镜体的形式存在于其他沉积岩中，浸水后易溶解，力学强度低，可导致地基和边坡的失稳。

3. 变质岩的工程地质性质

变质岩的工程地质性质与原岩密切相关。原岩为岩浆岩或沉积岩的变质岩，其性质与岩浆岩或沉积岩相似，如花岗片麻岩和花岗岩相似，各类片岩、千枚岩、板岩与页岩和黏土岩相似，石英岩、大理岩分别与石英砂岩和石灰岩相似，等等。一般情况下，由于原岩矿物成分在高温高压下发生重结晶，变质岩的力学强度要比变质前相对增高。但是，要注意，如果在变质过程中形成某些变质矿物，如滑石、绿泥石、绢云母等，它们的力学强度则会相对降低，抗风化能力也会变差。而且变质作用形成的片理构造会使岩石具有各向异性特征。另外，动力变质作用形成的破碎岩、断层角砾岩、糜棱岩等，其力学强度和抗水性都很差。

思考题

1-1　何谓矿物？矿物有哪些主要物理性质？

1-2　简述原生矿物、次生矿物和变质矿物的本质区别。

1-3　对比下列矿物，指出它们的异同点。

(1) 正长石、斜长石、石英；

(2) 角闪石、辉石、黑云母；

(3) 方解石、白云石、石英。

1-4　简述变质作用及其类型。

1-5　岩浆岩主要由哪些矿物组成？有哪些构造类型？

1-6　简述岩浆岩的颜色、矿物成分和化学性质之间的内在规律。

1-7　酸性、中性、基性、超基性岩的矿物成分有何不同？

1-8　比较下列岩石的异同点。

(1) 花岗岩、辉长岩；

(2) 流纹岩、玄武岩；

(3) 闪长岩、安山岩。

1-9　沉积岩区别于岩浆岩、变质岩的重要特征有哪些？

1-10　分析下列岩石之间的区别与联系。

(1) 花岗岩、花岗片麻岩；

(2) 页岩、千枚岩；

(3) 石英砂岩、石英岩；

(4) 石灰岩、大理岩。

1-11　变质岩有哪些主要的变质矿物？有哪些构造类型？

1-12　岩石的水理性质通常包括哪些？岩石的吸水性、持水性、给水性、透水性、软化性和抗冻性分别指什么？如何来表示？

1-13　岩石的力学性质主要包括哪些内容？

1-14　岩石的抗压强度、抗剪强度和抗拉强度是如何表示的？

1-15　影响岩石工程性质的因素有哪些？岩浆岩、沉积岩和变质岩的工程地质性质如何评价？

第二章 地 质 构 造

第一节 概 述

地壳自形成以来，无时不在运动、发展和变化之中。只是在一般情况下，地壳运动进行得极其缓慢，不易被人们所觉察而已。例如，喜马拉雅山地区在三千万年以前曾是一片汪洋大海，且长期处于下降状态，形成的沉积岩层厚度高达3万余米。后来逐渐褶皱上升，才隆起成为今日的“世界屋脊”。观测资料表明，此地区至今仍以每年2～3mm的速度上升。但有时地壳运动也表现得十分强烈，可以被人们直接察觉，如强烈的地壳运动——地震造成的地面隆起和塌陷、山崩、地裂、建筑物毁坏、人畜伤亡、交通中断等灾害在世界各地也时有发生。

由于上地幔顶部附近软流圈的存在，固体地球最外层的岩石圈是活动的。岩石圈的活动在地壳中造成水平错动或拉伸挤压，这种使地壳内岩体发生位移变形的作用，称为地壳运动。地壳运动改变了岩层的原始产状，使地壳产生褶皱、断裂等各种地质构造，引起海、陆分布变化，地壳隆起和凹陷，以及形成山脉、海沟，产生火山、地震等，因此，地壳运动又称为构造运动。

地壳运动根据其运动方式和方向可以分为两种基本类型：水平运动和垂直运动。水平运动是指地壳沿地表切线方向的运动，主要表现为岩石圈的水平挤压或拉伸、岩层的褶皱和断裂，可形成巨大的褶皱山系、裂谷和大陆漂移。如美国加利福尼亚的圣安德列斯断裂带，它形成于1.5亿年前，长期的大地位移监测表明，1906年旧金山大地震前的16年中，该断层两侧最大相对位移达7m之多。垂直运动是地壳物质沿着地球半径方向的运动，主要表现为岩石圈的垂直上升和下降，即地壳的上拱和下凹，造成陆地上升（海退）与陆地下降（海侵）。所以垂直运动又称升降运动。如现在的江汉平原，从晚第三纪以来，下降了10000多米，形成了巨厚的沉积层。上述地壳的两种运动往往是紧密联系的，在时间和空间上交替发生。

构造运动根据其发生的时间顺序和特点可分为三类：晚第三纪以前的构造运动称为古构造运动，晚第三纪以后的构造运动称为新构造运动，人类历史时期发生的构造运动称现代构造运动。其中，新构造运动对于现代地形、地表的改造，海陆分布和沉积物性质起着主导作用，对工程建筑影响较大，对防震、抗震的研究也有一定的指导意义。

地质构造是地壳运动的产物，是地壳运动在岩层和岩体中所造成的永久变形。其规模有大有小，大的如构造带，可以纵横数千公里，小的如岩石中的节理等。不同地质构造的存在，影响了岩层的分布规律，给查明建筑地区岩层分布带来了困难。如由于岩层的断裂，破坏了岩体的稳定性，增大了岩层的透水性，会对工程结构会产生不良的影响。因此，研究地质构造对工程建设有着非常重要的意义。

第二节　地　质　年　代

一、地质年代及其确定方法

地壳发展演变的历史叫做地质历史，简称地史。迄今为止，人类发现的最古老的岩石的年龄约为42亿年。而在此前，地壳已开始形成。在这漫长的地质历史长河中，地壳经历了多次强烈的构造运动、海陆变迁、岩浆活动、剥蚀以及沉积等各种地质事件，从而形成各种地质体。这些变化在整个地壳历史中可分为若干个发展阶段，即若干个时间段落。我们把不同的地壳发展时间段落称为地质年代。当我们需要了解一个地区的工程地质情况，如地质构造，岩层的相互关系，以及阅读地质资料或地质图时，都必须具备地质年代的相关知识。

由两个平行或近于平行的界面（岩层面）所限制的同一岩性所组成的层状岩石，称为岩（地）层。把某一地质年代形成的一套岩层（不论是沉积岩、火山碎屑岩还是变质岩）称为那个年代的地层。

岩层的地质年代有绝对地质年代和相对地质年代两种表示方法。绝对地质年代是地质事件或地质体形成的时代，用距今多少年前来表示，实际上是通过岩石样品所含放射性同位素来测定所谓的“绝对”地质年龄。相对地质年代指的是地质事件或地质体形成的先后顺序。相对地质年代虽不能说明岩层形成的确切时间，但能反映岩层形成的自然阶段，从而说明地壳发展的历史过程，故在地质工作中，一般以应用相对地质年代为主。

（一）绝对地质年代的确定

绝对地质年代是表示岩石形成到现在的实际年龄，即所谓的“绝对”年龄。一般是根据放射性同位素的蜕变规律，来测定岩石和矿物年龄。当岩石和矿物形成时，一些放射性同位素就含在里面。放射性元素的衰变进行得缓慢而有规律，并不受其他条件的影响，而且一定的放射性元素的半衰期又是一定的。例如C^{14}变成N^{14}的半衰期是5730年，K^{40}变为Ar^{40}半衰期是13.3亿年，U^{238}变成Pb^{206}的半衰期是45.1亿年。根据不同岩层或化石中上述不同原生放射性元素的数量和衰变产物数量之比，可以分别推算出早期、中期或近期地层或化石的绝对年龄。其原理是基于上述放射性元素的衰变常数λ（每年每克母体同位素能产生的子体同位素的克数），且矿物中放射性同位素蜕变后剩下的母体同位素含量N与蜕变而成的子体同位素含量D可以测出，根据下式即可计算其形成年龄t。

$$t=\frac{1}{\lambda}\ln\left(1+\frac{D}{N}\right) \tag{2-1}$$

例如，铀—铅（U^{235}-Pb^{207}），lg铀在一年内蜕变出7.4×10^{-9}g铅，根据含铀矿物和岩石中的铅铀比率，即可测出该含铀矿物岩石实际形成的地质年代。

自然界放射性同位素种类很多，能够用来测定地质年代的必须具备以下条件：①具有较长的半衰期，那些在几年或几十年内就蜕变殆尽的同位素是不能使用的；②该同位素在岩石中有足够的含量，可以分离出来并加以测定；③其子体同位素易于富集并保存下来。

用同位素测定地质年龄的方法和原理具有很强的科学性，但其测定需在专门的实验室内进行，且工作要求精度高、耗资大。目前，测定同位素年龄的方法主要有：钾—氩（K^{40}-

Ar^{40})、铷—锶(Rb^{87}-Sr^{87})、铀—铅(U^{235}-Pb^{207})和碳法(C^{14}-N^{14})。其中，铷—锶法、铀—铅法主要用以测定不含化石的较古老地层和岩浆岩的年龄；钾—氩法的有效范围大，几乎可以适用于绝大部分地质时间，而且由于钾是常见元素，许多常见矿物中都富含钾，因而使钾—氩法的测定难度降低、精确度提高，所以钾—氩法应用最为广泛；碳法由于其同位素的半衰期短，故一般只适用于 5 万年以内的地质事件及地层年龄的测定。

目前，世界各地地表出露的古老岩石都已进行了同位素年龄测定，如在澳大利亚发现了几粒年龄为 41 亿～42 亿年的矿物颗粒，我国冀东络云母石英岩为 3650～3770Ma（Ma：百万年），南美洲圭亚那的角闪岩为 4130±170Ma。

（二）相对地质年代的确定

地层的相对地质年代主要是根据地层的上下层序、地层中的化石、岩性变化等来确定的。常用的方法有下列几种：

1. 地层学方法（地层层序律）

地层学方法是确定地层相对年代的基本方法。丹麦人斯坦诺（Nicolas Steno，1631～1687）以直观的方法建立了地层学三定律，即叠覆定律、原始连续定律和原始水平定律。即：地层未变动，则下老上新；岩层呈连续体，并逐渐减薄或尖灭；原始岩层呈水平或大致水平状态。在一个地区内，未经过构造运动改造的层状岩层大多是水平岩层，水平岩层的层序为每一层都比它下伏的相邻层新而比它上覆的相邻层老，即为下老上新；当地层挤压使地层倒转时，则上新下老，如图 2-1 所示。

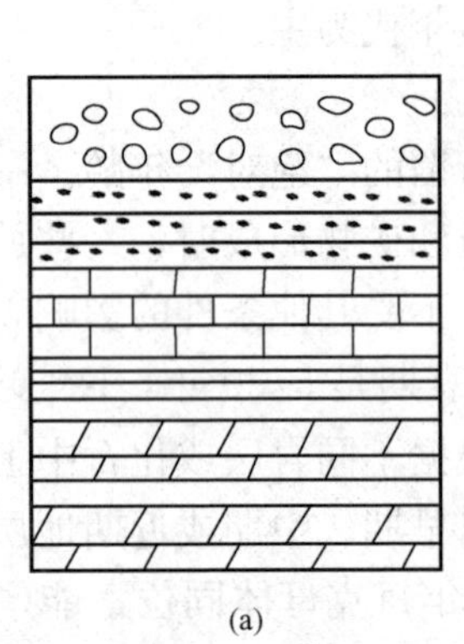
(a)

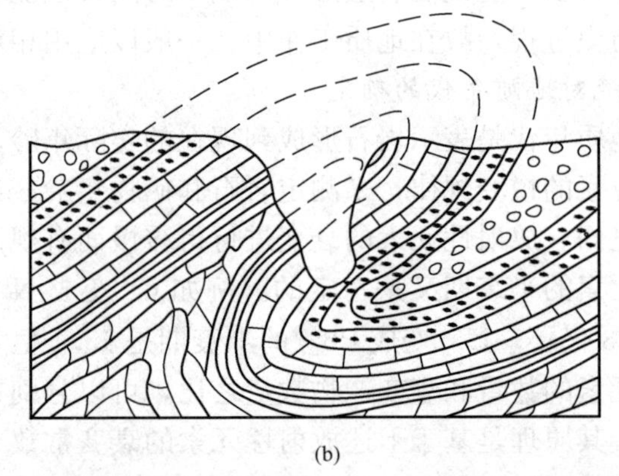
(b)

图 2-1 地层学方法
(a) 正常层序；(b) 倒转层序

一个地区的地层大都经过地质构造运动，在地质历史上常常是一个时期下降接受沉积，另一个时期抬升产生剥蚀。现今任何地区保存的地质剖面都或多或少的缺失某些时代的地层，造成地质记录的不完整。地质学家们在对各地地层层序剖面综合研究的基础上，把各个时期出露的地层拼接起来，建立起较大区域的地层顺序系统，即标准地层剖面。这样，要得到某地区地层的地质年龄，只需将此地区的地层情况与标准地层剖面的地层顺序相比较即可得出。

当地层发生倒转的情况下，可以利用沉积岩的层面构造如泥裂、波痕、雨痕及交错层等构造特征，来推算原始地层的层序，以便确定地层的新老关系。例如泥裂开口所指的方向，虫迹开口所指的方向，波痕波峰所指的方向，均为岩层的顶面，即新地层方向，据此可判定地层的正常或倒转。

2. 古生物学方法（生物层序律）

岩石地层自身会携带生命演化的信息——古生物化石。古生物化石是保存在地层中的古代生物遗体和遗迹，它们一般被钙质、硅质等充填或交代（石化）。在 18～19 世纪，古生物学家与地质学家通过对不同地质历史时期的古生物化石的详细研究，终于得出了对生物演化的规律性认识——生物演化律，即生物演化的总趋势是从简单到复杂，从低级到高级；以往出现过的生物类型，在以后的演化过程中绝不会重复出现。因此，地质时期越古老，生物结构越简单；地质时期越新，生物结构越复杂。埋藏在岩石中的古生物化石结构也反映了这一过程，故可以根据岩石中的化石种属来确定岩石的新老关系。

在实际的测定中，通常利用那些对确定地质年代有决定意义的标准化石来确定地层的相对地质年代。标准化石指的是在某一环境阶段，能大量繁衍、广泛分布，从发生、发展到灭绝的时间较短，并且特征显著的生物。每个地质历史时期都有其代表性的标准化石（图 2-2），如侏罗纪的恐龙、二迭纪的大羽羊齿、泥盆纪的石燕、志留纪的笔石、奥陶纪的珠角石、寒武纪的三叶虫等。

有了古生物化石，无需追索，便可以把全世界任何一处的地层纳入一个有先有后的演化系列中。

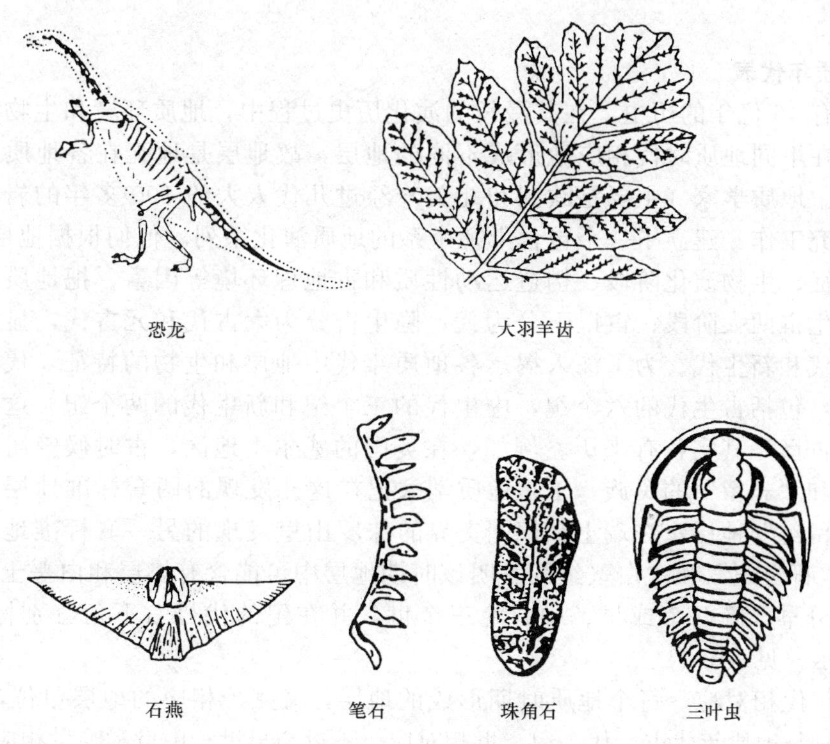

图 2-2　几种标准化石图版

3. 岩性对比法

不同地质时代的沉积环境不同，因而不同地质时期形成的沉积岩，其岩性特征有很大的差异。但是，在同一地质时代，同样的环境下形成的地层，其岩石成分、结构构造、岩层组合应该是相似的。因此，可以根据岩性特征对比来确定某一地区岩石地层的年代。一般是利用已知相对年代，且具有某种特殊性质和特征易为人们辨认的“标志层”来进行对比。例如，我国华北奥陶纪中期，普遍沉积的是质纯的石灰岩和白云质灰岩，广西、湖南一带的泥盆纪早期地层为紫红色的砂岩等，这些都可以作为“标志层”。此外，还可利用地层中含燧石结核的灰岩、硅质层、碳质层等特征来作为“标志层”。

岩性对比法，一般用于地质年代较老而又无化石的“哑地层”。对含有化石的地层，可与古生物学方法结合运用，相互印证。

4. 地层接触关系分析法（切割律）

上述方法主要适用于确定沉积岩或层状岩石的相对新老关系，但对于呈块状产出的岩浆岩或变质岩则难以运用，因为它们不成层，也不含化石。但是，这些块状岩石常常与层状岩石之间以及它们相互之间存在着相互穿插、切割、包裹的关系，这时，它们之间的新老关系依地质体之间的切割律来判定，即较新的地质体总是切割或穿插较老的地质体，较新的地质体也总是包裹较老的地质体，或者说切割者新、被切割者老，包裹者新、被包裹者老。因此，侵入岩的形成年代晚于围岩，捕虏体的形成年代老于侵入体，沉积岩中所具有的砾石，其形成年代要老于沉积岩。

另外，当地层间具有不整合或假整合接触关系（详见本章第三节）时，不整合面以下的地层时代老。

二、地质年代表

地球已有46亿年的历史，在其漫长的演化历史过程中，地质环境和生物种类经历了多次巨变。在不同地质时代相应地形成不同的地层，故地层是地壳在各地质时代里变化的真实记录。地质学家（主要是欧洲和北美）经过几代人大约100多年的岩石地层、古生物地层研究工作，建立了一个包含十几个系的地质演化系列。他们根据地层形成顺序、岩性变化特征、生物演化阶段、构造运动性质和古地理环境等因素，把地质年代划分为隐生宙、显生宙两大阶段；宙以下分为代，隐生宙分为太古代和元古代，显生宙分为古生代、中生代和新生代。为了深入揭示各地质年代中地层和生物的特征，代之下又分出次一级的纪，包括古生代的六个纪，中生代的三个纪和新生代的两个纪。这些纪的名称听起来有点古怪，其实各有来历。例如，在英国的威尔士地区，古时候曾居住过两个名叫“奥陶”和“志留”的民族，于是地质学家把在这儿发现的两套标准地层称为“奥陶纪”和“志留纪”地层；在瑞士和德国交界的侏罗山里发现的另一套标准地层，就取名“侏罗纪”；“石炭纪”和“白垩纪”表明该时期地层中可能含有煤层和白垩土。此外，每个纪以下又分早、晚两个或早、中、晚三个世，并在纪的代号右下角分别标以1、2或1、2、3表示，见表2-1。

与地质年代相对应，每个地质时期形成的地层，又赋予相应的地层单位，即宇、界、系、统，分别与地质年代宙、代、纪、世相对应。不过与早世、中世和晚世相应的年代地层单位分别称为下统、中统和上统。

各个代、纪延续时间不一，总的趋势是年代越老延续时间越长，年代越新延续时间越短；年代越新者保留下来的地质事件的纪录——地层越全，划分越细。此外，地质年代单位的划分也考虑到生物进化的阶段性，年代越新，生物进化的速度越快，反映出地质环境演化速度加快。

表 2-1 **地 质 年 代 表**

宙（宇）	代（界）	纪（系）	世（统）	同位素年龄（Ma*）	主要构造运动	我国地史简要特征
显生宙（宇）P_h	新生代 K_z	第四纪 Q	全新世 Q_4	0.01		现代地貌形成，冰川广布，各种近代堆积物及黄土生成
			更新世 Q_{1-3}	1	喜马拉雅运动	
		第三纪 R：新近纪（晚第三纪）N	上新世 N_2	12		台湾岛、喜马拉雅山形成，有主要的含油地层，为主要的成煤期
			中新世 N_1	26		
		第三纪 R：古近纪（早第三纪）E	渐新世 E_3	40		
			始新世 E_2	60		
			古新世 E_1	65	燕山运动	
	中生代 M_z	白垩纪 K	晚白垩世 K_2	137		构造运动频繁，如燕山运动，印支运动；岩浆活动强烈，海水退出大陆；恐龙繁盛；成煤时代；被子植物出现
			早白垩世 K_1			
		侏罗纪 J	晚侏罗世 J_3	195		
			中侏罗世 J_2			
			早侏罗世 J_1			
		三叠纪 T	晚三叠世 T_3	230	印支运动	
			中三叠世 T_2			
			早三叠世 T_1		海西运动	
	古生代 Pz：晚生代 P_{z2}	二叠纪 P	晚二叠世 P_2	285		构造运动极为频繁，植物繁盛，为主要成煤期；鱼类、两栖动物大量繁殖时代；加里东运动
			早二叠世 P_1			
		石炭纪 C	晚石炭世 C_3	350		
			中石炭世 C_2			
			早石炭世 C_1			
		泥盆纪 D	晚泥盆世 D_3	400		
			中泥盆世 D_2			
			早泥盆世 D_1		加里东运动	
	古生代 Pz：早生代 P_{z1}	志留纪 S	晚志留世 S_3	435		后期地壳运动强烈，我国大部分地区为海相沉积，生物初步发育，三叶虫极盛；无脊椎动物时代；早古生代地层以海相石灰岩、砂岩、页岩为主
			中志留世 S_2			
			早志留世 S_1			
		奥陶纪 O	晚奥陶世 O_3	500		
			中奥陶世 O_2			
			早奥陶世 O_1			
		寒武纪∈	晚寒武世 $\in_3$	570		
			中寒武世 $\in_2$			
			早寒武世 $\in_1$		晋宁运动	
隐生宙（宇）：元古宙 P_t	晚元古代 P_{t3}	震旦纪 Z	晚震旦世 Z_2	1000		元古代地层在我国分布较广，且发育全、出露好、厚度大；低等动物大量繁殖，菌藻类化石丰富
			早震旦世 Z_1			
	中元古代 P_{t2}			1900	吕梁运动	
	早元古代 P_{t1}			2500	五台运动	
隐生宙（宇）：太古宙 A_r	新太古代 A_{r2}			4000	鞍山运动	构造运动及岩浆活动强烈；海水广布；形成古老的片麻岩、结晶片岩、石英岩、大理岩等
	古太古代 A_{r1}					
冥古宙 H_d				4600		

* Ma 即百万年。

第三节 地层产状与地层接触关系

一、岩层及岩层产状

1. 岩层产状的三要素

岩层产状是指岩层的空间位置，即在地壳的空间方位和产出状态，它是研究地质构造的基础。岩层产状可用走向、倾向和倾角来表示，这就是通常所说的岩层产状三要素(图2-3)。

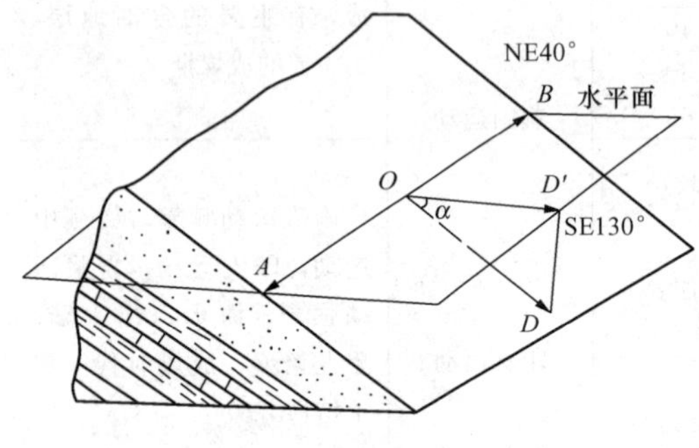

图 2-3 岩层的产状要素

(1) 走向：指岩层层面的水平延伸方向，一般用走向线的方位角来表示。走向线是指岩层层面与任一水平面的交线（图 2-3 中的 AB），也就是同一层面上等高线两点的连线。走向线为直线，两头各指一方，例如一头指向南，一头指向北，则该岩层的走向为南北向。对于同一层面的岩层，其走向有两个方向，角度相差 180°。

(2) 倾向：指岩层面上最大倾斜线在水平面上的投影所指的方向（图 2-3 中的 OD'）。岩层的倾向表示岩层在空间的倾斜方向。由于倾向线是射线，岩层的倾向只有一个方向。岩层的倾向和走向相差 90°。

(3) 倾角：指岩层层面与水平面所夹的锐角，即二者之间的二面角，如图 2-3 中的 α。岩层的倾角表示岩层在空间的倾斜度的大小。当倾角 $\alpha=0°$时，为水平岩层；当倾角 $\alpha=90°$时，为直立岩层；当倾角 $0°<\alpha<90°$时，为倾斜岩层。

在地质图上，产状要素用符号来表示。如⅄35°。其中，长线表示岩层的走向线，短线表示倾向线，短线旁边的数字表示倾角。

2. 岩层产状的表示方法

岩层产状一般有两种记录方法，即象限角法和方位角法。目前，通常都采用方位角表示法。

(1) 方位角表示法。此法通常只记倾向和倾角，是岩层产状记录中最常用的方法。记录时一般按倾向、倾角顺序记录。如 200°∠30°，前面是倾向的方位角，后面是倾角，读为倾向 200°、倾角 30°。其走向可用倾向加减 90°计算得出：290°或 110°。

(2) 象限角表示法。以正南或正北的方向作为标准，记为 0°，正东或正西的方向为 90°。一般按走向、倾向、倾角的顺序记录。如 N40°E∠30°SE，即表示某岩层走向为北偏东 40°，倾角为 30°，倾向南东。

3. 岩层产状的测定

岩层产状要素的具体数值，一般在野外用地质罗盘仪在岩层面上直接测量和读取。测定时首先正确选择岩层层面。选择的岩层层面要平整，且层面产状要具有代表性，注意不要将节理误认为岩层层面。然后测定岩层的走向。测量时，先将地质罗盘长边（与 N、S 刻划线平行的一边）与层面紧贴，注意不要只挨一点，而要使整个罗盘的长边贴在层面上，然后转动罗盘，使底盘水准器的水泡居中，在磁针静止时，读出磁针所指刻度，即为岩层走向。接着测定岩层的倾向。测定时，将罗盘的短边紧贴岩层层面，并使罗盘水平。读出罗盘北针所指的方位角即为所测的岩层倾向。最后测定岩层的倾角。测倾角时需要用测斜仪。先扭紧罗盘上的斜动螺丝，使它顶住磁针，然后将罗盘侧竖起来，使有分度弧的长边紧贴在层面上，与倾斜线（可在测倾向时划出）重合或平行，用中指拨动罗盘底部活动扳手，使测斜水准器的气泡居中，读出悬注中尖端所指最大读数，即为岩层的倾角。

二、地层露头线及判读方法

1. 地层露头线

露头指地层裸露，未被第四系松散堆积层覆盖的部分。地层露头线指地层露头与地表自然形态的交线。露头线形态是指地层露头线在地面和地图上弯曲的形态，其形状取决于地质界面的产状和地形两个基本要素。

在垂直岩层走向线方向上，岩层顶、底露头线之间在地面或地图上的距离称为岩层的露头宽度。对于水平岩层，岩层的露头宽度决定于岩层的厚度和地形坡度。岩层越厚，宽度越大；地面坡度越缓，宽度越大。对于倾斜岩层，其露头宽度除决定于岩层的厚度和地面坡度外，还决定于地层产状。此时有两种情况：①相反方向分布：倾角越小越宽，地面坡度越缓越宽；②相同方向分布：两者之间的夹角越小越宽。对于直立岩层，其露头宽度只取决于岩层厚度。

2. 判读方法

（1）水平岩层。此类岩层分界线的弯曲形态随地形等高线的变化而变化，且两者平行或重合，如图2-4所示。此时，水平岩层的厚度为该岩层顶面和底面的标高差。

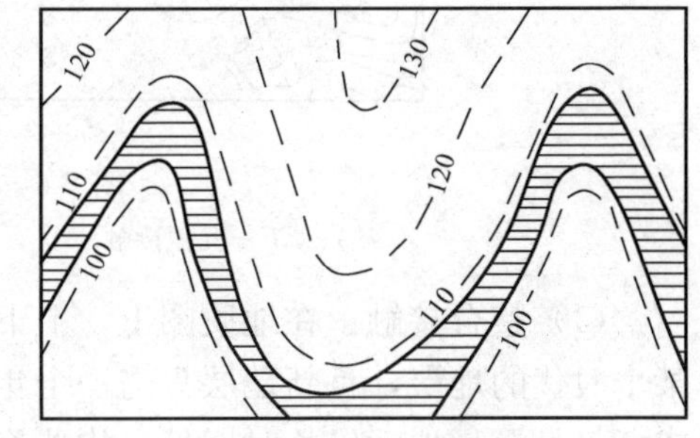

图 2-4　水平岩层在地质图上的特征

（2）直立岩层。岩层界线不受地形变化的影响，沿走向呈直线延伸。只有当岩层走向改变或弯曲时，才相应地转折或弯曲。

（3）倾斜岩层。露头线形态比较复杂，表现为地质界线与等高线呈相交的曲线延伸，但有一定规律，即“V”字型法则，有下列三种情况：

1）当岩层倾向与地面倾斜的方向相反时，在山脊处“V”字形的尖端指向山麓，在河谷处“V”字形的尖端指向河谷上游，但岩层界线的弯曲程度比地形等高线的弯曲程度要小［图 2-5（a）］。

2）当岩层倾向与地面倾斜的方向一致，且岩层倾角大于地形坡角时，岩层分界线弯曲方向和等高线弯曲方向相反，在河谷中，岩层分界线“V”字形的尖端指向下游；在山脊上，“V”字形尖端指向山脊上坡［图 2-5（b）］。

3）当岩层倾向与地面倾斜的方向一致，且岩层倾角小于地形坡角时，则岩层分界线弯曲方向和等高线相同，在河谷中，“V”字形尖端指向河谷上游；在山脊上，“V”字形尖端指向山脊下坡，但岩层界线的弯曲紧闭度大于地形等高线的弯曲紧闭度［图 2-5（c）］。

三、地层接触关系

不同时期形成的岩层，其分界面的特征及相互接触的关系，可以反映各种构造运动和古地理环境等在空间和时间上的发展演变过程。岩层接触关系有沉积岩之间的整合接触、平行不整合接触和角度不整合接触以及岩浆岩与围岩之间的沉积接触和侵入接触，如图 2-6 所示。

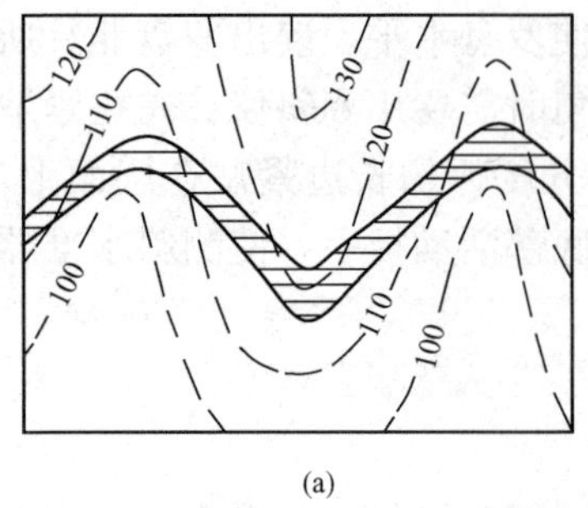

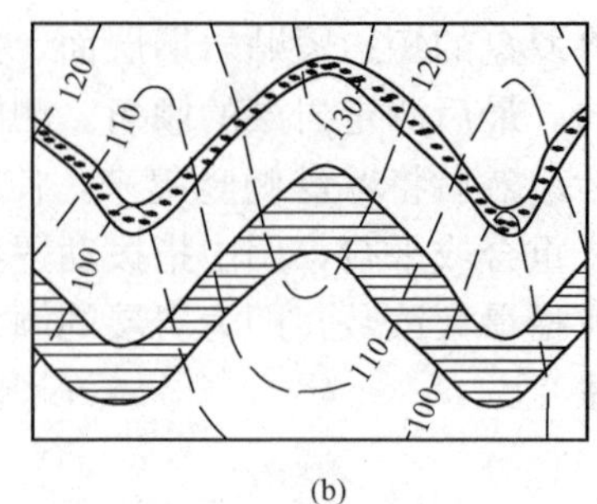

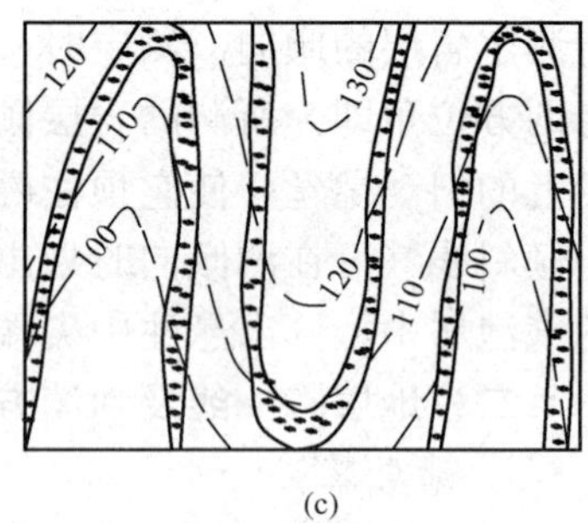

图 2-5　倾斜岩层在地质图上的分布特征

(a) 岩层倾向与坡向相反；(b) 岩层倾向与坡向相同，倾角>坡角；

(c) 岩层倾向与坡向相同，倾角<坡角

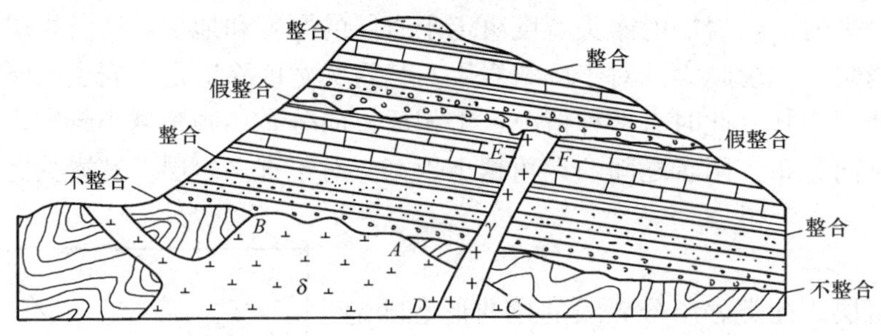

图 2-6　岩层接触关系示意剖面图

BA、*EF*—沉积接触；*AC*、*DE*—侵入接触；δ—闪长石岩体；γ—花岗岩脉

(1) 整合接触：在地质图上，上下两套岩层界线大致平行，地层年代连续，其间不缺失某个时代的地层，且新地层只与一个年代的老地层相邻接触，如图 2-6 所示。整合接触的形成背景是沉积地区较长时期处于构造稳定的条件下，即沉积地区缓慢下降，或虽上升但未超过沉积的基准面以上。

(2) 平行不整合接触（假整合接触）：此类接触关系在地质图上表现为地层界线大致平行，两套地层之间缺失某些年代的地层。两套地层之间的界面称做剥蚀面，也称不整合面，它与相邻的上、下地层产状一致，并有一定程度的起伏，在接触面间常分布一层底砾岩。平行不整合代表着两套地层之间曾有过一次地壳升降运动和沉积间断，即下部岩层形成后地壳上升，变成陆地，遭受风化剥蚀后，地壳下沉，重新接受沉积。

(3) 角度（斜交）不整合接触（不整合接触）：相邻的新、老地层之间缺失了部分地层，且彼此之间的产状也不相同，呈角度斜交，并且中间显著缺失某些地质年代的地层。接触面多起伏不平，也常有底砾岩和古风化岩。此类接触表示较老的地层形成以后，因强烈的构造运动形成褶皱、断裂，并隆起而遭受剥蚀，造成沉积间断。后来地壳再次下降，在剥蚀面上接受沉积，形成新地层。

(4) 侵入接触。这是由岩浆侵入于先形成的岩层中形成的接触关系［图 2-6 中的 *AC* 和 *DE* 界面及图 2-7 (a)］。被穿插的围岩接触面附近常有烘烤蚀变或热力变质现象并易风化破碎。后侵入的岩浆中则常混入围岩的岩块，也称捕虏体。此类接触在地质图上表现为沉积岩被岩浆岩穿插而零乱分布，沉积岩界线被突然截断。

（5）沉积接触。指先形成的岩浆岩体遭受风化剥蚀，然后在再其上沉积了新的岩层［图 2-6 中的 AB 和 EF 界面及图 2-7（b）］。沉积接触的形成过程是，当侵入体形成后，地壳上升并遭受剥蚀，侵入体上部的围岩即侵入体被剥蚀掉，然后地壳下降，并在剥蚀面上接受沉积，形成新的地层。在地质图中表现为岩浆岩的边界线被沉积岩界线截断。

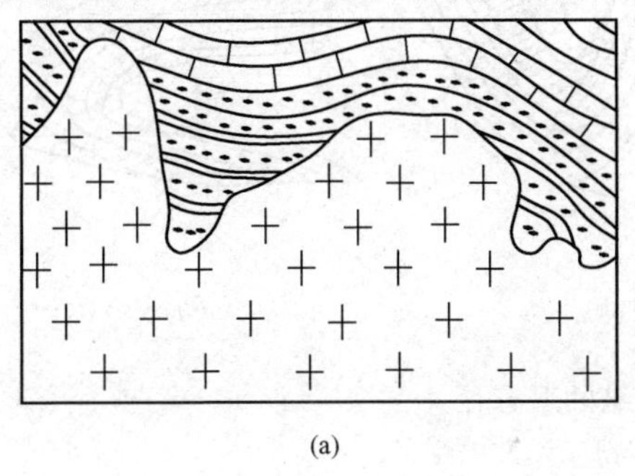

(a)

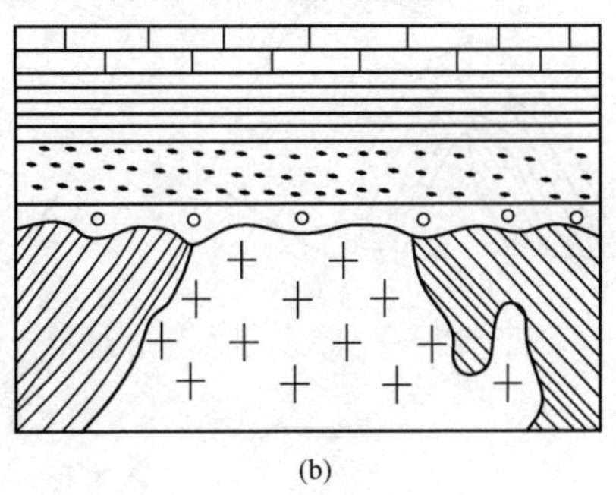

(b)

图 2-7　岩浆岩与地层的接触关系

（a）侵入接触；（b）沉积接触

第四节　褶　皱　构　造

一、褶皱现象

组成地壳的原始产状岩层，在长期复杂的构造运动所产生的地应力（构造应力）的强烈作用下，产生塑性变形，形成一系列的波状弯曲，但仍具有连续性和完整性的地质构造，称为褶皱构造，简称褶皱。褶皱能直观地反映构造运动的性质和特征，其形态千姿百态，复杂多样，规模可大可小，规模小的可至手标本或显微镜下的微型褶皱，大的可至卫星片上的纵横数千公里的区域性褶皱。

褶皱构造是岩层在地壳中广泛发育的基本构造形态之一，它在层状沉积岩中表现最为明显，在片状、板状变质岩中也有存在，而在块状岩体中较为少见。大多数褶皱是在水平挤压作用下形成的，如图 2-8（a）所示，也有部分褶皱是在垂直作用力的作用下形成的［图 2-8（b）］，还有一些褶皱是在一对力偶的作用下形成的［图 2-8（c）］，后者多发生在两个坚硬岩层之间的较软岩层中或断层带附近。

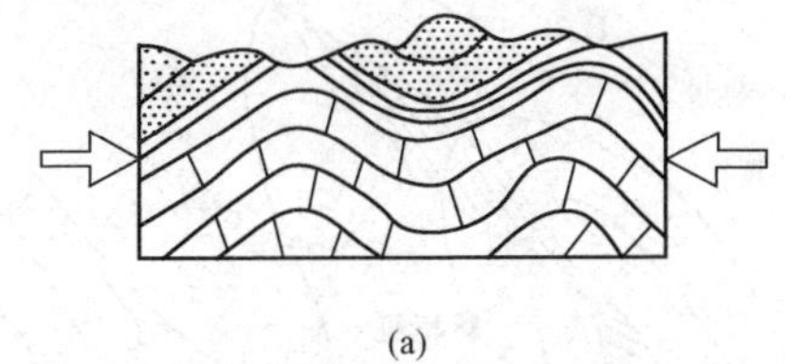

(a)

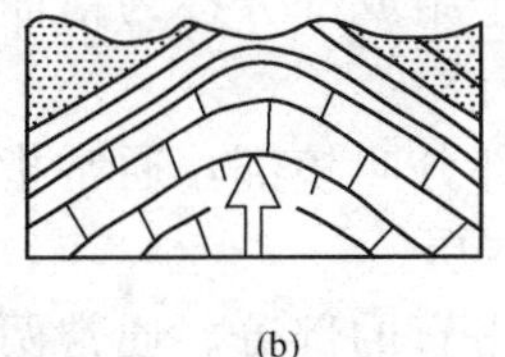

(b)

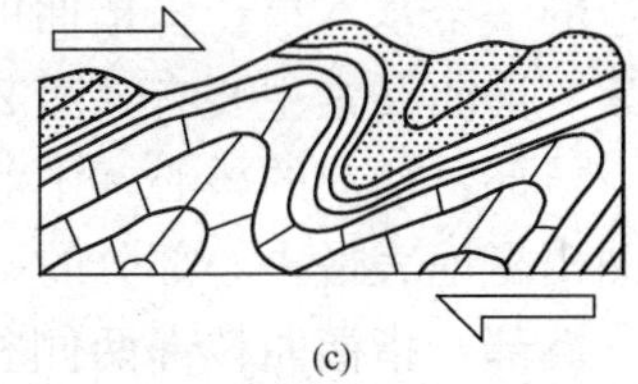

(c)

图 2-8　褶皱构造

褶皱的形态虽然多种多样，但从单一褶皱面的弯曲看，常见的形态有两种（图 2-9）：背形和向形。两侧褶皱面相背倾斜的上凸弯曲称为背形；两侧褶皱面相对倾斜的下凹弯曲称为向形。也有一些褶皱面既不上凸也不下凹，而是凸向旁侧，这类褶皱称作中性褶皱（图 2-9）。

由于岩层褶皱可使岩层层面的倾斜方向和倾斜角度发生变化，从而改变岩体稳定和渗漏条件。因此，研究褶皱的产状、形态、类型、成因及分布特点，对于查明区域地质构造和工程地质条件有着非常重要的意义。

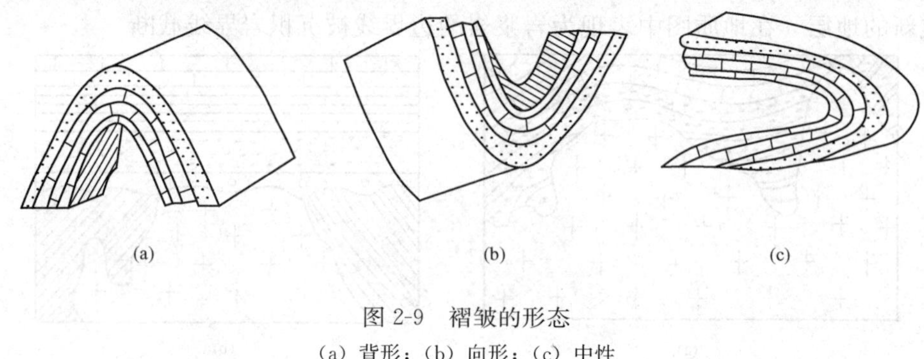

图 2-9 褶皱的形态

(a) 背形；(b) 向形；(c) 中性

二、褶皱的基本类型及褶曲要素

1. 褶皱的基本类型

根据褶皱形态和组成褶皱的地层，可以将褶皱分为两种基本类型：背斜和向斜(图2-10)。

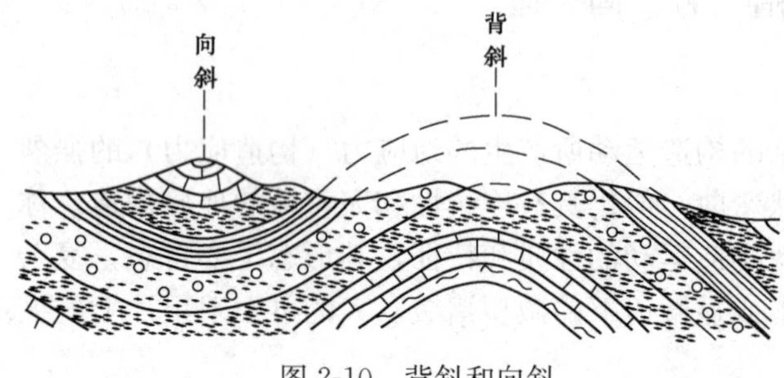

图 2-10 背斜和向斜

背斜：岩层以褶曲轴为中心，向两翼倾斜，当地面受到剥蚀露出有不同地质年代的岩层时，褶皱的轴部出现较老的地层，由轴部向两翼依次对称出现新岩层。岩层凸向指向地层由老变新方向发生弯曲。

向斜：岩层的倾斜方向与背斜相反，即两翼岩层都向褶曲的轴部倾斜。如地面遭受剥蚀，较新的岩层出露在褶皱轴部，向两翼依次对称出露的是较老岩层。岩层凸向指向地层由新变老方向发生弯曲。

2. 褶曲要素

褶皱构造中的一个弯曲，称为褶曲。褶曲是褶皱构造的一个基本单位。褶曲的各个组成部分称为褶曲要素。褶曲要素主要有（图 2-11)：

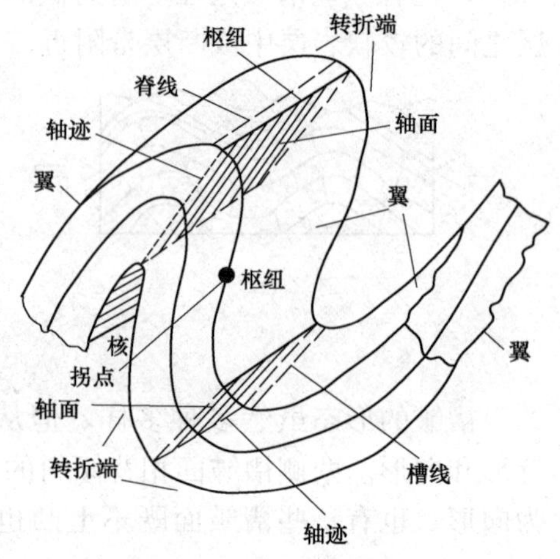

图 2-11 褶皱要素图示

核部：褶曲的核心（中心）部分叫核部，通常指褶曲出露地表最中心部分的一个岩层。

翼部：指褶曲核部两侧相对平直的部分。通常两侧出露的岩层是对称的，当背斜与向斜相连时，其中一翼是公用的。

拐点：相邻的背斜和向斜公用翼的褶皱面常呈“S”或倒“S”形弯曲，褶皱面上不同凸向的转折点称为拐点。如果翼平直，则取其中点作为拐点。

翼角：翼部岩层与水平面间的最大夹角称为翼

角。翼角大小反映褶曲的强烈程度。

翼间角：指正交剖面上两翼间的内夹角。圆弧形褶皱的翼间角是指通过两翼上两个拐点的切线之间的夹角。翼间角可大可小，大至 180°，小可至 5°以下。

转折端：是指褶曲一翼向另一翼过渡的弯曲部分，即两翼的汇合部分。其形态常为圆滑的弧形，也可以是尖凸、箱状、挠曲等，如图 2-12 所示。

轴面：通过核部大致平分褶曲两翼的面称为褶曲轴面。轴面是一个设想的标志面，用于标定褶曲方位和产状。轴面可以是简单的平直面，也可以是复杂的曲面；可以是直立的面，也可以是倾斜、平卧或卷曲的面。

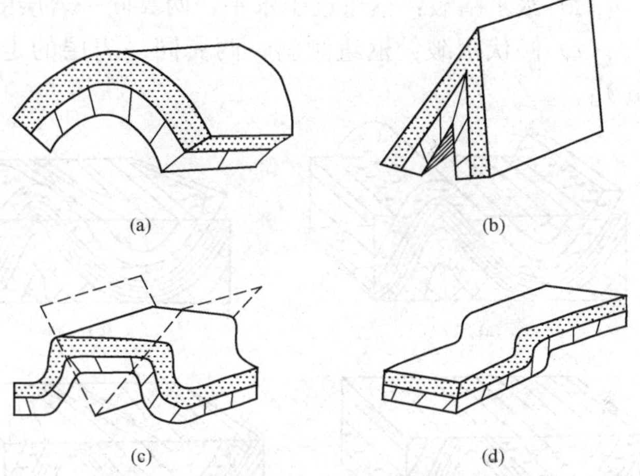

图 2-12　转折端形态不同的表现形式

（a）圆弧；（b）尖棱；（c）箱形；（d）挠曲

轴线：轴面与水平面或垂直面的交线称为轴线。轴线方向表示褶曲在水平面或垂直面上的延伸方向，轴线长度表示褶曲延伸的规模。轴线可以是直线，也可以是曲线。

枢纽：指轴面与褶曲岩层某一层面的交线，也是褶曲中单一层面上的最大弯曲点的连线。枢纽可以是水平的，倾斜的，也可以是波状起伏的。枢纽表示褶曲延伸方向上产状的变化。

脊线和槽线：同一褶皱面上沿着背斜最高点的连线称为脊线，沿着向斜最低点的连线为槽线。脊线或槽线的延伸方向通常是起伏变化的。脊线中最高点表示褶皱隆起部位，称为轴隆，脊线中最低部位称为轴陷。

三、褶皱的形态分类

褶皱的形态多种多样，种类繁多，可以从下述不同角度进行分类。

1. 根据轴面产状和两翼岩层特点分类

（1）直立褶皱：轴面直立，两翼岩层向两侧倾斜，方向相反，倾角近于相等［图 2-13（a）］。

（2）倾斜褶皱：轴面倾斜，两翼岩层向两侧倾斜，方向相反，但倾角不相等［图 2-13（b）］。

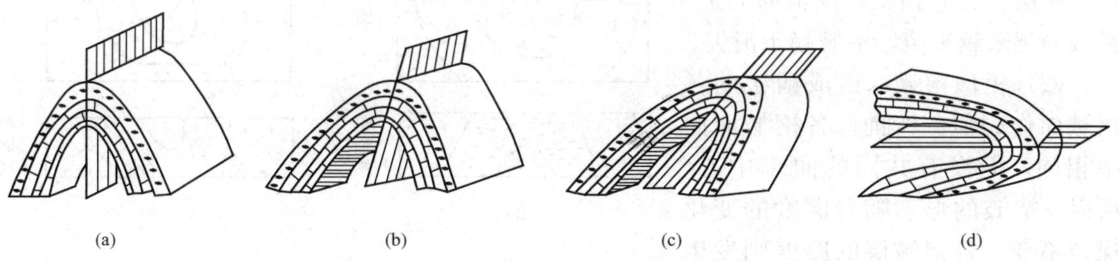

图 2-13　按轴面产状划分褶皱类型

（a）直立褶皱；（b）倾斜褶皱；（c）倒转褶皱；（d）平卧褶皱

(3) 倒转褶皱：轴面倾斜，褶曲中有一翼岩层发生倒转，致使两翼岩层向同一方向倾斜。发生倒转的一翼，老岩层覆盖在新岩层之上［图 2-13 (c)］。

(4) 平卧褶皱：轴面近于水平，两翼岩层也近于水平，一翼岩层层序正常，另一翼为倒转岩层［图 2-13 (d)］。

2. 根据枢纽的产状分类

(1) 水平褶皱：枢纽近于水平，两翼同一岩层的走向彼此平行［图 2-14 (a)、(a′)］。

(2) 倾伏褶皱：枢纽倾斜，两翼同一岩层的走向不平行而呈弧形变化［图 2-14 (b)、(b′)］。

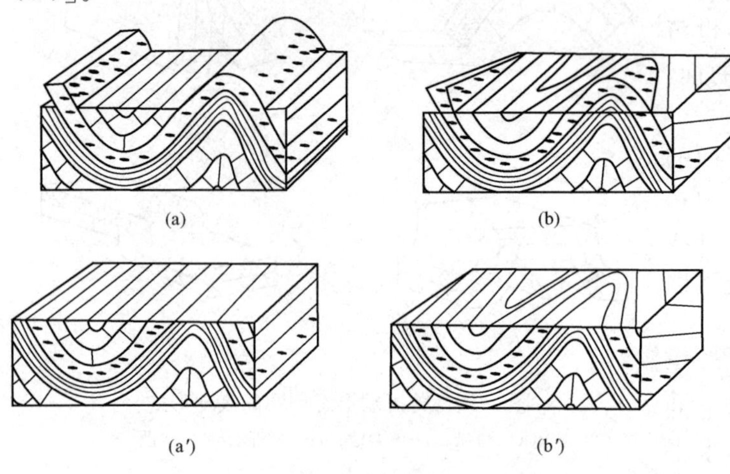

图 2-14 水平褶皱和倾伏褶皱

(a)、(a′) 水平褶皱；(b)、(b′) 倾伏褶皱

3. 根据平面上的形态分类

(1) 线状褶皱：枢纽近于水平，向一定方向延伸很远，一般长度超过宽度 10 倍以上。

(2) 短轴褶皱：褶皱两端延伸不远即倾伏，长度为宽度的 3～10 倍。

(3) 穹隆和盆地构造：延伸很短，褶皱的长度不超过宽度的 3 倍，若为背斜则称为穹隆；若为向斜则称为构造盆地(图 2-15)。

4. 根据各褶皱层厚度变化分类

(1) 平行褶皱：不同岩层的褶皱面近于平行弯曲。同一褶皱层的厚度在褶皱各部分一致，故也称为等厚褶皱，弯曲的各层具有同一曲率中心，所以也称为同心褶皱。由中心向外，褶皱面的曲率半径逐渐增大，曲率变小，岩层弯曲趋于平缓［图 2-16 (a)］。

一般平行褶皱的形态随深度的变化而变化。例如一直立背斜［图 2-16 (a)］，因为要保持同一褶皱层的厚度不变，褶皱面的几何形态必须随深度调整。顺轴面向下，褶皱面的弯曲越来越紧闭，甚至成为尖顶状背斜，或者为了调整褶皱层的向心挤压，在背斜核部会出现复杂的小褶皱和逆冲断层。与此相反，顺轴面向上，褶皱面越来越平缓，褶皱趋于消失。

(2) 相似褶皱：组成褶皱的各褶皱面作相似的弯曲。各褶皱面曲率相同，但没有共同的曲率中心。所以，褶皱的形态随着深度的变化保持不变。各褶皱层的厚度则发生有规律的变化，两翼变薄，转折端加厚；平行轴面的厚度在褶皱各部

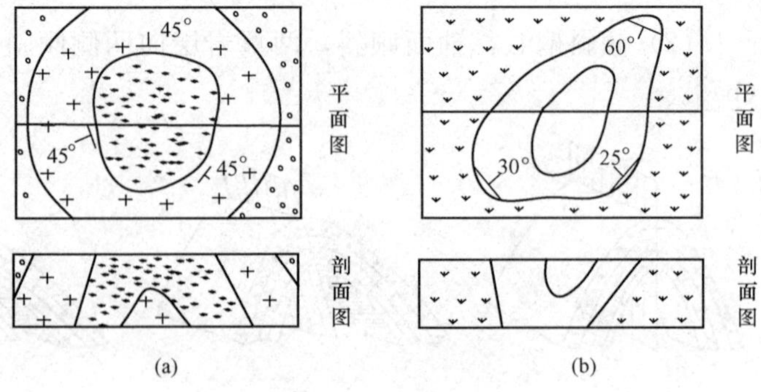

图 2-15 穹隆构造与盆地构造

(a) 穹隆构造；(b) 盆地构造

分保持一致［图 2-16（b）］。

5. 根据组成褶皱的各褶皱面之间的几何关系分类

（1）协调褶皱：各褶皱面弯曲的形态一致或作有规律的变化，其间没有明显不协调的突变现象，如相似褶皱和平行褶皱［图 2-17（a）］。

（2）不协调褶皱：各褶皱面弯曲形态有明显不同，有突变现象。褶皱不协调较为普遍。这是由于各褶皱层的岩性和厚度的差异、不同部分受力不均等原因引起的。图 2-17（b）为大连金州龙王庙寒武纪大林组的不协调褶皱，其形态近似流褶皱。

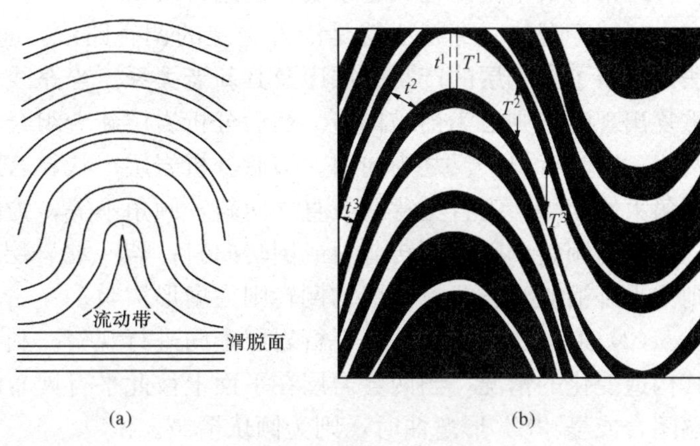

图 2-16 平行褶皱和相似褶皱

（a）平行褶皱；（b）相似褶皱

此外，也可根据褶皱之间的关系进行划分，如在褶皱的翼部发育有次一级的小向斜或小背斜，则称之为复向斜或复背斜，如图 2-18 所示。

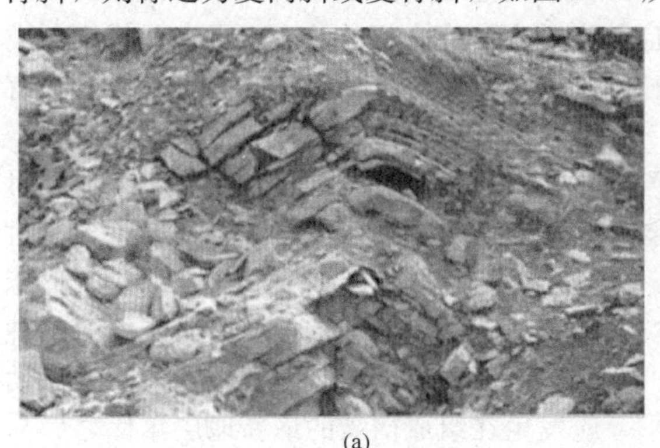

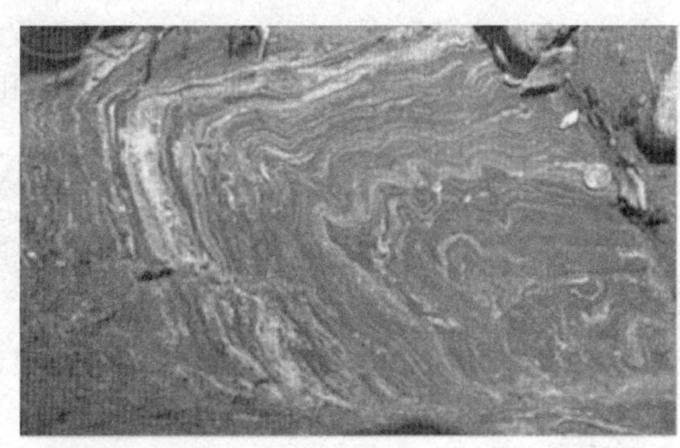

图 2-17 协调褶皱和不协调褶皱

（a）协调褶皱；（b）不协调褶皱

四、褶皱的野外识别

在野外识别褶皱构造时，不可将褶皱构造和现代地形混同起来，即不能直观的认为高山就是背斜，河谷就是向斜。背斜可能受到侵蚀成为谷地，而向斜则因受到地应力的作用而成为高山。例如，北京的九龙山、百花山、妙峰山等都是由高达 1000m 左右向斜构造构成。

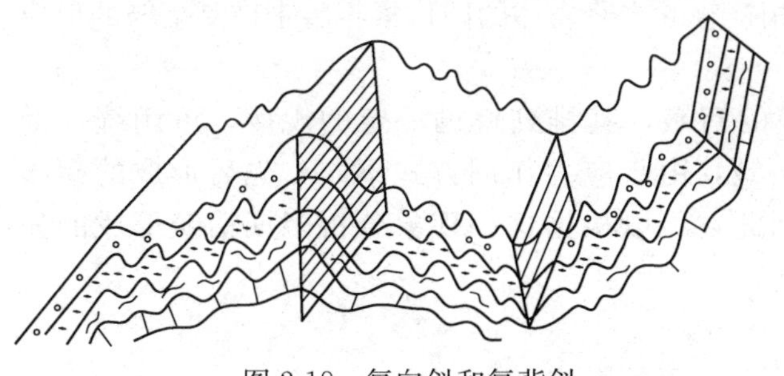

图 2-18 复向斜和复背斜

在实地的识别中，岩层出露较好的小规模褶皱比较容易直观地识别出来。但对于大规模的褶皱，因分布的范围大，并受地形起伏的影响，无法看到它的完整形态，且多数褶皱因遭受到风化剥蚀作用的破坏，褶皱构造显得残缺不全。又由于表层浮土覆盖，岩石出露情况不良，使褶皱某些部分隐蔽，在这种情况下，通常需要采用穿越和追索的方法进行观察。

(1) 穿越法。穿越法就是沿着选定的调查路线，垂直岩层走向进行观察。用穿越的方法，便于了解岩层的产状、层序及其新老关系。当路线通过地带的岩层依照上下层序呈对称重复出现时，则必为褶皱构造。然后分析岩层新老组合关系，如果老岩层在中间，新岩层在两边，则为背斜；反之为向斜。最后分析岩层产状，若两翼岩层均向外倾斜或向内倾斜，且倾角大体相等，为直立背斜或直立向斜，倾角不等，为倾斜背斜或倾斜向斜；若两翼岩层向同一方向倾斜，则为倒转背斜或倒转向斜；若一翼岩层层序正常，另一翼岩层为倒转岩层，则为平卧褶皱，若两翼岩层均倒转则为扇形褶皱。

(2) 追索法。追索法是平行岩层走向进行观察。利用该法，便于查明褶皱延伸的方向及其构造变化的情况。当两翼岩层在平面上彼此平行展布时为水平褶皱，如果两翼岩层在转折端闭合或呈“S”形弯曲时，则为倾伏褶皱。

穿越法和追索法，不仅是野外观察褶皱的主要方法，同时也是野外观察和研究其他地质构造现象的一种基本方法。在实践中，一般以穿越法为主，追索法为辅，根据不同情况，交叉运用。

五、褶皱的形成年代

褶皱在漫长的地质历史长河中，可能经历了不同的构造运动，它们之间相互作用、相互制约，并有一定的联系。所以，研究褶皱不仅应从空间上研究它们的分布、形态、规模、类型等，而且还应从时间上研究它的形成年代和发展历史。确定褶皱形成年代的方法主要有三种。

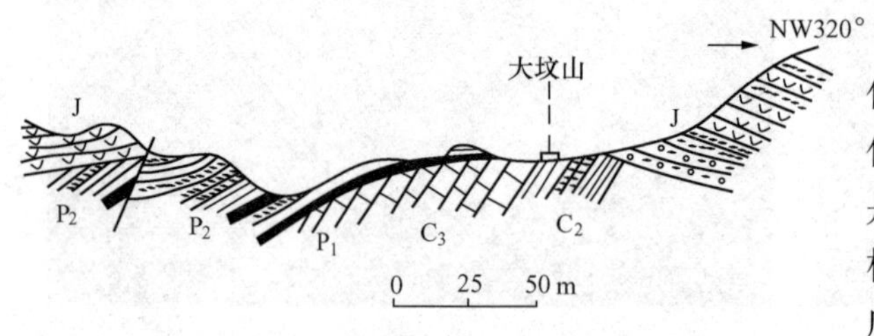

图 2-19 江西上饶东田大坟山地质剖面图

(1) 角度不整合法。褶皱的形成时代，通常是根据区域性的角度不整合的时代来确定，即从不整合面上、下构造形态是否连续一致来推断包括褶皱在内的各种构造的形成时代。其基本原则是褶皱运动应发生在组成褶皱的最新地层年代之后与覆于褶皱之上的未参与该褶皱的最老地层年代之前。例如，如图 2-19 所示的江西上饶东田大坟山地质剖面图上可以看出两个不整合：上二叠统和下二叠统之间的不整合以及侏罗系和上二叠统的不整合。其中，前者代表的时间很短，可以推测下二叠统以下的褶皱形大致形成于东吴运动时期；后者不整合时间间距较长，对比这一带的岩层发现，二叠系和三叠系之间是连续沉积的，而三叠纪晚期的印支运动对本区影响较广泛。所以，上二叠统的褶皱是印支运动造成的。

(2) 放射性年龄法。通过测定与褶皱相接触的岩浆岩体的同位素年龄来推测褶皱的形成时代。

(3) 叠加褶皱分析法。同一时期形成的褶皱，其排列遵循一定的规律，可用统一的应力作用方式解释。而不同时期形成的褶皱，由于应力作用方式不同，先后形成的褶皱常有相互切割，相互干扰的重叠现象。因此，可以根据这一现象分析多期褶皱形成的先后顺序。

六、褶皱的工程地质评价

一般来说，褶皱构造对工程建筑有以下几方面的影响。

（1）褶皱核部或转折端岩层由于受水平张力作用，节理比较发育，岩石破碎，易受风化，渗透性强，直接影响到岩体的完整性和强度，在石灰岩地区还往往使岩溶较为发育，工程地质条件较差。所以，在核部布置各种建筑工程，如厂房、路桥、坝址、隧道等，必须注意岩层的坍落、漏水及涌水问题。

（2）在褶皱翼部布置建筑工程时，重点注意岩层的倾向及倾角的大小，因为如果开挖边坡的走向近于平行岩层走向，且边坡倾向与岩层倾向一致，边坡坡角大于岩层倾角，则容易造成顺层滑动现象。

（3）因为背斜顶部岩层受张力作用可能塌落，向斜核部则是储水较丰富的地段，所以对于隧道等深埋地下的工程，一般应布置在岩层较均一的褶皱翼部，有利稳定。也可选择在水平岩层地区，因为隧道可以选择在同一较好岩层通过，不但施工简单，而且易于保证安全。对于倾斜岩层，应使隧道轴线与岩层走向的交角要大，岩层倾角越大越好；如轴线与岩层走向交角小或平行时，则隧道顶部将产生偏压。

第五节 断 裂 构 造

组成地壳的岩层受到构造应力的作用，会发生变形，当变形达到一定程度时，岩层的连续性和完整性遭到破坏，产生各种形态的断裂，称为断裂构造。

断裂构造在地壳中分布极为普遍，它既可发育于沉积岩中，也可广泛发育于岩浆岩与变质岩中。其规模有大有小，巨型的可长达上千公里以上，微细的要在显微镜下才能看出。断裂构造常常引起水库的渗漏和工程岩体的不稳定，给水库大坝等工程带来隐患。因此，对断裂构造的研究在工程实践上具有重要的意义。

按照断裂后两侧的岩块沿断裂面有无明显的相对位移，断裂构造分为节理和断层两大类。

一、节理

节理也叫裂隙，是指岩层在构造应力作用下发生破裂，两侧岩石没有发生明显位移的断裂构造。一次构造作用中形成的节理一般是有规律的，并且是成群产出的，构成一定的组合型式，称为节理组或节理系，节理的断裂面称为节理面。节理的分布极为广泛，除疏松的现代沉积外，几乎所有的岩层中都有发育。节理的大小不一，由几厘米到几十米不等。节理的存在大大降低了岩体本身的强度，破坏了岩体的稳定性。如岩石边坡失稳和隧道洞顶坍塌等工程灾害往往与节理有关。

（一）节理的类型

1. 按成因分类

形成节理的原因很多，并非都是构造运动所造成的。按节理的成因，可将其分为三种类型：构造节理、原生节理和次生节理，其中，以构造节理为主。

（1）构造节理。在岩石形成以后由于构造运动的影响形成的节理称为构造节理。构造节理是各种节理中分布最广泛的节理，其形成与分布具有明显的规律性，并与周围的地质构造如褶皱和断层的成因有密切的联系，对不同性质的岩石和在不同的构造部位，构造节理的力学性质和发育程度都不相同。

（2）原生（成岩）节理。在成岩过程中形成的节理称为原生节理。例如，沉积岩中由于表层沉积物失水收缩形成的泥裂；玄武岩中的六方柱状或多边形柱体状节理是由于岩熔冷却时发生的张应力作用形成的。

(3) 次生节理。由于风化、冰川运动或冰劈作用、山崩地滑以及人工爆破等原因造成的节理为次生节理。次生节理一般分布不广，局限于一定岩层或一定深度之内，且多为张节理。

2. 按节理形成的力学性质分类

构造节理按其力学性质可分为剪节理和张节理两类（图 2-20）。

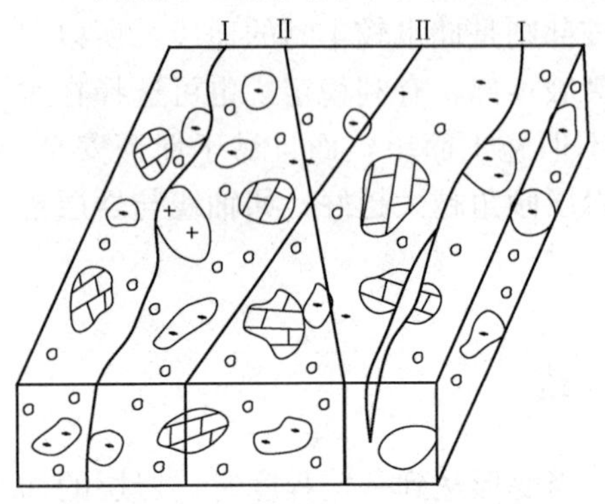

图 2-20　砂岩中的张节理和剪节理

(1) 剪节理。岩石受剪应力作用且其承受的最大剪应力达到或超过岩石的抗剪强度时，产生的破裂面称为剪节理。其两组剪切面一般形成“X”型的节理，因此又称为 X 节理（图 2-20 中的Ⅱ）。剪节理常与褶皱和断层伴生，分布于褶皱的核部或断裂带附近，发育较密，常呈羽状排列。一般剪节理产状较稳定，沿走向和倾向延伸较远，但穿过不同岩性的岩层时，其产状可能发生改变。节理面较平直光滑，有时具有因剪切滑动而留下的擦痕和擦光面。剪节理面两壁一般紧闭或距离较小，较少被矿物质充填，如被充填，脉宽较为均匀，脉壁较为平直。相同级别的剪节理通常有大致等距离的发育分布规律。发育于砾岩和砂岩等岩石中的剪节理，一般较平整地切割砾石和胶结物。由于剪节理互相交叉切割岩层，使岩层形成方形或菱形，破坏岩体的完整性，剪节理面较易于滑动。

(2) 张节理。张节理指岩石受张应力作用，且在某个方向的张应力超过了岩石的抗张强度而产生的破裂面（图 2-20 中的Ⅰ）。张节理产状不甚稳定，延伸不远，常呈不规则的弯曲。节理面粗糙不平，一般无擦痕。张节理多为开口状，常常被矿脉充填成楔形、扁豆状、透镜状及其他不规则形状。脉宽变化较大，脉壁不平直。在砾岩或砂岩中的张节理常常绕砾石或粗砂粒而过。张节理有时成不规则的树枝状、各种网络状，有时也具一定几何形态，如追踪 X 形节理的锯齿状张节理、单列或共轭雁列式张节理等。

3. 按节理的几何形态分类

节理是一种相对小型的构造，总是与其他构造伴生。节理的产状与其他构造的产状之间往往存在一定的几何关系。

(1) 根据节理产状与岩层产状的关系分类（图 2-21）。

走向节理：节理走向与岩层走向近于平行。

倾向节理：节理走向与岩层走向近于垂直。

斜向节理：节理走向与岩层走向斜交。

顺层节理：节理面与岩层的层面近于平行。

(2) 根据节理与褶皱轴的关系分类。

纵节理：节理走向与褶皱轴向近于平行。

横节理：节理走向与褶皱轴向近于垂直。

斜节理：节理走向与褶皱轴向斜交。

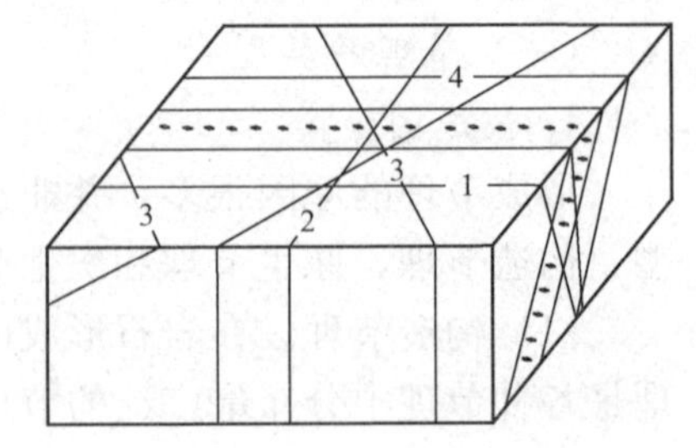

图 2-21　节理与岩层产状关系分类

1—走向节理；2—倾向节理；
3—斜向节理；4—岩层走向

上述两种分类，在某些情况下常相吻合，如对没有倾伏的褶皱而言，走向节理相当于纵节理，倾向节理相当于横节理。

此外，对于发育在水平岩层或近于水平岩层中的节理，还可以根据节理的走向进行划分，如北西向节理、西南向节理等。

4. 按节理张开程度分类

宽张节理：节理缝宽度大于 5mm；

张开节理：节理缝宽度为 3～5mm；

微张节理：节理缝宽度为 1～3mm；

闭合节理：节理缝宽度小于 1mm。

（二）节理的调查与统计

地壳中广泛发育的节理，破坏了岩体的完整性，增大了岩石的渗透性，对工程建设造成不利的影响，因此，在进行工程地质勘察时，需对节理发育地区进行详细深入的调查、观测和统计，对岩体的稳定性和渗透性等作出正确的分析和评价，以便施工时采取相应的处理措施，保证工程建筑的安全和正常使用。

1. 观测点的选择

首先根据调查工作的性质和任务确定调查的范围和详细程度。观测点的数量与密度要视具体的情况和任务而定。通常，在进行小比例尺的地质测绘时，在构造复杂地段加密观测点；而在进行中、大比例尺的地质测绘和工程勘察时，要结合工程项目的位置，选择有代表性的地段，加密观测点。如在进行 1∶50000 到 1∶10000 的地质测绘时，一般每平方公里内设置 4～6 个观测点。

此外，在选定观测点时还要考虑：①露头良好，最好便于两面观测，露头面积一定不小于 $10m^2$，便于大量测量；②构造的特征清楚，岩层产状稳定；③节理组、系及其相互关系明确。

2. 节理调查的内容

在每一个观测点上，首先确定其地理位置、构造部位和地层岩性产状，然后从以下几个方面对节理进行调查：

（1）节理产状及节理面的性质。其中，节理产状测量方法与岩层产状相同。

（2）观测节理面张开度、长度和填充情况。如张开节理中有充填物的，应观察描述充填物的成分、特征、数量、胶结情况及性质等。对后期重新胶结的节理，应描述胶结物成分和胶结程度。

（3）描述节理壁的粗糙程度和节理充水情况。

（4）统计节理发育特征及相互的穿插关系。

（5）统计节理的组数、密度、间距、数量，确定节理发育程度和节理的主导方向。

每一测点的测量统计面积应视节理发育的程度而定，一般取 $1～4m^2$，观测以上内容。记录表格可根据目的和任务编制，一般性节理观察点记录表格见表 2-2。其中统计节理密度的方法是在垂直节理走向方向上取单位长度计算节理条数，以条/m 表示。间距等于密度的倒数。根据节理发育特征，按节理密度可划分其裂隙发育程度或岩体完整程度，具体划分见表 2-3。

3. 节理观测资料的室内整理

野外调查的统计资料，到室内阶段要进行整理，并用各种统计图把它表示出来，以便对比分析。统计图的种类很多，常用的有节理玫瑰花图、节理等密图等。其中，节理玫瑰花图能较直观地反映出节理的产状和分布情况，且作图简单容易，常被广泛应用。节理玫瑰花图有两类，一类是用节理走向编制的走向玫瑰花图，另一类是用节理倾向编制的倾向玫瑰花图。下面以常用的走向玫瑰花图为例说明编制方法。

表 2-2　　节理观测点登记表

点号及位置	地层时代、层位及岩性	岩层产状和构造部位	节理产状	节理组系及其力学性质和相互关系	节理分期和配套	节理密度	节理面特征及充填物	备注

表 2-3　　节理裂隙发育程度划分表

发育程度等级	节理不发育	节理较发育	节理发育	很发育	
岩体完整程度	完整	较完整	较破碎	破碎	极破碎
平均节理间距（m）	＞1	1～0.4	0.4～0.2	≤0.2	无序
节理密度（条/m）	0～1	1～3	3～5	≥5	

首先将野外测量统计的节理数据的走向按 5°或 10°为一区间进行分组，统计每组节理的条数和计算每组节理的平均走向。然后取一半圆，沿圆周标出北、东、西三个方向，并按方位角划分出刻度，用以表示节理的走向；根据整理所得的资料，按每组节理的平均走向和条数作图：自半圆中心沿径向引辐射线段，该线段的方向代表节理的平均走向的方位，一定线段长度代表节理条数；最后连接各径线端点即得节理走向玫瑰图，如图 2-22 所示。

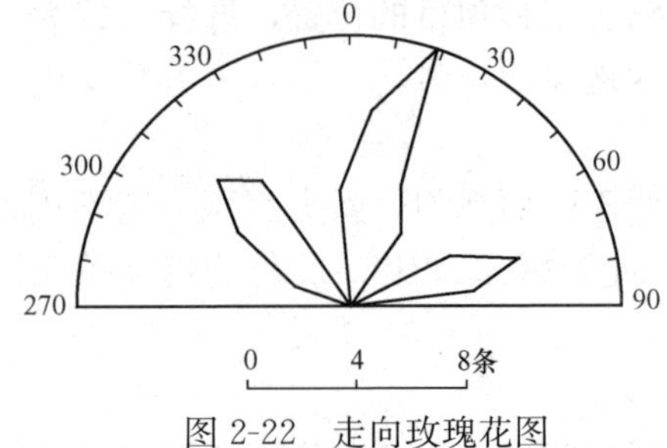

图 2-22　走向玫瑰花图

（三）节理的工程地质评价

地壳中广泛发育的节理，在工程上除了有利于开采外，对岩体的强度和稳定性均有不利的影响。节理破坏了岩体的完整性，水易沿裂隙渗入，加速岩石的风化，增大岩石的渗透性，降低了基岩的承载力。沿剪节理面抗剪强度往往很低，在边坡和坝基岩体中易形成滑动破坏面，在人工开挖边坡容易发生崩塌和塌方事故。沿张节理面的内摩擦角值较剪节理高，如果被黏土等物质填充，则其抗剪强度常常受填充物控制。张节理透水性强，常是地下水或坝基、库岸的良好渗透通道。当岩体垂直于张节理受压时，易产生较大的压缩变形。在地下开挖中，岩体中的节理裂隙还会影响爆破作业效果，并使地下工程的围岩失稳。所以，在节理裂隙发育地区，为保证工程建筑的安全，应对其进行细致的调查研究，必要时还应采取相应的处理措施。

（四）形成年代

节理在野外常成群成组出现，有时当某一方向的节理特别发育时，常常会把节理面与层面相混淆，因此在野外必须认真区别节理面与层面。通常把在同一时期同样力学成因条件下形成的彼此平行或近于平行的特征相近的节理归于一组。节理的产状以节理面的走向、倾向和倾角来确定，其测量与记录方法同岩层产状。根据岩石露头上节理组的交叉切割和限制关系，可以划分出它们形成时间上的相对先后。一般来说，被切割的节理组比切割它的节理组形成得早；若一组节理被另一组节理所限制发育，则被限制发育的节理形成时间相对要晚些；如果两组不同方向的节理互相切割和限制，则它们可能是同期形成的共轭X形节理系。

二、断层

断层是指岩层或岩体在构造应力作用下破裂后，断裂面两侧岩体有明显相对位移的断裂构造。它往往是由节理进一步发展而成，在力学成因方面两者并无本质的差别。断层在地壳中分布很广，规模相差也很大，大的可延伸数百公里甚至上千公里，小断层可见于岩石手标本。断层的切割深度也差别很大，浅的见于地表，深的可达上地幔。断层破坏了岩体的连续完整性，不仅对工程岩体的稳定性和渗透性有重大影响，而且还是地下水运动的良好通道和汇聚的场所。断层是一种重要的地质构造，如隧道中大多数的塌方、突涌水等都与断层有关。另外，大多数地震还与活动断层有关。

（一）断层要素

习惯上把断层的各个组成部分叫做断层要素。一般断层要素有断层面、断层线、断盘和断距等（图2-23）。

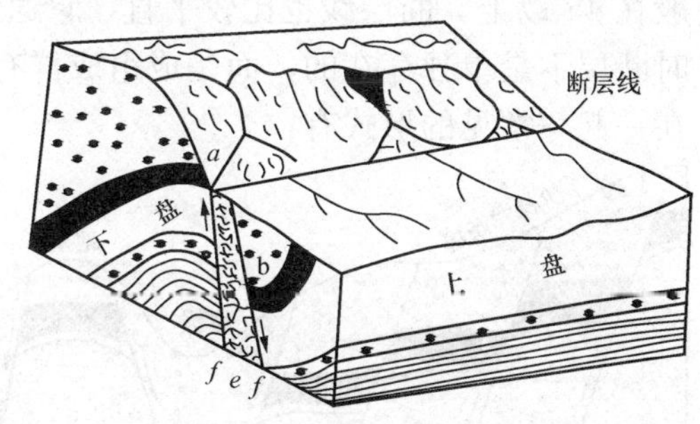

图2-23 断层要素

ab—断距；*e*—断层破碎带；*f*—断层影响带

（1）断层面：被错开的两部分岩石沿之滑动的破裂面称断层面。断层面的产状可用走向、倾向和倾角来表示，其测量与记录方法同岩层产状。断层面可以是水平的、倾斜的或直立的，以倾斜的居多。其形状可以是平面，也可以为波状起伏的曲面或台阶状。有时断层两侧的运动并不是沿一个面发生，而是沿着由许多破裂面组成的破裂带发生，这个带称为断层破碎带或断裂带。

（2）断层线：断层面与地面的交线称断层线。它代表断层面在地面上的延伸方向，其形状决定于断层面的形状和地面起伏形状，可以为是直线，也可以是曲线。

（3）断盘：断层面两侧相对移动的岩块称作断盘。当断层面倾斜时，断盘有上、下之分，位于断层面以上的断块叫上盘，位于断层面以下的叫下盘。断层面为直立时，往往以方向来说明，如称为断层的东盘或西盘。如按两盘相对运动来分，相对上升的断块叫上升盘，相对下降的断块叫下降盘。上升盘与上盘不见得是一致的，上升盘可以是上盘，也可以是下盘；下盘可以是上升盘，也可以是下降盘。

（4）断距：被错断岩层在断层两盘上的对应层之间的相对位移称为断距。其中，断层两盘上对应层之间的垂直距离称地层断距；对应层之间的铅直距离称铅直地层断距；对应层之间的水平距离称水平地层断距。由于在断层面上很难找到相互错开的对应点，因此常用断层两盘的对应层（标志性岩层或地层）错动来估算断层位移距离。

（二）断层的类型

1．按断层两盘相对运动分类

按断层两盘相对运动特点，断层可分为正断层、逆断层和平移断层三种基本形态类型（图2-24）。

（1）正断层。上盘相对下降、下盘相对上升的断层称为正断层［图2-24（a）］。它一般是水平张应力或垂直作用力使上盘相对向下滑动形成的。正断层的断层面常常较陡，倾角一

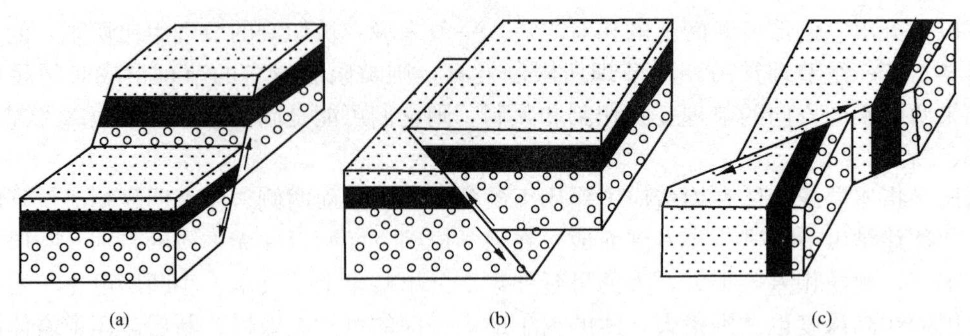

图 2-24　断层类型示意图
(a) 正断层；(b) 逆断层；(c) 平移断层

般在 45°以上，断层线也比较平直，它通常是在拉张和重力作用下形成的。在自然界中，有时断层不是单独存在的，而是成组成群有规律地出现。在野外可以见到数条正断层排列组合在一起，常见的形式有：

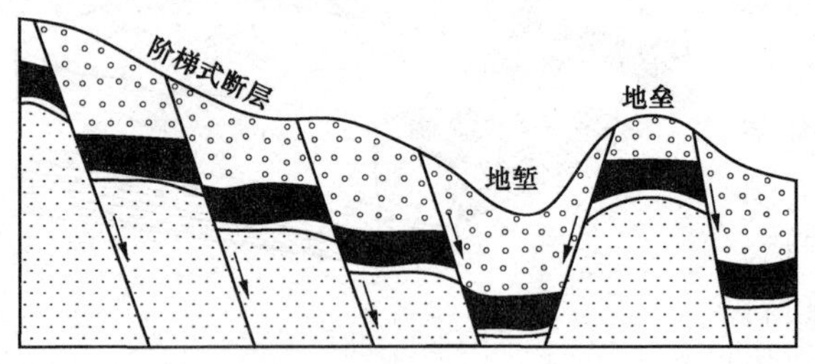

图 2-25　阶梯状断层、地堑和地垒

1）阶梯状断层：由许多产状大致平行的正断层沿着同一个方向呈阶梯状下滑而形成的断层组合，因其形如下降的台阶，故称阶梯状断层（图 2-25）。这类断层多出现在断陷盆地的边缘。

2）地堑：由两条或两组走向大致平行但倾向相反的断层所形成的断层组合，断层面之间岩体两边相对下降，两侧岩体沿断层面相对上升（图 2-25）。

3）地垒：由两条或两组走向大致平行但倾向相反的断层所形成的断层组合（图 2-25）。与前述地堑相反，断层面两侧岩体沿断层面下降，而中间的岩体沿断层面上升。

（2）逆断层。上盘相对上升、下盘相对下降的断层称为逆断层［图 2-24（b）］。它一般是受水平挤压力沿剪切破坏面形成的，并同时伴有褶皱产生。逆断层的倾角有陡有缓，按断层面的倾角，逆断层可分为逆冲断层、逆掩断层、辗掩断层和叠瓦式构造。

1）逆冲断层：指断层面倾角大于 45°的高角度逆断层。

2）逆掩断层：指断层面介于 25°和 45°之间的逆断层。倒转褶皱进一步发展往往形成此类断层。逆掩断层的规模一般较大，其走向与褶皱轴大致平行。

3）辗掩断层：指倾角小于 25°的逆断层。一般为区域性的巨型断层，常有时代老的地层被推覆到时代新的地层之上，断层可达数公里，破碎带宽度可达几十米。

4）叠瓦式构造：指一系列产状大致相同并呈平行排列的逆断层的组合形式。各断层的上盘岩块上冲，在剖面上呈瓦片样依次叠覆（图 2-26）。

图 2-26　叠瓦式构造

（3）平移断层。两盘沿断层面走向相对

水平错动的断层称平移断层或走向滑动断层［图 2-24（c）］。这种断层多是在水平剪切力偶或水平挤压力的作用下形成的。平移断层根据两盘相对滑动方向分为左行（或左旋）和右行（或右旋）两类：当垂直断层走向观察时，如对盘向左侧滑动者称左行，向右侧滑动者称右行。

平移断层的倾角通常很陡，甚至是直立的，断层线延伸较平直。由于自然界的断层并非总是沿着断面的倾向或走向滑动，断层经常为斜向滑动，即兼有两种滑动性质，这时可复合命名，如正—平移断层、平移—逆断层，前者表示以平移断层为主兼有正断层性质，后者表示以逆断层为主兼有平移断层性质。

2. 按与有关构造的几何关系分类

（1）按断层产状与岩层产状的关系分类。

1）走向断层：断层走向与岩层走向基本一致。

2）倾向断层：断层走向与岩层走向基本直交。

3）斜向断层：断层走向与岩层走向斜交。

4）顺层断层：断层面与岩层层理等原生地质界面基本一致。

（2）按断层走向与褶皱轴向之间的关系分类。

1）纵断层：断层走向与褶皱轴向平行。

2）横断层：断层走向与褶皱轴向垂直。

3）斜断层：断层走向与褶皱轴向斜交。

3. 按断层力学性质分类

断层产生的根本原因是岩体内部受到了相应压应力、张应力或扭应力（剪应力）。因此，断层按力学性质可分为以下三种类型。

（1）压性断层：断层在压应力作用下形成的，也称压性结构面。其走向垂直于压应力方向，在断层面两侧，主要是上盘岩体受挤压相对上升，如逆断层等。此类断层的结构面大多比较舒缓波状，断裂带宽大，常有角砾岩。

（2）张性断层：断层在张应力的作用下形成的，也称张性结构面。其走向与张应力的方向垂直，断层面上岩体相对下降，如正断层等。断层结构面一般比较粗糙，且多呈锯齿状。

（3）扭性断层：断层在扭（剪）应力的作用下形成的，也称扭性结构面。多成对出现，呈 X 型交叉分布，且往往是一组发育，另一组不发育，如平移断层等。此类断层结构面多伴有擦痕。

（三）断层的识别标志

断层的存在，在大多数情况下对工程建筑是不利的。而大部分断层由于后期遭受剥蚀破坏和覆盖，常常不能直接观察或不易分辨清楚。但断层总会在产出地段有关的地层分布、构造、伴生构造以及地貌水文方面反映出来。因此，可以通过这些现象、标志等间接证据来识别断层。

（1）构造线和地质体的不连续。岩层、含矿层、岩体、褶皱轴等地质体或地质界线等在平面和剖面上的突然中断、错开的现象（图 2-27），说明可能有断层存在。但要注意与不整合界面、岩体侵入接触界面等造成的不连续现象加以区别。

（2）地层的重复与缺失。在某一区域内，按正常的地层层序，如果出现有某些地层的不对称重复［图 2-28（a）］、缺失［图 2-28（b）］或岩脉被错断［图 2-28（c）］，以及某些地层

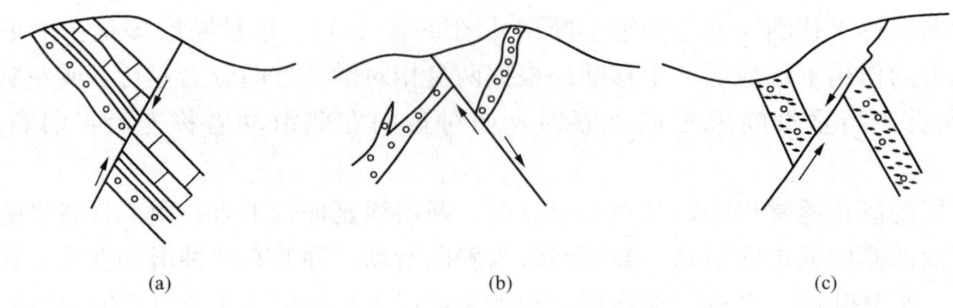

图 2-27 断层造成的不连续标志

的突然缺失或加厚、变薄等现象，这都可能是断层存在的标志。

(3) 断层的伴生结构。指由于断层面两侧岩块的相互滑动和摩擦，在断层面上及其附近留下的各种证据。常见的有牵引弯曲、断层角砾、擦痕 [图 2-28 (d)、(e)、(f)]、阶步及摩擦镜面等伴生结构，这些都是识别断层的可靠标志。

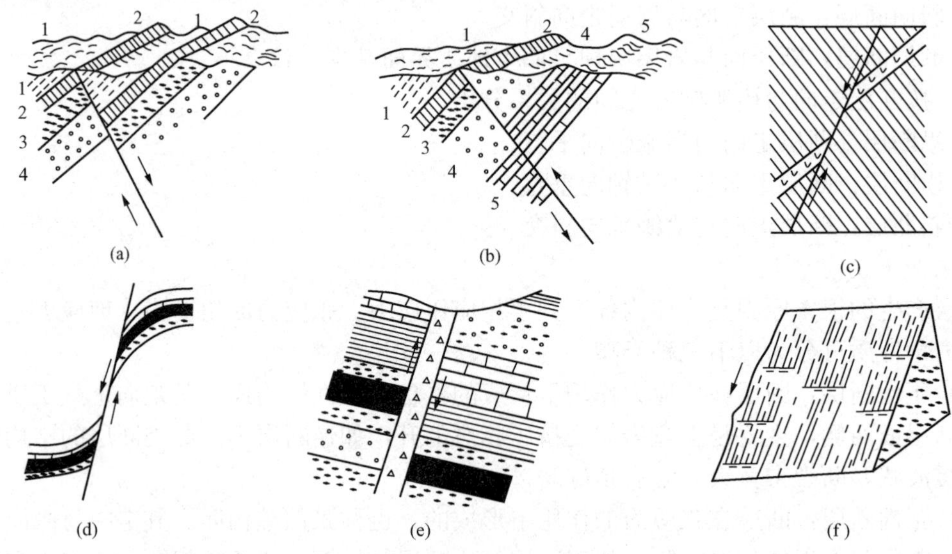

图 2-28 断层现象

(a) 岩层重复；(b) 岩层缺失；(c) 岩脉错断；(d) 岩层牵引弯曲；(e) 断层角砾；(f) 断层擦痕

(4) 地貌及水文标志。较大规模的断层，在山前往往形成平直的陡崖，称断层崖。断层崖如被沟谷切割，便形成一系列三角形的陡崖，称断层三角面山。此外山脊、谷地的互相错开，洪积扇的错断与偏转，水系突然直角拐弯，泉水沿一定方向呈线状分布，湖泊、沼泽呈条带状断续分布等，都可能是断层错动在地貌上的反映。

(四) 断层的形成时代

断层的形成时代可根据断层与地层的切割关系来确定。如果断层切过了一套地层，则断层的形成时代应晚于这套地层中最新的地层时代；当断层又被另一套地层所覆盖时，则断层的形成时代要早于上覆地层中最老的地层时代。如果断层切割的一套地层之上，未见区域性不整合覆盖的较新地层时，那么可以利用其他的方法和标志来确定断层的活动时代。比如可以利用断层的相互切割关系及侵入岩体的关系来确定其形成年代。如果岩体、岩脉或矿脉充填在断层中，说明断层的形成年代要比这些充填物要早；若断层切割岩体、岩脉或矿体时，说明断层形成的年代比这些矿体要晚。

确定上述的时代形成顺序后，再利用放射性同位素测定岩体的年龄，最终可确定断层的形成时代。

长期活动断层的下降盘一侧，一般厚度较大，且地层沉积连续完整；而在上升盘一侧，往往厚度较小，地层剖面不完整。所以，长期活动断层的发育时代，可根据上述断层两侧地层的差异得出。距今不远的现代断层常常保留了较好的地貌特征，故可以借助地貌学与第四纪地质学有关沉积和构造活动的标志来确定其形成时代。

（五）断层的工程地质评价

断层的存在破坏了岩体的完整性，加速风化作用、地下水的活动，促使岩溶发育，并可能在以下几个方面对工程产生影响。

（1）对地基的强度和稳定性产生不利的影响。断层破碎带力学强度低、压缩性高，建于其上的建筑物由于地基的较大沉陷，易造成开裂或倾斜。断裂面对岩质边坡、桥基稳定常有重要影响。

（2）断层构造带不仅岩体破碎，且断层上、下盘岩性不同，其上建造建筑物可能产生不均匀沉降。

（3）隧道工程通过断层破碎带时，易发生坍塌甚至冒顶事故。

（4）断层常常控制水系的发育，还常常是地下水的良好通道，有时地下水的出露也由断层所控制。所以，在工程施工中遇到断层带时会发生涌水事故。

（5）断层构造带在新的地壳运动影响下，可能发生新的移动而直接影响建筑的稳定。

第六节 地 质 图

一、地质图的概念及种类

1. 地质图的概念

地质图是把指一个地区的各种地质现象，如地层、地质构造等，按一定比例缩小，用规定的符号、颜色和各种花纹、线条表示在地形图上的一种图件，是工程实践中需要搜集和研究的一项重要地质资料。地质图可以表示一个地区的岩性、地层顺序及时代、地质构造、矿产分布等内容，是指导地质工作的重要图件，同时地质图又是地质勘察工作的重要成果之一。要清楚地了解一个地区的地质情况，需要花费不少的时间和精力。通过对地质图的阅读和分析，可使我们具体了解一个地区的地质情况。这对我们研究路线的布局，指导工程建设的规划与设计，确定野外工程地质工作的重点等，都可以提供很好的帮助。因此，学会阅读和分析地质图的方法是很重要的。

2. 地质图的种类

地质图的种类很多，常见的地质图有以下几种。

（1）普通地质图：主要表示地层岩性和地质构造条件的地质图，习惯上简称地质图。它是把出露在地表不同地质时代的地层分界线和主要构造线测绘在地形图上编制而成，并附以地质剖面图和地质柱状图。

（2）构造地质图：指用线条和符号，专门反映褶曲、断层等地质条件的图件。

（3）第四纪地质图：是根据第四纪沉积层的成因类型、岩性和生成时代、地貌成因类型和形态特征综合编制的图件。它主要反映第四纪松散沉积物的成因、年代、成分和分布情况。

(4) 基岩地质图：是假想把第四纪松散沉积物“剥掉”，只反映第四纪以前基岩的时代、岩性和分布的图件。

(5) 水文地质图：主要反映某一地区水文地质资料的图件，可分为岩层含水性图、地下水化学成分图、潜水等水位线图、综合水文地质图等类型。

(6) 工程地质图：是在相应比例尺的地形图上综合表现各种工程地质条件的图件，为各种工程建筑专用的地质图。如房屋建筑工程地质图、水库坝址工程地质图、矿山工程地质图、铁路工程地质图、公路工程地质图、港口工程地质图、机场工程地质图等。此外，还可根据具体工程项目细分，如公路工程地质图可以分为路线工程地质图、工点工程地质图。工点工程地质图又可分为桥梁工程地质图、隧道工程地质图、站场工程地质图等。

3. 普通地质图的编制要求

不同类型的地质图，反映了不同的地质内容，而普通地质图则是各种地质图的基础。普通地质图的编制有一定的规格要求，具体如下。

(1) 地质图应有图名、比例尺、编制单位、人员和编制日期等。

(2) 地质图图例中，地层图例要求自上而下或自左向右，从新地层到老地层排列。

(3) 比例尺的大小反映图的精度，比例尺越大，图的精度越高，对地质条件的反映也就越细。

二、地质条件在地质图上的表示方法

地质图上反映的地质条件，常采用规定的各种符号和方法，综合表示在图幅中。各种地质条件的表示方法如下。

(1) 不同产状岩层界线的分布特征。岩层分界线在地质图上可表现为多种形状，其在地质图上的特征在第二节已详细介绍过。其中，层状岩层在地质图上出现最多，且分界线规律性强，它的形状由岩层产状和地形之间的关系决定的。

(2) 地质构造。岩层产状、褶皱、断层，在地质图上的表示方法见表 2-4。地质构造一般根据图表的图例符号识别。若没有图例符号，褶皱构造可根据岩层的新、老对称分布关系确定，断层可根据岩层分布的重复、缺失、中断、宽窄变化或错动等现象识别。

表 2-4　地质构造的表示方法

地质构造	岩层特征	表示方法	备　注
岩层产状	水平岩层	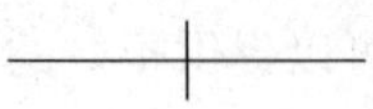	长线表示走向，短线表示倾向
	倾斜岩层		长线表示走向，短线表示倾向，数字表示倾角
	直立岩层	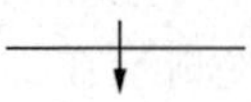	箭头表示新岩层
	倒转岩层		箭头表示倒转后的倾向

续表

地质构造	岩层特征	表示方法	备 注
褶皱	向斜	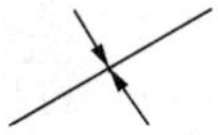	
	背斜		
	倒转向斜	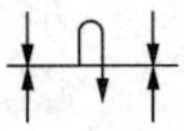	
	倒转背斜	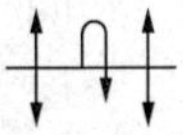	
断层	正断层	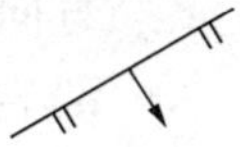	长线表示断层位置和断层面的走向，垂直长线带箭头短线表示岩层的倾向，数字表示倾角，不带箭头的短线表示该盘为下降盘
	逆断层	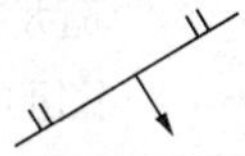	
	平移断层	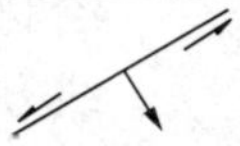	平行于长线的箭头表示两盘的相对位移方向

（3）岩层接触关系。岩层接触关系的成因类型及在剖面图中的表现特征已在前面述及，在平面图中的反映特征与剖面图基本上是相同的，如图 2-6 所示。整合接触中各时代地层连续无缺，在地质图上的表现是上下相邻岩层的产状一致，岩层分界线彼此平行作带状分布。平行不整合接触在地质图上的表现特征除相邻岩层时代不连续外，其余与整合接触相同。角度不整合在地质图上表现为上下两套地层不连续，缺失了地层，而且上下岩层产状呈角度斜交。侵入接触表现为沉积岩层界线在侵入体出露处中断，但在侵入体两侧无错动，沉积接触表现为侵入体界线被沉积岩层覆盖切断。

三、地质剖面图及综合地质柱状图

1. 地质剖面图及其分类

地质剖面，又称地质断面。指沿某一方向，显示一定深度内地质构造情况的实际（或推断）切面。地质剖面同地表或某一平面的交线，称地质剖面线。表示地质剖面的图件，称地质剖面图。地质剖面图，实质上是按一定比例尺，表示地质剖面上的地质现象及其互相关系的图件。

垂直岩层走向的地质剖面图称地质横剖面图；平行岩层走向的剖面图，习惯称地质纵断面图；呈水平方向的剖面图，习惯称水平地质断面图。地质剖面图与地质图相配合，可以获得地质构造的立体概念。

按地质剖面所表示内容的不同，可分为地层剖面图、第四纪地质剖面图、构造剖面图等；按资料来源和精确程度，又可分为实测剖面图、随手剖面图、图切剖面图等。

2. 利用平面图切绘剖面图的方法

地质剖面图通常以附件的形式放置在正规地质图的下方，常见的有实测剖面图和图切剖面图。其中，图切剖面图是根据平面图切绘而成，因此在工程实践中应用最广。一般的，其剖面线的选择要求能切过图区的主要构造，且要求在地质图上标注切图的位置，剖面图所用

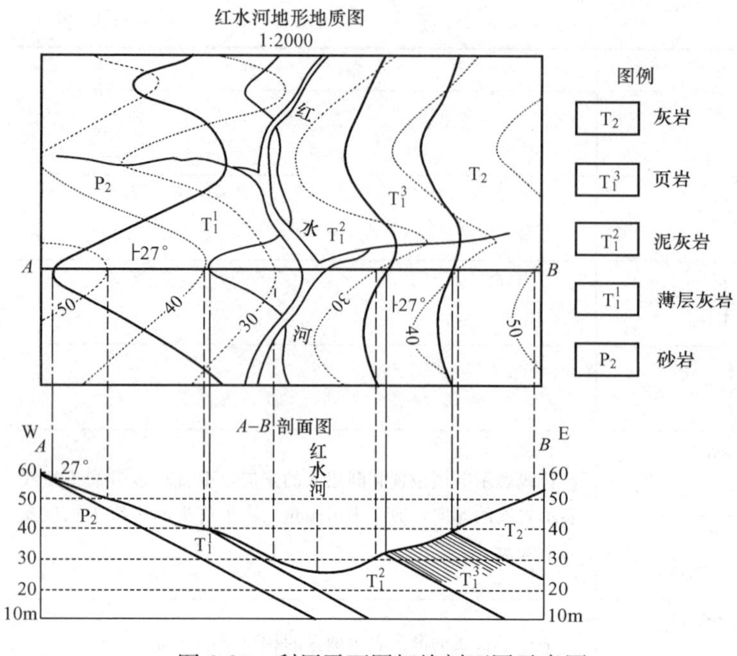

图 2-29　利用平面图切绘剖面图示意图

地层符号、色谱应与地质图一致，如图 2-29 所示。

利用平面图切绘剖面图的步骤如下：

(1) 选择剖面方位。剖面线主要反映图区地下构造形态及地层岩性分布。在作图之前，首先选定剖面线方向，剖面线方向最好垂直岩层走向、褶皱轴向或断层线方向，以能真实反映地下深部岩层的倾角大小和地质构造形态。在工程上需要剖面图时，常沿建筑物轴线方向绘制，如隧道和渠道的中心线方向。

(2) 确定剖面图比例尺。根据剖面线的长度和通过的地形，按比例画地形剖面线。为了便于作图，剖面线比例最好与平面图比例一致。必要时，剖面图垂直比例尺可以放大，但应注意垂直比例尺放大后对地形起伏和岩层倾角有所歪曲，倾角也随之增大。

(3) 按确定的比例尺做好平面坐标和垂直坐标。将剖面线与地形等高线的交点，按水平比例尺铅直投影到水平坐标轴上，然后根据各交点的高程，按垂直比例尺将各投影点定位到剖面图相应的高程位置，再圆滑连接各高程点，形成地形剖面图。

(4) 画完地形剖面线后，将岩层界线、断层线等投影到地形剖面线上。然后，根据岩层的倾向、倾角、断层面产状等画出岩性及断层符号，并加注地质年代代号。

(5) 最后标出剖面线方向，写上图名、图例、比例尺等，即完成了地质剖面图的绘制工作（图 2-29）。

3. 综合地质柱状图

综合地质柱状图，是根据地质勘察资料（主要是根据地质平面图和钻孔柱状图资料），把一个地区从老到新出露的地层岩性、最大厚度、接触关系等，自下而上按原始形成次序用柱状图的形式表示出来。一般有地层时代及符号、岩性花纹、地层接触类型、地层厚度、岩性描述等，但不反映褶皱和断裂情况，如图 2-30 所示。地层柱状图一般附在地质图的左边，也可以单独成一幅图，其比例尺可根据反映地层详细程度的要求和地层总厚度而定。

综合地质柱状图，对了解一个地区的地层特征和地质发展史等很有帮助。综合地质柱状图和地质剖面图，作为地质平面图的补充和说明，通常编绘在一起，构成一套完整的地质图件，共同说明一个地区的地质条件。

四、地质图的阅读和分析

(一) 读图的步骤和方法

地质图上的内容多，线条、符号复杂，在读图时一般按下面步骤进行。

1:15 000

地层				地层代号	厚度 m	岩性符号	层序	岩性简述	化石	地貌	水文
界	系	统	阶								
新生界	第四系			Q	0~20		11	河流淤积：卵石及砂子		有时构成阶地	
中生界	白恶系			K	155		10	砖红色粉砂岩，胶结物为钙质有交错层	鱼化石		裂隙水
	侏罗系	上统		J_3	135 30 75		9	煤系：黑色页岩为主，夹有灰白色细粒砂岩，中下部有可采煤系一层厚50m			
		中统		J_2	233		8	浅灰色中粒石英砂岩，间或夹有薄层绿色页岩，砂岩具有洪流之交错层		常成陡崖	
								角度不整合			
	三叠系	上统		T_3	180		7	灰白色白云质灰岩，夹有紫色泥岩一层，厚5m。灰岩中有缝合线构造	*Halobia* *Spirifer*		
		中统		T_2	265		6	紫红色泥灰岩中夹鲕状石灰岩互层		风化后成平缓山坡	在顶部岩层面有水渗出
								辉绿岩岩墙		呈凹地	
								平行不整合			
古生界	二叠系	上统		P_2	356		5	浅灰色豆状石灰岩夹有页岩	*LyHonia* *Oldhamina* *Parateletes* *Gallowyinella*	在顶部顺层有溶洞出现	
		下统		P_1	110		4	暗灰色纯灰岩	*Misellina* *Cryptospirifer*		
	石炭系	上统		C_3	176		3	浅灰色石灰岩，有燧石结核排列成层			
		中统		C_2	210		2	黑色页岩夹细砂岩			
		下统		C_1	600		1	灰白色石英砂岩中夹页岩及煤线			

图 2-30 太阳山综合地层柱状图

(1) 读地质图时，首先看图名和比例尺及方位。图名表示图幅所在的地理位置，比例尺表示图的精度，图上方位一般用箭头指北表示，或用经纬线表示。若图上无方位标志，则以图上正上方为正北方。

(2) 阅读图例。图例是地质图中采用的各种符号、代号、花纹、线条及颜色等的说明。通过图例，可以概括了解图中出现的地质情况。在附有地层柱状图时，可与图例配合阅读，通过综合地质柱状图能较完整、清楚地了解地层的新老次序，岩层特征及岩层接触关系。

(3) 正式读图时先分析地形，通过地形等高线或河流水系的分布特点，了解地区地形起伏情况，建立地貌轮廓。地形起伏常常与岩性、构造有关。

(4) 阅读地层的分布、产状及其与地形的关系，分析不同地质时代地层的分布规律、岩性特征及接触关系，了解区域地层的特点。

(5) 阅读地质内容，包括以下几个方面：

1) 了解各年代地层岩性的分布位置和接触关系。

2) 分析有无褶皱，褶皱类型及轴部、翼部的位置；有无断层，断层性质、分布以及断层两侧地层的特征。分析本地区地质构造形态的基本特征。

3) 阅读图上岩浆岩的分布情况，岩浆岩与褶皱、断裂的关系。

4) 根据地层、岩性、地质构造的特征，综合分析了解全区地质发展历史。

(6) 在上述阅读分析的基础上，对图示区域的地层岩性条件及地质构造特征，结合工程建设的要求，进行初步分析评价。

(二) 读图实例

以下以太阳山地质图（图 2-30，图 2-31）为例，对该区地质条件进行分析阅读如下：

1. 比例尺

该图的比例尺为 1∶15000，即图上的 1cm 代表实地距离 150m。

2. 地形地貌

本区地势以太阳山（南北向）最高，其两侧（东、西部）逐渐变低。最高点为太阳山，高程达 1100 多米，山脊呈南北向，北面山峰也有 1000 多米。区内有三条河谷，最大的河谷在西南部，高程约 300m，河谷两岸有较宽的第四纪冲积物分布，从北东向西南流。其次是西北和东北部的河谷。

3. 地层岩性

本区出露的地层从老到新有：古生界——下石炭系（C_1）砂岩、中石炭系（C_2）页岩砂岩互层、上石炭系（C_3）石灰岩、下二叠系（P_1）纯灰岩、上二叠系（P_2）石灰岩与页岩互层；中生界——中三叠系（T_2）泥灰岩、上三叠系（T_3）白云质灰岩、中侏罗系（J_2）石灰砂岩、上侏罗系（J_3）页岩砂岩互层；新生界——卵石及砂子。

4. 地质构造

本区基底褶皱构造由三个褶曲组成，轴向均为 NE-SW 向。其中，西北部的短轴背斜和东南角的短轴背斜（图幅内出露背斜的西北翼），其核部均由石炭系下统（C_1）地层的灰白色石英砂岩组成，两翼对称分布的是石炭系中统（C_2）、石炭系上统（C_3）、二叠系下统（P_1）、二叠系上统（P_2）、三叠系中统（T_2）、三叠系上统（T_3）地层。两个短轴背斜之间开阔地带则以三叠系上统（T_3）灰白色白云质灰岩为核部的向斜，两翼对称分布的是三叠

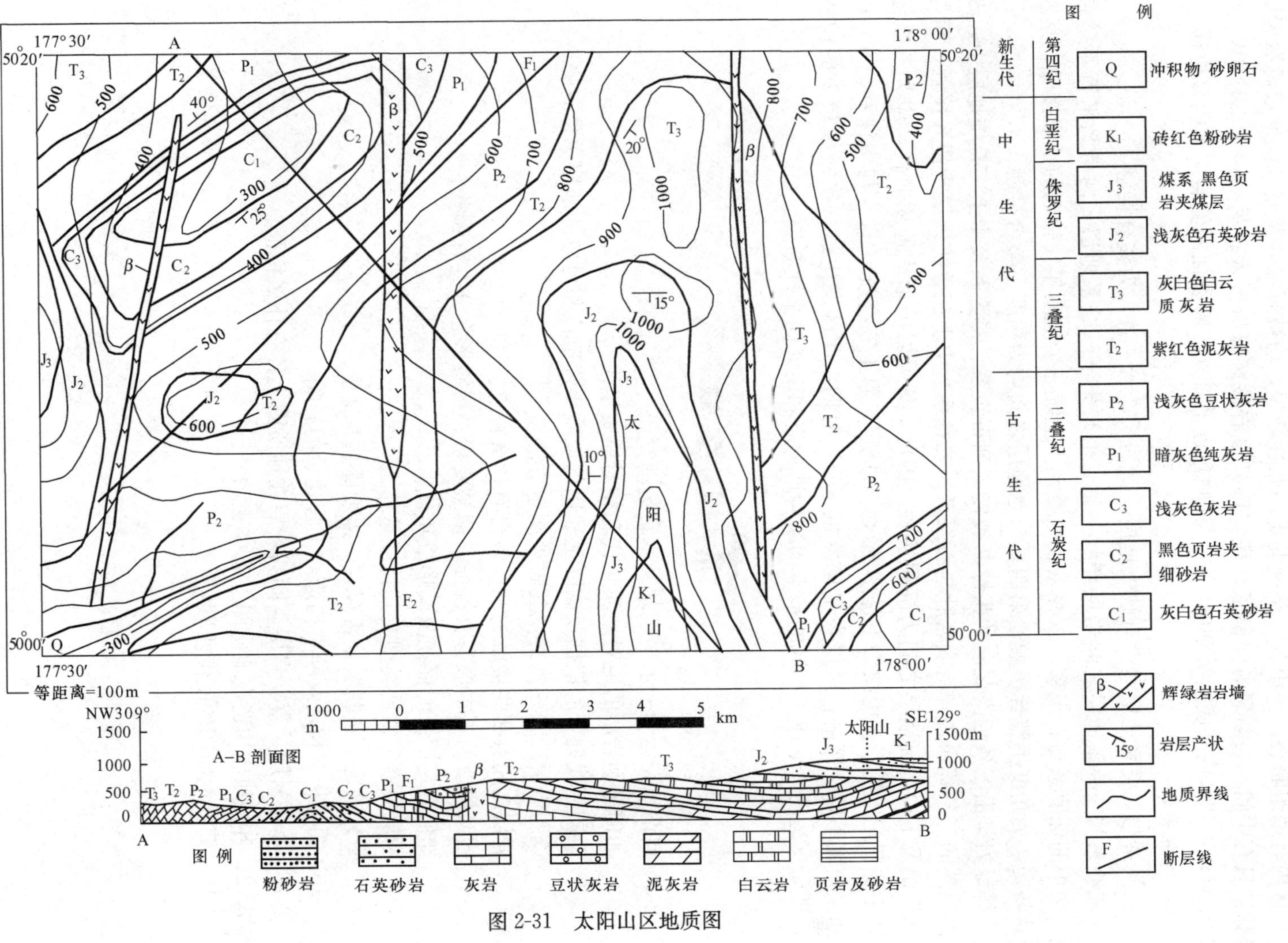

图 2-31　太阳山区地质图

系中统（T_2）、二叠系上统（P_2）、二叠系下统（P_1）、石炭系上统（C_3）、石炭系中统（C_2）、石炭系下统（C_1）地层；两翼岩层倾角平缓，为20°左右。

区内有两组断裂。一组为三条南北走向张性断裂，均被辉绿岩浆侵入而形成辉绿岩墙或岩脉，只有中间一条断裂尚保留了一段（F_2）没有被辉绿岩侵入；另一组为NE-SW走向，如F_1断裂，和区内基底褶皱轴向一致，其倾角近乎直立，断裂面两侧岩层无明显位移。

5. 接触关系

石炭系与二叠系地层间没有缺失地层，其岩层产状一致，为整合接触。

二叠系与三叠系地层之间岩层产状一致，但缺失下三叠系地层，两者为平行不整合接触；图中的侏罗系与石炭系、二叠系、三叠系中上统三个地质年代较老的地层接触，其岩层产状斜交，为角度不整合接触；第四系与老地层之间均为角度不整合接触。

辉绿岩是沿三条近南北向的张性断裂侵入到石炭系、二叠系及中上三叠统地层中，因此区内出露的三条辉绿岩岩墙或岩脉与石炭系、二叠系、中上三叠统地层为侵入接触，而与中上侏罗统及下白垩统地层之间为沉积接触。因此，辉绿岩的形成地质时代，应为三叠纪以后，中侏罗纪以前。区内缺失下侏罗统（J_1）地层，且上三叠统（T_3）与中侏罗统（J_2）地层间呈角度不整合接触，所以在早侏罗世（J_1）时期，此区发生过一次规模较大的构造运动，即印支运动，形成了本区的基本褶皱构造形态和南北向张性断裂。

思考题

2-1 何谓地壳运动、水平运动及垂直运动？

2-2 如何区别岩层的绝对地质年代和相对地质年代？

2-3 地质年代划分的依据及国际上通用的地质年代单位和对应的地层单位有哪些？

2-4 说明岩层产状三要素及其野外测定方法。

2-5 岩层之间有哪些接触关系？各自有什么特点？

2-6 褶皱构造的基本形态及特征，褶皱要素、褶皱形态分类有哪些？

2-7 如何确定褶皱的存在及其形成年代？

2-8 断层要素、常见类型及其特征是什么？

2-9 野外确定一条断层是否存在，需要哪些标志？

2-10 简述褶皱构造及断裂构造对工程建设的影响。

2-11 水平岩层、直立岩层、倾斜岩层在地质图上各有什么特征？

2-12 各种地质构造在地质图上怎样表示？

2-13 简述地质图的阅读步骤。

第三章　岩体的工程性质

第一节　岩体及岩体结构

一、岩石与岩体

岩体和岩石的概念是不同的。岩石可以理解为一种材料，从工程上讲，它是指完整的块体，其性质可以用岩块来表征。而自然形成的山体、岩层，由于在其发展过程中经受了构造变动、风化作用及卸荷作用等各种内外力地质作用的破坏和改造，所以野外观察发现其中都存在着各种各样的物质分异面和各种不连续面，如层面、层理面、片理面、断层面、不同岩石的接触面等等。我们把这些面统称为结构面。这些结构面的产状及延伸特性各不相同，将山体、岩层切割成大小不同、形状各异的岩块，称之为结构体。我们把结构面及其切割、包围所形成的结构体宏观上视为统一的整体，称为岩体，而将岩块的大小、形状及其之间的接触、联系情况，称为岩体结构。

很明显，岩体和岩块的工程性质是不同的。岩体的工程性质自然和组成岩体的岩石性质有关，但首先取决于其中结构面的性质及其组合形式。这些结构面破坏了岩体的完整性，导致岩体力学性能的不连续性、不均一性和各向异性，常常是岩体中力学强度相对薄弱的部分。特别是有些结构面上物质软弱松散，含有泥质物及水理性质（如透水性等）不良的黏土矿物，其抗剪强度与岩块相比要低得多，使得岩体的破坏常常首先沿这些面发生和发展，成为决定岩体稳定性的控制因素。工程上把这些性质软弱的结构面称为软弱结构面。在自然界中，由于各种结构面对岩体切割程度的不同，岩体有时表现为整体状，有时表现为层状、块状或散体状。岩体结构特征不同，岩体变形与破坏机制也不同。因此，对结构面的成因、特征及其组合形式的研究，在工程实践中具有重要意义。

注意到岩体是地质体的一部分，岩石、地质构造、地下水及岩体中的天然应力状态（包括自重应力和构造应力）对岩体稳定也都有较大的影响。同时，岩体是地质体还说明，在研究岩体时，不仅要研究它的现状，而且还要研究它的历史。

二、结构面

（一）结构面的成因类型和基本特征

结构面按成因可分为原生结构面、构造结构面和次生结构面三大类。各类结构面的主要特征见表 3-1。

1. 原生结构面

原生结构面即岩石形成过程中所形成的结构面，可分为沉积岩结构面、岩浆岩结构面和变质岩结构面三种类型。

(1) 岩浆岩结构面：指岩浆侵入、喷溢及冷凝过程中形成的结构面，包括岩浆岩中的流层、流线、原生节理、侵入体与围岩的接触面及岩浆间歇喷溢所形成的软弱接触面等。此类结构面的工程性质极不均一。一般流层和流线不易剥开，但一经风化变形，则变成了易于剥离和脱落的弱面。侵入体与围岩的接触面通常延伸较远且较稳定，有时熔合得很好，有时则形成软弱的蚀变带或接触破碎带。岩浆岩的原生节理往往短小而密集，且多为张性破裂面，对岩体的透水性及稳定性都有重要影响。

表 3-1 **结构面的类型及其特征**

成因类型		地质类型	主要特征			工程地质评价
			产状	分布	性质	
原生结构面	岩浆岩结构面	1. 侵入体与围岩接触面； 2. 岩脉、岩墙接触面； 3. 原生冷凝节理	岩脉受构造结构面控制，原生节理受岩体接触面控制	接触面延伸较远，比较稳定，而原生节理往往短小密集	接触面可具熔合及破裂两种不同的特征；原生节理一般为张裂面，较粗糙不平	一般不造成大规模的岩体破坏，但有时与构造断裂配合，也可形成岩体滑移
	沉积岩结构面	1. 层理层面； 2. 软弱夹层； 3. 不整合面、假整合面； 4. 沉积间断面	一般与岩层产状一致，为层间结构面	一般呈层状分布，延续性较强。其中古生代海相沉积分布稳定，而中生代陆相地层中分布较不均匀，呈交错状，易尖灭	层面、软弱夹层等结构面较为平整；不整合面及沉积间断面多由碎屑、泥质物构成，且不平整	滑坡很多由此类结构面所造成
	变质岩结构面	1. 片理； 2. 片岩软弱夹层	产状与岩层一致或受其控制，非沉积变质岩片理只反映区域构造应力场特点	片理短小，分布极密，片岩软弱夹层延伸较远，具固定层次	结构面光滑平直，片理在岩体深部往往闭合成隐闭结构面；片岩软弱夹层含片状矿物，呈鳞片状	在变质较浅的沉积变质岩如千枚岩等路堑边坡常见坍塌，片岩夹层有时对工程稳定也有影响
构造结构面		1. 张裂隙、扭裂隙（X 型裂隙）； 2. 断层； 3. 层间错动； 4. 羽状裂隙、劈理	产状与构造线呈一定关系，层间错动与岩层一致	张性断裂较短小，剪切断裂延展较远，压性断裂规模巨大	张性断裂不平整，常具次生充填，呈锯齿状；剪切断裂较平直，呈羽状裂隙；压性断层具多种构造岩，往往含断层泥、糜棱岩	对岩体稳定性影响很大，在许多岩体破坏过程中，大都有构造结构面的配合作用。此外常造成边坡及地下工程的塌方、冒顶
次生结构面		1. 卸荷裂隙； 2. 风化裂隙； 3. 风化夹层； 4. 泥化夹层； 5. 次生夹泥层	受地形及原结构面控制	分布上往往呈不连续状透镜体，延展性差，且主要在地表风化带内发育	一般为泥质物充填，水理性质很差	在天然及人工边坡上造成危害，有时对坝基、坝肩及浅埋隧洞等工程也有影响，但一般在施工中予以清基处理

（2）沉积岩结构面：在沉积岩成岩过程中形成的地质界面，包括层理、层面、沉积间断面（假整合面和不整合面）及原生的软弱夹层或古风化夹层等。其共同特点是与沉积岩的成层性有关，一般延伸性强，常贯穿整个岩体，产状随岩层变化而变化。一般层面结合良好，原始抗剪强度不一定很低，但其性能常因构造或风化作用而恶化。沉积间断面反映了在沉积历史中的一段风化剥蚀过程，一般起伏不平，并有古风化残积物，常常构成一个形态多变的软弱带。广泛分布的原生软弱夹层如碳酸岩类岩层中的泥灰岩夹层、火山碎屑岩系中的凝灰质页岩夹层、砂岩砾岩中的黏土岩及黏土岩页岩夹层等，一般其力学强度低，遇水易软化，

受构造应力作用，最易发生层间错动，甚至性质剧变，成为破碎泥化夹层。因此原生软弱夹层常常是岩体中最薄弱的环节，对岩体稳定起着极为重要的控制作用。

(3) 变质结构面：指在变质作用中形成的结构面，包括片理、片麻理以及沉积变质岩之层理、片岩中的软弱夹层等。片岩及千枚岩类中的片理中常富集如鳞片状的软弱矿物，极易风化，对岩体强度有控制作用。在变质岩体中所夹的薄层云母片岩、绿泥石片岩和滑石片岩等，由于岩层软弱，片理极发育，易于风化，常构成相对的软弱夹层。

各类原生结构面的共同特点是：产状与岩体的生成条件有密切关系，其中层间结构面与岩层产状一致；延伸性一般较强，某些结构面虽延伸不长，但较密集；结构面一般比较完整、闭合，有一定的抗剪强度，但易受后期构造及次生作用的影响而恶化。当此类结构面产状平缓且延续密集时，常成为岩体滑移的控制面。

2. 构造结构面

在构造应力作用下，在岩体中形成的破裂面或破碎带称为构造结构面，包括劈理、节理、断层和层间错动带等，其工程性质与力学成因、规模、多次活动及次生变化有密切关系，其产状和分布主要取决于构造应力场的条件。劈理是构造应力作用下形成的沿一定方向大致相平行的密集型细微裂面，一般发生在变质岩中，并不破坏岩体的完整性。它和构造节理都是岩层褶皱变形及断裂错动产生的密集剪切破裂面，是规模较小的构造结构面。其特点是比较密集且多呈一定方向排列，常导致岩体的各向异性。断层为规模较大的构造结构面，常形成各种软弱的构造岩并有一定的厚度，是最不利的软弱构造面之一。层间错动常常沿着原生结构面产生，因而使软弱夹层形成碎屑状、片状或鳞片状，普遍分布在褶皱岩层地区和大断层的两侧。

3. 次生结构面

次生结构面系指岩体在形成后经风化、卸荷及地下水等作用在岩体中形成的结构面，如风化裂隙、卸荷裂隙、次生夹泥层和泥化夹层等。风化裂隙一般仅限于地表风化带中，常沿原有的结构面发育，可形成不同的风化夹层、风化沟槽或风化囊等，一般分布无规律，连续性不强，并多为泥质碎屑所充填，降低了岩体的强度和变形模量。卸荷裂隙是由于岩体受到剥蚀、侵蚀或人工开挖，引起垂直方向卸荷和水平应力的释放，使临空面附近岩体回弹变形，应力重分布所造成的破裂面，具张性特征，如在河谷斜坡上见到的顺坡向裂隙及谷底的近水平向裂隙等，其发育深度一般达基岩以下 5～10m，局部可达十余米，受断层影响大的部位则更深，对边坡危害很大。泥化夹层是原生软弱夹层在构造及地下水的作用下形成的，次生夹层则是地下水携带的细颗粒物质及溶解物质沉淀在裂隙中形成的，它们的性质都比较差，属软弱结构面。

(二) 结构面的特征

结构面的特征包括结构面的规模、形态、物质组成、延展性、密集程度、胶结及充填情况等，它们对结构面的物理力学性质有很大的影响。

1. 结构面的规模

实践证明，结构面对岩体力学性质及岩体稳定的影响程度，首先取决于结构面的延展性及其规模。中国科学院地质研究所将结构面的规模分为五级。

(1) 一级结构面：区域性的断裂破碎带，延展数十公里以上，破碎带的宽度从数米至数十米。它直接关系到工程所在区域的稳定性，一般在规划选点时，应尽量避开。

（2）二级结构面：一船指延展性较强，贯穿整个工程地区或在一定范围内切断整个岩体的结构面，其长度由数百米至数千米，宽度由一米至数米，主要包括断层、层间错动带、软弱夹层、沉积间断面及大型接触破碎带等，其分布和组合控制了山体及工程岩体的破坏方式及滑动边界。

（3）三级结构面：包括在走向和倾向方向延伸有限、一般在数十米至数百米范围内的小断层、大型节理、风化夹层和卸荷裂隙等。它们控制着岩体的破坏和滑移机理，常常是工程岩体稳定的控制性因素及边界条件。

（4）四级结构面：指延展性差、一般在数米至数十米范围内的节理、片理等。它们仅在小范围内将岩体切割成块状。这些结构面的不同组合，可以将岩体切割成各种形状和大小的结构体，它是岩体结构研究的重点问题之一。

（5）五级结构面：指延展性极差的一些微小裂隙。它主要影响岩块的力学性质，其存在使岩块的破坏具有随机性。

2. 结构面的形态

结构面的形态是指其平整、光滑和粗糙程度。自然界中结构面的几何形状是非常复杂的，大体上可分为四种类型（图3-1）。

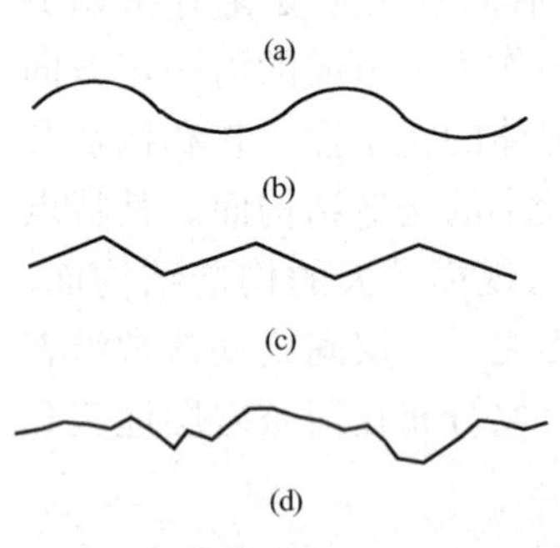

图 3-1 结构面起伏形态示意图
（a）平直；（b）波状；
（c）锯齿状；（d）不规则

（1）平直：包括大多数层面、片理和剪切破裂面等。

（2）波状：如具有波痕的层面、轻度揉曲的片理、呈舒缓波状的压性及压扭性结构面等。

（3）锯齿状：如多数张性或张扭性结构面。

（4）不规则：结构面曲折不平，如沉积间断面、交错层理及沿原裂隙发育的次生结构面等。

结构面的形态特征一般用起伏度和粗糙度来表征。起伏度是指结构面总体起伏的程度，常用起伏角 i 和起伏高度 h 来描述（图 3-2）。粗糙度是结构面表面的粗糙程度，很难进行定量的描述，多根据手摸时的感觉而定，大致可分为极粗糙、粗糙、一般、光滑和镜面五个等级。

结构面的形态对结构面抗剪强度有很大的影响。一般平直光滑的结构面有较低的摩擦角，粗糙起伏的结构面则有较高的抗剪强度。

3. 结构面的物质组成

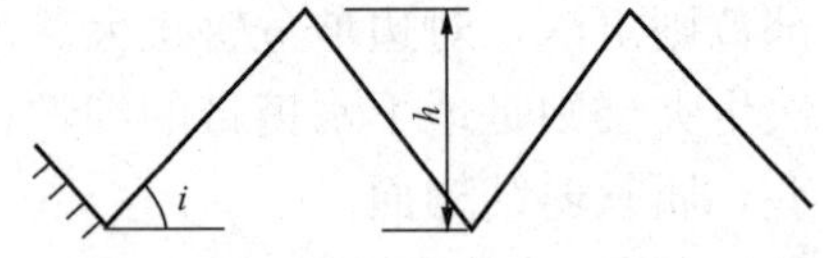

图 3-2 结构面的起伏程度

结构面上的物质组成有时对岩体稳定影响很大。有些结构面上物质松散，含泥质物及水理性质不良的黏土矿物，抗剪强度很低，如黏土岩或页岩夹层、假整合面及不整合面、古风化夹层、断层夹泥、层间破碎夹层、风化夹层、泥化夹层及次生夹泥层等。对这些结构面，不仅要进行一般的物理力学实验，而且还要对其矿物成分及微结构进行必要的分析，预测结构面可能发生的变化（如泥化作用是否会发展等），合理的确定其抗剪强度参数。

4. 结构面密集程度

结构面的密集程度反映了岩体的完整性，它决定了岩体变形和破坏的力学机制。有时在岩体中，虽然结构面的规模和延展长度均较小，但却平行密集，或互相交织切割，大大降低了岩体稳定性。试验证明，岩体结构面越密集，岩体变形越大，强度越低，而渗透性越高。通常用下列一些指标表征结构面的密集程度。

（1）线密度 K：指单位长度上的结构面条数，即

$$K=\frac{n}{L} \tag{3-1}$$

式中 L——测线长度，m；

n——测线范围内的结构面个数，条。

测线的长度一般可取 20～50m。当只有一组结构面时，测线宜沿其法线方向布设，否则应使测线水平并与结构面走向垂直。如果在测线方向上有数组结构面时，则用如图 3-3 所示的方法测量其近似线密度 K。图中有两组结构面 a 和 b，x 为测线方向。已知两组结构面在 x 方向的平均距离分别为 d_{ax} 和 d_{bx}，则它们在 x 方向上的线密度分别为 $K_a=1/d_{ax}$ 和 $K_b=1/d_{bx}$，结构面在 x 方向总的线密度 K_c 为

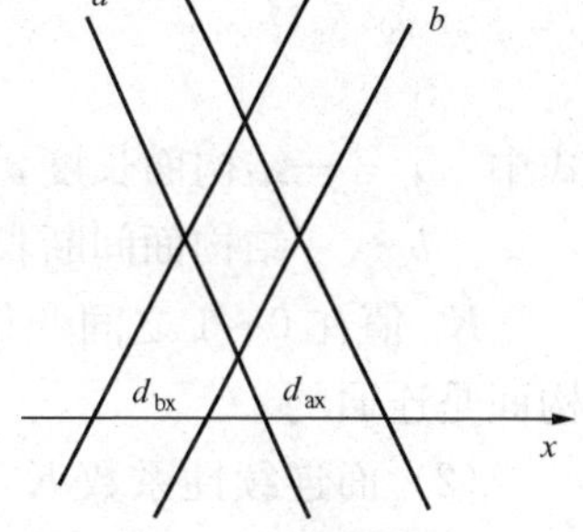

图 3-3 多组结构面时线密度的确定

$$K_c=\frac{1}{d_{ax}}+\frac{1}{d_{bx}} \tag{3-2}$$

如果在 x 方向上有 n 组结构面，每组的平均距离设为 d_{ix}，则

$$K_c=\sum_{i=1}^{n}\left(\frac{1}{d_{ix}}\right) \tag{3-3}$$

线密度的数值越大，说明结构面越密集。不同测量方向的 K 值往往不等，因此，两垂直方向的 K 值之比，可以反映岩体的各向异性程度。

（2）结构面间距 d：指同一组结构面的平均间距，它和结构面线密度之间是倒数关系。实际工程中也经常用结构面的间距来表征岩体的完整程度。

5. 结构面的延展性

结构面的延展性，也称连通性或连续性，是指结构面在其走向和倾斜线方向二维方向上的连通程度。结构面在一定尺寸岩体中的延展性有三种情况：非连通的、半连通的和连通的（图 3-4）。

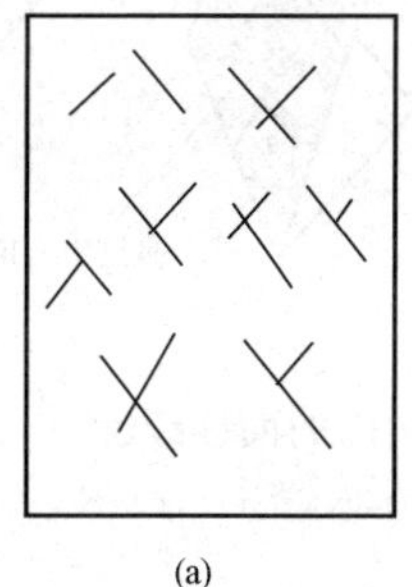

(a)

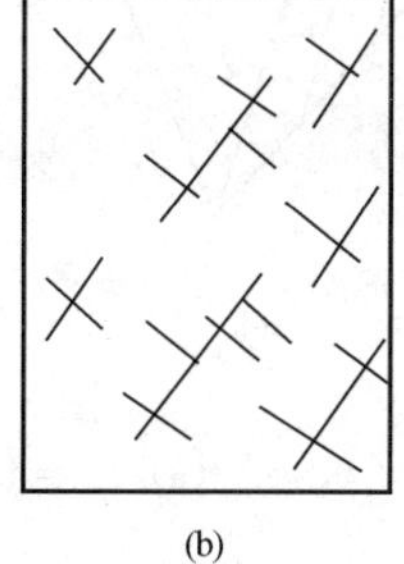

(b)

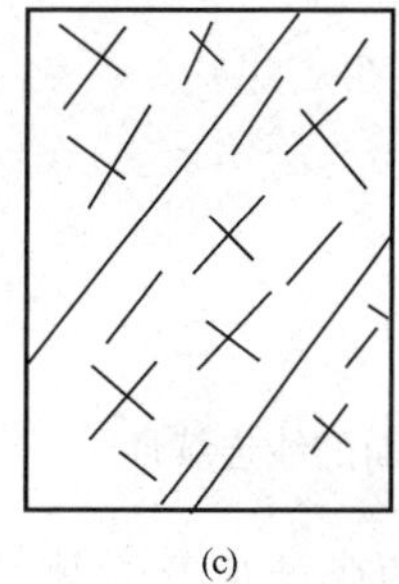

(c)

图 3-4 岩体结构面连通性类型

（a）非连通；（b）半连通；（c）连通

岩体中结构面的延展性不同时，岩体的力学性质及破坏机制也不同。含有非连通性结构

面的岩体，具有完整和连续介质的特点，其强度仍受岩石强度控制，常以追踪原有结构面的方式破坏。含有连通性结构面的岩体，其力学性能和破坏机制主要受连通性结构面控制。含有半连通性结构面的岩体，当结构面较小时，其作用与非连通性结构面相似，否则，与连通性结构面的作用相似。

结构面的延展性可用线连续性系数及面连续性系数来表示。

(1) 线连续性系数 K_L：指在某一结构面的延长线上，结构面各段长度之和与整个线段长度的比值（图 3-5），即

$$K_L = \frac{\Sigma a_i}{(\Sigma a_i + \Sigma b_i)} \tag{3-4}$$

式中 a_i——结构面长度，m；

b_i——结构面间断长度，m。

K_L 值在 0～1 之间变化。其值越大，说明结构面的连续性越好。当 $K_L=1$ 时，说明结构面是连通的。

(2) 面连续性系数 K_A：指在岩体内包含结构面的断面上，结构面面积之和与整个断面面积的比值（图 3-6），也称二维裂隙度，即

$$K_A = \frac{\Sigma A_i}{A} \tag{3-5}$$

式中 A_i——结构面面积，m^2；

A——断面总面积，m^2。

K_A 表达了结构面延展性的真正含义。如果 K_A 的数值等于 1，说明结构面完全连续。此时，断面的抗剪强度完全取决于结构面的性质。当 K_A 等于 0 时，断面的抗剪强度完全取决于岩块的性质。K_A 的数值介于 0～1 之间时，断面的抗剪强度受结构面和岩块性质的双重控制。

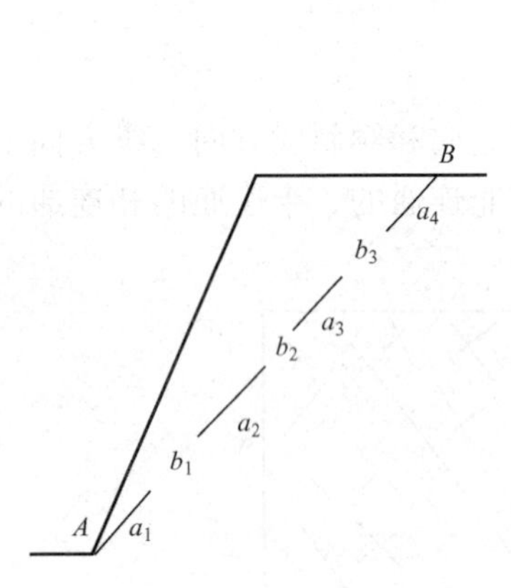

图 3-5 结构面的线连续性

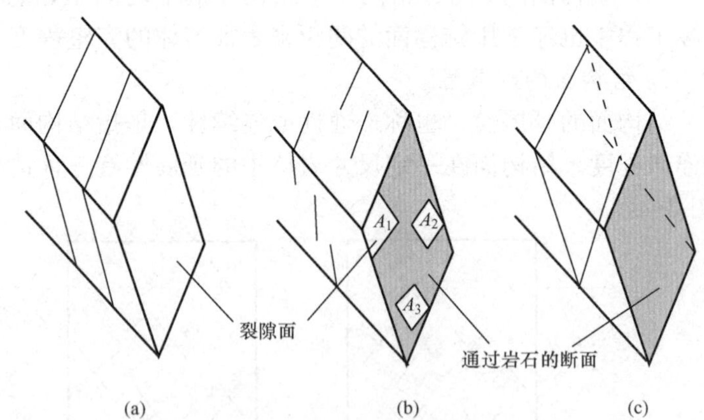

图 3-6 结构面的面连续性

(a) $K_A=1$；(b) $0<K_A<1$；(c) $K_A=0$

6. 结构面的张开度及充填情况

结构面的张开度是指结构面的两壁离开的距离，可分为四级：①闭合：张开度小于 0.2mm；②微张：张开度在 0.2～1.0mm 之间；③张开：张开度在 1.0～5.0mm 之间；④宽张：张开度大于 5.0mm。

闭合的结构面的力学性质取决于岩石性质及结构面的粗糙程度；微张的结构面，因其两

壁之间有时保持点接触，其抗剪强度较张开的结构面要大；而张开和宽张的结构面，其抗剪强度则主要取决于充填物及胶结情况。结构面间常见的充填物质成分有黏土质、砂质、角砾质、钙质及石膏质沉淀物和含水蚀变矿物等，其相对强度的次序为：钙质>角砾质>砂质>石膏质>含水蚀变矿物>黏土质。

（三）软弱夹层

所谓软弱夹层是指在坚硬岩层中夹有力学强度低，泥质或炭质含量高，遇水易软化，延伸较长，但厚度较薄的软弱岩层，对于其中已泥化的部分称为泥化夹层。作为特殊的具有一定厚度的软弱结构面，软弱夹层与周围的岩体相比，强度很低，压缩性很高，或具有特殊的不良特性，因此是岩体中最为薄弱的部位，常构成工程中的隐患，应引起高度关注。

软弱夹层的成因和结构面的成因一样，也有原生型、构造型和次生型三类。原生软弱夹层在沉积岩、岩浆岩和变质岩中均有分布，与围岩同期形成。构造软弱夹层主要包括沿原有的软弱面或软弱夹层经构造错动形成的层间错动带、沿断裂面错动或多次错动形成的断层破碎带等。次生软弱夹层多为原生软弱夹层风化的产物，或为地下水淋滤而充填于裂隙中的泥质及岩屑等。各类软弱夹层的基本特征见表 3-2。

表 3-2 软弱夹层类型及其基本特征

<table>
<tr><th colspan="2">成因类型</th><th colspan="2">地质类型</th><th>基本特征</th></tr>
<tr><td colspan="2" rowspan="3">原生软弱夹层</td><td colspan="2">沉积岩软弱夹层</td><td>产状与岩层相同，厚度较小，连续性较好，也有尖灭者；含黏土矿物多，细薄层理发育，易风化、泥化、软化，抗剪强度低</td></tr>
<tr><td colspan="2">岩浆岩软弱夹层</td><td>成层或透镜体，厚度小，易软化，抗剪强度低</td></tr>
<tr><td colspan="2">变质岩软弱夹层</td><td>产状与片理等一致，层薄，连续性差，片状矿物多，呈鳞片状，抗剪强度低</td></tr>
<tr><td colspan="2">构造软弱夹层</td><td colspan="2">多为层间破碎软弱夹层</td><td>产状与岩层相同，连续性好，在层状岩体中沿软弱夹层发育；物质破碎，往往含条带状分布的泥质</td></tr>
<tr><td rowspan="5">次生软弱夹层</td><td rowspan="2">风化夹层</td><td colspan="2">夹层风化</td><td>产状与岩层一致，或受岩体产状制约，风化带内连续性好，深部风化减弱；物质松散、破碎、含泥，抗剪强度低</td></tr>
<tr><td colspan="2">断裂风化</td><td>沿节理、断层发育，产状受其控制，连续性不好，一般仅限于地表附近；物质松散、破碎、含泥，抗剪强度低</td></tr>
<tr><td rowspan="3">泥化夹层</td><td colspan="2">夹层泥化</td><td>产状与岩层相同，沿软弱层表面发育，连续性好，但各段泥化程度不一；软弱面泥化，呈塑性，面光滑，抗剪强度低</td></tr>
<tr><td rowspan="2">次生夹层</td><td>层面</td><td>产状受岩层制约，连续性差，近地表发育，常呈透镜体；物质细腻，呈塑性，甚至呈流态，强度很低</td></tr>
<tr><td>断裂面</td><td>产状受原岩结构面制约，常较陡，连续性差，物质细腻，结构单一，物理力学性质差</td></tr>
</table>

（四）结构体

结构体即岩体中被结构面切割而产生的单个岩石块体，其形状取决于结构面的组数及产状。一般情况下，结构体的几何形状都是不规则的，常见的有块体、柱体、锥体、楔形体、菱面体等（图 3-7）。而结构体大小一般由结构面组数及各组间距决定，同时还与结构面延展性有密切关系。在野外地质调查中，结构体尺寸可以用典型岩块的平均尺寸描述。

结构体的形状、大小对岩体稳定性很大。一般而言，巨大岩块组成的岩体不易变形，并

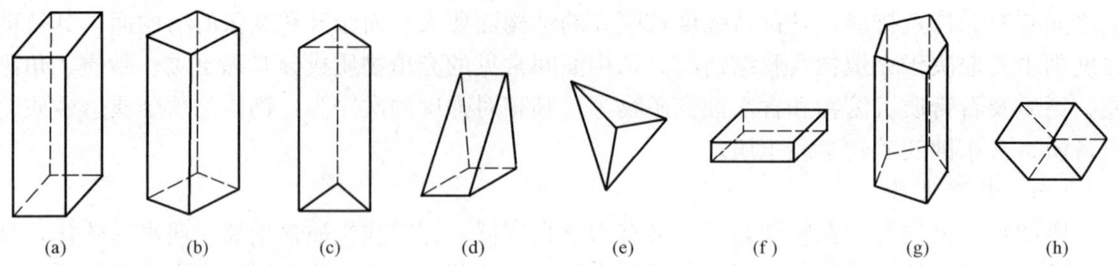

图 3-7 结构体的形状

(a) 方柱 (块) 体; (b) 菱形柱体; (c) 三棱柱体; (d) 楔形体; (e) 锥形体; (f) 板状体; (g) 多角柱体; (h) 菱形块体

且在地下结构中还可发挥有利的成拱和锁合作用，而很小的岩块则可能引起类似土的潜在破坏形式，即由不连续岩体通常出现的平移或倾倒型破坏变为圆弧旋转型破坏，更小的岩块甚至也可能产生流动型破坏。

另外，结构体的产状和所处的位置不同，其工程稳定性也大不相同。例如：位于隧道拱顶的楔状结构体，刃角朝下时比朝上时稳定；水平板状结构体在重力作用或垂直节理切割下，处于拱顶部位时不稳定，处于边墙部位稳定；在坝基下平卧的板状结构体，稳定性较差，但当竖直埋藏于坝基之下时，稳定性则大为增加；竖直埋藏的平板状结构体，在坝基下是稳定的，但它在坝肩斜坡上并倾向河谷时，稳定性就很差，此时平卧的板状结构体的稳定性较高。

(五) 岩体结构类型

岩体结构包括两个要素：结构面和结构体，从工程地质角度，可将其划分为：整体状结构、块状结构、层状结构、碎裂状结构、散体状结构等基本类型，如图 3-8 所示。不同结构类型的岩体，其力学性质有明显差异，其特征见表 3-3。

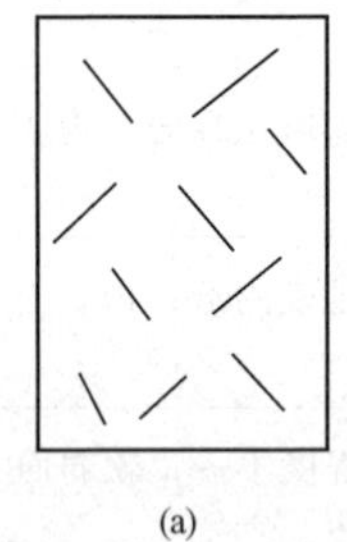

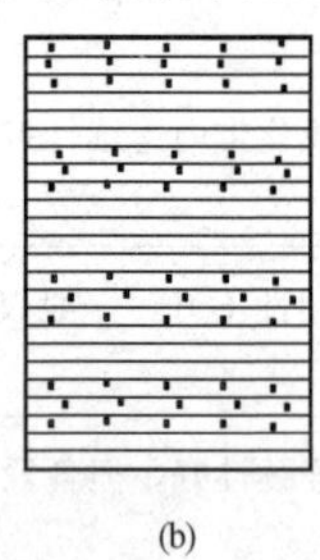

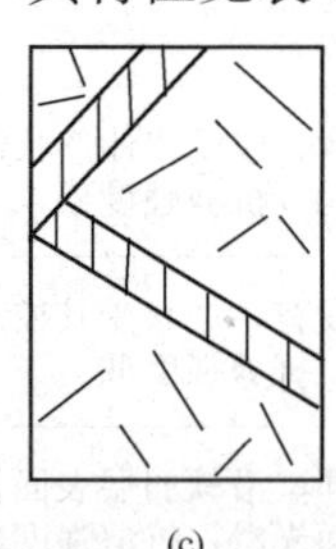

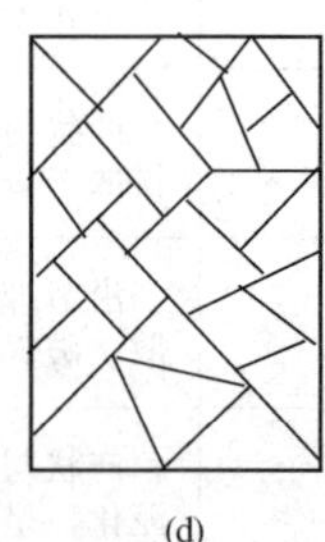

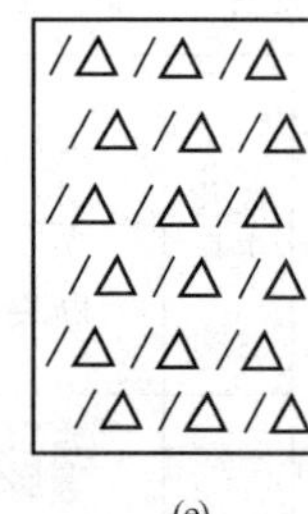

图 3-8 岩体结构类型示意图

(a) 整体状结构; (b) 层状结构; (c) 块状结构; (d) 破碎状结构; (e) 散体状结构

表 3-3　　岩体结构类型分类

岩体结构类型	岩体地质类型	结构体形状	结构面发育情况	岩土工程特征	可能发生的岩土工程问题
整体状结构	巨块状岩浆岩和变质岩，巨厚层沉积岩	巨块状	以层面和原生、构造节理为主，多呈闭合型，间距大于 1.5m，一般为 1～2 组，无危险结构	岩体稳定，可视为均质弹性各向同性体	局部滑动或坍塌，深埋洞室的岩爆
块状结构	厚层状沉积岩，块状岩浆岩和变质岩	块状 柱状	有少量贯穿性节理裂隙，结构面间距 0.7～1.5 m，一般为 2～3 组，有少量分离体	结构面互相牵制，岩体基本稳定，接近弹性各向同性体	

续表

岩体结构类型	岩体地质类型	结构体形状	结构面发育情况	岩土工程特征	可能发生的岩土工程问题
层状结构	多韵律薄层、中厚层状沉积岩，副变质岩	层状 板状	有层理、片理、节理，常有层间错动	变形和强度受层面控制，可视为各向异性弹塑性体，稳定性较差	可沿结构面滑塌，软岩可产生塑性变形
破碎状结构	构造影响严重的破碎岩层	碎块状	断层、节理、片理、层理发育，结构面间距 0.25～0.50m，一般 3 组以上，有许多分离体	整体强度很低，并受软弱结构面控制，呈弹塑性体，稳定性很差	易发生规模较大的岩体失稳，地下水加剧失稳
散体状结构	断层破碎带、强风化及全风化带	碎屑状	构造和风化裂隙密集，结构面错综复杂，多充填黏性土，形成无序小块和碎屑	完整性遭到极大破坏，稳定性极差，接近松散体介质	易发生规模较大的岩体失稳，地下水加剧失稳

需要注意的是，同样节理化程度的岩体的稳定性，可以因工程规模不同而不同，因此划分岩体结构类型时，也必须考虑到工程的规模。如图 3-9 所示的边坡与结构体尺寸相比，二者相差几十倍以上。因此，对边坡工程而言，岩体应划分为碎裂块状结构类型。但对于地下洞室 A，由于它的尺寸大于结构体的尺寸，岩体可视为块状结构类型。地下洞室 B 的尺寸小于结构体的尺寸，当结构面连通性差且为硬性结构面时，可将岩体视为整体结构；当结构面虽为硬性结构面，但已将顶拱或边墙切割成分离体时，可划分为碎裂块状结构；当结构面夹泥时，可划分为块状结构类型。

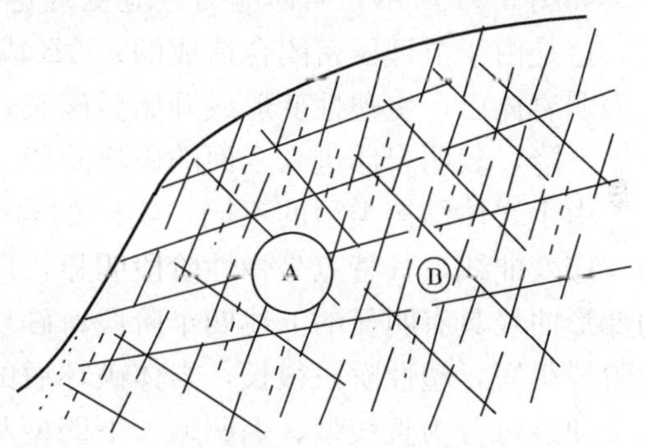

图 3-9　岩体结构类型与工程规模的关系

第二节　岩体的主要力学性质

与连续介质岩石材料不同，岩体是赋存于一定地质环境中的复杂地质体，其中存在着各种结构面，因此岩体的力学性质不仅与组成岩体的岩石的力学性质有关，而且显著地受到其中结构面（特别是软弱结构面）的物质组成、发育程度、组合类型及力学性质的影响，甚至许多情况下软弱结构面对岩体的力学性质起严格的控制作用。

在工程实践中，大多数岩石的材料强度都是很高的，对于一般工程建筑物的要求来说，是能够满足要求的，而岩体强度，特别是沿软弱结构面方向的强度却往往很低，不能满足建筑物的要求，因此，从工程实践的客观需要来说，研究岩体的力学性质往往比研究岩石的力学特性更为重要。

一、岩体的变形特性

1. 岩体的应力—应变曲线特征

岩体的变形通常包括结构面变形和结构体变形两部分，实测的岩体应力—应变曲线，是这两种变形叠加的结果，如图 3-10 所示。图 3-11 中分别绘出了坚硬岩石、软弱结构面与岩体的应力—应变曲线，很明显，三条曲线的特征有很大的不同：坚硬岩石曲线的特点是弹性关系特别显著，软弱面曲线的特点是以塑性变形为主，而岩体的曲线则比它们都要复杂。

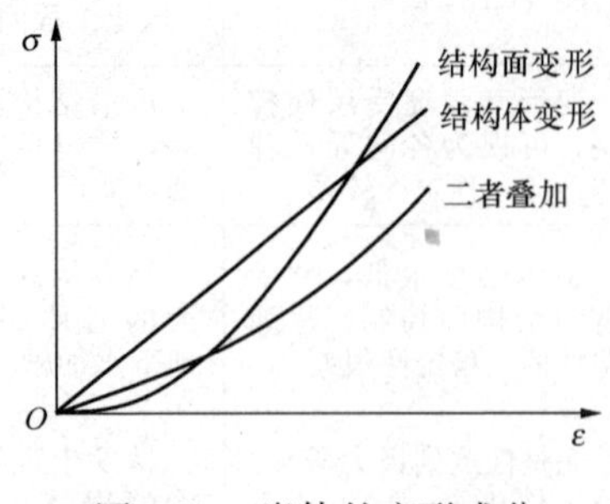

图 3-10 岩体的变形成分

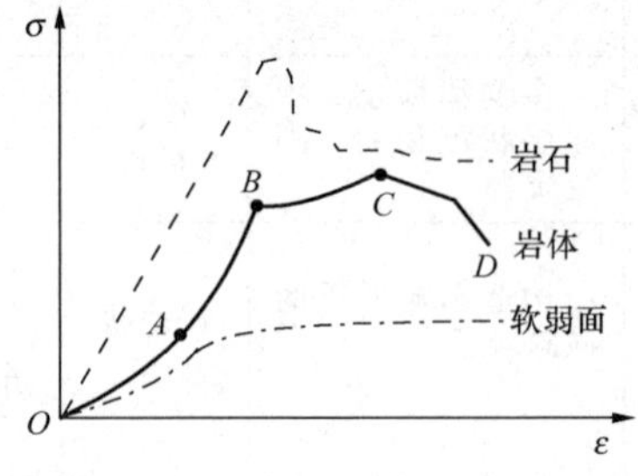

图 3-11 岩体的应力—应变理论曲线

如图 3-11 所示，岩体应力—应变理论曲线一般可分为四个阶段：*OA* 段曲线呈凹状缓坡，这是由于节理压密闭合造成的；*AB* 段是结构面压密后弹性变形阶段；*BC* 段为曲线形，它表明岩体已产生塑性变形或开始微破裂，*C* 点的应力值就是岩体的极限强度；*CD* 段曲线开始下降，表明岩体进入全面的破坏阶段。

由于岩体结构类型的不同，实际的岩体应力—应变曲线也不同。如完整结构岩体的应力—应变曲线，其特点是弹性阶段明显，压密阶段没有或不显著；块状或块状碎裂结构岩体的变形曲线具有明显的上述四个阶段；碎块状碎裂结构和散体结构的岩体，其变形曲线中弹性阶段很短，塑性阶段很长，岩体破坏后的应力降低不显著。实验发现，实际的岩体应力—应变曲线可分为直线型、上凹型、下凹型和复合型等四种类型，如图 3-12 所示。

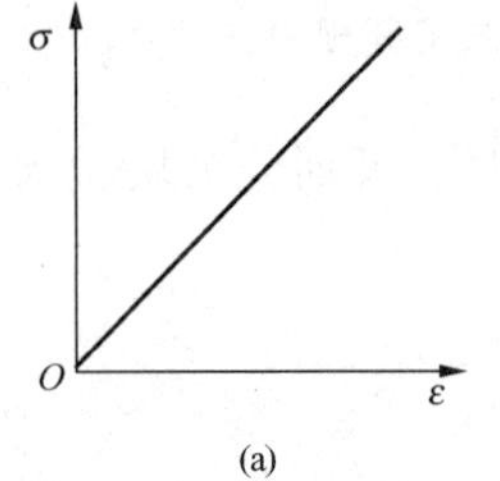

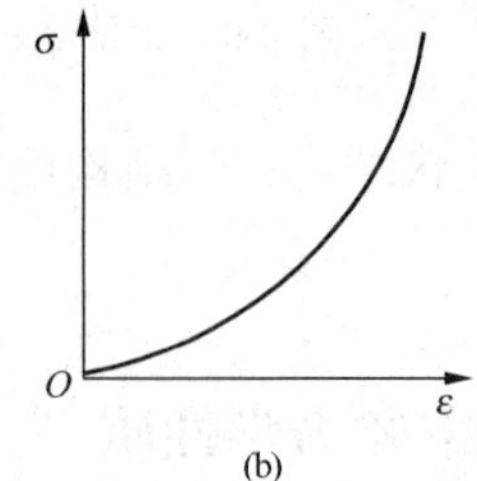

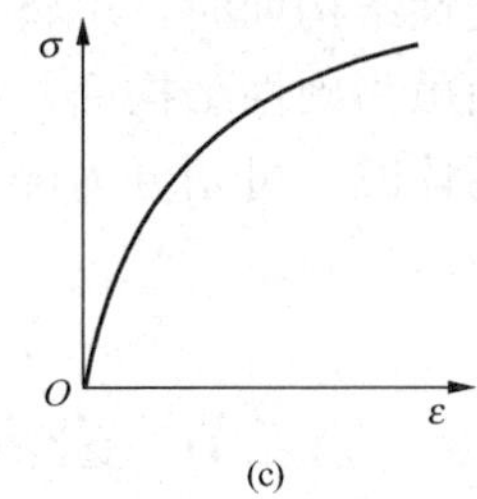

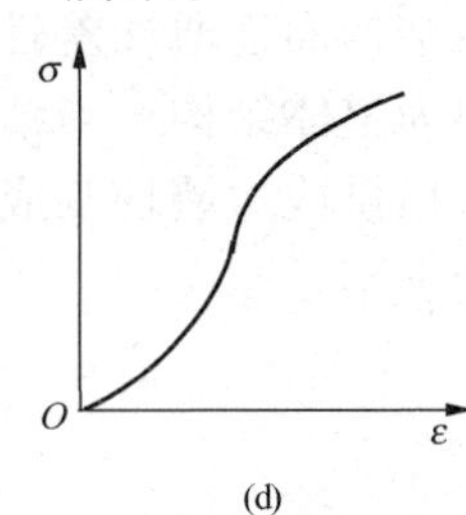

图 3-12 岩体的应力—应变曲线类型

(a) 直线型；(b) 上凹型；(c) 下凹型；(d) 复合型

(1) 直线型：如图 3-12 (a) 所示，岩体应力—应变曲线可近似为直线，坚硬、致密、均匀、完整（裂隙不发育或只有分布均匀的微小裂隙）的岩体一般属于此类。此种情况下，岩体多以弹性变形为主，塑性变形较小，但绝不能认为岩体发生完全弹性变形。当岩体中较为发育多组软弱结构面致使结构疏松而严重破碎时，如果岩体中裂隙分布比较均匀，也可以具有这种类型的应力—应变曲线。

(2) 上凹型：如图 3-12 (b) 所示，岩体应力—应变曲线在小荷载时斜率小变形大，随着荷载的增大，曲线斜率逐渐增大，塑性变形趋于稳定。在垂直于层状或节理岩体的层面、节理面方向加荷载进行变形实验条件下，多数情况属于这类曲线。这反映出岩体的岩性坚硬、裂隙发育，且多张开裂隙而无充填，在荷载作用下，裂隙逐渐闭合或发生镶嵌作用而被挤密。此外，如岩体中存在软弱夹层，那么在垂直于层面加压时，由于软弱夹层大部分被挤出及受压固结，塑性变形占绝对优势时，也可以出现这种类型的应力—应变曲线。

(3) 下凹型：如图 3-12 (c) 所示，岩体应力—应变曲线在小荷载时近似直线，表现为以弹性变形为主，当荷载增大时呈曲线，表现为以塑性变形为主。可能出现这种类型的情况有：岩体中较为发育软弱夹层，或者较为发育节理裂隙且其中具有泥质等软弱充填物，或者组成岩体的岩石性质软弱，或者岩体较深处（坚硬岩体下面）埋藏有软弱夹层，或者岩体遭受强烈风化作用等。

(4) 复合型：如图 3-12 (d) 所示，岩体应力—应变曲线呈阶梯状。当组成岩体的岩石或结构体性质不均匀，或者结构体在岩体中分布不均匀，或者结构面（节理裂隙）在岩体中分布不均匀，等等，即岩体性质及结构不均匀时，一般出现复合型的应力—应变曲线。

2. 变形指标

如图 3-13 所示，岩体在反复荷载作用下对应于每一级压力的总应变值 ε 均包括弹性应变值 ε_e 和塑性应变（残余应变）值 ε_p 两部分。表征岩体变形的重要参数一般用变形模量 E_0 和弹性模量 E_e。岩体变形模量 E_0 的确定定义为岩体在无侧限受压条件下的应力与总应变之比。而岩体弹性模量 E_e 的确定定义为岩体在无侧限受压条件下的应力与弹性应变之比。一般地，用静力法测得的坚硬完整岩体的这两个模量数值比较接近，而软弱破碎岩体因其残余应变大，所以这两个模量往往相差很大。

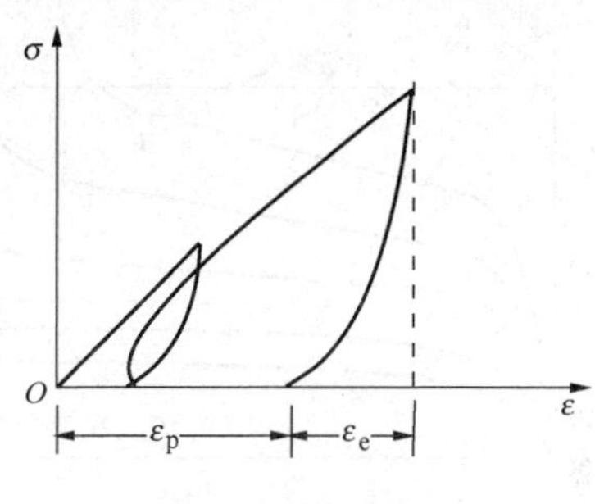

图 3-13　岩体的弹性应变和残余应变

必须指出，在不同加载压力水平下测得的岩体变形指标是不同的，这是岩体重要的变形特征之一。因此，说到岩体变形指标，必须明确是在哪一级压力水平下卸荷求得的。

3. 动弹性模量

地震、爆破、水流振动等动荷载作用具有时间短和作用速度快的特点。实验表明，岩体在此类荷载作用下的变形特性与静荷载作用下的变形特性不同。一般地，岩体的强度随加荷速度的增加而增大，而变形能力随加荷速度的增加而减少。反映岩体在动荷载作用下的变形特性的参数一般常用动弹性模量 E_d。当岩体受到动荷载冲击后，其内部将产生弹性波。弹性波分纵波和横波两种，它们的传播速度主要同岩体的变形特性有关，根据弹性理论可导出动弹性模量 E_d 与波速间的关系为

$$E_d = \rho v_s^2 \frac{3v_p^2 - 4v_s^2}{v_p^2 - v_s^2} \tag{3-6}$$

式中　v_p——纵波波速，m/s；

v_s——横波波速，m/s；

ρ——岩体的密度，kg/m³。

目前，由于在现场量测横波比较困难，所以动弹性模量 E_d 也可以只根据纵波波速近似地计算，即

$$E_d = \rho v_p^2 \frac{(1+\mu)(1-2\mu)}{(1-\mu)} \tag{3-7}$$

式中　μ——泊松比。

工程中，一般用地震法、声波法等动力法（弹性波法）测定岩体的动态变形参数。由于弹性波法的作用力小（100Pa 范围）和作用时间短暂（秒范围内），因而岩体的变形是弹性

的。而千斤顶法、狭缝法等静力法的荷载较大，作用时间长而缓慢，并且测得的岩体变形含有非弹性部分。因此，一般用动力法测得的动弹性模量 E_d 比静力法测得的弹性模量 E_e 要高。根据统计，E_d 与 E_e 的比值在 1～20 之间，其中在 1～10 之间的超过 85%。

二、岩体的流变特性

介质在外部条件不变的条件下，应力或应变随时间变化的性质称为流变性。流变性有蠕变和松弛两种表现形式。蠕变是指在应力一定的条件下，变形随时间增长而逐渐增长的现象。松弛是指在变形保持一定时，应力随时间增长而逐渐减小的现象。试验和工程实践证明，岩石和岩体均有流变性，特别是软弱岩石、软弱夹层、破碎和散体结构岩体，其变形的时间效应较为显著，蠕变特征明显。有些工程的失事，往往不是由于荷载过高，而是在应力较低的情况下岩体发生了蠕变。

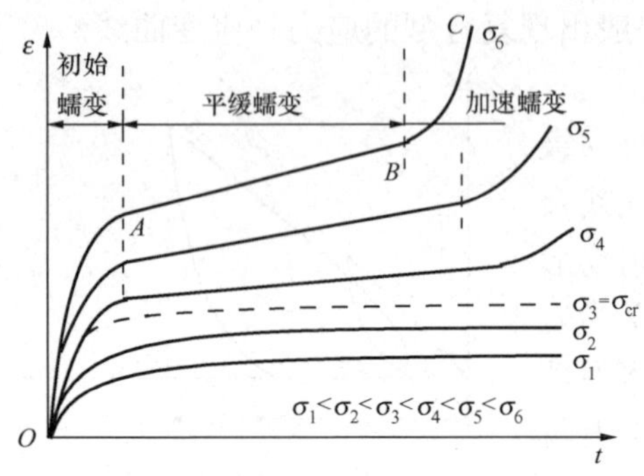

图 3-14 不同应力水平下岩体的蠕变曲线

如图 3-14 所示，一般岩体的典型蠕变曲线可分为三个阶段：①初始蠕变阶段（*OA* 段）：又称阻变阶段，其特点是变形速率逐渐减小，至 *A* 点达到最小值；②平缓蠕变阶段（*AB* 段）：该阶段曲线平缓，变形速率保持常量；③加速蠕变阶段（*BC* 段）：过 *B* 点后，变形速率加快直至岩体破坏（*C* 点）。

研究表明，岩体的蠕变与应力水平有关：当应力水平较低时，只出现第一至第二阶段的蠕变，并不引起岩体的破坏；而当应力水平超过某一临界值 σ_{cr}（如图 3-14 中的 σ_3 值）时，才会进入加速蠕变阶段，并最终导致岩体破坏。通常把该临界应力值，称为长期强度。

岩体稳定性计算应以长期强度为准。岩体的长期强度取决于岩石和结构面的性质、含水量等因素。有资料表明，软弱岩体和泥化夹层的长期剪切强度与短期剪切强度的比值，大体上与快剪试验的屈服值与峰值强度的比值相当，约为 0.8。

三、岩体的强度特性

作为结构体和结构面共同组成的复杂地质体，岩体的强度无疑受结构体和结构面强度及其组合形式（岩体结构）的控制。一般情况下，岩体强度不等同于结构体或结构面的强度。对于新鲜而岩性坚硬的岩体来说，由于组成岩体的岩石（结构体）强度较高，而软弱结构面强度相比很低，所以此时软弱结构面强度及其产状与组合形式就基本决定了岩体强度，而且使岩体具有显著的不均匀性和各向异性，一般也存在着明显的不连续性和非线性。对于风化破碎而岩性软弱的岩体来说，由于组成岩体的岩石（结构体）强度也很低，软弱结构面的作用也就不那么突出，所以此时岩体强度同时决定于岩石材料及软弱结构面这两个方面。特别地，当组成岩体的岩石（结构体）强度与软弱结构面强度相比很小时，岩体强度则主要受控于岩石（结构体）强度。

（一）岩体的破坏方式

岩体的破坏方式或破坏机制与其受力条件和结构特征有关。一般的，岩体结构类型不同，其破坏方式也不同。如图 3-15 所示，岩体的破坏方式从宏观上可分为四种：脆性破裂、块体滑移，层状弯折，追踪破裂，塑性流动。正确判断岩体破坏失稳的形式，是进行岩体稳定分析的基础。

岩体的剪切破坏是一种占优势的破坏方式，大致有三种基本情况：①重剪破坏，即沿着软弱结构面发生的剪切破坏，此时软弱结构面的抗剪强度代表了岩体的抗剪强度；②复合剪切破坏，破裂面追踪结构面的不利组合面发育，受剪切破坏结构面控制，岩体强度取决于结构面和结构体两个方面；③剪断破坏，即受结构体控制的剪切破坏，是因整个岩体的抗剪强度不够而发生的破坏。

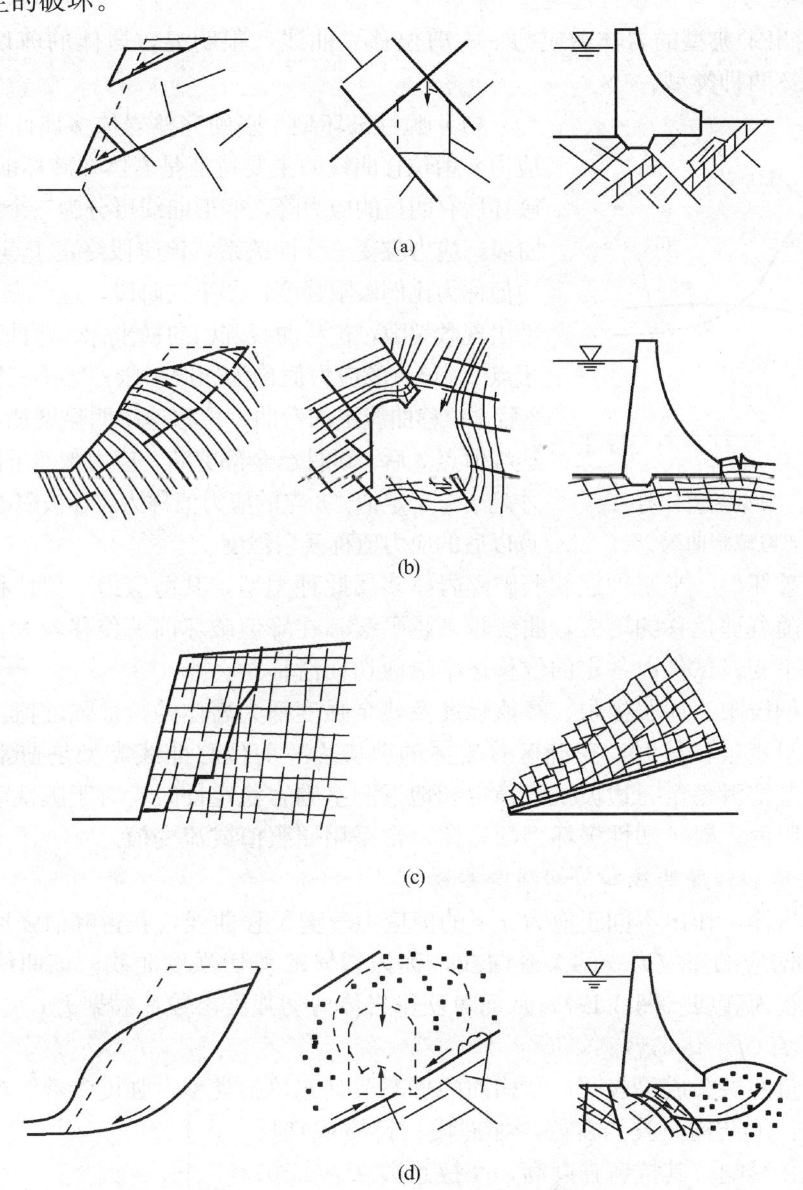

图 3-15　不同结构类型岩体的破坏形式

(a) 脆性破裂、块体滑移；(b) 层状弯折；(c) 追踪破裂；(d) 塑性流动

（二）岩体的剪切特性和抗剪强度

岩体的剪切强度是指岩体抵抗剪切破坏的能力，岩体剪切强度可分三种：①抗剪强度，即沿已有的破裂面发生剪切滑动时的强度；②抗剪断强度，即在垂直压力作用下的岩体剪断强度；③抗切强度，即压应力等于零时的抗剪断强度。沿结构面产生剪切破坏时，应采用抗

剪强度试验，此时，岩体剪切强度最小，等于结构面的抗剪强度；而在岩体中剪断破坏时，剪切强度最大；沿复合剪切面剪切时，其强度介于以上两者之间。

工程上通常采用现场大型剪切试验的方法来测定。该试验可获得岩体剪应力—剪位移曲线、剪切强度曲线及岩体剪切强度参数 c_m，φ_m 等资料。

1. 岩体剪应力—剪位移曲线类型

图 3-16 给出了典型的岩体剪应力 τ —剪位移 δ 曲线，很明显，岩体的剪切破坏有脆性破坏和塑性破坏两种类型。

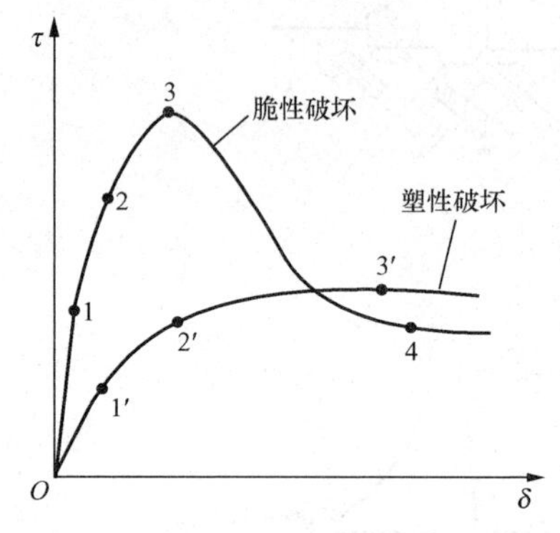

图 3-16　典型的岩体剪应力—剪位移曲线

（1）脆性破坏型。坚硬完整岩体多属此种类型，其剪应力—剪位移曲线的主要特征是岩体在破坏前剪位移较小，破坏后有明显的应力降，变形曲线可分为三个阶段：①第一阶段，应力应变呈线性关系，该阶段终止于点 1，该点的应力值称为比例极限强度；②第二阶段，过了点 1 后，岩体内部出现微裂隙，位移曲线开始向横坐标轴弯曲。该阶段终止于点 2，该点的应力值称为屈服极限；③第三阶段，过了点 2 后，位移曲线更加弯曲，位移速率明显增加，当剪应力到达峰值点 3 后，试件已全部剪断，应力骤然下降直到点 4 后才趋于一个定值。3 点的应力值称为破坏极限或峰值强度，4 点以后的应力值称残余强度。

（2）塑性破坏型。半坚硬或软弱破碎岩体多属此种类型，其剪应力—剪位移曲线基本上呈上凸型，且随着剪位移的增大，曲线越来越平缓，在峰值破坏前剪位移较大，过峰值后剪应力基本保持不变，试件以一定的位移速率沿剪切面滑移。

上述的比例极限、屈服极限、峰值强度及残余强度都为岩体的特征强度值。在对各类工程岩体进行抗滑稳定校核时，正确区分岩体的剪应力—剪位移曲线类型是非常重要的。比如，在校核坝基抗滑稳定、边坡抗滑稳定和地下洞室围岩稳定性时，对于脆性破坏型的岩体常采用比例极限值，对于塑性破坏型的岩体，常采用屈服值或流变值。

2. 岩体的剪切强度曲线和剪切强度参数

对同一类岩体，作出不同正应力 σ 下的剪应力—剪位移曲线，获得峰值强度后，可作出峰值强度 τ_f 和对应的正应力 σ 的关系曲线，称为岩体的剪切强度曲线。该曲线在正应力变化不大时，可视为直线（图 3-17），从而可获得岩体剪切强度参数：黏聚力 c_m、内摩擦角 φ_m 值及摩擦系数 f（$f=\tan\varphi_m$）。

国内外大量的试验成果表明：结构面的形态及其充填物类型对强度参数影响很大，基本上有下述结论：①结构面胶结良好，如硅质、钙质或铁质胶结，未受风化影响，其抗剪强度高，摩擦系数 $f>0.80$；②闭合而无充填的结构面，其抗剪强度取决于岩石成分和结构面的粗糙度，一般也较高，$f=0.50\sim0.80$；③结构面有泥膜或夹泥充填，厚度很薄，且小于结构面的起伏差时，$f=0.40\sim0.60$；④结构面平直光滑、泥质或碎屑物充填且厚度较大时，抗剪强度低，$f<0.40$，如为全泥质充填，则 $f=0.20\sim0.25$。

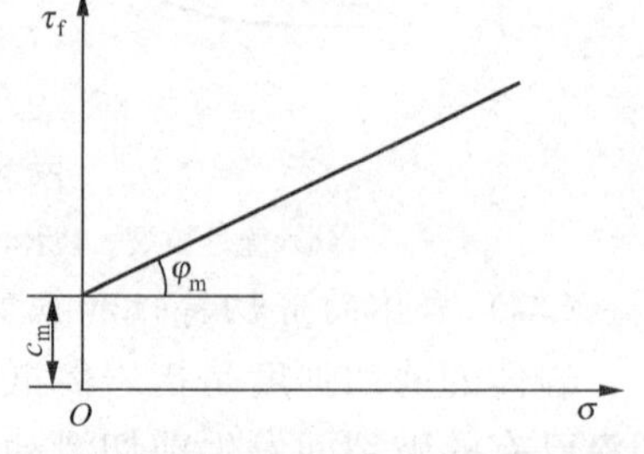

图 3-17　岩体的剪切强度曲线

另外，黏聚力 c_m 值一般也与结构面的充填物类型及其胶结情况有关：硅质、钙质充填且胶结良好的，黏聚力一般都比较高；泥质充填的，黏聚力相对较低；无充填时，黏聚力为 0。

（三）影响岩体强度的主要因素

1. 试件的尺寸效应

岩石的物理性质和力学性质与进行试验和量测的尺寸有关。当尺寸很小（如在矿物颗粒大小范围内）时，则岩石的不均匀性会影响到岩石的性质；尺寸较大时，岩石就具有统计上的均一性。从工程角度讲，岩石试样的尺寸应使其具有统计上的均一性，这个尺寸称为下限尺寸。大体积的岩石（岩体）不可避免地会发生破裂，其中会出现许多断层、节理等不连续面，所以岩体的强度低于岩石，岩体的变形大于岩石，岩体的渗透性强于岩石，所以在研究岩体中的软弱面（不连续面、断裂面等）效应、岩体的渗透特性时，其尺寸就应该大一些，甚至要很大，这称为试件的上限尺寸。

2. 软弱面效应

岩体中甚至岩石中都存在着各种宏观的或微观的、原生的或次生的各种断裂面、不连续面或夹层等软弱面，对岩体强度、岩体稳定性起着控制作用。它们一般都强度低、变形大、刚度小、易渗水、易风化、易侵蚀、溶蚀、易变质，另外还有明显的各向异性。如作用力方向平行于或垂直于或倾斜于软弱面，其性质都不一样。

3. 摩擦效应

摩擦效应首先与接触界面上的正应力有关。在土木工程中，正应力一般在 5MPa 以下，属于低压，界面的粗糙程度和岩石种类对摩擦系数的影响很大；在采矿工程中，在 3000m 的深矿井中，节理或断层面上的正应力可达到 100MPa 左右，属于中压，界面的粗糙程度和岩石种类对摩擦系数的影响已没有低压时那么大；在地球物理领域内，界面上的正应力可达到 2GPa，相当于地壳底部甚至更深时的压力，属于高压，此时摩擦与界面的粗糙程度和岩石种类无关。

4. 围压效应

岩体（山体）内部处于三向应力状态，即有围压。围压对岩石强度有显著的提高作用。大围压可使微裂隙，甚至小裂隙闭合、压紧，提高了摩擦系数，即提高了强度。另外，围压大时，岩石的变形呈现出明显的塑性，甚至表现出黏性。

5. 时间效应

时间效应有两层含义，一是加荷速率，加荷速率太快，就成了动荷载；二是荷载作用时间，岩石在短期外力作用下表现为弹性体，而在长期的外力作用下，强度降低，表现为塑性，甚至流变性。

6. 水的影响

水对岩体的影响主要表现在三个方面：

（1）水的物理地质作用。这主要表现为水对节理、裂隙面的润滑作用。这种作用可使摩擦系数减小，抗剪强度降低。另外，水还对岩体有软化作用，对软弱夹层有泥化作用等。

（2）水的化学地质作用。这主要包括溶解、溶蚀、溶滤作用，水化、水解作用，离子交换，氧化还原作用，脱碳酸作用，硫酸化和脱硫酸作用，混合作用等。这种作用可使岩石中的矿物成分变质，从而影响岩体结构和岩体的力学性质。

(3) 水对岩体的力学作用。这主要表现为水对岩体这一多孔介质的静水压力和动水压力。

四、岩体物理力学参数和结构面抗剪断峰值强度参数的参考值

岩体的物理力学参数反映了岩体的稳定性和质量的高低，并与决定岩体基本质量的岩石坚硬程度和岩体完整程度密切相关，而岩体结构面抗剪断峰值强度则取决于两侧岩体的坚硬程度和结构面本身的结合程度。它们的合理选用是岩体稳定性定量分析的关键。根据以往工程实践经验，国内外有不少学者进行了有关参数的统计。例如，《工程岩体分级标准》(GB/T 50218—2014) 推荐，在工程岩体初步定级（详见本章第三节）后，岩体物理力学参数可按表 3-4 选用，结构面抗剪断峰值强度参数可根据岩石坚硬程度和结构面结合程度按表 3-5 选用。

表 3-4　　岩体物理力学参数

岩体基本质量级别	重力密度 (kN/m³)	抗剪断峰值强度		变形模量 E_0 (GPa)	泊松比 μ
		内摩擦角 φ (°)	黏聚力 c (MPa)		
Ⅰ	>26.5	>60	>2.1	>33	<0.20
Ⅱ		60～50	2.1～1.5	33～16	0.20～0.25
Ⅲ	26.5～24.5	50～39	1.5～0.7	16～6	0.25～0.30
Ⅳ	24.5～22.5	39～27	0.7～0.2	6～1.3	0.30～0.35
Ⅴ	<22.5	<27	<0.2	<1.3	>0.35

表 3-5　　岩体结构面抗剪断峰值强度参数

序　号	两侧岩体的坚硬程度及结构面的结合程度	内摩擦角 φ (°)	黏聚力 c (MPa)
1	坚硬岩，结合好	>37	>0.22
2	坚硬～较坚硬岩，结合一般；较软岩，结合好	37～29	0.22～0.12
3	坚硬～较坚硬岩，结合差；较软～软岩，结合一般	29～19	0.12～0.08
4	较坚硬～较软岩，结合差～很差；软岩，结合差；软质岩的泥化面	19～13	0.08～0.05
5	较坚硬岩及全部软质岩，结合很差；软质岩泥化层本身	<13	<0.05

第三节　工程岩体分级

一、分级的目的

工程岩体分级的目的，是针对作为工程建筑物地基或围岩的岩体，从工程的实际要求出发，对它们进行分级；并根据其特性，进行试验，得出相应的设计计算指标或参数，以使工程达到经济、合理、安全的目的。

根据用途的不同，岩体工程分级分为两类：①通用的分级，它是供各个学科领域、各国民经济部门笼统使用的分级，是一种较少针对性的、原则性的、大致的分级；②专用的分

级，它是针对某一学科领域，某一具体工程，或某一工程的具体部位岩体的特殊要求，或专为某种工程目的服务而专门编制的分级，涉及面要窄一些，考虑的因素要少一些，但更深入和细致。

分级的目的不同，要求也不一样。水利水电工程着重考虑水的影响；地下工程着重研究地压问题；钻进、开挖则着重考虑岩石的坚硬程度。大工程要求高；小工程要求低。同是大型工程，初设阶段和施工图设计阶段的要求也各不相同。

总之，岩体工程分级是为一定的具体工程服务，为某种目的编制的，其内容和要求须视工程类型、不同设计阶段和所要解决的问题而定。

二、《工程岩体分级标准》（GB/T 50218—2014）简介

自 20 世纪 50～60 年代以来，国外提出了许多工程岩体的分级方法，例如 RMR 系统、RSR 系统、Q 系统、Z 系统等，其中有些在我国有广泛的影响，得到了不同程度的应用。在国内，自 70 年代以来，有关部门也在各自工程经验的基础上，制定了一些岩体分级方法，在本部门或本行业推行应用。然而，这些分级方法的原则标准和测试方法都不尽相同，彼此缺乏可比性、一致性。因此，1986 年国家计委批准编制了《工程岩体分级标准》（以下简称国家标准），并于 1994 年经国家建设部批准为强制性国家标准，编号 GB 50218—1994，于 1995 年 7 月 1 日起施行。该标准属于国家标准第二层次的通用标准，适用于各部门、各行业的岩石工程。2014 年该标准经再次修订后，住房和城乡建设部公告将其编号改为 GB/T 50218—2014，自 2015 年 5 月 1 日起实施。下面对该标准作专门介绍。

尽管影响工程岩体稳定的因素很多，但独立于各种工程类型且反映了岩体基本特性的因素主要是岩体的物理力学性质和构造发育情况。在岩体的物理力学性质中，对稳定性影响最大的是岩石坚硬程度。岩体的构造发育状况体现了岩体是地质体的基本属性，而岩体的不连续性及不完整性是这一属性的集中反映。因此，岩体分级考虑的基本因素应是岩石坚硬程度和岩体完整程度。另外，其他重要因素还有：地下水状态、初始应力状态、工程轴线或走向线的方位与主要软弱结构面产状的组合关系等。因此，国家标准提出了对工程岩体进行初步定级和详细定级的两类定级方法。

（一）工程岩体的初步定级

国家标准将由岩石坚硬程度和岩体完整程度这两个因素所决定的工程岩体性质，定义为“岩体基本质量”。岩体基本质量分级是各类型工程岩体定级的基础。根据定性与定量相结合的原则，其两个分级因素应当同时采用定性划分和定量指标两种方法确定，并相互比对。

对工程岩体进行初步定级时，应以岩体基本质量级别作为岩体级别。工程岩体的初步定级一般是在可行性研究和初步设计阶段，勘察资料不全，工作还不够深入，各项修正因素尚难以确定，作为初步定级，可暂用基本质量的级别作为工程岩体的级别。

1. 岩石坚硬程度的确定

（1）定性划分。岩石坚硬程度的确定，主要应考虑岩石的成分、结构及其成因，还应考虑岩石受风化作用的程度，以及岩石受水作用后的软化、吸水反应情况。为了便于现场勘察时直观地鉴别岩石坚硬程度，国家标准在定性鉴定中规定了用锤击难易程度、回弹程度、手触感觉和吸水反应等行之有效且简单易行的方法。

在确定岩石坚硬程度的划分档数时，考虑到划分过粗不能满足不同岩石工程对不同岩石的要求，在对岩体基本质量进行分级时，不便于对不同情况进行合理的组合；划分过细又显繁杂，不便使用。鉴于上述考虑，该标准总结并参考国内已有的划分方法和工程实践中的经验，先将岩石划分为硬质岩和软质岩二个大档次，再进一步划分为坚硬岩、软坚硬岩、较软岩、软岩和极软岩五个档次（表 3-6），其中，岩石的风化程度按表 3-7 确定。

表 3-6 岩石坚硬程度的定性划分

名称		定性鉴定	代表性岩石
硬质岩	坚硬岩	锤击声清脆，有回弹，震手，难击碎； 浸水后，大多无吸水反应	未风化～微风化的： 花岗岩、正长岩、闪长岩、辉绿岩、玄武岩、安山岩、片麻岩、硅质板岩、石英岩、硅质胶结的砾岩、石英砂岩、硅质石灰岩等
	较坚硬岩	锤击声较清脆，有轻微回弹，稍震手，较难击碎； 浸水后，有轻微吸水反应	1. 中等（弱）风化的坚硬岩； 2. 未风化～微风化的： 熔结凝灰岩、大理岩、板岩、白云岩、石灰岩、钙质砂岩、粗晶大理岩等
软质岩	较软岩	锤击声不清脆，无回弹，较易击碎； 浸水后，指甲可刻出印痕	1. 强风化的坚硬岩； 2. 中等（弱）风化的较坚硬岩； 3. 未风化～微风化的： 凝灰岩、千枚岩、砂质泥岩、泥灰岩、泥质砂岩、粉砂岩、砂质页岩等
	软岩	锤击声哑，无回弹，有凹痕，易击碎； 浸水后，手可掰开	1. 强风化的坚硬岩； 2. 中等（弱）风化～强风化的较坚硬岩； 3. 中等（弱）风化的较软岩； 4. 未风化的泥岩、泥质页岩、绿泥石片岩、绢云母片岩等
	极软岩	锤击声哑，无回弹，有较深凹痕，手可捏碎； 浸水后，可捏成团	1. 全风化的各种岩石； 2. 强风化的软岩； 3. 各种半成岩

表 3-7 岩石风化程度的划分

风化程度	风化特征
未风化	岩石结构构造未变，岩质新鲜
微风化	岩石结构构造、矿物成分和色泽基本未变，部分裂隙面有铁锰质渲染或略有变色
中等（弱）风化	岩石结构构造部分破坏，矿物成分和色泽较明显变化，裂隙面风化较剧烈
强风化	岩石结构构造大部分破坏，矿物成分和色泽明显变化，长石、云母和铁镁矿物已风化蚀变
全风化	岩石结构构造完全破坏，已崩解和分解成松散土状或砂状，矿物全部变色，光泽消失，除石英颗粒外的矿物大部分风化蚀变为次生矿物

（2）定量划分。岩石坚硬程度是岩石或岩块在工程意义上的最基本性质之一，它的定量指标和岩石组成的矿物成分、结构、致密程度、风化程度以及受水软化程度有关，表现为岩

石在外荷载作用下抵抗变形直至破坏的能力。表示这一性质的定量指标有：岩石单轴抗压强度、弹性变形模量、回弹值等。在这些力学指标中，单轴抗压强度容易测得，代表性强，使用最广，与其他强度指标相关密切，同时又能反映出岩石受水软化的性质，因此，国家标准采用岩体单轴饱和抗压强度 R_c 的实测值作为反映岩石坚硬程度的定量指标（表 3-8）。无条件时，可用实测的岩石点荷载强度 $I_{s(50)}$（即直径 50mm 圆柱形标准试件径向加压时的点荷载强度）的换算值，即

$$R_c = 22.82 I_{s(50)}^{0.75} \tag{3-8}$$

表 3-8　R_c 与定性划分的岩石坚硬程度的对应关系

<table>
<tr><td>R_c（MPa）</td><td>>60</td><td>60～30</td><td>30～15</td><td>15～5</td><td>≤5</td></tr>
<tr><td rowspan="2">坚硬程度</td><td colspan="2">硬质岩</td><td colspan="3">软质岩</td></tr>
<tr><td>坚硬岩</td><td>较坚硬岩</td><td>较软岩</td><td>软岩</td><td>极软岩</td></tr>
</table>

2. 岩体完整程度的确定

（1）定性划分。影响岩体完整性的因素很多。从结构面的几何特征来看，有结构面的密度、组数、产状和延伸程度，以及各组结构面的相互切割关系。从结构面性状特征来看，有结构面的张开度、粗糙度、起伏度、充填情况、充填物、水的赋存状态等。将这些因素逐项考虑，用来对岩体完整程度进行划分，显然是困难的。从工程岩体的稳定性着眼，应抓住影响岩体稳定的主要方面，使评判划分易于进行。经分析综合，该标准将几何特征诸项综合为结构面发育程度，将结构面性状特征诸项综合为主要结构面的结合程度。

该标准中规定了用结构面发育程度、主要结构面的结合程度和主要结构面类型作为划分岩体完整程度的依据，并将后者定性划分为五个等级（表 3-9）。表中，主要结构面是指相对发育的结构面，即张开度较大、充填物较差、成组性好的结构面；结构面发育程度包括结构面组数和平均间距；结构面结合程度应从各种结构面特征，即张开度、粗糙状况、充填物性质及其性状等方面进行综合评价，并划分为结合好、结合一般、结合差、结合很差四种情况（表 3-10）。

表 3-9　岩体完整程度的定性划分

<table>
<tr><td rowspan="2">名称</td><td colspan="2">结构面发育程度</td><td rowspan="2">主要结构面的结合程度</td><td rowspan="2">主要结构面类型</td><td rowspan="2">相应结构类型</td></tr>
<tr><td>组数</td><td>平均间距（m）</td></tr>
<tr><td>完整</td><td>1～2</td><td>>1.0</td><td>结合好或结合一般</td><td>节理、裂隙、层面</td><td>整体状或巨厚层状结构</td></tr>
<tr><td rowspan="2">较完整</td><td>1～2</td><td>>1.0</td><td>结合差</td><td rowspan="2">节理、裂隙、层面</td><td>块状或厚层状结构</td></tr>
<tr><td>2～3</td><td>1.0～0.4</td><td>结合好或结合一般</td><td>块状结构</td></tr>
<tr><td rowspan="3">较破碎</td><td>2～3</td><td>1.0～0.4</td><td>结合差</td><td rowspan="3">节理、裂隙、劈理、层面、小断层</td><td>裂隙块状或中厚层状结构</td></tr>
<tr><td rowspan="2">≥3</td><td rowspan="2">0.4～0.2</td><td>结合好</td><td>镶嵌碎裂结构</td></tr>
<tr><td>结合一般</td><td>薄层状结构</td></tr>
<tr><td rowspan="2">破碎</td><td rowspan="2">≥3</td><td>0.4～0.2</td><td>结合差</td><td rowspan="2">各种类型结构面</td><td>裂隙块状结构</td></tr>
<tr><td>≤0.2</td><td>结合一般或结合差</td><td>碎裂状结构</td></tr>
<tr><td>极破碎</td><td>无序</td><td></td><td>结合很差</td><td></td><td>散体状结构</td></tr>
</table>

注　平均间距是指主要结构面（1～2）间距的平均值。

表 3-10 结构面结合程度的划分

名称	结构面特征
结合好	张开度小于 1mm，为硅质、铁质或钙质胶结，或结构面粗糙，无充填物；张开度 1～3mm，为硅质或铁质胶结；张开度大于 3mm，结构面粗糙，为硅质胶结
结合一般	张开度小于 1mm，结构面平直，钙泥质胶结或无填充物；张开度 1～3mm，为钙质胶结；张开度大于 3mm，结构面粗糙，为铁质或钙质胶结
结合差	张开度 1～3mm，结构面平直，为泥质胶结或钙泥质胶结；张开度大于 3mm，多为泥质或岩屑充填
结合很差	泥质充填或泥夹岩屑充填，充填物厚度大于起伏差

(2) 定量划分。岩体完整程度的定量指标，国内外采用的有：岩体完整性指数 K_v（岩体弹性纵波波速度与岩石弹性纵波速度之比的平方）、岩体体积节理数 J_v[单位岩体体积内的节理(结构面)数目]、岩石质量指标 RQD、节理平均间距、岩体与岩块动静弹模比、岩体龟裂系数、1.0m 长岩芯段包括的裂隙数等。这些指标均从某个侧面反映了岩体的完整程度。目前国内的诸多岩体分级方法中，大多数认为前三项指标能较全面地体现岩体的完整状态，而前两项具有应用广泛、测试或量测方法简便的特点。其中，岩体完整性指数 K_v 既反映了岩体结构面的发育程度，又反映了结构面的性状，是一项能较全面地从量上反映岩体完整程度的指标。因此，国家标准以 K_v 值为划分岩体完整程度的主要定量指标（表 3-11）。

表 3-11 K_v 与定性划分的岩体完整程度的对应关系

K_v	>0.75	0.75～0.55	0.55～0.35	0.35～0.15	≤0.15
完整程度	完整	较完整	较破碎	破碎	极破碎

J_v 是国际岩石力学委员会推荐用来定量评价岩体节理化程度和单元岩体的块度的一个指标，但不能反映结构面的结合程度，特别是结构面的张开程度和充填物性状等，而这些恰是决定岩体完整程度的重要方面，因此，国家标准将其作为评价岩体完整程度的代用定量指标，即当无条件取得 K_v 的实测值时，可用 J_v 值查表 3-12 获得 K_v 值。

表 3-12 J_v 与 K_v 对照表

J_v（条/m^3）	<3	3～10	10～20	20～35	≥35
K_v	>0.75	0.75～0.55	0.55～0.35	0.35～0.15	≤0.15

3. 岩体基本质量分级

根据上述分级因素的定量指标 R_c 的兆帕数值和 J_v，可计算岩体基本质量指标（BQ），即

$$BQ = 90 + 3R_c + 250K_v \tag{3-9}$$

注意，上式使用时应遵循下列限制：①当 $R_c > 90K_v + 30$ 时，应以 $R_c = 90K_v + 30$ 和 K_v 代入计算 BQ 值；②当 $K_v > 0.04R_c + 0.4$ 时，应以 $K_v = 0.04R_c + 0.4$ 和 R_c 代入计算 BQ 值。

岩体基本质量的定性特征是两个分级因素定性划分的组合，根据这些组合可以进行岩体基本质量的定性分级，见表 3-13。而岩体基本质量指标 BQ 是用两个分级因素定量指标计算求得的，根据该值可以进行岩体基本质量的定量分级，也见表 3-13。定性分级与定量分级

相互验证可以获得较准确的定级。

表 3-13 岩体基本质量分级

基本质量级别	岩体基本质量的定性特征	岩体基本质量指标 BQ
Ⅰ	坚硬岩，岩体完整	＞550
Ⅱ	坚硬岩，岩体较完整；较坚硬岩，岩体完整	550～451
Ⅲ	坚硬岩，岩体较破碎；较坚硬岩，岩体较完整；较软岩，岩体完整	450～351
Ⅳ	坚硬岩，岩体破碎；较坚硬岩，岩体较破碎～破碎；较软岩，岩体较完整～较破碎；软岩，岩体完整～较完整	350～251
Ⅴ	较软岩，岩体破碎；软岩，岩体较破碎～破碎；全部极软岩及全部极破碎岩	≤250

鉴于在工程建设的不同阶段，地质勘察和参数测试等工作的深度不同，对其分级精度的要求也不尽相同。可行性研究阶段可以定性分级为主；初步设计、技术设计和施工设计阶段必须进行定性和定量相结合的分级工作；在工程施工期间，还应根据开挖所揭露的岩体情况补充勘察及测试资料，对已划分的岩体等级加以检验和修正。由于岩体的地质条件复杂多变，一个工程所调到的岩体往往要划分为几个级别。

需要注意的是，根据基本质量的定性特征作出的岩体基本质量定性分级与根据基本质量指标 BQ 作出的定量分级不吻合的情况是经常发生的，也是正常的。若两者定级不一致，可能是定性评级不符合岩体实际的级别，也可能是测试数据在选用或实测时缺乏代表性，或两者兼而有之。必要时应重新进行定性鉴定和定量指标的复核。当两者的级别划分相差达 1 级及以上时，应进一步补充测试。在此基础上经综合分析重新确定岩体基本质量的级别。为了提高定级的准确性，宜由有经验的人做定性分级。定量指标测试的地点与定性分级的岩石工程部位应一致。另外，对Ⅲ级以下（含部分Ⅲ级）的岩体应慎重确定级别，以确保工程安全。

（二）工程岩体的详细定级

正如前面所述，影响工程岩体稳定性的诸因素中岩石坚硬程度和岩体完整程度是岩体的基本属性，是各种岩石工程类型的共性，反映了岩体质量的基本特征，但它们远不是影响岩体稳定的全部重要因素。地下水状态、初始应力状态、工程轴线或走向线的方位与主要软弱结构面产状的组合关系等也都是影响岩体稳定的重要因素。这些因素对不同类型的岩石工程，其影响程度往往是不一样的。例如，某一陡倾角结构面，走向近乎平行工程轴线方位，对地下工程来说，对岩体稳定是很不利的，但对坝基抗滑稳定的影响就不那么大，若结构面倾向上游，则可基本上不考虑它的影响。但是，在初步定级时的岩体基本质量及其指标中，这些不利影响是反映不出来的。同时，随着设计工作的深入，地质勘察资料增多，就应结合不同类型工程的特点、边界条件、所受荷载（含初始应力）情况和运用条件等，引入影响岩体稳定的主要修正因素对工程岩体作详细地定级。

需要说明的是，对于膨胀性、易溶性等特殊岩类，它们对工程岩体稳定性的影响与一般岩类很不相同。国家标准分级的方法未反映其特殊性，也无成熟的经验或依据用修正的办法反映其对稳定性的影响。对这些带有特殊性的问题，需针对其对工程岩体的特殊影响，在专题研究的基础上，综合确定工程岩体的级别。

1. 地下工程岩体级别的确定

地下工程岩体级别的确定中，将影响岩体稳定性的初始应力状态作为修正因素。工程实践表明，岩体初始应力对地下工程岩体稳定性的影响，一方面取决于初始应力绝对量值的大小，另一方面也取决于围岩抗压强度的高低。因此，国家标准引入以相应初始应力和围岩强度确定的强度应力比，并强调将此值作为反映岩体初始应力状态对地下工程岩体级别的影响(见表 3-14)。岩体初始应力状态，有实测的应力成果时，应采用实测值；无实测成果时，可根据工程埋深或开挖深度、地形地貌、地质构造运动史、主要构造线、钻孔中的岩芯饼化和开挖过程中出现的岩爆等特殊地质现象，按表 3-14 作出评估。

表 3-14　工程岩体强度应力比评估

高初始应力条件下的主要现象	R_c/σ_{max}
1. 硬质岩：岩芯常有饼化现象，开挖过程中时有岩爆发生，有岩块弹出，洞壁岩体发生剥离，新生裂缝多，围岩易失稳；基坑有剥离现象，成形性差 2. 软质岩：开挖过程中洞壁岩体有剥离，位移极为显著，甚至发生大位移，持续时间长，不易成洞；基坑发生显著隆起或剥离，不易成形	<4
1. 硬质岩：岩芯时有饼化现象，开挖过程中偶有岩爆发生，洞壁岩体有剥离和掉块现象，新生裂缝较多，基坑时有剥离现象，成形性一般尚好 2. 软质岩：开挖过程中洞壁岩体位移显著，持续时间较长，围岩易失稳；基坑有隆起现象，成形性较差	4～7

注　σ_{max}为垂直洞轴线方向的最大初始应力。

国家标准规定，当遇有地下水、岩体稳定性受结构面影响且由一组起控制作用，工程岩体存在由强度应力比所表征的初始应力状态时，地下工程应用下式计算工程岩体质量指标的修正值［BQ］，并依［BQ］值按表 3-13 对岩体质量进行详细定级，即

$$[BQ] = BQ - 100(K_1 + K_2 + K_3) \tag{3-10}$$

式中　K_1——地下工程地下水影响修正系数；

K_2——地下工程主要结构面产状影响修正系数；

K_3——初始应力状态影响修正系数。

K_1、K_2、K_3 值分别按表 3-15、表 3-16 和表 3-17 确定。无表中所列情况时，有关修正系数取 0。当［BQ］出现负值时，修正后的工程岩体质量直接按Ⅴ级岩体考虑。

详细定级时，对跨度大于 20m 或特殊的地下工程岩体，除应按国家标准确定基本质量级别外，尚可采用有关标准的方法，进行对比分析，综合确定岩体级别；对跨度等于或小于 20m 的地下工程，岩体自稳能力可按表 3-18 确定。当其实际的自稳能力与表 3-18 中相应级别的自稳能力不相符时，应对岩体级别作相应调整。

表 3-15　地下工程地下水影响修正系数 K_1

地下水出水状态 \ K_1 \ BQ	>550	>550～451	450～351	350～251	≤250
潮湿或点滴状出水，$p\leqslant 0.1$ 或 $Q\leqslant 25$	0	0	0～0.1	0.2～0.3	0.4～0.6

续表

K_1 \ BQ 地下水出水状态	>550	>550～451	450～351	350～251	≤250
淋雨状或线流状出水，$0.1<p\leq0.5$ 或 $25<Q\leq125$	0～0.1	0.1～0.2	0.2～0.3	0.4～0.6	0.7～0.9
涌流状出水，$p>0.5$ 或 $Q>125$	0.1～0.2	0.1～0.2	0.4～0.6	0.7～0.9	1.0

注　1. p 为地下工程围岩裂隙水压（MPa）。

2. Q 为每 10m 洞长出水量[L/(min・10m)]。

表 3-16　　地下工程主要软弱结构面产状影响修正系数 K_2

结构面产状及其与洞轴线的组合关系	结构面走向与洞轴线夹角<30°，结构面倾角 30°～75°	结构面走向与洞轴线夹角>60°，结构面倾角> 75°	其他组合
K_2	0.4～0.6	0～0.2	0.2～0.4

表 3-17　　地下工程初始应力状态修正系数 K_3

K_3 \ BQ 围岩强度应力比（R_c/σ_{max}）	>550	550～451	450～351	350～251	≤250
<4	1.0	1.0	1.0～1.5	1.0～1.5	1.0
4～7	0.5	0.5	0.5	0.5～1.0	0.5～1.0

表 3-18　　地下工程岩体自稳能力

岩体级别	自　稳　能　力
Ⅰ	跨度≤20m，可长期稳定，偶有掉块，无塌方
Ⅱ	跨度 10～20m，可基本稳定，局部可发生掉块或小塌方；跨度<10m，可长期稳定，偶有掉块
Ⅲ	跨度 10～20m，可稳定数日～1 月，可发生小～中塌方；跨度 5～10m，可稳定数月，可发生局部块体位移及小～中塌方；跨度<5m，可基本稳定
Ⅳ	跨度>5m，一般无自稳能力，数日～数月内可发生松动变形、小塌方，进而发展为中～大塌方。埋深小时，以拱部松动破坏为主，埋深大时，有明显塑性流动变形和挤压破坏；跨度≤5m，可稳定数日～1 月
Ⅴ	无自稳能力

注　1. 小塌方：塌方高度<3m，或塌方体积<30m³。

2. 中塌方：塌方高度 3～6m，或塌方体积 30～100m³。

3. 大塌方：塌方高度>6m，或塌方体积>100m³。

需要指出，国家标准中仅考虑了存在一组起控制作用结构面的情况。若有两组或两组以上起控制作用的结构面，组合情况复杂得多，那么就不能用这里的修正岩体基本质量的方法，而需通过稳定分析解决。

2. 边坡工程岩体级别的确定

岩石边坡工程详细定级时，应根据控制边坡稳定性的主要结构面类型与延伸性、边坡内地下水发育程度，以及结构面产状与坡面间关系等影响因素，应用下式计算边坡工程岩体质量指标的修正值［BQ］，其中的修正系数 λ、K_4 和 K_5 值，可分别按表 3-19～表 3-21 确定，然后依此修正值［BQ］按表 3-13 确定岩体级别。

$$[BQ]=BQ-100(K_4+\lambda K_5) \tag{3-11}$$

$$K_5=F_1\times F_2\times F_3 \tag{3-12}$$

式中 λ——边坡工程主要结构面类型与延伸性修正系数；

K_4——边坡工程地下水影响修正系数；

K_5——边坡工程主要结构面产状影响修正系数；

F_1——反映主要结构面倾向与边坡倾向间关系影响的系数；

F_2——反映主要结构面倾角影响的系数；

F_3——反映边坡倾角与主要结构面倾角间关系影响的系数。

表 3-19 边坡工程主要结构面类型与延伸性修正系数 λ

结构面类型与延伸性	修正系数 λ
断层、夹泥层	1.0
层面、贯通性较好的节理和裂隙	0.9～0.8
断续节理和裂隙	0.7～0.6

表 3-20 边坡工程地下水影响修正系数 K_4

边坡地下水发育程度	BQ				
	＞550	550～451	450～351	350～251	≤250
潮湿或点滴状出水，$p_w<0.2H$	0	0	0～0.1	0.2～0.3	0.4～0.6
线流状出水，$0.2H<p_w\leq 0.5H$	0～0.1	0.1～0.2	0.2～0.3	0.4～0.6	0.7～0.9
涌流状出水，$p_w>0.5H$	0.1～0.2	0.2～0.3	0.4～0.6	0.7～0.9	1.0

注 1. p_w 为边坡坡内潜水或承压水头，m；

2. H 为边坡高度，m。

表 3-21 边坡工程主要结构面产状影响修正

序号	条件与修正系数	影响程度划分				
		轻微	较小	中等	显著	很显著
1	结构面倾向与边坡坡面倾向间的夹角（°）	＞30	30～20	20～10	10～5	≤5
	F_1	0.15	0.40	0.70	0.85	1.0
2	结构面倾角（°）	＜20	20～30	30～35	35～45	≥45
	F_2	0.15	0.40	0.70	0.85	1.0
3	结构面倾角与边坡坡面倾角之差（°）	＞10	10～0	0	0～－10	≤－10
	F_3	0	0.2	0.8	2.0	2.5

注 表中负值表示结构面倾角小于坡面倾角，在坡面出露。

对高度不大于 60m 的边坡工程岩体，可根据已确定的级别，按表 3-22 确定其自稳能力。对高度大于 60m 或特殊边坡工程岩体，除按式（3-11）确定［BQ］值外，尚应根据坡高影响，结合工程进行专门论证，综合确定岩体级别。

表 3-22　**边坡工程岩体自稳能力**

岩体级别	自稳能力
Ⅰ	高度≤60m，可长期稳定，偶有掉块
Ⅱ	高度<30m，可长期稳定，偶有掉块；高度 30～60m，可基本稳定，局部可发生楔形体破坏
Ⅲ	高度<15m，可基本稳定，局部可发生楔形体破坏；高度 15 ～ 30m，可稳定数月，可发生由结构面及局部岩体组成的平面或楔形体破坏，或由反倾结构面引起的倾倒破坏
Ⅳ	高度<8m，可稳定数月，局部可发生楔形体破坏；高度 8～15m 可稳定数日至 1 个月，可发生由不连续面及岩体组成的平面或楔形体破坏，或由反倾结构面引起的倾倒破坏
Ⅴ	无自稳能力

注　表中边坡指坡角大于 70°的陡倾岩质边坡。

3. 地基工程岩体级别的确定

岩石地基工程主要是指以岩石作为承载地基的工业与民用建筑物岩石地基、公路与铁路桥涵岩石地基及港口工程岩石地基等。岩石地基工程设计中，最关心的是地基的承载能力。由于岩体的基本质量综合反映了岩石的坚硬程度和岩体的完整程度，而此两项指标是影响岩石基础承载力的主要因素，因此，岩石地基工程岩体的级别可以直接由岩体的基本质量按表 3-13 定级，各级别岩体基岩承载力基本值 f_0（指裂隙岩体在载荷试验过程中，与岩体载荷—位移曲线中的比例极限或屈服极限相对应的荷载）可按表 3-23 确定。

表 3-23　**基岩承载力基本值 f_0**

岩体级别	Ⅰ	Ⅱ	Ⅲ	Ⅳ	Ⅴ
f_0（MPa）	>7.0	7.0～4.0	4.0～2.0	2.0～0.5	≤0.5

第四节　岩体稳定性分析

作为工业与民用建筑和桥梁的地基、道路和桥梁的边坡、地下隧道和洞室的围岩，其稳定问题是工程地质学研究的最主要内容。岩体稳定性是指岩体在工程施工和运营期间发生的变形和破坏特性。如果在工程施工和运营期间，岩体发生了不能容许的变形和破坏就称为岩体失稳，反之是稳定的。岩体稳定性分析与评价就是研究这些工程岩体发生失稳的条件及变形破坏的规律，为人类利用和改造岩体服务。

各类工程有不同的结构特点和用途，对岩体的稳定性要求自然也就不同；岩体的结构特征及边界条件不同，其变形与失稳机制也不同。例如，拱桥基础对地基岩体的变形要求十分严格，而简支梁桥基础则容许地基岩体产生一定的均匀压缩下沉变形，但是，过量的不均匀地基岩体下沉变形对一般工程建筑物来说都是不容许的；一些规模不大的滑坡与崩塌在水库边坡上是容许发生的，而对于铁路路堑边坡则是不容许发生。再如，高层建筑物地基除了考虑竖向荷载外，还要考虑水平荷载的影响，验算迎风一侧基础的抗拔能力，以防建筑物倾倒；桥墩基础常受到水流的冲刷、掏空而失稳；道路边坡受结构面的控制，沿着某些结构面拉开，并沿着另外一些结构面向着临空面滑移；地下工程常因开挖后的应力条件改变，使岩体失去平衡，发生坠落、冒顶或侧移、底板隆起等。

因此，不同的工程岩体，其稳定性分析的方法也有所不同。常用的方法可分为定性分析法、定量分析法和试验分析法等。

(1) 定性分析法。定性分析法是传统工程地质学的研究方法，现在仍是岩体稳定性评价的基本方法。用这种方法取得的定性分析成果和经验数据，仍应成为进一步定量分析岩体稳定性的基础和指导性资料。定性分析法包括工程地质类比法和岩体稳定性分类法等。其中，工程地质类比法是以拟建工程地区的工程地质条件与具有类似工程地质条件地区的已建工程，进行比较分析与获得对拟建工程岩体稳定性程度的认识；岩体稳定性分类法是以大量岩体质量与性质的实践性数据为基础，从岩体稳定性角度出发，对岩体的质量进行单指标的分类或多指标的综合评判分类，以评价岩体的稳定性。

(2) 定量分析法。定量分析法是当前发展较快、使用比较广泛的一种方法，也是进行岩体稳定性定量评价的主要方法。虽然这种方法尚不成熟，用于岩体稳定性分析还缺乏严密、系统的理论，但却代表着岩体稳定性评价方法的一个重要发展方向。定量分析法包括岩体结构分析与计算法和数值模拟计算法等。其中，岩体结构分析与计算法是从分析岩体的结构特征和岩体的边界条件与受力状态入手，通过必要的室内外试验，获取岩体稳定性计算的参数，进行稳定性计算；数值模拟计算法是从研究岩体的应力应变关系和获取岩体变形参数入手，建立岩体在承受工程荷载条件下的数学力学模型，计算与评价岩体的稳定性，又分为有限单元法、边界单元法和离散单元法等。

(3) 试验分析法。试验分析法主要是指模型试验法与模拟试验法，常用的有相似材料模型试验、光弹性模拟试验及离心模型试验三种方法。模型模拟试验是在相似理论的基础上，用人工制造的模型和受力条件去模仿实际的工程岩体原形及实际的受力条件，通过室内模拟试验观察人工模型的稳定性来评价实际岩体的稳定性。这种方法比较直观，但其关键在于，在模型的制作和试验过程中应尽可能地考虑岩体的各种地质条件和受力状态，并使之与实际情况尽量接近。

工程实践中，对中小工程常采用地质分析法和简单的分析、计算；对地基和边坡工程常用岩体结构分析与计算法，对地下工程常用岩体稳定性分类法；对于重大工程，则需要以上多种方法配合使用，互相验证，互相补充，特别提倡使用试验分析法，有时该法能够解决目前理论分析中尚不能解决的问题。本节着重介绍岩体结构分析与计算法。

一、高层建筑地基岩体稳定性分析

对于建于岩石地基上的高层建筑（图 3-18），沿纵向每延米除受竖向荷载 F(MN/m)作用外，还受风载等水平向荷载 H(MN/m)作用，那么该地基稳定性需要验算的内容包括：①建筑物沿基础与岩基接触面 OG 的滑移稳定性；②建筑物基础与岩基接触面 OG 的结合力适应性；③如具有倾斜层面 OL，则沿层面 OL 的结合力适应性；④如具有断层或泥化夹层等构成的切割面 AB 和 BC 构成双斜滑移面、DC 构成临空面时，三角形岩体 ABC 的滑移稳定性。

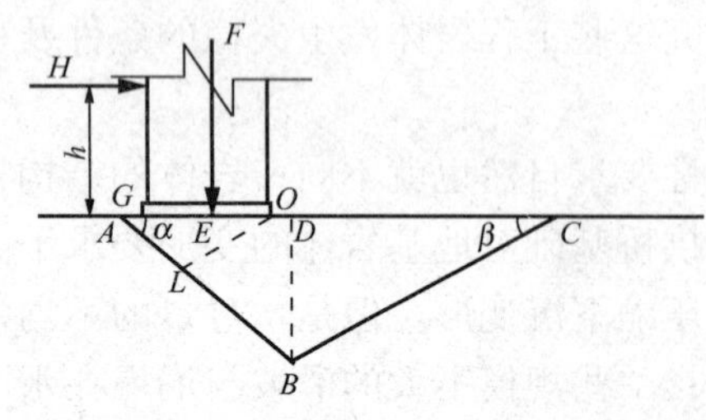

图 3-18　高层建筑地基岩体稳定性分析

1. 建筑物沿基础与岩基接触面 OG 的滑移稳定性验算

这种情况下，滑移力为建筑物所受的水平荷载 H，抗滑力为二者之间的摩擦力 fF 与黏

着力 cB 之和，这里 f 为二者之间的摩擦系数，c 为二者之间的黏聚力，B 为基础的宽度。则定义抗滑移安全系数 K_{s1} 为

$$K_{s1} = \frac{fF + cB}{H} \tag{3-13}$$

2. 建筑物基础与岩基接触面 OG 的结合力适应性验算

在水平力 H 作用下，建筑物有可能绕 O 点发生倾覆。则抗倾覆安全系数 K_{t1} 为

$$K_{t1} = \frac{\overline{OE}F + 0.5R_{r1}\,\overline{OG}^2}{hH} \tag{3-14}$$

式中 h——水平力 H 作用点到基底的距离，m；

$\overline{EO}$——竖向荷载 F 到 O 点的水平距离，m；

R_{r1}——接触面 OG 的抗拉强度，MPa。

3. 沿层面 OL 的结合力适应性验算

当存在层面 OL 时，如该面抗拉强度不足，则建筑物也可能绕 O 点发生倾覆，则定义抗倾覆安全系数 K_{t2} 为

$$K_{t2} = \frac{\overline{OE}F + 0.5R_{r2}\,\overline{OL}^2 + \overline{MO}W_m}{hH} \tag{3-15}$$

式中 R_{r2}——层面 OL 的抗拉强度，MPa；

W_m——楔形体 ALO 每延米的重量，MN/m；

$\overline{MO}$——楔形体 ALO 的重心到 O 点的水平距离，m。

4. 具有双斜滑移面时的滑移稳定性验算

设楔形体 ABD 每延米的重量为 W_1(MN/m)，滑移面 AB 的黏聚力和摩擦系数分别为 c_1 (MPa)、f_1，则该段的剩余下滑力 T 为

$$T = H\cos\alpha + (F + W_1)\sin\alpha - [(F + W_1)\cos\alpha - H\sin\alpha]f_1 - c_1\,\overline{AB} \tag{3-16}$$

$T>0$ 表示有下滑力 T 作用于 DB 面上，需有隔离体 BCD 的支持才能稳定。设隔离体 BCD 每延米的重量为 W_2(MN/m)，滑移面 BC 的黏聚力和摩擦系数分别为 c_2(MPa)、f_2，则隔离体 BCD 的稳定程度可用安全系数 K_{s2} 表示，即

$$K_{s2} = \frac{f_2[T\sin(\alpha+\beta) + W_2\cos\beta] + c_2\,\overline{BC}}{T\cos(\alpha+\beta) - W_2\sin\beta} \tag{3-17}$$

当以上安全系数都大于 1 时，地基稳定。一般根据建筑物的重要性确定安全系数，当不考虑黏聚力时，取安全系数为 1.2～1.5，考虑黏聚力时，安全系数要更大。

二、边坡岩体稳定性分析

与地基岩体失稳一样，边坡岩体失稳也需要一定的边界条件，即存在临空面及其与结构面组成的分离体。临空面即岩体的出逸面，是岩体与自由空间的交接面，也就是自然形成的或人工开挖形成的坡面。分离体由滑动面、横向或侧向切割面组成。滑动面在岩体的下方，是岩体的主要支承面，可由单一结构面组成，也可由几种不同产状的结构面组成，后者称为复合滑动面，在碎块体、散体或土体边坡中，也可以是曲面。横向切割面是与岩体失稳方向相垂直或近乎垂直的结构面。侧向切割面的走向是与滑动方向近乎一致的结构面。滑动面和切割面往往由贯通性结构面、软弱结构面或新生成的破裂面组成。

岩体稳定性结构分析的步骤包括：①对岩体结构面的类型、产状及其特征进行调查、统计、分类研究；②采用赤平极射投影等图解方法分析各种结构面及其空间组合关系；③通过对分离体的力学分析，对岩体的稳定性作出评价。

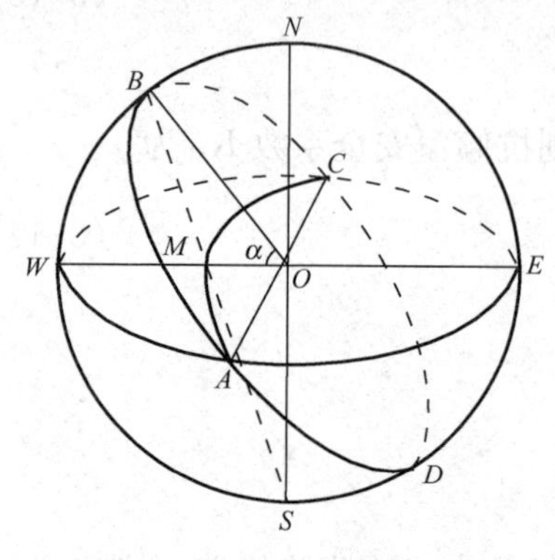

图 3-19　赤平极射投影的基本原理

本节主要探讨边坡可能沿平面滑动面、楔形滑动面滑动时的稳定性。对于曲面滑动面，将在土力学的有关章节中探讨。

（一）赤平极射投影法

1. 赤平极射投影的基本原理

赤平极射投影，是利用一个球体作为投影工具，把物体置于球体中心，将物体的几何要素（点、线、面）投影在赤道平面上，化立体为平面的一种投影，如图 3-19 所示。图中通过球心作一球体赤道平面 $EAWC$，称为赤平面。以球体的一个极点 S 或 N（南极或北极）为视点，看球面上的一点 B，射线（视线）SB 称为极射。极射与赤平面的交点 M，即为 B 点的赤平极射投影。

对于与赤平面夹角为 α 的直线 OB，其在赤平面的投影为 OM。线段 OM 的长度随夹角 α 的大小而变，α 角越大，线段 OM 越短，反之越长。当 $\alpha=90°$时，$OM=0$，即为 O 点；当 $\alpha=0°$时，$OM=OW$。因此，如将线段 WO 由点 W 至 O 划分为 90°，则线段 WM 的长度代表夹角 α。

对于通过球心的倾斜平面 $ABCD$，其与赤平面交于点 A 和 C。自极点 S 仰视上半球的面 ABC，则其在赤平面上的投影为一圆弧 AMC。如将赤平面从球体中拿出来，如图 3-20（a）所示，则线 AC 代表面 $ABCD$ 的走向。同直线的投影一样，如将线段 WO 由点 W 至 O 划分为 90°，则线段 WM 的长度代表面的夹角 α。如有两个相交的面，其投影如图 3-20（b）所示，MO 即为两面交线的投影，MO 的方向代表交线的倾向，PM 代表交线的倾角。

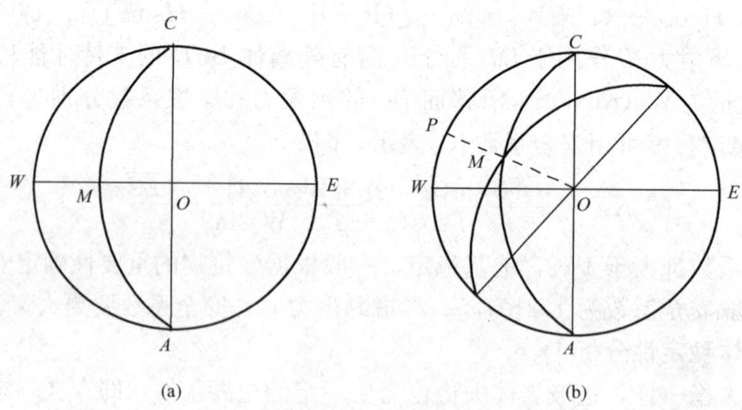

图 3-20　面的投影

2. 赤平极射投影的作图方法

由前述基本原理可知，赤平极射投影可以表示面的产状，也可表示面与面交线的产状。为了简化制图方法，实际工程中常用预先制成的投影网来绘制。常用的投影网之一是俄国学者吴尔夫（Wulff）制作的投影网（图 3-21）。标准吴氏网的基圆直径为 20cm，网格的纵横间距为 2°。使用标准网进行投影，误差不超过半度。具体作图方法举例如下。

【**例 3-1**】 已知两结构面的产状分别为：J_1，走向 $N30°E$，倾角 40°，倾向南东；J_2，走向 $N20°W$，倾角 60°，倾向北东。作此两结构面的赤平极射投影图，并求其交线的倾向和倾角。

解 （1）准备一个投影网，如图 3-21 所示。

（2）将透明纸放在投影网上，按相同半径画圆，在此圆上下垂直的两点、水平方向两点分别标注南（S）、北（N）、东（W）、西（E），如图3-22所示。

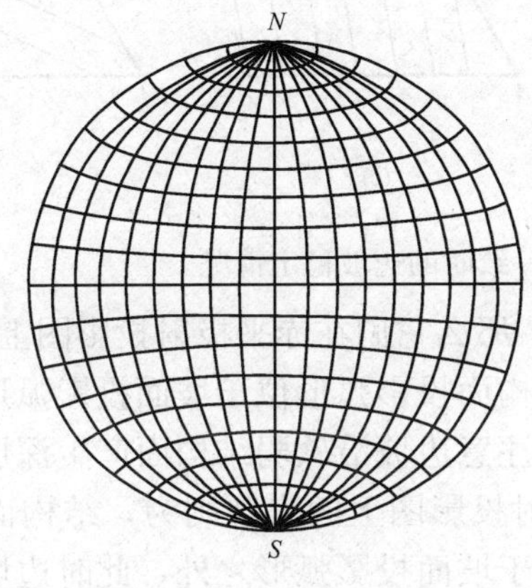

图 3-21 吴尔夫投影网

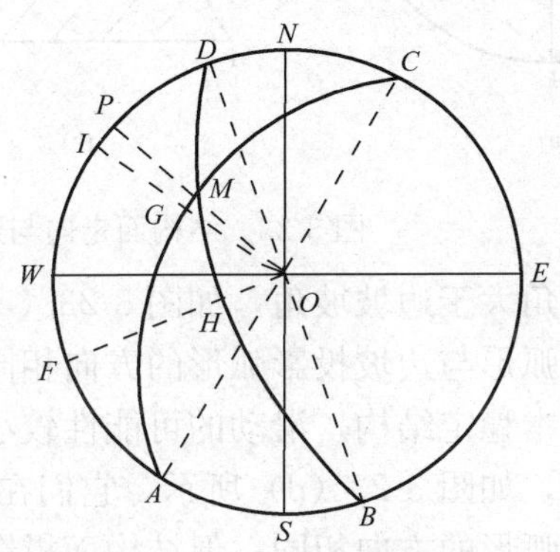

图 3-22 两结构面的赤平极射投影例图

（3）利用投影网圆周上的方位度数，经过圆心分别绘制 J_1 和 J_2 的方向线 AC 和 BD。

（4）转动透明纸，分别使 AC 和 BD 与投影网上的上下垂直线（南北线）相合，在投影网的水平线（东西线）上分别找出倾角为 40°和 60°的点，标为点 G 和 H（倾向为北西、南西时，在网的右半部找；否则，在网的左半部找）。然后通过点 G 和 H 分别描绘 40°和 60°的经度线，即结构面 J_1 和 J_2 的赤平极射投影线 AGC 和 BHD。再分别延长 OG、OH 至圆周交于点 I、F，这样就完成了两结构面的投影图（图 3-22）。图中 AC 和 BD 分别为其走向，线段 IG 和 FH 分别为其倾角，线 GO 和 HO 的方向分别为其倾向。

（5）找出两弧 AGC 和 BHD 的交点 M，连线 OM 并延长至圆周上的点 P。则线 MO 的方向表示两结构面交线的倾向，线段 PM 表示该交线的倾角。

3. *赤平极射投影在岩质边坡稳定性分析中的应用*

在投影网上分别作出结构面和临空面的投影，根据其组合关系可用图解法分析边坡的稳定性。下面仅对具有一组和两组结构面的边坡进行讨论。

（1）一组结构面边坡。此类型边坡多见于层状岩层，如果没有地形切割，则边坡稳定性好；如发生变形，必须切断部分岩体。

当边坡内只有一组水平或接近水平的结构面时，边坡的稳定性一般较好；如边坡为砂岩、页岩等软硬岩互层，则往往形成凹凸不平的边坡坡面。这是由于不同岩层的抗风化能力不同所致。

1）当边坡内仅有一组倾斜结构面时，其稳定性与结构面走向、倾向、倾角有直接关系。当结构面走向与坡面走向一致，且结构面倾向与坡面倾向相反时［图 3-23（b）］，它们在赤平极射投影图上的表现为，结构面投影弧形与边坡投影弧形的方向相反，此时边坡属稳定结构，滑动的可能性很小。当结构面走向与坡面走向一致，且结构面倾向与坡面倾向相同时，

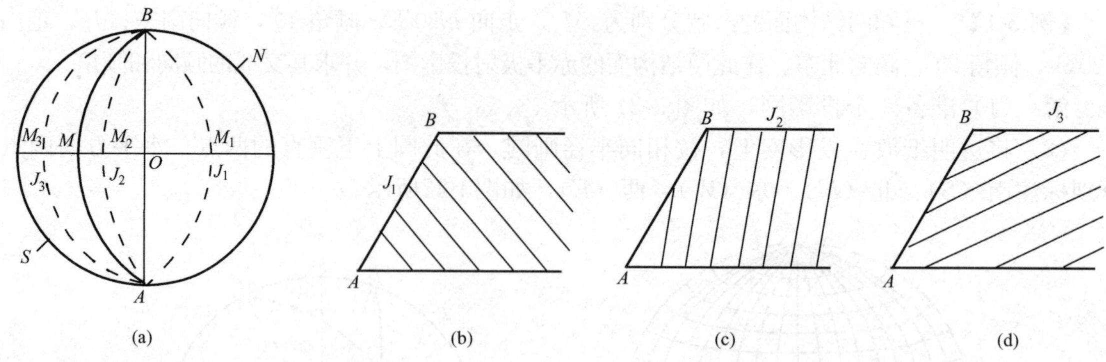

图 3-23　结构面走向与边坡走向一致时的边坡稳定情况

如结构面倾角大于边坡坡角，如图 3-23（c）所示，那么它们在赤平极射投影图上的表现为，结构面投影弧形与边坡投影弧形的方向相同，且结构面投影弧形位于坡面投影弧形之内，此时边坡属基本稳定结构，滑动的可能性较小，但要注意边坡沿软弱结构面产生深层滑动的可能性；反之，如图 3-23（d）所示，它们在赤平极射投影图上的表现则为，结构面投影弧形与边坡投影弧形的方向相同，但结构面投影弧形位于坡面投影弧形之外，此时边坡属不稳定结构，易滑动。至于稳定坡角，对于反向边坡［图 3-23（b）］，结构面对边坡的稳定性没有直接影响，从岩体结构的角度来看，即使坡角达到 90°也还是比较稳定的。对于顺向边坡［图 3-23（c）、(d)］，结构面的倾角可作为稳定坡角。

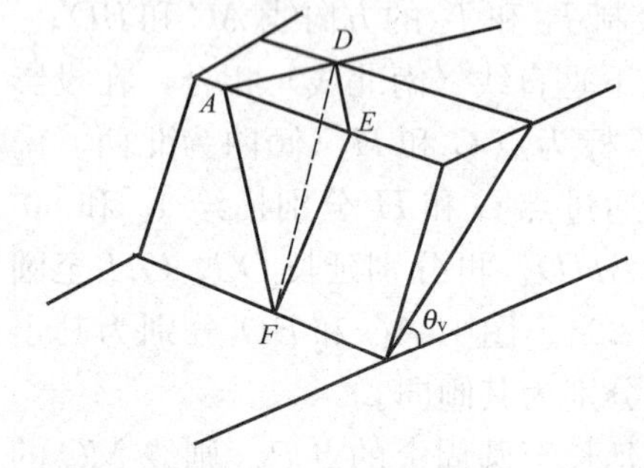

图 3-24　最小抗切面

2）当边坡内仅有一组倾斜结构面且其走向与坡面走向斜交时，结构面对稳定性的影响与其和边坡夹角的大小有关。当斜交夹角大于 40°时，一般较稳定；否则，稳定性较差，此种情况接近于外倾边坡，可能产生局部滑动现象。从岩体结构的观点来看，边坡失稳须同时满足两个条件：①边坡稳定性的破坏一定沿结构面发生；②存在一个直立且垂直于结构面的最小抗切面（$\tau_f=c$）DEF，如图 3-24 所示。要注意，该最小抗切面是推断的，边坡破坏以前并不存在，但是，如果发生破坏，则首先沿最小抗切面发生。这样，结构面与最小抗切面就组成了不稳定体 $ADEF$。消除此不稳定体，即可得到稳定坡角 θ_v。该稳定坡角不受边坡高度控制，且大于结构面倾角。下面举例说明其做法。

【例 3-2】　一结构面走向为 $N80°W$，倾向 SW，倾角 50°，与边坡相交；边坡走向 $N50°W$，倾向 SW，求稳定坡角。

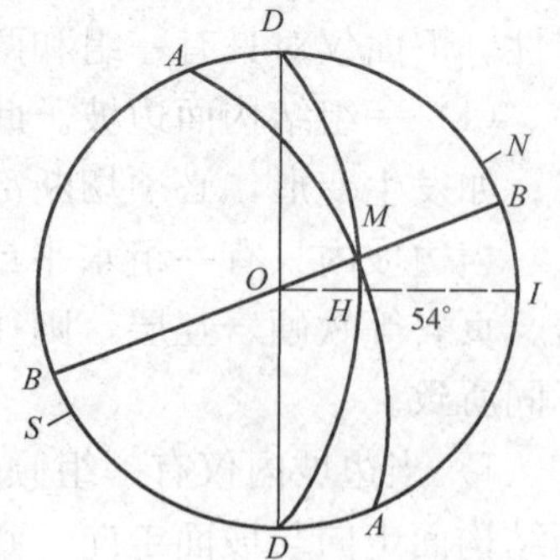

图 3-25　求稳定坡角的赤平极射投影法

解　①根据结构面产状，绘制结构面的赤平极射投影弧 A-A（图 3-25）。

②因为最小抗切面直立且垂直于结构面，所以，其走向为 $N10°E$，倾角 90°。如图 3-25 所示，它在赤平面的投影为直线 B-B，且交结构面 A-A 于点 M。MO 即为二者的组合

交线。

③根据边坡的走向和倾向，通过点 M，利用投影网可得稳定边坡投影线 DMD，则线段 $HI=54°$ 即为其推断的稳定坡角。

很明显，当结构面走向与边坡走向成直角时，稳定坡角最大，可达 90°；当结构面走向与边坡走向一致时，稳定坡角最小，即等于结构面的倾角；一般情况下，稳定坡角在结构面的倾角到 90°之间。

（2）两组结构面边坡。两组相交结构面构成的可能滑移体多数为楔形体。它在自重力作用下的滑移方向，受两组结构面组合交线的倾斜方向控制。图 3-26 中，在赤平极射投影图上作边坡面和两结构面 J_1、J_2 的投影，并绘出两结构面的倾向线 AO、BO 及其组合交线，那么，楔形体的滑动方向有如下三种情况：

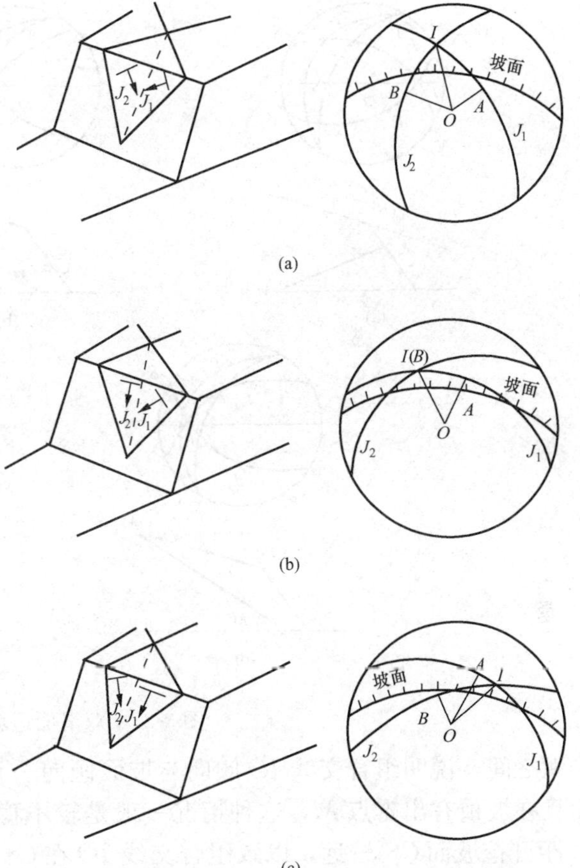

图 3-26　楔形体滑动方向分析

1）图 3-26（a）中，组合交线 IO 位于两倾向线 AO、BO 之间，则 IO 的倾斜方向即为不稳定楔形体的滑移方向，两结构面都是滑动面。

2）图 3-26（b）中，组合交线 IO 与某一结构面的倾向线（图中为 BO）重合，则 IO 的倾斜方向即为滑移方向，结构面 J_2 是主滑动面，结构面 J_1 是次滑动面。

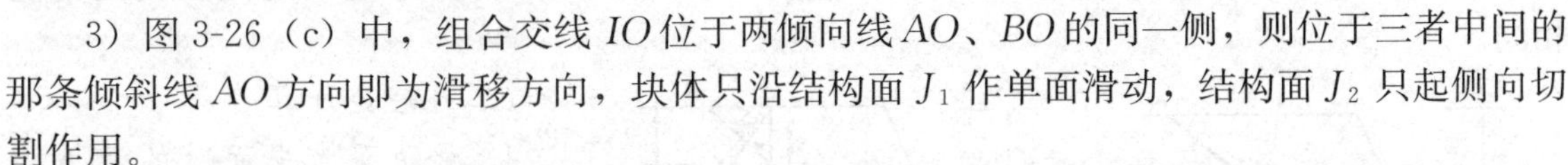

3）图 3-26（c）中，组合交线 IO 位于两倾向线 AO、BO 的同一侧，则位于三者中间的那条倾斜线 AO 方向即为滑移方向，块体只沿结构面 J_1 作单面滑动，结构面 J_2 只起侧向切割作用。

然后，根据边坡岩体结构分析，可以初步判断边坡的稳定性。根据结构面组合交线与边坡的关系，一般有下述五种情况，如图 3-27 所示。

1）图 3-27（a）中，两结构面 J_1 和 J_2 的交点 I 位于开挖边坡面 CS 投影弧的对侧，说明两结构面的组合交线 IO 倾向坡内，所以没有发生顺层滑坡的可能性，属最稳定结构。

2）图 3-27（b）中，两结构面 J_1 和 J_2 的交点 I 位于开挖边坡面 CS 投影弧的内侧，说明组合交线 IO 倾向与坡面倾向一致，但倾角大于坡角，所以仍属稳定结构。

3）图 3-27（c）中，两结构面 J_1 和 J_2 的交点 I 位于天然边坡面 nS 投影弧的外侧，说明组合交线 IO 倾向与坡面倾向一致，且倾角小于坡角，但在坡顶尚未出露，因而也比较稳定，所以应属较稳定结构。如果天然边坡面 nS 有纵向切割面，且与组合交线相切割，则应属较不稳定结构。

4）图 3-27（d）中，两结构面 J_1 和 J_2 的交点 I 位于开挖边坡面 CS 和天然坡面 nS 投

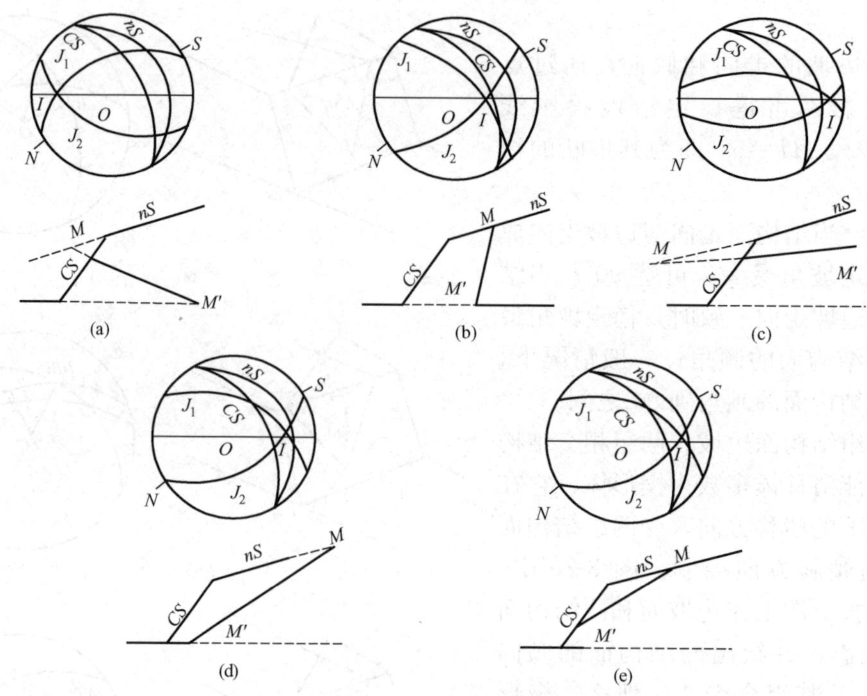

图 3-27 双滑面边坡稳定分析图

影弧之间，说明组合交线 IO 倾向与坡面倾向一致，且倾角小于开挖坡角而大于天然坡角，而且在坡顶有出露点 M，这种情况一般是较不稳定的。但在特定条件下，如在坡顶出露点 M 距开挖坡面 CS 较远，以致组合交线 IO 在 CS 面不出露，而插入坡脚以下，则产生一定的支撑，边坡处于较稳定状态。

5）图 3-27（e）中，两结构面 J_1 和 J_2 的交点 I 位于开挖边坡面 CS 和天然坡面 nS 投影弧之间，且组合交线 IO 在 nS 和 CS 面都出露（M 和 M' 点），这种情况即属不稳定结构。

至于此类边坡稳定坡角的推断，其原理和方法与单一结构面与边坡走向斜交的情况相同。

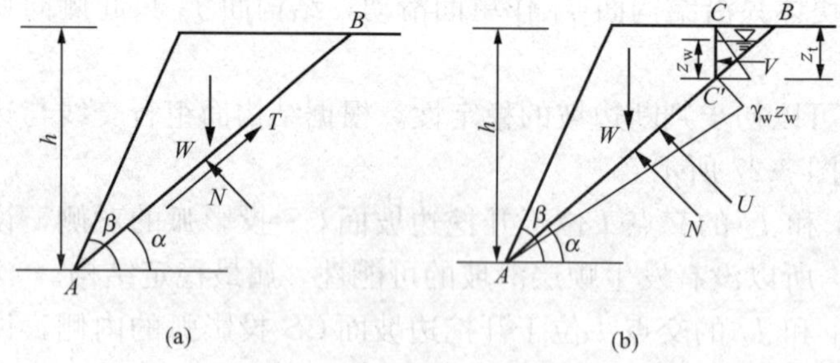

图 3-28 平面滑动面边坡稳定性分析

（二）理论计算

1. 滑动面为平面时的边坡稳定性分析

如前所述，对于仅有一组结构面的坡体，如其倾向与坡面倾向一致，且其倾角小于边坡倾角，则边坡属不稳定结构，有可能失稳。如图 3-28（a）所示，滑动面 AB 上滑体的下滑力就是由其自重 W 产生的平行于滑动面的分量，而抗滑力则由滑动面 AB 上的摩擦力和黏聚力组成，那么，定义岩体边坡稳定系数 K 为

$$K = \frac{ch/\sin\alpha + W\cos\alpha \cdot \tan\varphi}{W\sin\alpha} \tag{3-18}$$

式中 W——滑动岩体自重，MN/m；

h——坡高，m；

φ——滑动面内摩擦角，°；

c——滑动面黏聚力，MPa；

α——滑动面的倾角，°。

设岩体的天然重度为γ，坡角为β，则滑动岩体自重为

$$W=\frac{1}{2}\gamma h^2\frac{\sin(\beta-\alpha)}{\sin\alpha\sin\beta} \tag{3-19}$$

将式（3-19）代入式（3-18），可得

$$K=\frac{2c\sin\beta}{\gamma h\sin(\beta-\alpha)}+\frac{\tan\varphi}{\tan\alpha} \tag{3-20}$$

当$K=1$时，由上式可反算得极限坡高

$$h_{cr}=\frac{2c\sin\beta\sin\alpha\cos\varphi}{\gamma\sin(\beta-\alpha)\sin(\alpha-\varphi)} \tag{3-21}$$

当后缘被拉裂面分割［图 3-28（b）］，并考虑到有孔隙水压力作用时

$$K=\frac{c(h-z_t)\csc\alpha+(W\cos\alpha-U-V\sin\alpha)\tan\varphi}{W\sin\alpha+V\cos\alpha} \tag{3-22}$$

式中 U——单宽滑动面承受的总孔隙水压力，MPa；

V——后缘单宽拉裂面承受的总孔隙水压力，MPa；

z_t——滑体后缘裂缝深度，按下式计算

$$z_t=\frac{2c}{\gamma}\frac{1+\sin\varphi}{1-\sin\varphi} \tag{3-23}$$

U、V视坡体结构和地下水流网的具体情况而定，当地下水沿结构面流动时，可近似确定为

$$V=\frac{1}{2}\gamma_w z_w^2 \tag{3-24}$$

$$U=\frac{1}{2}\gamma_w z_w(h-z_t)\csc\alpha \tag{3-25}$$

式中 z_w——裂缝中水的深度，m；

γ_w——水的重度，MN/m³。

2. 滑动面为楔形时的边坡稳定性分析

当岩质边坡的两组结构面J_1、J_2倾向坡面、交线倾角小于坡角且大于其摩擦角时，易发生楔形滑动，此时分离体呈楔形体，如图 3-29 所示。这种滑动比较复杂，这里仅考虑滑体沿结构面交线滑动的情况。此时楔形破坏体的稳定系数为

$$K=\frac{N_1\tan\varphi_1+N_2\tan\varphi_2+c_1\Delta ABC+c_2\Delta BCD}{W\sin\alpha} \tag{3-26}$$

$$N_1=\frac{W\cos\alpha\sin(\delta+\xi/2)}{\sin\xi},N_1=\frac{W\cos\alpha\sin(\delta-\xi/2)}{\sin\xi} \tag{3-27}$$

式中 W——楔形体的重量；

c_1、φ_1、c_2、φ_2——滑动面J_1（ΔADC）和J_2（ΔBCD）的抗剪强度指标；

α——两滑动面交线CD的倾角；

N_1、N_2——楔形体自重W作用于J_1（ΔADC）和J_2（ΔBCD）的法向力。

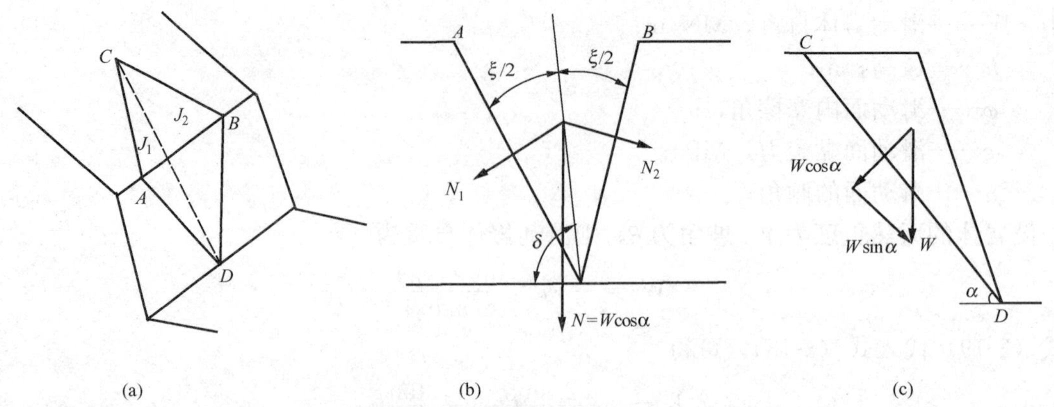

图 3-29 楔形滑动面边坡稳定性分析

(a) 立体图；(b) 垂直交线视图；(c) 沿交线视图

其余符号见图 3-29。

结构面交线的方位角 θ_{12} 和倾角 α_{12} 可以以下公式求得

$$\theta_{12} = \arctan\frac{\cos\theta_2\tan\alpha_2 - \cos\theta_1\tan\alpha_1}{\sin\theta_1\tan\alpha_1 - \sin\theta_2\tan\alpha_2} \tag{3-28}$$

$$\alpha_{12} = \arctan[\cos(\theta_{12} - \theta_1)\tan\alpha_1] = \arctan[\cos(\theta_{12} - \theta_2)\tan\alpha_2] \tag{3-29}$$

式中 θ_1、α_1——结构面 J_1 的方位角和倾角；

θ_2、α_2——结构面 J_2 的方位角和倾角。

3. 边坡稳定性标准

《岩土工程勘察规范》(GB 50021—2001)(2009 年版) 规定，边坡稳定系数 K 的取值，对新设计的边坡、重要工程宜取 1.30～1.50，一般工程宜取 1.15～1.30，次要工程宜取 1.05～1.15。采用峰值强度时取大值，采用残余强度取小值。验算已有边坡稳定时，K 取 1.10～1.25。

《建筑地基基础设计规范》(GB 50007—2011) 规定，边坡稳定安全系数应根据滑坡现状及其对工程的影响等因素确定，对地基基础设计等级为甲级的建筑物，K 取 1.30，设计等级为乙级的建筑物，K 取 1.20，设计等级为丙级的建筑物，K 取 1.10。

三、地下洞室围岩稳定性分析

地下洞室是指人工开挖或天然存在于岩土体中作为各种用途的构筑物，包括交通隧道、水工隧洞、矿山巷道、地下厂房和仓库、地下铁道及地下军事工程等。地下洞室按其内壁是否有内水压力作用可分为有压洞室和无压洞室两类；按其形状可分为圆形、矩形、城门洞形和马蹄形洞室等类型；按洞室轴线与水平面的关系可分为水平洞室、竖井和倾斜洞室三类；按围岩介质类型可分为土洞和岩洞两类。另外，还有人工洞室和天然洞室、单式洞室和群洞之分。各类洞室所产生的岩体力学问题及其对岩体条件的要求各不相同，因而所采用的研究方法和内容也不尽相同。

对于人工洞室，由于开挖形成了地下空间，破坏了岩体原有的相对平衡状态，所以将产生一系列复杂的岩体力学作用，这些作用可归纳为：

(1) 围岩应力重分布。地下开挖导致洞室周边岩体向洞室内松胀变形，使围岩中的应力重新分布。

(2) 围岩变形与破坏。在应力重分布的同时，围岩为适应新的应力状态，将向洞室内变形位移。如果围岩重分布应力超过了岩体的承受能力，围岩将产生破坏。

(3) 围岩压力。围岩变形破坏将给洞室的稳定性带来危害，因此，需对围岩进行支护衬砌，此时围岩对衬砌结构将施加一定的荷载，称为围岩压力（或称山岩压力、地压等）。

(4) 围岩抗力。有压洞室内作用的很高的内水压力，通过衬砌结构或洞壁传递给围岩，这时围岩将产生一定的反力，称之为围岩抗力。

地下洞室围岩稳定性分析，就是研究开挖后上述四种力学作用的形成机理和计算方法。

（一）围岩应力重分布

任何岩体在天然条件下均处于一定的初始应力状态。开挖地下洞室时，破坏了洞室周围岩体内原有的应力平衡。按照圣维南原理，由开挖洞室引起的应力状态的重大变化仅局限在洞周一定范围之内，通常此范围等于地下洞室横剖面中最大尺寸的3～5倍，习惯上将此范围内的岩体称为“围岩”。在回弹应力的作用下，围岩内各点均将力图沿最短距离向消除了阻力的自由表面方向移动，使得围岩内应力重新分布，直到达到新的平衡为止。但是由于同时受岩体内初始应力场及洞室形状等多方面因素的影响，围岩内各点的位移和重分布后的应力在不同的条件下表现出不同的特点。

在受洞室开挖影响到的岩体范围内，洞室周边的应力条件最为不利。理论研究和工程调查发现，任何围岩的破坏都是首先从洞室周边开始，然后沿半径方向向岩体内部发展，相反，只要洞壁各点的应力均未达到或超过能够导致岩体破坏的临界值，则整个围岩是稳定的。因此，研究洞室周边的应力集中规律和特点，对评价围岩的稳定性具有很重要的意义。

洞室周边的应力集中规律和特点与洞室的形状关系很大。例如，对于圆形—椭圆形系列的洞室（图3-30），周边上可能的最大拉应力和最大压应力集中分别发生在岩体内初始最大主应力轴和最小主应力轴与周边垂直相交的 A、B 点，而其他点的应力则介于这两个极值之间，呈逐渐过渡状态。因此，这两点是判定围岩是否稳定的关键部位，只要了解这两点的应力情况，实际上就掌握了这类洞室周边应力集中的一般规律。对于方形—矩形洞室，其周边上的最大压应力集中则发生在角点上，并且其最大压应力集中系数随洞室宽高比的不同而不同，其中在各种应力场中基本上都是方形洞室的最大压应力集中系数最低。不过，此类洞室周边上的最大拉应力则仍然产生在最大主应力轴与周边相交的部位，并且不同应力场条件下其最大拉应力集中系数的大小与圆形—椭圆形洞室十分接近。

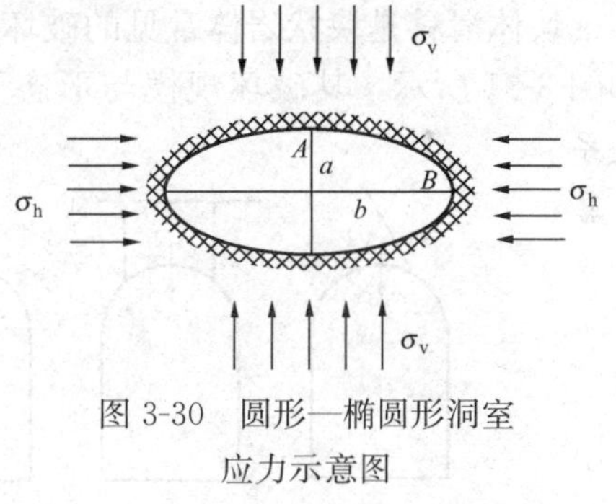

图3-30 圆形—椭圆形洞室应力示意图

另外，岩体的各向异性和变形非线性特征以及断层和相邻洞室的存在等，也都会明显地影响围岩应力的分布。目前，解决这类问题的方法主要是数值模拟。

（二）围岩的变形与破坏

一般说来，洞室开挖后，岩体内形成一个自由空间，使原来处于挤压状态的围岩，在发生卸荷回弹和应力重分布的同时，发生向洞内的松胀变形；如果这种变形超过了围岩本身所能承受的限度，围岩即将发生塑性变形或破坏，即从母岩中脱落形成坍塌、滑动或岩爆等。这种变形或破坏通常是从洞室周边，特别是那些最大压应力或拉应力集中的部位开始，而后逐步向围岩内部发展的，其结果常可在洞室周围形成松动带或松动团。同时，岩体内部的水分也会向围岩的表部转移，这不仅能进一步恶化围岩的稳定条件，而且能使某些存在于围岩表层易于吸水膨胀的岩层发生强烈的膨胀变形，造成很大的山压。

研究表明，围岩变形破坏形式除与围岩应力状态及洞室断面形状有关以外，主要取决于岩性和岩体结构等因素。下面主要介绍围岩结构及其力学性质对围岩变形破坏的影响以及围岩变形破坏的预测方法。

1. 整体状和块状岩体围岩

整体状和块状岩体中的主要结构面是节理，很少有断层，可含少量裂隙水，其应力应变关系近似呈直线型，可视之为均质、各向同性、连续的线弹性体。由于此类岩体具有很高的力学强度和抵抗变形的能力，所以作为围岩，一般都具有很好的自稳能力，其变形破坏形式主要有岩爆、脆性张裂和块体滑移等。

岩爆是指在地下开挖或开采过程中，围岩突发性地以岩块弹射、声响及冲击波等类似爆炸的形式表现出来的脆性破坏现象。岩爆可发生在压应力高度集中并且聚集较大的弹性应变能的地区，常对地下洞室开挖与安全造成极大的破坏。

脆性张裂常出现在拉应力集中区，如洞顶或岩柱中。当该处的拉应力集中超过围岩的抗压强度时，就将发生张裂破坏。尤其是当那里发育有近垂直的构造裂隙时，即使产生的拉应力很小也可使岩体拉开产生垂直的张性裂缝。被垂直裂缝切割的岩体在自重作用下就变得很不稳定，特别是当有近水平方向的裂隙交切作用时，易形成不稳定块体而塌落，形成洞顶塌方。

块体滑移是块状岩体常见的破坏形式，表现为被结构面切割而成的不稳定块体的滑出，如图 3-31 所示，其破坏规模与形态受控于结构面的分布、组合形式及其与开挖面的相对关系。

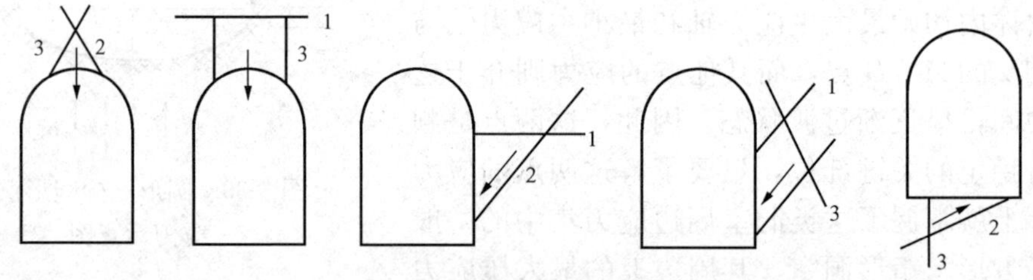

图 3-31 坚硬块状岩体中的块体滑移形式示意图

1—层面；2—断裂；3—裂隙

2. 层状岩体围岩

层状岩体的结构面以层理面为主，常有层间错动及泥化夹层等软弱结构面发育。这类岩体也常呈软硬岩层相间的互层形式出现。作为围岩，其变形破坏受岩层产状及岩层结合等因素控制，主要有沿层面张裂、折断塌落、弯曲内鼓等破坏形式，如图 3-32 所示。在水平层状围岩中，洞顶岩层可视为两端固定的梁板，在回弹应力作用下，将产生弯曲下沉、开裂。当岩层较薄时，会发生逐层折断塌落，最终形成图 3-32（a）所示的三角形塌落区。在倾斜层状围岩中，倾斜一侧的岩层可发生弯曲塌落，另一侧边墙则发生岩块滑移，常形成图 3-32（b）所示的不对称的塌落拱，出现偏压现象。在直立层状围岩中洞顶由于受拉应力作

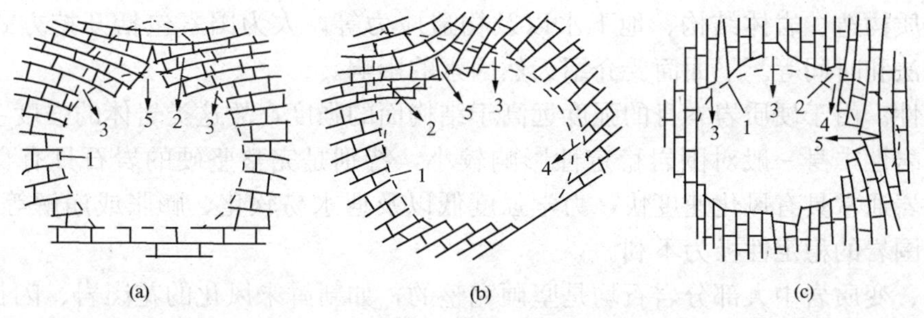

图 3-32　层状围岩变形破坏特征示意图

1—设计断面轮廓线；2—破坏区；3—崩塌；4—滑动；5—弯曲、张裂及折断

用，常发生沿层面的纵向拉裂，在自重作用下岩柱易被拉断塌落，侧墙则因压力平行于层面，常发生侧向弯折内鼓，进一步危及洞顶安全，如图 3-32（c）所示。

3. 破碎状岩体围岩

破碎状岩体是指断层、褶曲、岩脉穿插挤压和风化破碎加次生夹泥的岩体。此类岩体围岩的变形破坏形式主要表现为塌方和滑动，如图 3-33 所示，岩体的破碎程度和含泥程度基本上就决定了其破坏规模和特征。在以岩块刚性接触为主的破碎围岩中，由于岩块相互镶嵌挤压产生较大的咬合力，所以不易发生大范围塌方。相反，当围岩中含泥量很高时，则易发生大规模塌方或塑性挤入。

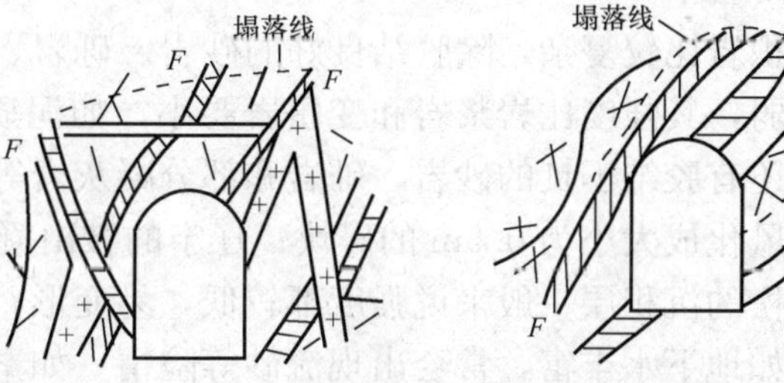

图 3-33　破碎围岩塌方示意图

4. 散体状岩体围岩

散体状岩体包括强烈构造破碎、强烈风化的岩体或新近堆积的土体。此类围岩多具弹塑性、塑性或流变性特征，其变形破坏形式以拱顶冒落为主。当围岩结构均匀时，冒落拱形状较为规则；当围岩结构不均匀或松动岩体仅构成局部围岩时，则常表现为局部塌方、塑性挤入及滑动等变形破坏形式，如图 3-34 所示。

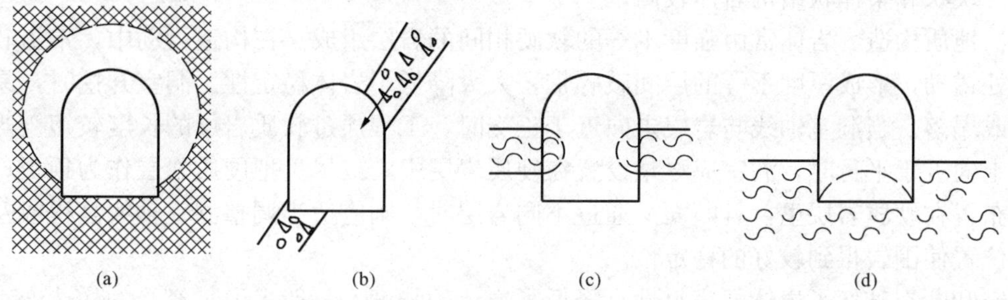

图 3-34　散体状围岩变形破坏示意图

(a) 拱顶冒落；(b) 局部塌方造成的偏压；(c) 侧鼓；(d) 底鼓

（三）地下洞室围岩稳定性的分析方法

1. 影响围岩稳定性的因素分析

影响围岩稳定性的因素有天然的，也有人为的。天然因素中经常起控制作用的因素主要

有岩性、地质构造、岩体结构、地下水以及构造应力等，人为因素包括开挖方式、开挖强度、支护方法和时间等。下面简要介绍天然因素的影响。

（1）岩性。由于硬质岩本身的强度远高于结构面的强度，故这类岩体的强度主要取决于岩体结构，岩性本身一般对围岩稳定性影响较小，特别是完整坚硬的岩石具有良好的稳定性。而软质岩通常具有风化速度快，力学强度低以及遇水易软化、膨胀或崩解等不良性质，因此对洞室围岩的稳定性极为不利。

岩浆岩、变质岩中大部分岩石均是坚硬完整的，如新鲜未风化的花岗岩、闪长岩、致密玄武岩、安山岩、流纹岩、混合岩、片麻岩、石英片岩、变质砾岩等。一般不超过 300～500m 或稍深、跨度不超过 10m 或稍大的洞室，这些岩石的强度是能够满足围岩稳定性要求的。但某些岩石是软质的，如黏土质片岩、绿泥石片岩、千枚岩和泥质板岩等。在这些岩石中开挖洞室易坍塌，或只有短期稳定。如宝成铁路施工中发生的隧洞坍塌事故，大多是在软弱的变质岩中。

沉积岩比较复杂，除胶结良好的砂岩、砾岩、石灰岩和白云岩等比较坚硬外，其他大都比较软弱，其强度比岩浆岩和变质岩要小，如泥质页岩、钙质页岩、黏土岩、石膏、岩盐、煤等，还有胶结不良的砂岩、砾岩和部分凝灰岩等。如四川红层中黏土页岩新鲜岩样，两个月便会风化成大小为 0.5m 的碎块；辽宁的鞍山凝灰岩新鲜岩样，两个月内也会风化碎裂。

疏松的沉积层一般来说强度都较低，易变形，如无特殊措施，在其中开挖洞室是十分困难的。如地下水丰富，常会出现流砂等险情。如秦岭坛子湾隧洞掘进中遇沟谷底部砂卵石堆积，洞顶塌落，地面坍塌，进度迟缓，4 个月掘进仅 60m。

（2）岩体结构。岩体结构对围岩的变形破坏往往起控制性作用。块状结构岩体的围岩稳定性主要受结构面的发育和分布特点所控制，其围岩压力主要来自最不利的结构面组合，同时与结构面和临空面的切割关系密切相关。层状或块状岩体中的围岩破坏，常表现为由几组结构面组合构成一定几何形状的结构体（分离体）的塌落、滑动，但只有在分离体的尺寸小于洞室尺寸的情况下才不稳定。碎裂状结构围岩的破坏往往是由于变形过大，导致块体间相互脱落，其连续性被破坏而发生坍塌，或某些主要连通结构面切割而成的不稳定部分整体冒落。总的来说，以散体状结构和破碎状结构岩体的围岩稳定性最差，薄层状结构者次之，而厚层状、块状和整体状结构岩体较高。

（3）地质构造。岩体常由强度不等的软硬相间的岩层组成。在构造运动中，常沿软硬岩层接触处错动，形成厚度不等的层间破碎带，大大降低了岩体稳定性。洞室开挖时，易在该处变形或塌落。当洞室轴线与岩层走向近于正交时，工程通过软质岩层的长度较短。当轴线与岩层走向近于平行时，洞室应尽量设置在硬质岩层中，或尽量把硬质岩层作为顶板；如不能完全布置在硬质岩层里，且断面又通过不同岩层时，则应适当调整洞室轴线高程或左右偏移轴线位置使围岩得到较好的稳定性。

褶皱和断裂破坏了岩体的完整性，降低了岩体的强度。一般来说，经受的构造变动次数越多、越强烈，节理就越发育，岩体就越破碎。在褶皱的核部，岩层受到张力和压力作用，就比翼部破碎得多。在断层附近，由于两盘发生相对位移，会使破碎带较宽。在倒转岩层中，不仅节理十分发育，而且往往出现大的逆断层。因此，构造运动的强烈程度就成了衡量围岩稳定状态的一个主要因素。

褶皱的形式及其轴向与工程轴线的夹角不同，围岩稳定性也是不同的。洞身横穿褶皱轴要比平行褶皱轴有利。洞室沿背斜轴部通过，洞顶围岩向两侧倾斜，由于拱的作用，有利于洞顶围岩稳定。而洞室沿向斜轴部通过时正相反，此时两侧岩层倾向洞内，且洞顶存在张裂，对围岩不利。另外，向斜轴部易蓄积地下水，且多承压，更削弱了岩体稳定性。通过不对称的、平卧的、倒转的、扇形的或箱形的等复杂形式褶皱时，其挤压疏密程度和岩体的破碎程度不同，地下水动力条件各异，对围岩稳定性的影响也各不相同，应作具体分析。

当洞室通过断层时，断层带越宽，走向与洞室轴线夹角越小，则它在洞内的出露距离就越长，对围岩稳定性的影响便越大。断层带破碎物质的碎块性质及其胶结情况都会影响围岩稳定性。如破碎带由坚硬岩块组成，且挤压紧密或已胶结，其稳定性就比软弱的断层泥、组织疏松的糜棱岩或未胶结的压碎岩等要好些。在断层带中还要注意以下几点：①断层泥、未胶结的糜棱岩、片状岩或揉皱带，一般具“软弱层”的作用，要特别注意其分布规律和力学性质；②胶结的角砾岩和紧密的压碎岩具有一定的强度，稳定性较好，未胶结或疏松的，则稳定性很差；③各类构造岩的透水性差异很大，地下水的运移方式和富集程度也各异，使得断层带地下水的水动力条件变化很大，对围岩稳定性的影响很大，所以更要引起重视。此外，较大断裂带内的破碎带围岩稳定性很差，往往将其视为散体结构体来对待。当洞室通过密集裂隙带或挤压破碎带时，也应按上述原则进行围岩稳定性的论证。

(4) 地下水。地下水常是造成围岩失稳的重要因素之一，特别是在破碎软弱的围岩中。围岩中地下水的赋存、活动状态，既影响着围岩的应力状态，又影响着围岩的强度。静水压力作用于衬砌上，等于给衬砌增加了一定的荷载，这就要求设计时增大衬砌的强度或厚度。同时，静水压力可使结构面张开，使摩擦力减小，从而增加了围岩塌落、滑移的可能性。地下水流动产生的动水压力促使岩块沿水流方向移动，也可冲刷和带走裂隙内的细小颗粒，从而增加裂隙的张开程度，增加围岩破坏的程度。另外，地下水对岩石的溶解作用和软化作用，也降低了岩体的强度，恶化了围岩的稳定性。在膨胀性岩体内地下水引起的膨胀地压，也对围岩的稳定性造成影响。

对于水工的有压洞室，还应考虑内水压力与外水压力对稳定性的影响。有的地下水对洞室衬砌材料还有一定的侵蚀性，也应引起足够的重视。

(5) 构造应力。构造应力的大小和方向是控制洞室围岩的变形破坏的重要因素之一，设计时如何考虑构造应力的影响，正确认识并适应，或利用，或减轻消除其作用，是一个非常重要的问题。工程实践表明，沿构造应力最大主应力方向延伸的地下洞室比垂直最大主应力方向延伸的地下洞室稳定；地下洞室的最大断面尺寸沿构造应力最大主应力的方向延伸时较为稳定。一般地质构造复杂的岩层中构造应力也很复杂，应尽量避开这些岩层。

2. 围岩稳定性定量分析简介

对于高地应力区内或埋深大、规模大的地下洞室，由于围岩应力的作用显著提高，不稳定的地质标志比较难于掌握，因此，除采用围岩稳定性分类法、工程地质类比法等定性评价外，还必须进行岩体力学方面的测试和计算，以最终对围岩的稳定性作出定量分析与评价。常用的方法包括赤平极射投影分析法、解析方法等。其中赤平极射投影分析法可参照边坡稳定性分析的有关内容，本节仅简单介绍有关解析方法。

洞室围岩稳定性计算方法在深入研究岩体结构特征和变形破坏形式的基础上进行选择的。一般的，对于整体状和块状岩体围岩的整体变形破坏常用弹性理论分析，局部块体滑移可用块体极限平衡理论来分析；对于层状岩体围岩的变形破坏，可用弹性梁板或材料力学的压杆稳定理论来分析；对于破碎状岩体围岩的变形破坏可用散体极限平衡理论来分析；对于散体状围岩的变形破坏，可用散体极限平衡理论配合流变理论来分析。

一般的，均质或似均质围岩稳定性验算的关键部位是洞室周边最大压应力和最大拉应力集中的部位。一般要求这两个部位的应力—强度关系满足下式

$$\left.\begin{array}{l}\sigma_{\theta\max} \leqslant R/K \\ \sigma_{\theta\min} \leqslant H/K\end{array}\right\} \tag{3-30}$$

式中 $\sigma_{\theta\max}$——洞室周边最大压应力值；

$\sigma_{\theta\min}$——洞室周边最大拉应力值；

R——围岩的极限抗压强度；

H——围岩的极限抗拉强度；

K——采用的安全系数。

考虑到影响围岩应力计算和强度参数测定的因素很多，且许多条件的假定都是近似的，故稳定性验算时应采用较大的安全系数。一般的，安全系数按如下数值采用：边墙，$K=4$；顶拱，$K=4\sim8$。

对于具有软弱结构面的围岩，其稳定性验算较为复杂。除对上述关键部位的稳定性要进行校核外，还必须对软弱结构面通过部位的稳定性进行验算。当围岩中只有一组走向平行洞轴、倾向洞内的陡倾角结构面发育时，其稳定性要求

$$\sigma_\theta \leqslant \frac{2c \cdot \cos\varphi}{K[\sin(2\beta-\varphi)-\sin\varphi]} \tag{3-31}$$

式中 σ_θ——结构面发育部位的周边切向应力；

c、φ——结构面的黏聚力和内摩擦角；

β——结构面的倾角。

思考题

3-1 何谓岩体？试说明岩体与岩石的区别。

3-2 何谓结构面？结构面的主要特征有哪些？

3-3 简述结构面的变形特性和强度特性。

3-4 结构面按成因可分为哪几类？研究结构面有何工程意义？

3-5 何谓结构体？常见的结构体形态有哪几种？

3-6 何谓岩体结构？岩体结构有哪些主要类型？其特征是什么？研究岩体结构有何工程意义？

3-7 岩体的变形有何特点？何谓岩体的流变性？

3-8 岩体的强度受哪些因素影响？岩体的剪切破坏有哪几种情况？

3-9 简述工程岩体分级的目的和意义。

3-10 《工程岩体分级标准》(GB/T 50218—2014) 主要考虑了哪些因素？按该标准如何对工程岩体进行分级？

3-11 为什么说岩石坚硬程度和岩体完整程度是控制岩体质量的基本因素？

3-12　高层建筑地基岩体稳定性分析的内容有哪些？

3-13　边坡岩体稳定性破坏必备的边界条件是什么？

3-14　工程岩体稳定性分析中常用的方法有哪些？

3-15　各类结构围岩的变形特征和破坏方式有哪些？影响围岩稳定性的因素有哪些？如何进行定量评价？

3-16　赤平极射投影的基本原理是什么？如何利用赤平极射投影图判断边坡的稳定性？

第四章　土的形成及其工程地质特征

地球表层的整体岩石，在大气中经受长期的风化作用后形成形状不同、大小不一的颗粒，这些颗粒在不同的自然环境条件下堆积（或经搬运沉积），即形成了土。绝大部分建筑物的地基是土体，土石坝（堤）也是由土体填筑而成的。土是一种材料，具有强度，在荷载作用下会产生应力变形甚至破坏。土的性质极为复杂，远不同于常用的钢材、木材或其他人工合成材料。天然形成的土通常由固体颗粒、液体水和气体三个部分（俗称三相）组成。固体颗粒是土的最主要物质成分，由许多大小不等、形态各异的矿物颗粒，按照各种不同的排列方式组合在一起，构成土的骨架，亦称土粒。土粒的粒径分布范围极广，不同土粒的矿物成分和化学成分也不一样，其差别主要由形成土的母岩成分及搬运过程中所遭受的地质应力所控制。

土粒间存在孔隙，通常由液体的水溶液和气体充填。天然土体孔隙中的水并非纯水，其中溶解有多种类型和数量不等的离子或化合物（电解质）。对于非饱和土，孔隙中的气体通常为空气。

土的上述三个基本组成部分不是彼此孤立地、机械地混合在一起，而是相互联系、相互作用，共同形成土的基本特性。特别是细小的土粒具有较大的表面能量，它们与土中水相互作用，由此产生一系列表面物理化学现象，直接影响着土性质的形成和变化。

我国大部分地区的土主要形成于第四纪（部分形成于第三纪），由于沉积的历史相对较短，大部分沉积物未经胶结硬化，通常称之为“第四纪”沉积物。因此，可以说土是松散颗粒的堆积物。一般而言，处于相似的地质环境中形成的第四纪沉积物，具有很大一致性的工程地质特征。但不同地区不同位置土的成因不同，其工程地质性质存在差异，有的甚至差异很大。按成因类型，土可分为残积物、坡积物、洪积物、冲积物、湖积物、冰积物及风积物等。

第一节　风化作用及残积物

风化作用使坚硬致密的岩石松散破坏，改变了岩石原有的矿物组成和化学成分，使岩石的强度和稳定性大为降低，对工程建筑环境带来不良的影响。另外，许多不良地质现象，如崩塌、滑坡、泥石流等，基本上都是在风化作用的基础上逐渐形成和发展起来的。因此，了解风化作用，认识风化现象，分析岩石的风化程度，对评价工程建筑条件是必不可少的。

一、风化作用的类型

根据风化作用的性质，一般分为物理风化作用、化学风化作用和生物风化作用等三种类型。

（一）物理风化作用

物理风化就是指岩石经受风、霜、雨、雪的侵蚀，或受波浪的冲击、地震等引起各种力的作用，温度的变化、冻胀等因素，使整体岩石产生裂隙、崩解碎裂成岩块、岩屑的过程。

例如，岩体冷却时引起的温度应力或地表附近日常的气温变化都可导致岩体开裂，雨水渗入这些裂缝后冻胀将促使裂缝张开，最后岩体崩解成岩块。通过同样的过程，这些岩块又进一步碎裂成岩屑。在干旱地区，大风刮起砂、砾石不断的撞击引起岩体剥落和岩块碎裂。这种风化作用，只改变颗粒的大小与形状，不改变岩石的矿物成分。物理风化作用的方式主要有温差风化、冰冻风化等。

1. 温差风化

温度变化是引起物理风化作用的最主要因素。由于温度的变化产生温差，温差可促使岩石膨胀和收缩交替的进行，久而久之则引起岩石破裂。因为岩石是热的不良导体，导热性差，白昼当它受太阳照射时，表层首先受热发生膨胀，而内部还未受热，仍然保持着原来的体积，这样，必然会在岩石的表层引起壳状脱离。在夜间，外层首先冷却收缩，而内部余热未散，仍保持着受热状态时的体积，这样表层便会发生径向开裂，形成裂缝。由于温度变化所引起的这种表里不协调的膨胀和收缩作用，昼夜不停地长期进行，就会削弱岩石表层和内部之间的联结，使之逐渐松动。在重力或其他外力作用下产生表层剥落。此外，不同矿物受热的体积膨胀系数各不相同，故由多种矿物组成的岩石在温度变化的影响下，不同矿物的体积胀缩也有差异，就会在它们的接触界面处产生应力，从而破坏它们之间的结合能力。这样，岩石便可产生纵横交错的裂缝，有的裂缝平行岩石表面，形成层状剥离现象，有的裂缝垂直于岩石表面。久而久之，岩石裂缝可逐渐加大加深，由表及里地不断崩解、破碎成大大小小的碎块，如图4-1所示。

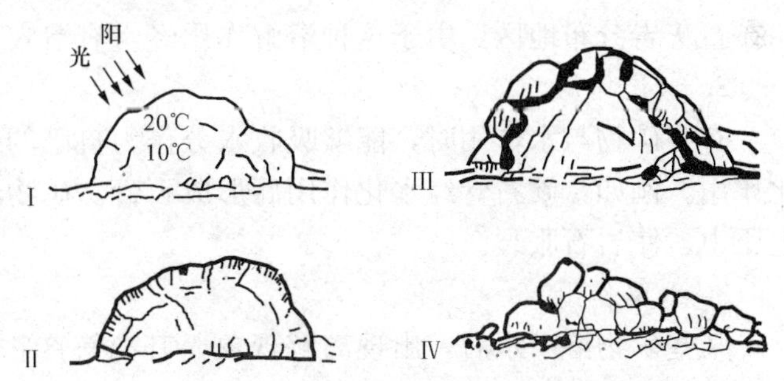

图 4-1　温差风化使岩石逐渐崩解的过程示意图

温差风化的强弱主要决定于温度变化的速度和幅度，特别是昼夜温度变化的幅度越大，温差风化则越强烈。此外，温差风化的强弱还决定于岩石的性质，如矿物成分与岩石结构等。

2. 冰冻风化

充填在岩石裂隙中的水分结冰使岩石破坏的作用，称为冰冻风化。这是温度变化间接地使岩石破碎的现象。地表岩石的裂隙中，常有水分充填，当温度下降到 0℃时会冻结成冰。水结成冰时，体积可比原来增大 9%左右。由于体积的增大，对岩石的裂隙可产生很大的压力（可达 96～200MPa），使岩石裂隙加宽、加深，故称冰劈作用。当气温回升（大于 0℃以上），冰体融化，水沿扩大的裂缝更深地渗入岩石内部，同时水可填满裂缝，使水量增加。若气温变化在 0℃上下波动时，充填在岩石裂隙中的水分可时而冻结、时而融化，岩石在这样反复地作用下，裂隙可不断扩大、加深，从而使岩石崩裂成碎块，如图 4-2 所示。

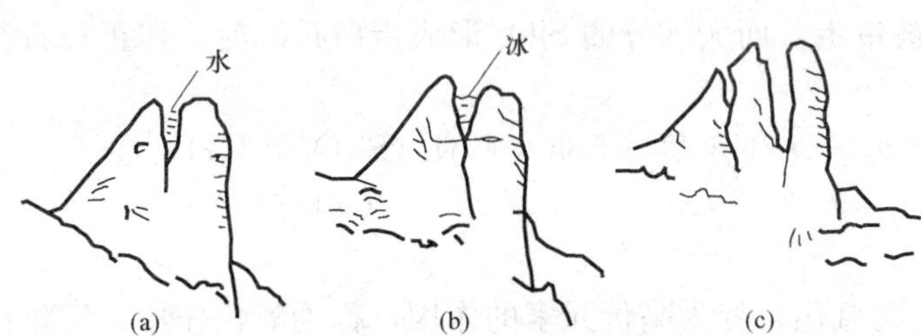

图 4-2　水的冻结引起岩石冻胀示意图

（二）化学风化作用

化学风化是指岩体与氧气、二氧化碳等各种气体、水和各种水溶液等物质相接触，经氧化、碳酸化和水化作用，使这些岩石或岩屑逐渐产生化学变化，分解为极细颗粒的过程。例如，当岩石和水相接触时，水中的H^+就会和矿物产生化学反应，微小的H^+可以进入矿物的晶格取代其中的阳离子并改变矿物的晶格和化学成分。当水呈酸性时，H^+浓度增加，这种反应更为强烈和迅速。因此化学风化使岩石起了质的变化，不但改变了颗粒的大小，也改变了原岩矿物的成分。化学风化作用的方式主要有溶解作用、水化作用、水解作用、碳酸化作用和氧化作用等。

1. 溶解作用

水直接溶解岩石中矿物的作用称为溶解作用。溶解作用的结果，使岩石中的易溶物质被逐渐溶解而随水流失，难溶的物质则残留于原地。岩石由于可溶物质被溶解而使孔隙增加，削弱了颗粒间的结合力，从而降低岩石的坚实程度，更易遭受物理风化作用而破碎。最容易溶解的矿物是卤盐类（如岩盐、钾盐），其次是硫酸盐类（如石膏、硬石膏），再次是碳酸盐类（如石灰岩、白云岩）。其他岩石虽然也溶解于水，但溶解的程度低得多。岩石在水里的溶解作用一般进行得十分缓慢，但是，当水温升高以及压力增大时，水的溶解作用就比较活跃。特别是当水中含有侵蚀性的CO_2而发生碳酸化合作用时，水的溶解作用就会显著增强，如在石灰岩分布地区，由于这种溶解作用经常有溶穴、溶洞等岩溶地质现象。

2. 水化作用

有些矿物与水作用时，能够吸收水分作为自己的组成部分，形成含水的新矿物，称为水化作用。例如，硬石膏经水化作用后形成石膏。矿物经水化作用后体积膨胀而对周围岩石产生压力，使岩石胀裂。

3. 水解作用

某些矿物溶于水后，出现离解现象，其离解产物可与水中的H^+和OH^-离子发生化学反应，形成新的矿物，这种作用称为水解作用。

例如正长石经水解作用后，开始形成的K^+与水中OH^-离子结合，形成KOH随水流失；析出一部分SiO_2可呈胶体溶液随水流失，或形成蛋白石（$SiO_2 \cdot nH_2O$）残留于原地；其余部分可形成难溶于水的高岭石而残留于原地。

$$\underset{\text{(正长石)}}{4K(AlSi_3O_8)} + 6H_2O \longrightarrow 4KOH + 8SiO_2 + \underset{\text{(高岭石)}}{Al_4(Si_4O_{10})(OH)_8}$$

4. 碳酸化作用

当水中溶有CO_2时，与水结合形成碳酸，碳酸根(CO_3^{2-})易与矿物中的阳离子化合成较易溶于水的碳酸盐，从而使水溶液对岩石中的矿物离解能力加强，化学反应速度加快，这种化学作用即碳酸化作用。

例如硅酸盐矿物在碳酸化作用下矿物中的阳离子(K^+、Na^+、Ca^{2+}等)可形成易溶的碳酸盐被带走，部分SiO_2呈胶体溶液被带走，而大部分的SiO_2形成蛋白石沉淀。如正长石经碳酸化作用后的化学反应为

$$\underset{\text{(正长石)}}{4K(AlSi_3O_8)} + 4H_2O + 2CO_2 \longrightarrow 2K_2CO_3 + 8SiO_2 + \underset{\text{(高岭石)}}{Al_4(Si_4O_{10})(OH)_8}$$

5. 氧化作用

矿物中的低价元素与大气中的游离氧化合变为高价元素的作用，称为氧化作用。氧化作用是地表极为普遍的一种自然现象。在湿润的情况下，氧化作用更为强烈。

自然界中，有机化合物、低价氧化物、硫化物最易遭受氧化作用。尤其是低价铁常被氧化成高价铁。例如常见的黄铁矿（FeS_2）在含有游离氧的水中，经氧化作用形成褐铁矿（$Fe_2O_3 \cdot nH_2O$），同时产生对岩石腐蚀性极强的硫酸，可使岩石中的某些矿物分解形成洞穴和斑点，致使岩石破坏。

（三）生物风化作用

岩石在动、植物及微生物影响下所起的破坏作用称为生物风化作用。生物风化作用主要发生在岩石的表层和土中。生物风化作用有物理的和化学的两种方式。

1. 生物的物理风化作用

生物的物理风化作用是生物的活动对岩石产生机械破坏的作用。例如，穴居动物蚂蚁、蚯蚓等钻洞挖土，可不停地对岩石产生机械破碎；生长在岩石裂隙中的植物（如华山、黄山上的松树），其根部生长撑裂岩石，不断地使岩石裂隙扩大、加深，称之为根劈作用（见图4-3）。

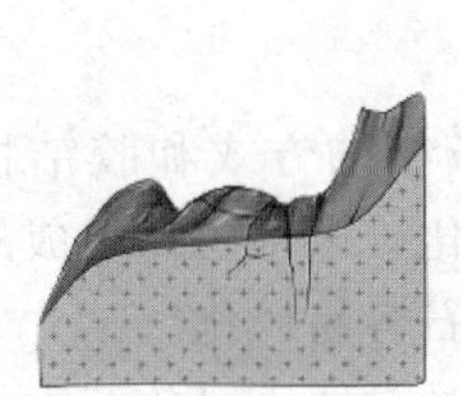
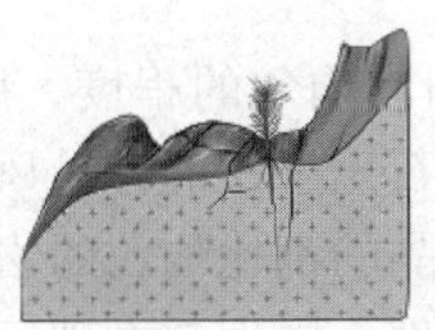

图4-3　根劈作用

2. 生物的化学风化作用

生物的化学风化作用是生物的新陈代谢及死亡后遗体腐烂分解后，与岩石发生化学反应，促使岩石破坏的作用。例如，植物和细菌在新陈代谢过程中，通过分泌有机酸、碳酸、硝酸和氢氧化铵等溶液腐蚀岩石；动、植物死后遗体腐烂可分解出有机酸和气体（CO_2、H_2S等），溶于水后可对岩石腐蚀破坏；遗体在还原环境中，可形成黑色胶状，含钾盐、磷盐、氮的化合物和各种碳水化合物的腐殖质。腐殖质的存在也可促进岩石物质的分解。

二、影响岩石风化的主要因素

影响岩石风化的因素主要有岩石性质、气候和地形等。

（一）岩石的性质

如前所述，岩石风化发生于地壳表层，当成岩环境与地表环境差异越大时，原岩风化变异越强烈，即岩石的抗风化能力越弱。但各类岩石，又因矿物组成、结构、构造和裂隙发育程度的不同，抵抗风化的能力也有所不同。

1. 岩石的矿物组成

不同矿物具有不同的结晶格架，由其化学活泼性所决定的抗风化能力也不相同。在地表环境下，常见的造岩矿物的抗风化能力是不同的，其相对稳定性见表4-1。一般情况下，矿物在风化过程中的稳定性由大到小的顺序是：氧化物＞硅酸盐＞碳酸盐和硫化物。当岩石中不稳定矿物含量较多时，其抗风化能力较弱；相反，当岩石中含稳定和极稳定矿物较多时，其抗风化能力较强。一般认为，岩浆岩抗风化能力由大到小的顺序是：酸性岩（花岗岩）＞中性岩(闪长岩、安山岩)>基性岩(玄武岩)>超基性岩(橄榄岩);变质岩抗风化能力由大到小的顺序是:浅变质岩>中等变质岩>深变质岩;沉积岩由于形成环境比岩浆岩、变质岩更接近地表,一般说沉积岩的抗风化能力比岩浆岩及变质岩高,最终的化学变化较小。但沉积岩的风化问题比较复杂,如黏土矿物、钙—镁碳酸盐,这些矿物颗粒大部分极细,比表面积大,因而表面效应较强,易遭水化、水解及淋滤作用的影响。实践证明:沉积岩中的泥岩、页岩风化速度很快。

表 4-1　　常见造岩矿物的抗风化稳定性

相对稳定性	造　岩　矿　物
极稳定	石英
稳定	白云母、正长石、微斜长石、酸性斜长石
不大稳定	普通角闪石、辉石类
不稳定	基性斜长石、碱性角闪石、黑云母、普通辉石、橄榄石、黄铁矿、方解石、白云石、石膏、岩盐

2. 岩石的结构、构造

就岩石的结构而言,岩石中矿物颗粒的粗细、均匀的程度、胶结的方式和胶结物的成分、层理的厚薄等都影响风化速度。如粗粒的岩石比细粒的容易风化,多种矿物组成的岩石比单一矿物岩石容易风化,粒度相差大的和有斑晶的都比均粒的岩石容易风化。

从岩石的构造来看,断裂破碎带的裂隙、节理、层理与页理等都是便于风化营力侵入岩石内部的通道。所以,这些不连续面在岩石中的密度越大,岩石遭受风化就越强烈。风化作用会沿着某些张性的长大断裂深入到地下很深的地方,形成风化囊袋。

3. 岩石中节理、裂隙的发育情况

节理、裂隙发育的岩石,有利于风化作用的进行。裂隙发育增加岩石出露地表的面积,成为水溶液、气体的通道及生物活动的场所,从而促进风化作用。在砂岩、花岗岩等结构较均匀的岩石中,若有三组近于正交的裂隙发育时,可将岩体分割成许多大小不等的立方形岩块,岩块中在两组裂隙相交的棱和三组裂隙相交的棱角处,岩石的自由表面最大,易受温度、水溶液、气体等因素的作用而首先风化破坏,经过一段时间后,使岩块的棱角逐渐消失而圆化,形成大大小小的球体和椭球体,这种现象,称为球状风化,如图 4-4 所示。

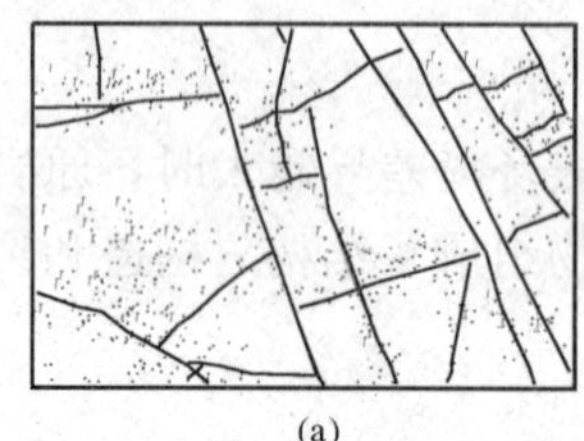
(a)

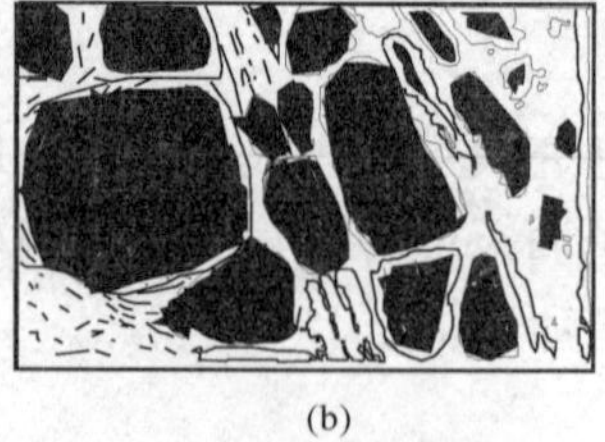
(b)

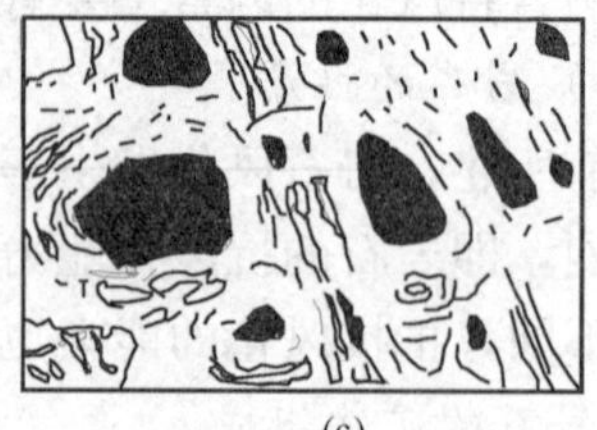
(c)

图 4-4　球状风化演变图

(a) 岩石被裂隙所切割;(b) 球状风化的初期;(c) 球状风化

(二) 气候因素

主要体现在气温变化、降水和生物的繁殖情况。地表条件下温度增加 10℃,化学反应速度增加一倍,水分充足有利于物质间的化学反应。故气候可控制风化作用的类型和风化的晚期速度，在不同的气候区，风化作用的类型及其特点有明显的不同。例如，在寒冷的极地和高山区，以物理风化作用（冰冻风化）为主，岩石风化后形成薄层具棱角状的粗碎屑残积物；在湿润气候区各种类型的风化作用都存在，但化学风化、生物风化作用更为显著，岩石遭受风化后分解较彻底，残积层厚，且往往发育有较厚的土壤层；在干旱的沙漠区，以物理风化作用（温差风化）为主，岩石风化后形成薄层具棱角状的碎屑残积物。

（三）地形

地形可影响风化作用的速度、深度、风化产物的堆积厚度及分布情况。地形起伏较大、陡峭、切割较深的地区，以物理风化作用为主，岩石表面风化后岩屑可不断崩落，使新鲜岩石直接露出表面而遭受风化，且风化产物较薄。在地形起伏较小、流水可缓慢流经的地区，以化学风化作用为主，岩石风化彻底，风化产物较厚。在低洼有沉积物覆盖的地区，由于有覆盖物的保护不易风化。

三、岩石风化程度的划分

地壳表层的岩石经长期风化作用后，残留于原地的松散堆积物，称为残积物。残积物覆盖在地壳表面的风化基岩上，而具有一定厚度的风化岩石层即为风化壳。它是原岩在一定的地质历史时期各种因素综合作用的产物。在风化壳的铅直剖面上，由上到下岩石的风化程度是不同的，其物理力学性质也不相同。因此，对整个风化壳剖面按照岩石风化程度的不同进行分带，对建筑场地的选择、工程设计、施工和处理等都是十分必要的。

一般来说，在保留完整的风化剖面上，风化程度不同的岩石是逐渐过渡的，其间没有清晰和确切的地质界面。但在整个风化剖面上，地表为松软土，下部为新鲜基岩，从上到下存在着性质迥然不同的岩层。这主要是因为：①不同深度的岩石与风化营力接触的时间不同；②主要风化作用具有分段性。例如，在潮湿温暖的气候条件下，硅酸盐的风化由开始到最终起主要化学作用的依次为：水化→淋滤→水解→氧化。因此，在风化壳剖面上，从上到下主要化学作用带依次为：氧化带→水解带→淋滤带→水化带。从而造成各带岩石风化程度的差异；③矿物的风化具有显著的阶段性。因为原生矿物形成与风化环境相适应的最终产物都不是直接完成的，而是经过一些中间阶段，形成一些过渡性矿物。基于这几方面的原因，造成风化壳在铅直剖面上，岩体从上到下在颜色、破碎程度、矿物成分和水理及物理力学性质等方面存在着明显的不同。从而为岩石风化带的确定提供了依据。表 4-2 列出了岩石风化带的划分及各带的基本特征。

表 4-2　岩石风化带及各带基本特征

风化分带	基本特征						
	颜　色	矿物成分	结构、构造	破碎程度	力学性质	纵波特征	其他特征
全风化带	原岩完全变色，常呈黄褐、棕红等色	除石英外，其余大部分矿物风化为次生矿物	结构构造完全破坏，仅外观保持原岩的状态，矿物晶粒间失去胶结联系	呈土状，用手可折断、捏碎	强度很低，抗压强度仅为新鲜岩石的1/4左右	纵波波速值低，约为 1000～2000m/s	锤击声哑，铁镐可挖动

续表

风化分带	基本特征						
	颜色	矿物成分	结构、构造	破碎程度	力学性质	纵波特征	其他特征
强风化带	大部分变色，岩块中心较新鲜	矿物大部分风化为次生矿物，仅岩块中心变质较轻	结构、构造大部分破坏	岩石呈干砌块石状，岩块上裂纹密布，疏松易碎	强度较低，岩块抗压强度低于新鲜岩石的1/3	纵波波速值较低，约为2000～3000m/s	锤击声哑，用铁镐开挖，偶需爆破
弱风化带	岩体表面及裂隙面大部分变色，断口颜色仍较新鲜	沿裂隙面矿物变质明显，有次生矿物出现	结构、构造大部分完好	岩体一般完好，原生结构、构造清晰，风化裂隙发育	强度较原岩低，抗压强度为原岩的1/3～2/3	纵波波速值较高，约为2500～5000m/s	锤击发音不够清脆，需爆破开挖
微风化带	仅沿裂隙面颜色略有改变	仅沿裂隙面有矿物轻微变异或有水锈	结构、构造未变	岩体完整性好，风化裂隙少见	与新鲜岩石相差无几，不易区别	纵波波速值高，约为5000～6000m/s	锤击发音清脆，需爆破开挖

四、防治风化的措施

在进行详细调查研究以后，可提出切合实际的防治岩石风化的处理措施。岩石风化的防治方法主要有：

(1) 挖除法：适用于风化层较薄的情况，当厚度较大时通常只将严重影响建筑物稳定的部分剥除。

(2) 抹面法：用使水和空气不能透过的材料如沥青、水泥、黏土层等覆盖岩层。

(3) 胶结灌浆法：用水泥、黏土等浆液灌入岩层或裂隙中，以加强岩层的强度，降低其透水性。

(4) 排水法：为了减少具有侵蚀性的地表水和地下水对岩石中可溶性矿物的溶解，适当做一些排水工程。

五、残积物及其工程特性

岩石风化后产生的碎屑物质，一部分被风和大气降水等带走，到了适宜地点再沉积下来的堆积物，称为运积土（物），一部分仍留在原地未经搬运的堆积物称为残积物（Q^{el}），因其成层覆盖地表，故又称残积层。残积物向上逐渐过渡到土壤层。土壤层直接分布在地表，因富含有机质而颜色较深，或有植物根系分布其中。残积物向下逐渐过渡到半风化岩石和新鲜基岩。半风化岩石自上而下，风化程度逐渐减弱，依次可划分出强风化岩石、中等风化岩石和弱风化岩石。土壤层、残积层、风化岩层和新鲜岩石形成完整的风化壳。残积碎屑物由地表向深处由细变粗是其最重要的特征。

残积物中残留碎屑的矿物成分很大程度上与下卧基岩相一致，这是鉴定残积物的主要根据。例如砂岩风化剥蚀后生成的残积物多为砂岩碎块。根据这个道理可按地面残积物的成分推测下卧基岩的种类。反之，也可按基岩分布的规律推测其风化产物的特征。

残积物不具层理，颗粒呈棱角状，其粒度、厚度和风化程度主要取决于气候条件和暴露时间。残积物的厚度受风化和搬运作用及岩体的构造作用的影响。在湿热地带，风化速度快，残积物的厚度可达几米至几十米，这里的残积物主要由黏粒组成；反之，在严寒地带，残积物的厚度不大，且主要由碎石和砂组成。

残积物成分与母岩岩性关系密切。花岗岩的残积物中常含由长石分解形成的黏土矿物，而石英则破碎成为细砂。石灰岩的残积物往往成为红黏土。碎屑沉积岩的残积物外观上变化不大，仅恢复其固结前松散状态的特征。

残积物的厚度往往还与地形条件有关。在坡地和山顶部位常因被侵蚀而厚度小，平缓的斜坡和山谷则因不易被侵蚀而厚度较大。

残积物的工程性质与母岩的种类有关。母岩质地优良，由物理风化生成的残积土，通常是坚固和稳定的。母岩质地不良或经严重化学风化的残积土，则大多松软，性质易变。

残积物表部土壤层孔隙率大，压缩性高，强度低，而其下部残积层常常是夹碎石或砂粒的黏性土或被黏性土充填的碎石土、砂砾土，其强度较高。考虑到残积层的成分及厚度很不均匀，如以黏性土组成的残积层作为地基，应着重研究可能产生的不均匀沉降问题。但是，在粗岩屑组成的残积层地区，沉降问题可能不大。在残积层中开挖基坑时，边坡的稳定性取决于其组成成分。必须注意，施工时如果受到某些振动，也存在引起边坡滑动的危险。

第二节　地表暂时流水的地质作用及坡积物、洪积物

地表流水指沿陆地表面流动的水体。根据流动特点，地面流水可分为片流、洪流和河流三种类型。沿地面斜坡呈片状流动的水流（不仅呈片状，而且呈无数股、无固定流路的网状细流），称为片流，又称坡流。片流汇集于沟谷中，形成急速流动的水流，称为洪流。片流和洪流仅出现在雨后或冰雪融化时短暂的一段时间内，因此，它们都是暂时性水流。沿沟谷流动的经常性水流，称河流。

一、雨水、融雪水的地质作用及坡积物

雨水、融雪水沿斜坡自高处向低处缓慢流动，不断地使坡面上的细小岩石碎屑和黏土物质向下移动，最后，在坡脚或山坡低凹处沉积下来，形成坡积物（Q^{dl}）。雨水、融雪水对整个坡面所进行的这种比较均匀、缓慢和在短期内并不显著的地质作用，称为洗刷作用。尽管雨水、融雪水的动能小，剥蚀性差，但由于它的作用面积大，对地表的剥蚀是很显著的。洗刷作用的产物是河流中搬运的泥砂的主要来源。洗刷作用的强度与气候、地面坡度、岩性以及植被的覆盖程度有关。一般在降水量比较集中、坡度较陡、松散物质分布较多且植被稀少的地区，洗刷作用强烈。

坡积物顺着坡面沿山坡的坡脚或山坡的凹坡呈缓倾斜裙状分布，即坡积裙。坡积物的厚度由于碎屑物质的来源，下伏地层及堆积过程不同，变化很大，一般是中下部较厚，向山坡上部逐渐变薄以至尖灭。坡积物可分为山地坡积层和山麓平原坡积层两个亚组。山地坡积层一般以粉质黏土夹碎石为主，而山麓平原坡积层则以粉质黏土为主，夹有少量的碎石。在我国干旱、半干旱地区的山麓平原坡积物，常具有黄土的某些特征。

坡积物的成分往往与高处的岩石性质有关，与残积物的最大区别是，坡积物的成分与下卧基岩无关。坡积物一般不具层理，有时局部可有层理。由于其物质未经长途搬运，碎屑物一般呈棱角状或次棱角状，坡积物具有一定的分选性，通常都是天然孔隙率很高的含有棱角状碎石的粉质黏土，由于重力作用，比较粗大的碎屑物往往堆积在紧靠斜坡的位置，而细小

的碎屑和黏土则分布在离开斜坡稍远处。

由于地形的不同，其厚度变化大，新近堆积的坡积土，土质疏松，压缩性较高。它一般分布在坡腰上或坡脚下，其上部与残积物相接。坡积物底部的倾斜度决定于基岩的倾斜程度，而表面倾斜度则与生成的时间有关，时间越长，搬运、沉积在山坡下部的物质就越厚，表面倾斜度就越小。

坡积物与下卧基岩的接触面是不整合面，因此，在这种地区进行建筑时，坡积物本身的稳定性或开挖后形成的边坡的稳定性就应特别注意。由黏性土组成的坡积物的天然孔隙率往往较大，具有较高的压缩性，加上坡积物的厚度多是不均匀的，因此，在这种坡积物上修建建筑物时还应注意不均匀沉降的问题。另外，坡积物中有时混有高处崩落的大块孤石，一定要注意其与基岩的区别。

二、山洪急流的地质作用及洪积层

1. 冲沟

山洪急流沿沟谷流动时，由于集中了大量的水，沟底坡度大，流速快，因而，拥有巨大的动能，对沟谷的岩石有很大的破坏力。洪流以其自身的水力和携带的砂石，对沟底和沟壁进行冲击和磨蚀，这个过程称为洪流的冲刷作用。由冲刷作用形成的沟底狭窄、两壁陡峭的沟谷称为冲沟。初始形成的冲沟在洪流的不断作用下，可以不断地加深、展宽和向沟头方向伸长，并可在冲沟沟壁上形成支沟，如图 4-5 所示。

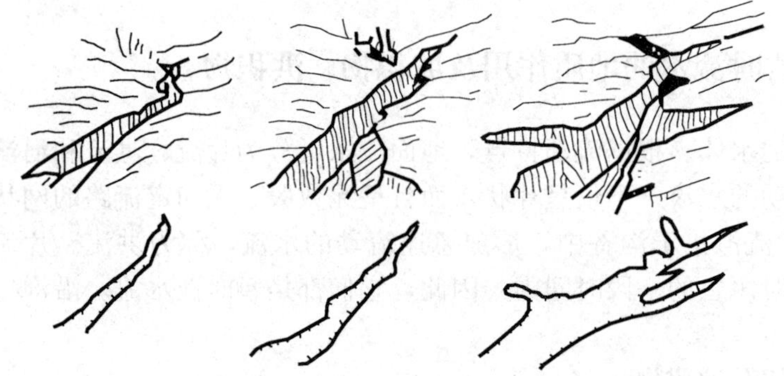

图 4-5 冲沟的形成和发展示意图

在降雨量较集中、缺少植被保护、由第四纪松散沉积物堆积的地区，冲沟极易形成。如我国黄土区，冲沟发展迅速，常常把地面切割得支离破碎，千沟万壑。冲沟进一步发展，可使地面成为大小冲沟密布的地形，即歹地。冲沟的发展是以溯源侵蚀的方式由沟头向上逐渐延伸扩展的。冲沟的发展大致可以分为以下四个阶段：

（1）冲槽阶段。坡面径流局部汇流于凹坡，开始沿凹坡发生集中冲刷，形成不深的冲沟。沟床的纵剖面与斜坡剖面基本一致，如图 4-6（a）所示。在此阶段，只要填平沟槽，调节坡面流水不再汇聚，种植草皮保护坡面，即可使冲沟不再发展。

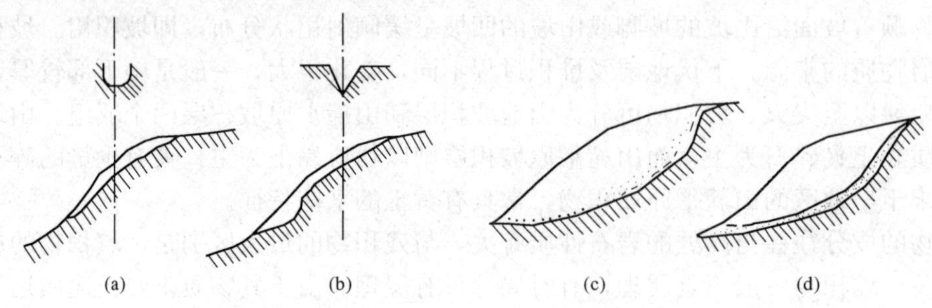

图 4-6 冲沟纵剖面的发展阶段

（a）冲槽阶段；（b）下切阶段；（c）平衡阶段；（d）休止阶段

(2) 下切阶段。由于冲沟不断发展，沟槽汇水增大，沟头下切，沟壁坍塌，使冲沟不断向上延伸并逐渐加宽。此时沟床纵剖面与斜坡已不一致，出现悬沟陡坎，如图 4-6（b）所示。在沟口平缓地带开始有洪积物堆积。在此阶段，如果能够采取积极的工程防护措施，如加固沟头、铺砌沟底、设置跌水和加固沟壁等，可防止冲沟进一步发展。

(3) 平衡阶段。冲沟陡坎已经消失，沟床已下切拓宽，形成凹形平缓的平衡剖面，冲刷逐渐减弱，沟底开始有洪积物堆积，如图 4-6（c）所示。在此阶段，应注意冲沟发生侧蚀和加固沟壁。

(4) 休止阶段。沟头溯源侵蚀结束，沟床下切基本停止，沟底有洪积物堆积，如图 4-6（d）所示，并开始有植物生长。

冲沟发展的上述阶段，是指在厚层均质土层如黄土层中发展的一般情况。发育在非均质土层，或残积、坡积、洪积等第四纪松散堆积层中的冲沟，其发展情况除受堆积物的性质、结构和厚度等因素的影响外，还受下伏地面的岩性、产状条件的影响，不一定能划分出上述四个阶段，也不一定会形成平衡剖面。因此，在实践中分析冲沟的发展情况，评价冲沟对建筑物可能产生的影响时，应结合冲沟地质情况和所处的自然地理条件，作具体分析。

2. 洪积物

洪积物（Q^{pl}）是由山洪急流搬运的碎屑物质组成的。当山洪夹带大量的泥砂石块流出沟口后，由于沟床纵坡变缓，地形开阔，水流分散，流速降低，搬运能力骤然减小，所夹带的石块、岩屑、砂砾等粗大碎屑先在沟口堆积下来，较细的泥沙继续随水搬运，多堆积在沟口外围一带。由于山洪急流的长期作用，在沟口一带就形成了扇形展布的堆积体，在地貌上称为洪积扇（锥）。其特点是厚度变化大，粗细混杂，碎屑物质多带棱角，磨圆度和分选性都较差，有不规则的交错层理、透镜体、尖灭和夹层等。洪积扇的规模逐年增大，有时与相邻沟谷的洪积扇互相连接起来，形成规模更大的洪积裙或洪积冲积平原。

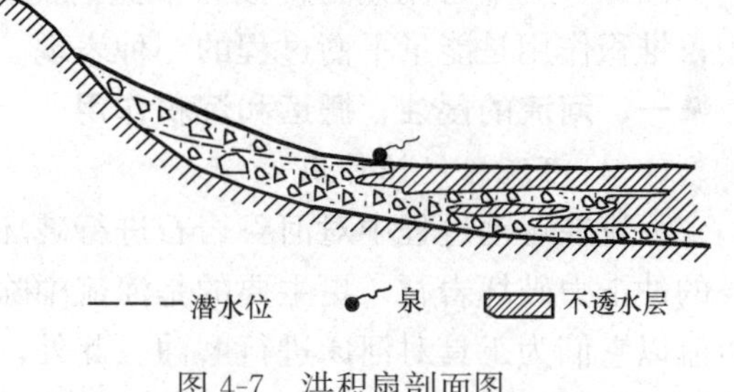

图 4-7　洪积扇剖面图

规模很大的洪积扇一般可划分为三个工程地质条件不同的地段，如图 4-7 所示：靠近沟口的粗碎屑沉积地段，孔隙大，透水性强，地下水埋藏深，承载力较高，是良好的天然地基；洪积层外围的细碎屑沉积地段，如果在沉积过程中受到周期性的干燥气候影响，黏土颗粒发生凝聚并析出可溶盐时，则洪积层的结构较牢固，承载力也比较高；上述两地段之间的过渡带，由于经常有地下水溢出，可能形成沼泽区，水文地质条件不良，对工程建筑不利。

另外，在高山边缘地区常有现代正在形成的洪积锥。当道路通过这类洪积锥时，由于其发展和移动，能埋没道路，所以应识别洪积锥是正在发展的，还是已经固定的。识别这两类洪积锥的方法之一是观察植物生长情况。通常在正在发展的洪积锥上很少有植物生长，而已固定的则长有草或其他植物。线路通过正在发展的洪积锥地区时，为避免道路遭到山洪泥沙的破坏，最好是从其顶部通过。

第三节 河流的地质作用及冲积物

河流普遍分布于不同的自然地理带，是改造地表的主要地质营力之一。由河流作用所形成的谷地称为河谷。河谷的形态要素包括谷坡和谷底两大部分，如图 4-8 所示。谷底中包括河床和河漫滩。河床是指平水期河水占据的谷底，也称为河槽。河漫滩是经常被洪水淹没的谷底部分。谷坡是河谷两侧因河流侵蚀而形成的岸坡。古老的谷坡上常发育有洪水不能淹没的阶地，阶地是被抬升的古老的河谷谷底。谷坡与谷底的交界处称为坡麓，谷坡与山坡交界的转折处称为谷缘，也称为谷肩。

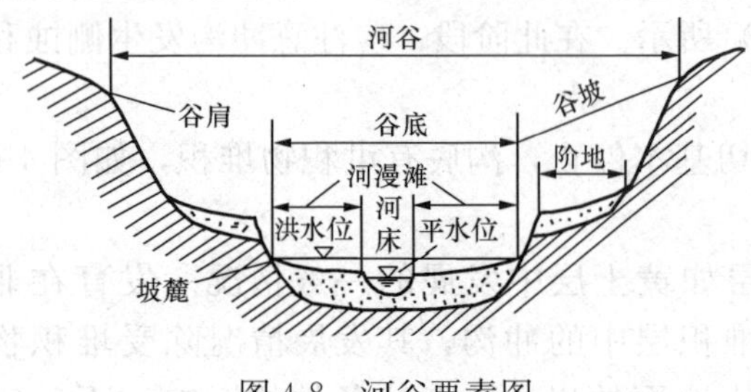

图 4-8 河谷要素图

一般情况下，河流在洪水期的持续时间相对较短，然而其流量和含沙量都远远超过平水期，是河流侵蚀、搬运和堆积作用进行得最活跃的时期。河谷形态的塑造及冲积物的形成，主要都在洪水期。

河水在重力作用下，沿河床流动，产生一定的能量。流水的能量可用式（4-1）表示

$$E = \frac{1}{2}Mv^2 \tag{4-1}$$

式中 E——水流的动能；

M——流量；

v——流速。

因此，流量与流速均直接与水流的能量有关。水流的能量则消耗于侵蚀作用与搬运作用；堆积作用是能量平衡过程的一种表现。这三种作用就构成了河床水流的地质作用。

一、河流的侵蚀、搬运和沉积作用

（一）河流的侵蚀作用

河流在运动过程中对河谷岩石进行破坏的作用称为侵蚀作用。河水沿河谷流动时，以自身的冲击力破坏岩石，更主要的是河流中除水体外，还携带着大量的泥砂和砾石等碎屑物，河流以它们为工具对河床进行磨蚀。此外，河水对岩石还有一定的溶解能力。河流就是通过冲蚀、磨蚀和溶蚀这三种方式对谷底及两岸进行侵蚀的，但以前两种方式为主。

按侵蚀作用的方向，河流的侵蚀作用可分为两种类型，即沿垂直方向进行的下蚀作用和沿水平方向进行的侧蚀作用。这两种侵蚀作用在任一河段上都是同时存在的，只不过在不同的河段中，由于河水动力条件的差异，下蚀作用和侧蚀作用所显示的优势会有明显的不同。

1. 下蚀作用

河流以携带的泥、砂、砾石为工具，并以自身的冲击力和溶解力对谷底岩石进行侵蚀而使河床降低的作用，称为下蚀作用。下蚀作用的强度首先与流速和河水中泥沙的含量有关。在河流的上游以及山区的河流，由于流速大，搬运力强，以下蚀作用为主，常形成谷底深而窄、谷坡陡峭、横剖面呈“V”字形的峡谷。此外，下蚀作用与河床的岩石性质及地质构造有关。岩石坚硬（如砂岩、砾岩），下蚀作用相对较弱，河床表现为凸起地段；岩性较软（如黏土岩），下蚀作用相对较强，河床表现为凹下地段，致使河床纵剖面显示出坎坷不平的

阶梯状形态。

下蚀作用在加深河谷的同时，又使河流向源头方向伸长，河流的这种溯源推进的侵蚀过程称为溯源侵蚀。分水岭不断遭到切割剥蚀，河流长度的不断增加，以及河流的袭夺现象都是河流溯源侵蚀造成的结果。

河流的下蚀作用并不是无止境的，而是有它自己的基准面。因为随着下蚀作用的发展，河床高度降低，坡度变缓，阶梯状高差逐渐消失，使整个河谷纵剖面成为一个圆滑的曲线，这时河床坡度与流速、流量和搬运物质完全达到平衡，河流的侵蚀作用趋于消失，该河谷纵剖面称为侵蚀基准面。海平面为所有入海河流的侵蚀基准面，所以，海平面称为最终侵蚀基准面。

2. 侧蚀作用

河流以携带的泥、砂、砾石为工具，并以自身的动能和溶解力对河床两岸的岩石进行侵蚀，使河谷加宽的作用，称为侧蚀作用。河流的中、下游以及平原区的河流，由于河床坡度较为平缓，侧蚀作用占主导地位。

自然界的河流由于地面坡度、岩性、地质构造等的不同，总是存在弯曲。此外，由于滑坡和支流注入等原因，往往在河床的一侧形成碎屑堆积物，迫使河道弯曲，如图 4-9（a）所示。河水在流经弯道时，在惯性和离心力的作用下涌向凹岸，形成单向环流。侧蚀作用主要是单向环流产生的。呈单向环流运动的水质点在凹岸顺坡向下流动，不断对凹岸进行冲蚀和磨蚀，致使凹岸岸壁不断崩塌后退，同时凹岸侵蚀的产物又被沿河底横向流动的水流带到凸岸沉积下来，如图 4-9（b）所示，使凸岸不断增宽并向下游推移。这样使河床曲率逐渐增大形成河曲，如图 4-9（a）所示。同时加宽了谷底。

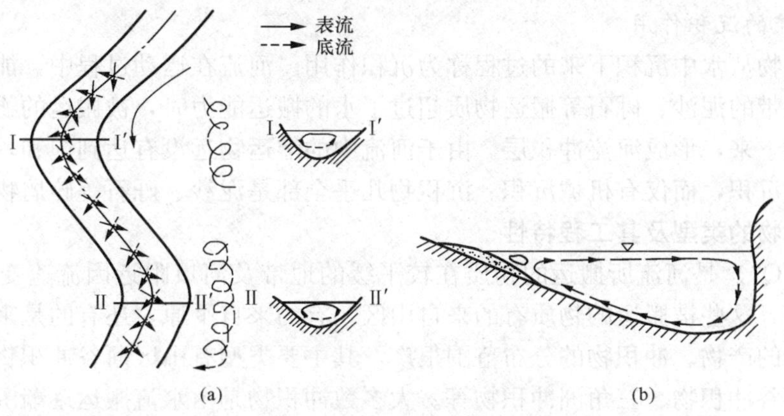

图 4-9　横向环流示意图

（a）河流弯道及横向环流；（b）弯道处横向环流断面图

河曲进一步发展，河床越来越弯曲，如图 4-10（b）所示，河长也随之增加，坡度变缓，流速降低，动能减小。当动能减小到即使在洪水期也只能在谷底上蜿蜒徘徊，再也没有能量去侵蚀谷坡、加宽河谷时，这时河流所特有的平面形态称为蛇曲，如图 4-10（c）所示。在蛇曲的发展过程中，洪水期水量增大时可将河道截弯取直。被抛弃的旧河道两端被冲积物淤塞后形成牛轭湖，如图 4-10（d）所示。

（二）河流的搬运作用

河流将所携带的物质向下游方向搬运的过程，称为河流的搬运作用。被河流搬运的物质

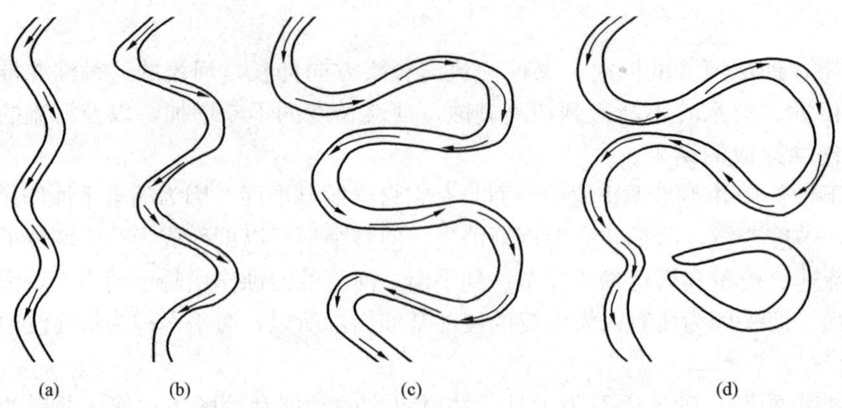

图 4-10 牛轭湖沉积物

主要是片流的洗刷作用和洪流的冲刷作用带来的物质及少量河流侵蚀作用的产物。河流的侵蚀和堆积作用，在一定意义上都是通过搬运过程来进行的。河流搬运能力的大小，决定于河水的流量和流速，在一定的流量条件下，流速是影响搬运能力的主要因素。河流搬运物的粒径 d 与水流流速 V 的平方成正比，即 $d \propto V^2$。

河流通过以下三种方式对碎屑物质进行搬运，即悬运、跃运和推运。碎屑物以何种方式被搬运，主要取决于颗粒的沉降速度与上举力的对比情况。颗粒的沉降速度即在静态液体中的下沉速度。它不仅取决于颗粒的大小，还取决于颗粒的比重、形状以及液体的密度。上举力包括紊流中向上流动的分量与因流速差而产生的上升力。

（三）河流的沉积作用

河流搬运物从水中沉积下来的过程称为沉积作用。河流在运动过程中，能量不断受到损失，当河水夹带的泥沙、砾石等搬运物质超过了水的搬运能力时，被搬运的物质便在重力作用下逐渐沉积下来，形成河流冲积层。由于河流中的溶运物远没有达到饱和，所以河流基本上不发生化学沉积，而仅有机械沉积。沉积物几乎全部是泥沙、砾石等碎屑物。

二、冲积物的类型及其工程特性

冲积物（Q^{al}）是河流所搬运的物质在较平缓的地带及河口附近因流速变缓而沉积下来形成的堆积物。这些被搬运的物质有的来自山区，有的来自平原，还有的是来自江河河床冲蚀及两岸剥蚀的产物。冲积物的分布范围很广，其主要类型有山区河谷冲积物、山前平原冲积物、平原河谷冲积物、三角洲冲积物等。大多数冲积物是由水流搬运逐渐沉积而成的。流水所能带走土粒的最大尺寸与其流速的平方成比例，水的流速又与水力坡降有关。大小不同的土粒随着河流流速的改变可堆积在不同的部位，这就引起一定程度的颗粒分选和均匀性。

冲积物的特点是：具有良好的分选性和磨圆度，层理清晰。冲积物的层理是由于季节等变化促使水动力条件发生改变，造成上、下层的沉积物质不同所致。除水平层理外，冲积物还经常发育有斜层理，并常有透镜体、尖灭等存在。

（一）冲积物的类型

冲积物按其沉积环境的不同，有以下几种类型。

1. 河床沉积物

河床内的沉积作用随水位的季节性变化而有规律地进行。在洪水期，大而重的碎屑物被搬走，在平水期又沉积下来，所以河床内的每个地方都有沉积发生。由于河床是经常被流水占据的部分，水流速度快，故沉积物粗，属冲积物中粒度最粗的部分。一般在上游，颗粒最粗，多由粗砾、甚至巨砾组成；在中、下游，颗粒较细，多由粗砂、细砾等组成。

2. 河漫滩沉积物

在洪水期，河水漫出河床，由于流速突然减小，较粗的沉积物便迅速沉积下来，形成河漫滩沉积物。沉积物多由粉砂与黏土组成，内侧较粗，向外逐渐变细。由于河曲的不断发展，河床侧向迁移，在河床沉积层之上堆积了河漫滩沉积物，这一套沉积构成冲积层的二元结构（见图 4-11）。

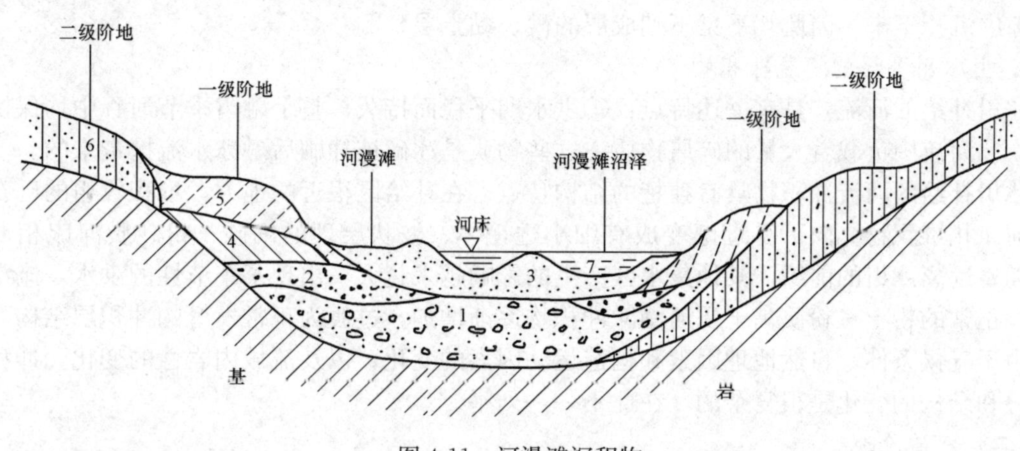

图 4-11　河漫滩沉积物

3. 牛轭湖沉积物

在牛轭湖范围内形成的沉积物主要为静水沉积，一般多由富含有机质的淤泥和泥炭组成，天然含水量很大，抗压、抗剪强度小，受力容易发生变形。

4. 三角洲沉积物

河流流入湖、海的地方叫河口。河口是河流最主要的沉积场所。一方面由于河流流入河口处水域骤然变宽，河水散开成为许多岔流，加之河水被湖水或海水阻挡，流速大减，机械搬运物便大量堆积下来，河流机械搬运物的一半以上沉积于此。另一方面，河水中呈溶运的胶溶体的胶体粒子所带电荷被海水电解质中和后也会迅速沉淀。大量物质在河口沉积下来，从平面上看，外形像三角形或鸡爪形，所以叫三角洲。三角洲的内部常由顶积层、前积层和底积层组成所谓的三重层构造，如图 4-12所示。

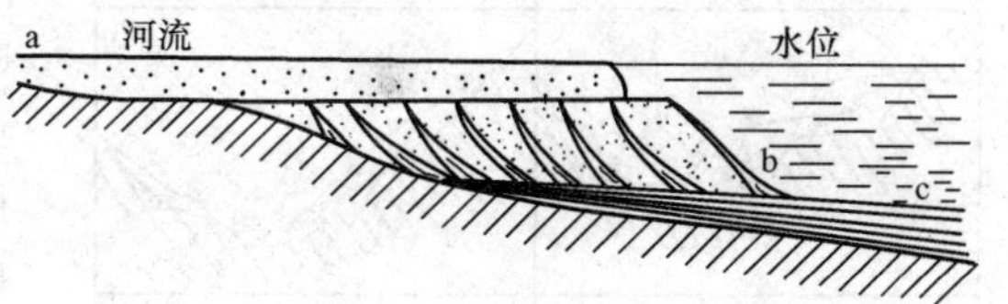

图 4-12　三角洲沉积层示意图

a—顶积层；b—前积层；c—底积层

前积层是流水到达河口后最先在汇水盆地边缘沉积的较粗的泥砂沉积物。再向前就逐渐过渡到底积层。底积层是河流带来的悬浮物质和胶体物质在前积层的前方形成的水平沉积层，粒细而层薄，常由粉砂、黏土组成。顶积层是前积层增长到河底高度时，随着三角洲向海推进，在前积层上沉积的近于水平的河床沉积物。

上述冲积物结构，是温带地区潮湿地带较大的永久性平原河流冲积物的典型特点。假如自然地理环境和水文动态条件发生变化，冲积物的结构和成分也会变化，形成其他类型的冲积物。

5. 山区河流冲积物

湍急的山区河流，冲积物几乎完全由河床相组成。在平水期水流清澈，河床相冲积物主要为砾石、卵石及粗砂。洪水期间，水流能量很大，剧烈地侵蚀河谷谷底；同时带来巨大的卵石、砂砾石及浑浊的泥质物质。这些物质混杂堆积，砾石的磨圆度及分选性都很差，砾石有时具有一定的排列方向，形成迭瓦状构造。由于河床坡降大，砂、黏土等细粒物质几乎不可能在河床底部的表面沉积下来，在洪峰以后，浑浊水流中的泥沙，以充填方式在巨大的砾石空隙中沉积下来。因此几乎见不到成层的砂、黏土层。

6. 由冰川补给的河流冲积物

冰川补给的河流，具有下述特点：①洪水期平稳而持久，整个融雪季节河谷中均保持高水位；②河流中负载着大量的碎屑物质，这些物质是冰碛被冲刷后融冰水流携带来的。

冰川补给的河流冲积物具有独特的结构特点。在补给区很近的地方，堆积较粗的砾石—砂质河床相堆积物。向下游逐渐变成有细小透镜体、波状层理的细砂—粉砂质河床相冲积物。随着远离冰川的前缘，其他集水区产生的影响越来越大，出现了季节性的洪水，淹没河漫滩，正常的粉土—粉质黏土质河漫滩冲积物逐渐增加，过渡为正常发育的冲积层结构。

由于气候条件，自然地理因素和构造运动因素的变化，以及流域内岩性的变化，冲积层的成分和结构的变化是很复杂的，在此不一一列举。

（二）河流阶地

在河谷地貌的形成和发展过程中，不同时期的河漫滩，由于受到地壳构造运动与河流侵蚀、堆积作用的综合影响，呈阶梯状分布于河谷谷坡上，这种地貌称为河流阶地。阶地在河床下切侵蚀的基础上才能形成。引起河床下切侵蚀的主要原因是地壳的升降运动。当地壳相对稳定和下降时，河流以侧向侵蚀为主，塑造河漫滩，堆积冲积层。然后地壳上升，侵蚀基准面相对下降，河流垂直侵蚀作用加强，下切河漫滩，形成阶地陡坎。如果地壳发生多次升降运动，则引起河流侵蚀与堆积交替发生，从而在河谷中形成多级阶地。标记阶地的级序采用从新到老的方法，把最新的超出河漫滩的阶地称为一级阶地，其余类推。

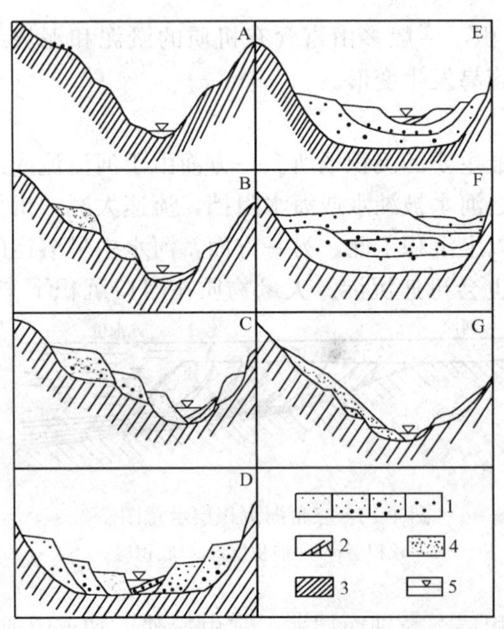

图 4-13　阶地的类型

1—不同时代冲积层；2—现代河漫滩；3—基岩；4—坡积物；5—河水位；

A—侵蚀阶地；B—基座阶地；C—嵌入阶地；D—内迭阶地；E—上迭阶地；F—掩埋阶地；G—坡下阶地

根据阶地的结构和形态特征，河流阶地可以划分为三种类型：侵蚀阶地、基座阶地和堆积阶地。堆积阶地根据组成阶地的冲积层厚度与下切深度的关系，可以分为嵌入阶地、内迭阶地、上迭阶地。

(1) 侵蚀阶地（图 4-13A）：由基岩组成，有时阶面上残留极少冲积物。一般分布于山间河谷原始流速较大的河段，或者分布在河流的上游，切割不同的岩层。

(2) 基座阶地（图 4-13B）：基座阶地是由基岩和冲积层两部分组成的，基岩上部冲积物覆盖厚度一般较小，整个阶地主要由基岩组成。它是由于深切侵蚀作用的深度超过原有冲积层的厚度造成的。

(3) 嵌入阶地（图 4-13C）：从外表形态看，完全由冲积物造成，然而在切穿阶地的冲沟或陡崖上，从横剖面上看到新老阶地呈嵌入关系。新的谷底低于老的谷底，新冲积层顶面高于老冲积层的基座。

(4) 内迭阶地和上迭阶地（图 4-13D、E）：都是各次冲积层堆积厚度越来越小造成的。不同的是内迭阶地各次下切侵蚀的深度均达到原来谷底的位置；上迭阶地每次下切侵蚀的深度都比前一次小，不能达到原来的谷底。

(5) 掩埋阶地（图 4-13F）：早期形成的各种河流阶地被近期冲积层掩埋了，老的阶地就称为掩埋阶地。如果在谷坡上，阶地被坡积物或重力堆积物所掩埋，则称为坡下阶地（图 4-13G）。

(三) 冲积物的工程地质特征

古河床冲积物的压缩性低，强度较高，是良好的天然地基。现代河床冲积物密实度较差，透水性强，尤其不利于作为水工建筑物地基。牛轭湖及河漫滩地带因含松软的淤泥及黏性土，工程性质差。但河漫滩上升为阶地后，因干燥脱水，则工程性质能够改善，一般越高的阶地，其工程性质越好。三角洲冲积物常呈饱和状态，承载力较低。但三角洲冲积物的最上层，因长期干燥比较硬实，承载力比下面高，俗称硬壳层，可用作地层建筑物的天然地基。

第四节　海洋的地质作用及海相沉积物

海洋按海水深度及海底地形划分为：①海岸带，海水高潮与低潮之间的地带，海水深 0～20m；②浅海带（大陆架），海水深 20～200m，坡度很平缓；③次深海带，海底坡度平缓一般不超过二十几度，海水深 200～3000m；④深海带，海水深 3000～6000m。

一、海平面的升降变化

海平面变化可分两类：一是全球气候变暖导致全球性的绝对海平面变化，这种全球海平面称为平均海平面；二是区域性的海平面变化，它是受区域性的地壳构造升降和地面沉降等因素的影响，这种区域性海平面称为相对海平面，它反映了该地区海平面变化的实际情况。据统计，近百年来全球海平面呈上升趋势，平均海平面上升速率每年为 1.0～1.5mm，近年还有加速之势。至于相对海平面，它与该地的陆地构造升降和地面沉降等有关，在我国沿海地带各地的构造升降和地面沉降的速率不同，因而海平面有表现为上升的，也有表现为下降的。一般地区相对海平面平均升降速率每年为 1～2mm，如果有过大的地面沉降的海岸，则相对海平面每年可达 5～10mm。

对处于相对海平面上升的港湾，建港后随着海岸的下降，港口将有淹没的危险，因此，要判明其下降的速度，以便合理地布置建筑物；对于相对上升的港湾，建港后港池将会随陆地上升而变浅，从而使港口失效，所以在建港前也必须判明陆地上升的速度，以便作出合理规划和防治措施。

二、海洋的地质作用

海洋地质作用包括破坏作用和沉积作用。

海洋的破坏作用有冲蚀、磨蚀及溶蚀三种。海浪、潮汐和岸流等都起破坏作用，其中海浪是破坏海岸的主要力量。海浪时刻都在冲击着海岸，当海浪冲击海岸岩石时，对岩石产生很大的压力，使其破坏。海浪可把海岸岩石掏成凹槽或形成洞穴，当这些凹槽和洞穴扩大到一定程度时，它上面悬空的岩石便会崩塌下来。海浪又将这些崩塌下来的岩块忽前忽后反复推动着，把它们当作撞击的工具，这就加速了对海岸的破坏作用。海浪冲蚀作用进行得越久，海岸向后撤退就越远，而海滩也就变得越宽。陡岸向后撤退得越远，海浪要达到岸边就越困难，因为海浪前进的能量都消耗在对海滩的摩擦上了。当海滩增长到海浪达不到陡岸的时候，海浪的破坏作用也就暂告结束。

海岸带的形状、结构、物质组成以及岸线的位置是可变的，在促成这些变化的因素中，以波浪的作用最为重要，此外，潮汐、海流和入海河流的作用在某些岸带上也起巨大的作用。但相比之下，影响海岸稳定性是以波浪为主要动力。在沿岸线海区，波浪由于消能变形、破碎而产生激浪，激浪对海岸的冲击，造成一系列海岸冲蚀地形，如海蚀洞穴、海蚀崖、海石柱及浅滩等（图 4-14），迫使海蚀岸不断地节节后退，在海岸带形成沿岸陡崖、波蚀穴、磨蚀与堆积阶地（图 4-15）等地形。

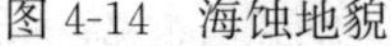

图 4-14　海蚀地貌

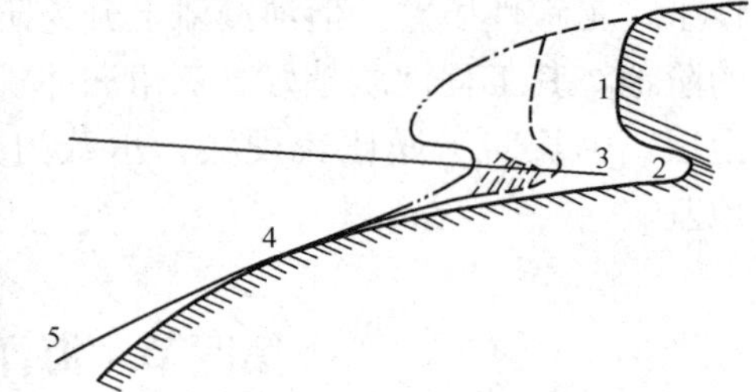

图 4-15　在波浪冲击下冲蚀台阶的形成
1—岸边陡崖；2—波蚀穴；3—浅滩；4—水下磨蚀阶地；5—水下堆积阶地

当波浪的传播方向与岸线正交时，波浪进入岸带后往往造成进岸流和退岸流。从水质点的运动轨迹上可看出，在靠近水底部分作往返运动，位于水下岸坡上的泥砂颗粒在波浪力与重力的联合作用下，作近岸和离岸的运移。当泥沙颗粒不断地作向岸移动，至波浪能量减缓时，往往使泥沙堆积于岸滩上而成浅滩；当泥沙颗粒随回流而离岸时，波浪能量不断减弱，而于水下岸坡堆积而成堆积平台，如果不断发展，往往在此平台上不断堆积而增高，从而造成砂坝。此外，波浪作用方向因受海流、风向及河口水流的干扰，因而波浪作用方向往往是与岸线斜交的，含泥沙的水流对岸带的改造是很复杂的，形成各种各样的滩地和岸外砂坝。这些滩地和砂坝随着该地的地形，风向、水文以及河流和地质等因素的变化而发生迁移，因而岸滩、砂坝是不稳定的，若工程上要利用这些滩坝，则要采取防护措施。

三、海相沉积物的类型

河水带入海洋的物质和海岸破坏后的物质在搬运过程中，随着流速的逐渐降低，就沉积下来，形成海积物（Q^{m}）。靠近海岸一带的海积物是比较粗大的碎屑物，离海岸越远，海积物也就越细小。这种分布情况，同时还与海水深度和海底的地形有直接的关系。

海洋随深度和地貌条件不同，其动力条件（潮汐、海流、海浪、浊流）、压力、光照和含氧量均不同。根据海洋地貌和动力条件，第四纪海相沉积可分为：近岸沉积、大陆架沉积和深海沉积。

1. 近岸沉积

分布于从海岸到海底受波浪作用显著的水下岸坡部分。岩岸沉积带宽仅数十米，泥岸可达几十公里。由于此带动力的多样性，形成的沉积物比较复杂，有砾石、砂、淤泥和生物贝壳堆积等。碎屑物主要来自陆源。砂质沉积是近岸沉积中分布最广泛的一种，由于海岸砂受到波浪影响，具有很高的移动性，常分选堆积成有价值的砂质体，如石英砂、独居石等。泥炭也是海侵地区沿岸沼泽化地段和泻湖常有的堆积。常见的胶结物质是钙质、铁质及硅质。

2. 大陆架沉积

大陆架范围内有粗粒沉积、砂质沉积和淤泥质沉积等形式。粗粒碎屑沉积主要来源于水下岸坡破坏和河流或冰川搬运的物质，通常分布于远离海岸几十公里，水深几十米处。砂质沉积主要是河流挟入物，世界上许多大油气田，都和这种水下沉积体有密切关系。淤泥质沉积分布极广，淤泥沉积中常因含有有机质、硫化铁、氧化锰和绿泥石等，而呈现不同颜色。

3. 深海沉积

深海水深、低温、压力大，大型软体生物很少，河流挟入物不能到达，故其沉积以浮游性动植物钙质或硅质为主，其次为火山灰沉积、化学沉积（锰结核等）和局部的浮冰碎屑沉积。深海沉积缓慢，由于气候和海洋水循环动力条件的不同，海洋沉积速率变化范围在1～10mm/千年之间不等。故深海第四纪沉积厚度不大，一般几米或几十米就记录了几百万年的历史。

四、海岸稳定性的保护措施

海岸受波浪、海流和潮汐的影响发生冲蚀作用和堆积作用是普遍存在的，冲蚀作用可使边岸坍塌，也称坍岸，它使原有岸线后退；堆积作用可使水下坡地回淤，使本来可以利用的水深发生回淤现象，以至水深变浅，海床增高。这些岸线后退和海床增高都会对港口工程有影响。为此在选择港口时，应对这些不良地质现象作出估计。

（1）沿岸线的工程设施，首先应该进行坍岸线的研究，预测坍岸线的距离，工程定位时在坍岸线以外尚应留有一定的间距。

（2）厂房地基及路基等设施应设在最高海水位之上，以免浸泡地基及工程设施，导致地基承载力降低和发生其他的如液化、沉陷、土体滑动等现象。

（3）码头及防波堤的基础是建于水下海床上的，受水浸泡和波浪作用，因而在考虑地基承载力时，应注意到海流及波浪对工程的作用，如会对地基施加动荷载和倾斜力，会使地基在一个比正常作用于基础底面上的力低的荷载下就发生破坏。此外，尚需考虑地基发生滑动的可能性。

（4）为了保护海岸、海港免遭冲刷和岸边建筑物的安全，以及防止海岸、港口免遭淤积的危害，应提供当地的工程地质资料，特别是不良地质现象和地基承载力等资料。在此基础上提出防治冲刷、回淤及其他不良地质现象的措施。

对于防治冲刷、回淤的措施可分为三大类：

（1）整流措施。这是利用一定的水工建筑物调整水流，造成对防治冲刷或淤积的有利水文动态条件，改变局部地区海岸形成作用的方向，例如建筑防浪堤、破浪堤、丁坝等防治冲刷和淤积。

(2) 直接防蚀措施。这是修建一定的水工建筑物，直接保护海岸，免遭冲刷。例如修筑护岸墙、护岸衬砌、护坦和护坎（图 4-16）等。

图 4-16 海岸防蚀工程——护坦和护坎

(3) 保护海滩措施。海滩是海岸免于冲刷的天然屏障。为保护海滩免遭破坏，可修筑丁坝以促进海滩堆积（图 4-17）；限制在海滩采砂或破坏原海滩堆积的水文条件等。

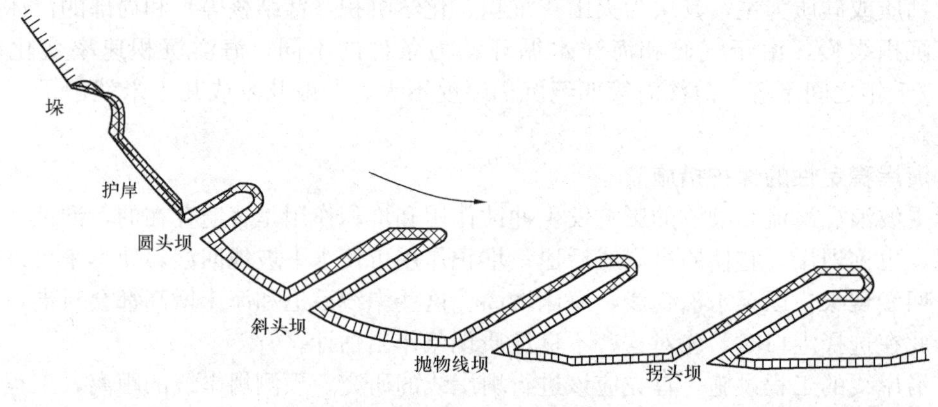

图 4-17 丁坝平面类型图

第五节 其他地质作用及相应沉积物

一、湖积物和沼泽土

湖泊是由储水洼地和水体两部分组成的陆地上的较大集水洼地。根据其成因不同，湖泊可分为风成湖泊、岩溶湖泊、海成湖泊、泻湖湖泊等。湖泊的地质作用也有剥蚀、搬运和沉积作用。湖泊中的水体除表面和靠近湖岸的部分外，运动很微弱。因此，湖泊的剥蚀和搬运作用都比较微弱。一般均以沉积作用为主。湖泊是大陆上良好的沉积场所，可接纳周围的地面流水、地下水和风等动力带来的物质，同时有的湖泊可大量繁殖生物，形成生物沉积。湖泊中的这些沉积物，称为湖积物（Q^l）。湖泊的沉积作用过程也就是其发展和消亡的过程。在不同的气候区，由于湖泊的流泄和蒸发状况以及湖水的成分均不相同，其沉积特征也不一样。

在潮湿气候区，沉积作用既有机械的，也有化学的和生物的，但往往以机械碎屑沉积和生物沉积较为显著。机械沉积作用使得粗粒碎屑物沉积于湖岸附近，形成平行湖岸的浅滩，叫湖滩；细小的呈悬浮搬运的物质，沉积于湖水较平静的湖心，形成湖泥；由河流携带来的泥沙，入湖后因流速骤减大部分的物质可沉积下来，形成湖三角洲，见图 4-18。

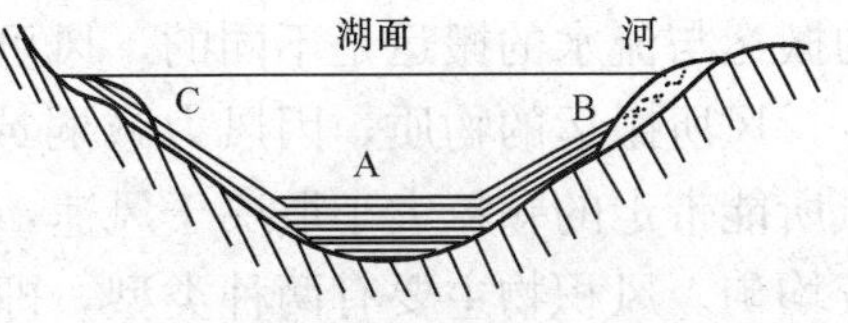

图 4-18　湖泊机械沉积物分布示意图

A—湖泥；B—湖三角洲；C—湖滩

湖三角洲的伸展扩大，可延伸到湖心，使湖泊逐渐淤浅，最终成为河流所贯通的湖积三角洲平原，如图 4-19 所示。化学沉积作用可在湖底形成褐铁矿、黄铁矿等矿床。生物沉积作用使得大量低等生物死亡后和湖泥沉积在一起，在缺氧和 H_2S 多的环境中，经过细菌的分解，形成含 C 量为 40%～50%、H 为 6%～7%、O 为 34%～4%及 N<6%的有机物质，分散在含泥的细小颗粒间，组成呈胶冻状态的黏泥，称为腐泥；湖泊中大量植物的堆积被埋在深处缺氧条件下，经细菌作用，使植物遗体中的氢、氧成分减少，放出 CO_2、CH_4 等气体，而碳的成分相对增多，最后形成富含碳（含碳>60%）、质体疏松而呈棕褐或黑色的物质，叫泥炭。

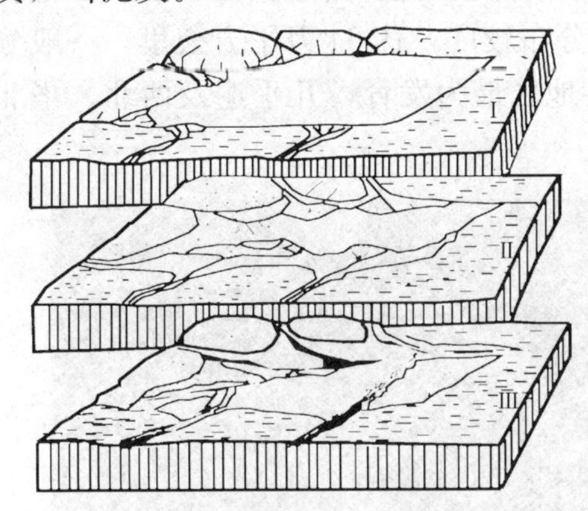

图 4-19　潮湿气候区泄水湖的发展示意图

Ⅰ—发展初期，三角洲很少；Ⅱ—过渡阶段，湖泊淤浅，面积显著缩小；Ⅲ—晚期，形成湖积三角洲平原，湖泊消失

在干旱气候区，湖泊的沉积以化学沉积为主，机械沉积退居次要地位。湖泊中含有的盐类，在湖泊中发展的不同阶段，可按盐类溶解度的大小依照一定的顺序沉积下来。一般的沉积顺序自下而上依次为：碳酸盐沉积物、硫酸盐沉积物、氯化物沉积物。

沼泽是大陆上被水充分湿润的、其上面生长有大量喜湿性植物，并有有机质或泥炭堆积的地段。沼泽的成因较多。可以由湖泊发展演变而形成沼泽；也可以在排水不良的广阔平地面上，有足量水的供应下形成沼泽。此外，有大量喜湿性植物生长的地段也可以形成沼泽。不论沼泽是如何形成的，富有有机质或泥炭的堆积是沼泽重要的标志。沼泽的地质作用只有沉积作用，而且主要是生物的沉积。沼泽发展的过程也就是其沉积作用形成有机质或泥炭的过程。泥炭土的特点通常呈海绵状，干密度很小，含水率极高，土质十分疏松，因而其压缩性高、强度很低而灵敏度很高。应力求避免直接作为建筑物地基。

二、风积物

风的地质作用包括风的剥蚀、搬运及沉积作用。风的剥蚀包括吹蚀和磨蚀。风把细小的物质吹走，使岩石的新鲜面暴露，岩石又继续遭受风化，这种作用称为风的吹扬作用。在吹扬过程中，风所夹带的砂、砾石对所经过的岩石进行撞击摩擦，使其磨损破坏，这种作用称为风的磨蚀作用。风的磨蚀作用可形成“石烂牙”和“石蘑菇”等奇特的地形。

风能将碎屑物质搬运到他处，搬运的物质有明显的分选作用，粗碎屑搬运的距离较近，碎屑越细，搬运就越远。在搬运途中，碎屑颗粒因相互间的摩擦碰撞，逐渐磨圆变小。但风的搬运与流水的搬运是不同的，风可向更高的地点搬运，而流水只能向低洼的地方搬运。

风所搬运的物质，因风力减弱或途中遇到障碍物时，便沉积下来形成风积物（Q^{eol}）。风所能带走的颗粒大小取决于风速，因此，颗粒随风向也有一定的分选，使得同一地区颗粒较均匀。风积物主要有两种类型，即风成砂和风成黄土，常在干旱和半干旱地区遇到。

1. 风成砂（$Q^{eol\text{-}s}$）

在干旱地区，风力将砂粒吹起，其中包括粗、中、细粒的砂，吹过一定距离后，风力减弱，飞扬的砂粒坠落堆积而成风成砂，一般统称为沙漠。应当指出，沙漠不完全是风的沉积作用而形成的，但大部分沙漠都与风的作用有关。

风成砂常由细粒或中粗砂组成，矿物成分主要为石英及长石，颗粒浑圆。风成砂多比较疏松，当受振动时，能发生很大的沉降，因此，作为建筑物地基时必须事先进行处理。砂在风的作用下，可以逐渐堆积成大的砂堆，称为砂丘。砂丘的向风面平缓，背风面陡。砂丘有不同的形状，如外形成弯月状的称为新月砂丘（图 4-20）。

2. 风成黄土（$Q^{eol\text{-}ls}$）

随风飘的微粒尘土，在干旱气候条件下，随着风的停息而沉积成的黄色粉末状沉积土称风成黄土，或简称黄土。还有除风力以外而形成的黄土，称为次生黄土或黄土状土，在地貌上形成典型的黄土塬和黄土峁（图 4-21）。黄土在我国分布较广，达 64 万平方公里，一般分布在北纬 30°～48°之间，而以 34°～45°之间的黄河中游地区最为发育，几乎遍及西北、华北各省区。

图 4-20 新月砂丘

图 4-21 黄土塬和黄土峁

黄土（或黄土状土）具有肉眼可见的竖直细根孔，颗粒组成以粉粒为主，常占干土总质量的 60％～70％，并含有少量黏粒和盐类胶结物。由于黄土具有一些大孔隙，因而密度很低。黄土分布在干旱地区，因而含水率也很低，一般为 10％左右，干燥时由于土粒之间有胶结作用，其胶结强度较大，即使很疏松，仍能维持陡壁或承受较大的建筑物荷载。可是一经遇水，土体结构即遭破坏，胶结强度迅速降低，黄土地基会在自重或建筑物荷载作用下剧烈下沉，黄土的这种性质称为湿陷性。在黄土地区修造建筑物时一定要充分注意到黄土的这一性质。

黄土无层理，质地疏松，雨水易于渗入地下，有垂直节理，常在沟谷两侧形成陡立峭壁。从河南灵宝一带以至潼关，常见黄土峭壁屹立数十年而不倒。

三、冰碛物与冰水沉积物

在高纬度及高山地区，地表一定厚度的积雪经过一系列物理变化，能成为具可塑性的冰川冰。冰川冰在重力作用下沿山谷及斜坡流动。这种运动的冰川冰称为冰川。由冰川搬运沉积作用所形成的沉积物即冰碛物（Q^{gl}）（图 4-22）。冰碛物分布于冰川附近的低洼地带，成分以巨大块石、碎石、砂、粉土及黏性土混合而成，分选性极差，有时具斜层理，颗粒呈棱角状，常具擦痕。

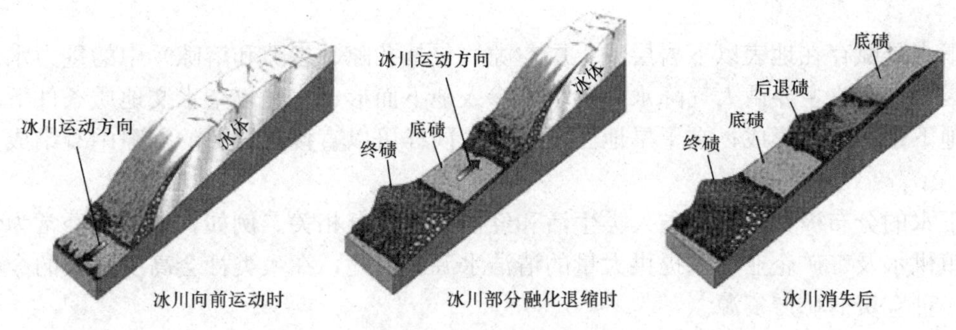

图 4-22　冰碛物的形成

冰雪融化后形成的水流可冲刷和搬运冰碛物进行再沉积，形成冰水沉积物（Q^{fgl}）。冰水沉积物具有一定程度的分选和良好的层理。季候泥（纹泥）具有细薄的水平层理，颜色深浅相同，颗粒粗细不同。

思考题

4-1　何谓风化作用？它有哪几种类型？

4-2　影响风化作用的因素有哪些？简述风化作用的工程意义？

4-3　如何防治岩石的风化？

4-4　横向环流是如何形成的？它在河岸的侵蚀和淤积中有何意义？

4-5　简述河漫滩的形成过程，并说明何谓二元相结构。

4-6　何谓阶地？它是如何形成的？根据物质组成，可将阶地分为哪几类？

4-7　如何防治河流的侵蚀、淤积作用？

4-8　试比较冲积物、洪积物的异同。

4-9　试比较残积物、坡积物的异同。

4-10　在波浪作用下，会形成哪些海岸侵蚀和堆积地形？

4-11　如何对沿岸建筑物进行有效的防护？

4-12　湖积物和沼泽土各有何特点？

4-13　何谓风积物？风积物有何特点？

4-14　何谓冰碛物？冰碛物有何特点？

第五章 地下水及其对建筑工程的影响

地下水是赋存在地表以下岩层或土层空隙（包括孔隙、裂隙和溶隙）中的重力水。地下水的成因众多，它主要由大气降水和地表水渗入地下而形成；在复杂水文地质条件下，也可由其他地下水补给而形成；在干旱地区，水蒸气同样可以直接在岩石的空隙中凝结成少量地下水。

地下水的分布极其广泛且与人类生活和经济活动息息相关。例如，地下水经常为农业灌溉、城镇供水及工矿企业用水提供大量的清洁水源。因此，在人类社会高度发展的今天，地下水是一种宝贵的矿产资源。

但是，地下水也往往给工程建设带来一定的困难和危害。在土木建筑工程中，地下水与建筑物的腐蚀和稳定有很大关系：①建筑物低于地下水位部分，可能受到有害组分的侵蚀；②地下水在渗透过程中，有可能带走松散土层和岩层软弱结构面中的细小颗粒，使岩（土）体被掏空，造成地基破坏；③地基疏排地下水易引起建筑物过量沉降；④地下水还可使黏土质或含黏土岩石软化、泥化，甚至伴随着体积膨胀，产生较大的膨胀压力，导致工程失事；⑤在开挖基坑和地下洞室施工时，有时会发生大量地下水突然涌入而造成突水事故，轻者影响工期，重者造成人员伤亡。因此，在土木工程建设过程中，必须查明建筑场地地下水的形成、埋藏、分布和运动规律，即场地的水文地质条件。

第一节 地下水的赋存

一、岩石的空隙特征

地下水的运动与聚集，必须具备一定的岩性条件。因此研究岩石空隙性质对掌握地下水的分布与运动条件具有十分重要的意义。空隙的大小、多少、连通程度及其分布规律直接支配着地下水的埋藏和径流条件。空隙发育且连通性好的岩层能使水流容易通过，一般称为透水层。赋存有地下水的透水岩层，称为含水层。空隙少而小的致密岩层是相对的不透水岩层，如果不透水岩层的渗透系数小于0.001m/d，则称为隔水层。

各种岩石的空隙特征千差万别，其主要决定因素是岩石空隙的成因。空隙根据成因可分为孔隙、裂隙和溶隙三种，并将岩石相应划分为孔隙岩石（松散沉积物）、裂隙岩石和可溶岩石。此外，还存在各种过渡类型的岩石：如风化裂隙发育的表土层、胶结不好的构造岩等，都可称为裂隙—孔隙类岩石；至于可溶的石灰岩大多数情况下都是裂隙—岩溶类岩石。

孔隙、裂隙和溶隙的主要差别在于空隙大小及其分布均匀程度。孔隙岩石中的空隙分布都比裂隙、溶隙岩石更为均匀。而溶隙一般要比孔隙、裂隙岩石中的空隙规模要大些。

（一）孔隙

土层中孔隙大小首先与其颗粒大小及其组合有关。由大颗粒组成的沉积物，其孔隙往往较大。因此按水文地质要求，根据粒组含量沉积物可以分成砾石土、砂土和黏土等几类。在砾、卵石为主的松散沉积物中，孔隙的直径可达几十毫米，而黏土中的孔隙，只有在显微镜下才能看到。其次，孔隙大小还与土的固结作用和胶结作用有关。压力越大，作用时间越长，胶结越紧密，土层中的孔隙就越小。因此沉积早的老土中的孔隙比年轻的新土要小一些。

除了孔隙大小以外，决定沉积物孔隙性质的还有孔隙的多少。孔隙的多少取决于沉积物的颗粒排列方式、颗粒级配和颗粒形状。根据几何学原理，当等粒体呈立方体排列时，物体的结构最为疏松，孔隙最多；当呈四面体排列时，结构最为稳定，孔隙最少。颗粒级配好的土层，中粗颗粒间的大孔隙被细小颗粒所充填，因而孔隙较少。另外颗粒的形状对孔隙的多少也有影响，棱角状沉积物在压密作用下排列一般较紧密，因此孔隙较少。

表征岩石孔隙含量的物性指标为孔隙率。所谓孔隙率 n 就是指沉积物中孔隙体积 V_v 与岩石总体积 V 之比，即

$$n=\frac{V_v}{V}\times 100\% \tag{5-1}$$

（二）裂隙

基岩中裂隙是在岩体形成过程中或形成以后漫长的地质历史时期中产生的。因此岩石裂隙按其成因区分为成岩裂隙、构造裂隙和风化裂隙三大类。

1. 成岩裂隙

成岩裂隙是在岩石成岩过程中由于冷凝、固结等原因引起岩石体积收缩所产生的裂隙。例如，沉积岩的层理、层面及沉积间断面都属于成岩裂隙；而喷出岩的成岩裂隙是在熔岩冷凝过程中在张应力作用下形成的。成岩裂隙中，玄武岩的柱状裂隙最富有水文地质意义。此类裂隙分布均匀，连通性好，呈层状或似层状分布，具有良好的含水和导水性能。

2. 构造裂隙

在地壳运动引起的内应力作用下，岩石发生的各种破裂错位现象，如节理、劈理、断层和层间剪切带，在水文地质学中统称为构造裂隙。节理与劈理，它们的延伸长度和发育宽度都有限，但分布均匀、密集，通常构成一个统一的裂隙体系，故称为区域构造裂隙。而断层的延伸长度和发育宽度往往都很大，在局部地段成带状定向分布，故又称之为局部构造裂隙。不论是区域构造裂隙，还是局部构造裂隙，它们的几何特征千差万别，然而他们的空间分布仍有一定的规律性，主要与其力学性质、岩性、构造期次、岩层厚度及岩层组合等影响因素有关。

节理按其力学成因可分为张节理和剪节理二种，二者的异同见第二章第五节。从含水条件看，由于张节理是在张应力作用下形成的张开裂隙，所以含水条件好。相反地，由于剪节理是在剪应力作用下产生的密闭裂缝，所以含水条件较差。

劈理是一种密集发育的微裂隙，规模小且张开程度差，有的只有在显微镜下才能看清。故水文地质意义不大。

断层根据其受力性质可分为张性断层、压性断层和扭性断层三种。

张性或张扭性断层常形成较宽的开放性构造带和伴生张节理，如多数的正断层。此类断层比较疏松，透水性好。特别是多组断层的交汇地带往往赋存丰富的地下水。豫西郑州矿区发育东西向、北西向和北东向的三组高倾角张性断层，最大断距达1500m，对地层的切割十分强烈。断层带或断层交汇带极为富水，如新密市灰徐沟翻花泉群就出露在北东向灰徐沟断

层与东西向铁匠炉断层的交汇处，泉水流量达 0.156m^3/s。郑州煤业集团超化矿生活区 4 号水井就是布置在樊寨断层与河西断层交汇处，在 378m 遇断层破碎带，断层水可满足 2000m^3/d 的供水需要。

压性断层是压应力作用下产生的断裂，如大部分逆断层和逆掩断层。压性断层的断层带平直且比较致密，透水性弱，常赋存不透水或弱透水的糜棱岩、断层泥以及胶结紧密的断层角砾岩，附近常发育牵引褶皱和伴生剪节理。豫北鹤壁矿区的断裂构造大多属此型，如一矿西大巷揭穿落差约 80m 的 F_8 断层，该断层带宽仅为 2cm，青灰色断层泥致密坚硬，无任何渗水现象，因而被大巷顺利通过。

扭性断层是在扭应力作用下形成的断裂，如大部分的平移断层。此类断层的断面可曲可直，但一般光滑，常伴生致密性构造岩，含水性能介于上述二类断层之间。

3. 风化裂隙

风化裂隙是岩石受风化作用后形成的裂隙。此类裂隙一般赋存于地表浅层露头发育处，在剖面上呈现明显的分带特征。如豫西新安矿区，基岩表层风化裂隙带厚度一般大于 30m，剖面最上部的松散覆盖层岩石严重破坏、化学风化剧烈，大量次生黏土矿物充填裂隙，几乎不含水。剖面中部以物理风化为主，裂隙比较发育，由抽水试验成果（表 5-1）知，该裂隙带中砂岩的渗透系数在 0.227～0.724m/d，具有透水性；剖面最下部的岩石破坏程度低，裂隙闭合稀少，砂岩的渗透系数为 0.0671m/d，具有相对隔水性。因此在一个保存完整的风化带里，通常以半风化的中段剖面含水性最好。

表 5-1　豫西新安矿区风化裂隙带含水砂岩层抽水试验成果

含水层	剖面位置	孔号	试验孔段		含水层总厚 (m)	渗透系数 K (m/d)
			起始深度（m）	段长（m）		
风化裂隙带中砂岩	中部	41	10.31～37.00	26.69	26.69	0.2270
		1001	11.01～68.23	57.22	35.42	0.7240
	下部	注 2501	13.48～74.23	60.76	26.25	0.0671

此外，风化裂隙还大量分布于基岩的隐伏露头附近。所谓隐伏露头即基岩与上覆第四系松散土层底面的接触部分。赋存于这种古风化壳内的地下水往往与第四系土壤水有着很强的水力联系，有着统一的水头分布特征。

岩石中裂隙的多少采用裂隙率来衡量。它的物性含义与孔隙率相当，即岩石中裂隙体积和岩石总体积的比值。在实际工作中，如果裂隙发育具有强烈的方向性，则经常测定的是线裂隙率或面裂隙率的数值。

$$n_x = \frac{\Sigma b}{L} \times 100\% \tag{5-2}$$

式中 n_x——岩石线裂隙率；

b——岩石中各个裂隙的单个宽度；

L——测定总长度。

$$n_m = \frac{\Sigma lb}{F} \times 100\% \tag{5-3}$$

式中　n_m——岩石面裂隙率；

l——岩石中各个裂隙的单个长度；

b——岩石中各个裂隙的单个宽度；

F——测定总面积。

（三）溶隙

岩溶是侵蚀性地下水对碳酸岩、石膏、岩盐等可溶性岩石以化学溶蚀为主的一种地质作用及其形成的各种地质现象。在南斯拉夫的喀斯特（Karst）地区，岩溶现象十分发育，因此把岩溶又称为“喀斯特”。可溶性岩石在岩溶作用下形成的各种空隙，就称为溶隙。溶隙的形态多种多样，常见的有溶孔、溶蚀裂隙、溶洞、落水洞、漏斗、地下暗河、地下湖等。

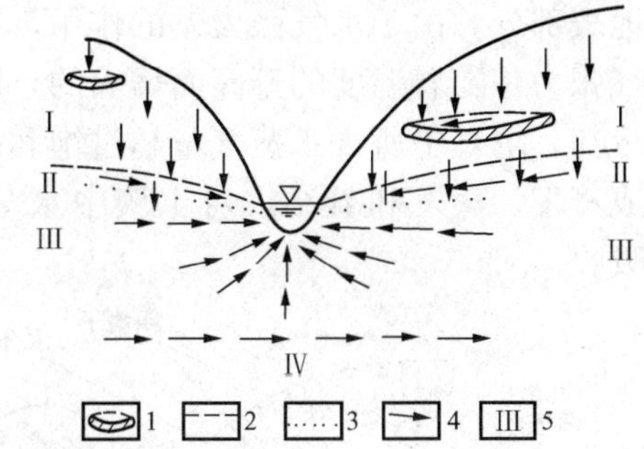

图 5-1　岩溶垂直分带示意图

1—上层滞水；2—最高水位线；3—最低水位线；4—地下水流向；5—分带编号

岩溶发育规模自地表向深部逐渐减弱，在一定条件下呈垂直分带特征。按其空间形态和分布特征大致可以分为四个带：垂直岩溶发育带、水平和垂直岩溶交替发育带、水平岩溶发育带及其深部岩溶发育带（图 5-1）。

(1) 垂直岩溶发育带（包气带）：此带距地表较近，地下水接受大气降水补给，并沿着溶洞、裂隙作垂直的渗透运动。

(2) 水平和垂直岩溶交替发育带（地下水季节变化带）：分布在喀斯特水最高水位与最低水位之间，主要是接受第一带所渗入的地下水的补给。在高水位期间喀斯特水向排泄区作近于水平方向的运动，在低水位期间则以自上而下的垂直方向运动为主。

(3) 水平岩溶发育带（饱和带）：位于第二带以下，地下水的运动受上部水平循环带的静水压力作用影响，并接受来自上部的水补给。地下水呈饱和状态充满在裂隙及溶洞中，向排泄区作水平方向运动。有时，在河谷底部也能有地下水自下而上的垂直方向的运动。

(4) 深部循环带：此带地下水不受排泄区直接泄水作用的影响，它的运动基本上决定于深部的地质构造特征。

就岩溶一般发育规律，上部三个带比较明显，如贵州水城、咸宁间梅花山隧道的勘探工作中明显地表现了喀斯特水垂直分带（上部三个带）现象。

岩溶分布不仅表现在垂直方向的变化，而且在平面上分布也是不均匀的，在不同地区或者同一地区不同地段，不同深度，岩溶发育状况往往可以变化很大，这主要与岩性、构造、地貌、气候、地壳运动等因素综合作用有关。一般情况下，岩溶发育程度以溶隙率表示，所谓溶隙率就是指可溶性岩石中岩溶体积与岩石总体积之比，即

$$n_r = \frac{\Sigma V_k}{V} \times 100\% \qquad (5-4)$$

式中　n_r——岩石溶隙率；

V_k——岩石中岩溶体积；

V——岩石总体积。

二、水在岩石中的赋存形式

在土壤和岩石中有下列六种物理性质不同的水：气态水、强结合水、弱结合水、重力水、毛细水和固态水。

1. 气态水

气态水（即水蒸气）和空气一起充填在岩石的孔隙和裂隙中，活动性很大，尤其在靠近地表部分。由于水气张力差的作用，在土层中气态水是从张力大的地方向张力小处移动。水气张力是随着温度的升高而增大的，因此气态水是由温度高的地方向温度低处移动。当空气冷却，空气中所含水蒸气量超过饱和度时，气态水能凝结为液态水，而在相反的情况下则造成蒸发。蒸发和凝结，对土壤中水分的重新分布有很大影响。气态水不能直接为植物所吸收。

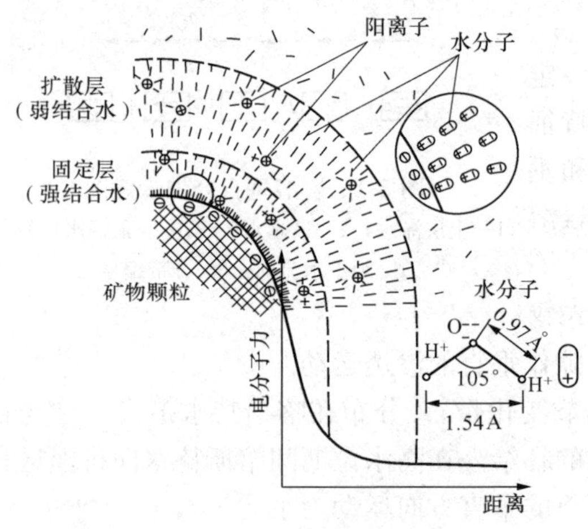

图 5-2 水在岩石空隙中的赋存形式

2. 强结合水

强结合水又称吸着水（图 5-2）。吸着水是受分子张力的控制而吸附在岩石颗粒表面上的水。其主要的特点是：不受重力作用影响，因而不易产生水分子的迁移，只有当它变成水气时才发生运动。它与重力水的区别还在于：相对密度大于 1，在－78℃时才能结冰，无溶解能力，不传递静水压力。吸着水在岩石的微粒上形成很薄的膜，至于吸着水的水量则决定于孔隙内空气的湿度。细粒岩石和黏土质岩石的吸着湿度可达 15%～18%，较粗粒岩石的吸着湿度减至 5%或更低。吸着水也不能直接为植物所吸收。

3. 弱结合水

弱结合水又叫薄膜水（图 5-2）。当水气凝结时，在岩石颗粒的外围形成较厚的一层水分子薄膜，此时在吸着水的外面还围绕有薄膜水。薄膜水也是由于分子力和电引力的作用而保持在岩石颗粒上的，这些作用力远远超过了重力，因而薄膜水也不受重力作用的影响。但是薄膜水能从薄膜较厚的颗粒向薄膜较薄的颗粒移动。由于薄膜水并不能完全充满岩石的全部孔隙，所以它不传递静水压力。薄膜水较厚时，其外围部分所受作用力较小，因此也能被植物根系吸收。

在干燥的土层中，下渗的水分首先被用来浸湿土层颗粒。在土层受最大薄膜水浸湿后，剩余的水在重力作用下由上往下自由运动，并在适当的条件下一直渗透至地下水面补给含水层。

4. 重力水

重力水存在于岩石的孔隙、裂隙和孔洞中。当薄膜水的薄膜更加增大时，水与岩石颗粒间的作用力逐渐减小，当这种力量不能保持薄膜水时，薄膜水即变为液态水滴受重力影响而发生移动。这样就在岩石中形成了自由向下流动的重力水，经过一定时间后到达地下水面，因此重力水是地下水资源的补充来源。重力水能传递静水压力，会对含水层中的土颗粒、建筑物基础或地下工程产生浮力。

5. 毛细水

毛细水贮藏于岩石的毛细孔隙和裂隙内。毛细水分布在潜水面以上，与潜水直接连通，在潜水面以上形成毛细带。毛细水受地心引力和表面张力的作用而运动。因为毛细管力的作用超过重力作用，所以能上升到地下水面以上的某一高度。实验证明，毛细水位与潜水水位有联系，毛细水位随着潜水水位的升降而有显著的变化。

毛细水能传递静水压力，略低于0℃即可冻结。

毛细水在岩石中的上升高度是由许多因素决定的，其中最主要的是颗粒成分、孔隙率、土的结构以及水的粘滞性，后者随水温和水的矿化度而改变。

毛细水上升高度和毛细管的直径成反比，在细粒岩石中毛细水上升高度较大，粗粒岩石中较小，其关系式如下

$$H_K = \frac{2a}{d} \tag{5-5}$$

式中　H_K——毛细上升高度；

d——毛细管的直径；

a——常数，在0℃时为15.4mm。

毛细上升高度还与颗粒的大小、形状、排列的密度以及均匀程度、液体的比重和温度等有关。当温度升高时，表面张力减小，毛细上升高度也减小。此外，水中所含盐分的浓度及成分对毛细上升高度也有影响，如盐类浓度增大时，表面张力也增大，因而矿化水的上升高度比淡水高，NaCl溶液要比同一浓度的Na_2SO_4溶液上升的高度大。

毛细水对发展农业有重要意义，当植物根系达到毛细水时，因为岩石能保持毛细水的作用力不大，所以毛细水能为植物吸收。

毛细水对建筑工程的影响主要体现在以下三个方面：①毛细水产生的毛细压力可使砂性土（特别是细砂、粉砂）具有一定的黏聚力（称为假黏聚力）；②毛细水影响土中气体的分布与流通，常常导致产生封闭气体，后者可增加土的弹性和减小土的渗透性；③当地下水位埋深较浅时，由于毛细水的上升，可以助长地基土的冻胀现象、致使地下室潮湿甚至危害房屋基础、导致道路翻浆而破坏公路路面、促使土的沼泽化及盐渍化从而增强地下水对混凝土等建筑材料的腐蚀性，等等。

6. 固态水

固态水常见于多年冻土区的岩层中。在多年冻土区以外，在寒冷季节也有冻结，称为季节冻结或冬季冻结。

第二节　地下水的物理性质和化学成分

研究地下水的物理性质和化学成分，对国民经济建设有很大的意义。了解地下水的水质，我们可以知道：哪些地方的地下水可以用作供水，哪些地下水适于灌溉，哪些地下水可以用来作为工业原料，哪些地下水有医疗价值。同时，我们也可以知道，哪些地下水会给人们带来灾害，例如有的地下水会传染疾病，有的地下水会造成土壤的盐碱化，有的地下水会侵蚀建筑物的基础等等，从而及时地进行预防和处理。此外，还可以根据地下水的水质变化

来进行找矿，这就是所谓的“水化学找矿”。

一、地下水的物理性质

我们把地下水的颜色、气味、味道、透明度、温度等，叫做地下水的物理性质。

纯水本来是无色的，但是当地下水中含有某些物质时，也会带有某种颜色。例如：含铁的地下水常呈浅红褐色，亚铁和硫化氢会使水呈浅翠绿色，腐殖质会使水呈浅灰色等等。

地下水一般是没有气味的，但是当水中合有硫化氢时，会使水有臭蛋味。当水中含有某些会产生腐蚀作用的细菌和某些藻类时，地下水也会带有特殊的气味。这些气味可以分为霉臭、土臭、鱼腥臭、药臭等等。

地下水的味道主要是由水中所含的盐分决定的。硫酸镁和硫酸钠会使水带有苦味；铁质会造成铁锈味；含有适量碳酸钙和碳酸镁的水极为甘美可口，如果其含量太少，水就淡而无味。

当地下水中的盐分，尤其是氯化钠的含量很高时，水就带有咸味。当含盐量为0.4‰时(1升水中有0.4克盐)，水还尝不出咸味来，达到0.5‰时，就稍微有一点点咸味，含盐量为1‰～2.5‰的水，咸味已显得很重，如果达到2.5‰～5‰，水咸得已很难喝，含盐量在5‰以上的水，不能再用作饮用水。

纯净的地下水是透明的，但是当水中含有许多悬浮物、有机质和胶体物质时，也会变得混浊不清。新打的水井和钻孔，有时由于有岩层泥土被带到水中而使水混浊。地下水埋藏深度比较浅时，在降雨之后，水也往往要混浊一些。

地下水的温度与气候条件和地热有关。越往地壳深处，气温的影响越小。到达一定深度后，影响减小为零，这一带的温度终年保持不变，叫做年常温带。年常温带的深度，在温度年变化幅度较小的地区比较浅，但最深的地方，也不过30～40m。年常温带的温度，比当地的年平均气温略高。所以，离地表很浅的地下水，因为受到气温的影响，水温的变化很大。埋藏在年常温带以下的地下水，水温就较固定了。有些人认为井水是“冬暖夏凉”，实际上是气温改变而引起的错觉，并不是真正的水温变化。

从年常温带向下，越往地下深处，温度越高。温度每增高1℃所需要增加的深度（m），就叫做地热增温级。反过来，深度每增加1m（有时用100m）温度增高的度数，就叫做地热增温度。地热增温级各地并不一致，例如在火山分布地区地热增温级就很低，甚至每1m就增加1℃。有些地方，例如主要为前震旦纪变质岩分布的地区，地热增温级可以高达100～200m/℃。一般说来，地热增温级平均为33m/℃。因此，埋藏很深的地下水，或者从地壳深处流上来的地下水，就有很高的温度，例如陕西临潼华清池温泉的水温为43℃。还有一些地方，地下水的温度超过了100℃，高达120℃而成为热蒸气。温度很高的地下水，可以利用它来取暖和作为动力等用途。

根据温度的不同，地下水可以分为六类：①极冷的水，水温为0～4℃；②冷水，4～20℃；③温水，20～37℃；④热水，37～42℃；⑤极热的水，42～100℃；⑥沸腾的水，100℃以上。

按照水的温度也可以大概地计算出地下水循环的深度，计算公式如下

$$H = q(T - t) + h \tag{5-6}$$

式中　H——地下水循环的深度，m；

q——地热增温级，m/℃；

T——水温，℃；

t——年平均气温，℃；

h——年常温带深度，m。

水温和地下水的化学成分也有很密切的关系。随着水温增高，地下水中某些气体和盐分的含量也会改变。所以温泉中常常含有某些特殊的成分，因而具有医疗价值。

二、地下水的化学成分

在进行地下水水质分析时，除了测定地下水的物理性质以外，还要测定地下水的化学成分。

所谓地下水的化学成分，是指地下水中所溶解的盐分和气体。其含量的多少，与地质条件、气候条件、温度和压力等有关。化学上的纯水，实际上在自然界中是不存在的。各种盐类的溶解度各不相同，其中最易溶解的是氯化物，其次是硫酸盐，钙的碳酸盐则很难溶于水。下面把几种盐类的溶解度（在18℃时）列于表5-2内。

表5-2　自然界常见盐类的溶解度

盐类 / 溶解度	$NaCl$	Na_2SO_4	Na_2CO_3	KCl	K_2SO_4	K_2SO_3	$MgCl_2$	$MgSO_4$	$CaCl_2$	$CaSO_4$
g/L	328.6	168.3	193.9	329.5	111.1	1080.0	558.1	354.3	731.9	2.0
1升中的克分子数	5.42	1.15	1.8	3.9	0.62	5.9	5.1	2.8	5.4	0.015

应该说明，溶解度的数值不仅随温度与压力而改变，当有其他盐类存在或某些气体存在时，也会发生影响。地下水的成分现在一般多以离子的形式来表示，其含量则以g/L或mg/L表示，也可以化为毫克当量/升和毫克当量百分数，后者在进行地下水的分类时很有用处。

有文献记载，地下水中曾经发现62种元素，但是它们的含量是很不相同的，有的很多，有的极少。在地下水中最常见到的离子有：阳离子H^+、Na^+、K^+、NH_4^+、Mg^{2+}、Ca^{2+}、Fe^{3+}、Fe^{2+}和阴离子OH^-、Cl^-、SO_4^{2-}、NO_2^-、NO_3^-、HCO_3^-、CO_3^{2-}、SiO_3^{2-}、PO_4^{3-}等，其中Na^+、K^+、Mg^{2+}、Ca^{2+}、Cl^-、SO_4^{2-}和HCO_3^{2-}七项，乃是评价地下水化学成分的主要项目。

在评价地下水的化学成分时，一般还必须研究地下水的总矿化度、pH值、硬度和有机物等。

总矿化度是地下水中所有离子的总含量。当把地下水烧干（105～110℃）时，遗下的固形物的含量，就称作为总矿化度。总矿化度也可以用各个离子的分析结果来计算，其方法是取离子含量的总和，但HCO_3^-仅取其一半。按照总矿化度的大小，可以把地下水分为五类：①淡水，总矿化度小于1g/L；②弱半咸水，总矿化度1～3g/L；③强半咸水，总矿化度3～10g/L；④咸水，总矿化度10～50g/L；⑤盐水，总矿化度大于50g/L。海水的总矿化度为35g/L。

pH值用以表示水的氢离子浓度。pH值为7的水是中性的，小于7是酸性的，大于7则是碱性的。根据pH值的大小，地下水还可以进一步划分为：①强酸性，pH值<5；②酸

性，pH 值为 5～7；③中性，pH 值等于 7；④ 碱性，pH 值为 7～9；⑤强碱性，pH 值>9。

地下水的硬度与 Mg^{2+} 及 Ca^{2+} 的含量有关。硬度对供水来说有很大关系，例如用硬水做菜煮肉，就不容易熟，用硬水洗衣服，肥皂消耗增大，用硬水烧锅炉，更会造成水垢，使锅炉的导热性能变坏，甚至引起爆炸。硬度可以分为暂时硬度、永久硬度和总硬度。

暂时硬度是指地下水中重碳酸镁和重碳酸钙的含量。在加热煮沸时，它们就被破坏而沉淀为碳酸盐。永久硬度则是当水煮沸后，仍旧残存在水内的钙盐和镁盐。

总硬度即暂时硬度和永久硬度之和。在国际上，硬度一般用“德国度”来表示，一个德国度即相当于在 1L 水中合有 10mg 的 CaO 或者 7.2mg 的 MgO。硬度同样也可以用毫克当量/升来表示，1 毫克当量硬度等于 2.8 德国度，也就是等于 20.04 毫克/L 的 Ca^{2+} 或 12.16g/L 的 Mg^{2+}。此外，还有所谓法国度（1 度等于 10mg 的 $CaCO_3$）和英国度（1 度等于 14mg 的 $CaCO_3$），但在我国极少使用。

由于生物的作用，地下水中也常含有有机物。与此同时，水中也可能带有传染疾病的细菌。因此，有机物的存在，被认为是水受污染的标志。有机物很容易氧化，所以也可以用 1L 水在氧化作用上所消耗的氧或氧化剂来测定水中有机物的含量，这就叫做“耗氧量”。有机物经过分解，可以产生 NH_4^+、NO_3^- 和 NO_2^-，有些 Cl^- 和 K^+ 也是来自有机物的。NO_3^- 是有机物最终的生成物，所以水的污染可能发生在很久以前。NO_2^- 则说明水在最近受到了污染。

地下水中所溶的气体，主要有二氧化碳（CO_2）、氧（O_2）、氮（N_2）、甲烷（CH_4）、水蒸气（H_2O）、硫化氢（H_2S）及氢（H_2）等。溶解在地下水中的二氧化碳气体，也叫做游离二氧化碳，其中一部分会和混凝土或石灰岩起化学反应，因而叫做侵蚀性二氧化碳。地下水中氧的含量，一般是随深度而减少的。水蒸气是温泉和火山沸水的组成部分。硫化氢是硫酸盐在还原作用的条件下生成的。甲烷的存在常常与煤（油、气）田有关。深成的矿泉常常含有氮、氢，有时也含有 CO_2。

第三节 地下水的分类

地下水分类的方法是多种多样的，主要有两种分类方案：①根据埋藏条件，地下水分为包气带水、潜水和承压水三类（图 5-3）；②按含水层的空隙性质分为孔隙水、裂隙水和岩溶水。以上两种分类方案可以组合成九种不同类型的地下水。

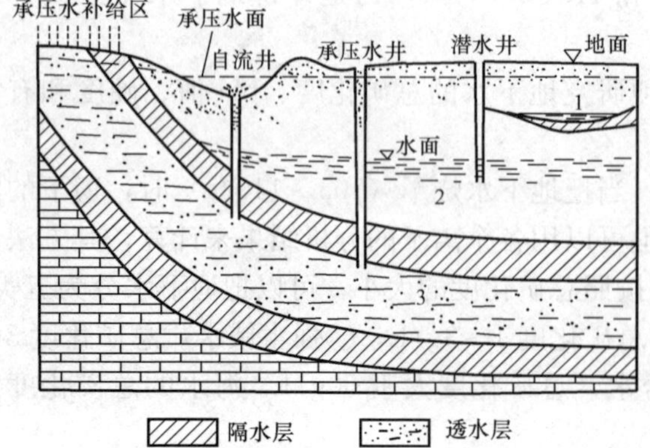

图 5-3 地下水埋藏示意图

1—上层滞水；2—潜水；3—承压水

一、包气带水

包气带水是指潜水位以上土层中的暂时性水（包括土壤水、沼泽水、上层滞水），与植物覆盖层及土壤有密切的关系，所以主要是土壤工作者研究的对象。通常包气带水总是埋藏在距地表不深的地方，它和气候及地理分带有着密切的关系，多雨时期水量充沛，甚至能形成沼泽，而到干旱季节则包气带水往往消失，所以包气带水在国民经济建设中只能解决暂时性的小型供水，但在农业上则具有比较重要的意义。

1. 土壤水

土壤水位于地壳的最上部分，主要是以薄膜水、吸着水和毛细水的形式存在于土壤层中。它对农作物的作用很大，经常保持适当的水量，能使农作物的丰收得到保证。

土壤水与潜水、承压水在产状上是不同的。它的特点是没有隔水底板，水以悬浮状态保持在岩石或土壤的毛细孔隙中。由于毛细力作用，土壤水只能作少量垂直方向的运动，只有当地表水大量渗入，土壤过分潮湿时，才在包气带的下部以重力水的形式补给潜水，也可作水平方向的运动。

土壤的透水性强弱决定了大气降水补给地下水的数量。土壤透水性越小，则在单位时间内土壤吸收的水分就越少。土壤水主要消耗在植物吸收、蒸发及蒸腾作用上。

2. 沼泽水

在大气降水远远超过蒸发，并且土壤的透水性不良的情况下，或者潜水位上升和土壤水连接时都能产生沼泽现象。在沼泽中的水就称为沼泽水。

沼泽可分为高山沼泽及河谷沼泽。高山沼泽产生在由透水极弱的黏土、粉质黏土组成的河间平原地带。这种沼泽以大气降水为主要补给源。例如我国青藏高原普遍有此类沼泽分布。河谷沼泽的补给来源有降水也有潜水。在松嫩平原河谷，沼泽分布极广。

形成沼泽的条件是很多的，像土壤中形成的铁质腐殖土便是很好的隔水层，这样就会引起地表的沼泽化。在冲积锥的迴水部分，由于含水层的局部尖灭，潜水位上升到地表，也能使该地区沼泽化。

3. 上层滞水

上层滞水是埋藏在离地表不深的包气带中的地下水，它的特点是下部有黏土或粉质黏土的透镜体作为隔水层，或者处在坚硬岩石风化壳的上部，在多年冻结地区同样也能见到这类地下水（图 5-4）。

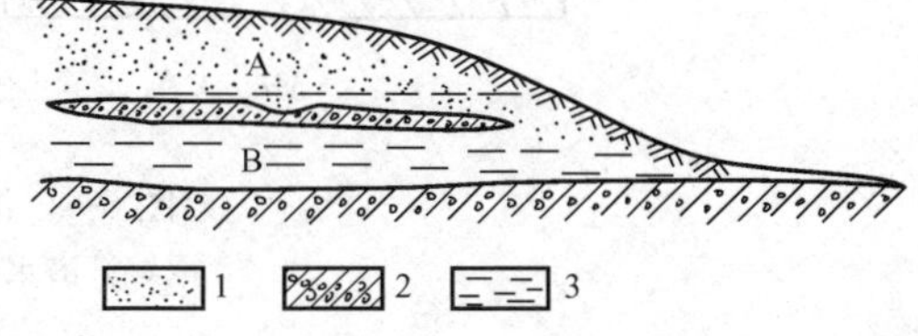

图 5-4　上层滞水埋藏示意图

A—上层滞水；B—潜水

1—砂；2—粉质黏土；3—粉砂

上层滞水的存在主要决定于大气降水，同时也与隔水层的分布范围和厚度有关。在大气降水数量相同时，如果隔水层分布范围小，厚度小，那么上层滞水存在的时间就较短，并且会有一部分水从隔水层边缘流失，补给潜水。如果隔水层分布范围广，厚度大，那么上层滞水存在的时间就较长。

上层滞水一般只能作为临时性、季节性的供水水源，因为它只有在春季融雪后或夏季大量降水时才能聚集较充沛的水量，往往到秋冬季就干涸了。在我国西北地区的黄土高原，地下水埋藏很深，在离地表不深处往往分布有硬砂（钙质结核）层，构成了上层滞水的隔水层，蓄有随季节而变化的上层滞水，常被利用作为一般村落的供水水源。上层滞水对建筑物的施工有影响，应考虑排水的措施。

二、潜水

1. 潜水的一般概念

地表以下第一个稳定隔水层以上的重力水称为潜水。由于潜水下部的隔水层比较稳定，上面没有不透水层覆盖，所以它能作水平方向的运动，而且具有自由水面，为无压水。

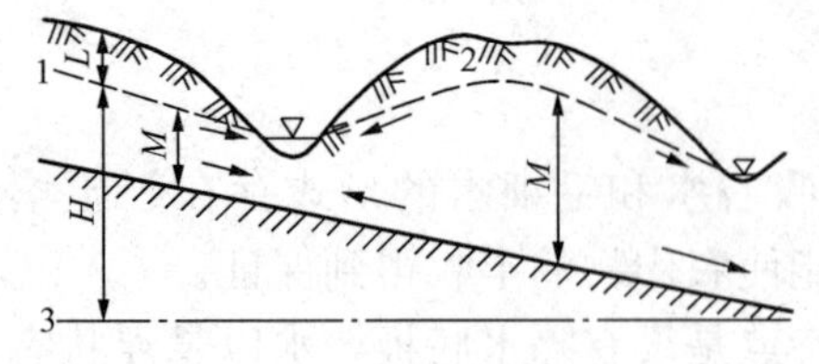

图 5-5　潜水埋藏特征示意图

1—潜水面；2—潜水分水岭；3—侵蚀基准面

潜水在自然界中分布极广，它主要是存在于松软的第四系地层或第四系以前基岩的风化层里。它的埋藏条件是由自然地理、地质、地貌和其他许多因素所决定的，尤其和大气圈的变化有着相当密切的关系。

潜水的自由水面称为潜水面，潜水面至下部隔水层顶板的距离称为含水层厚度 M，潜水面至侵蚀基准面的距离称为水头 H，潜水面至地面的距离叫埋深 L（图 5-5）。

潜水面的形状通常和地形相适应，但起伏的变化是十分微小的。它具有很缓的坡度，一般向附近低洼的排泄方向倾斜。潜水在重力影响下，由高处流向低处，这种水流就称为潜水流［图 5-6（a)］。当河谷、冲沟或其他负地形切割潜水含水层时，潜水就往往以泉的形式出露于地表。如果地层的构造合适，并且又无强烈的补给，这时的潜水面可以是水平的，水停止了流动，这就形成了潜水湖［图 5-6（b)］。

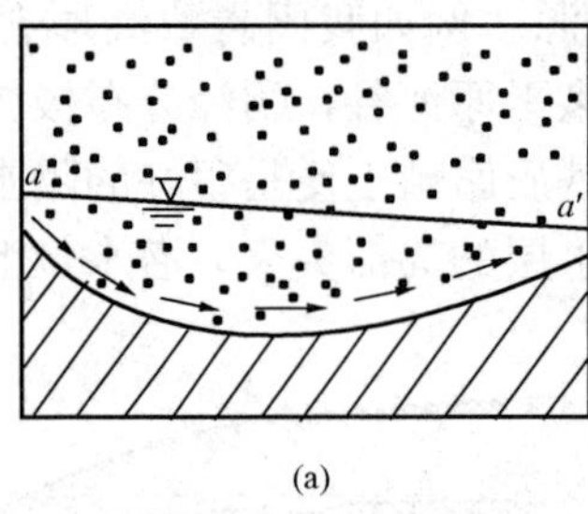

(a)

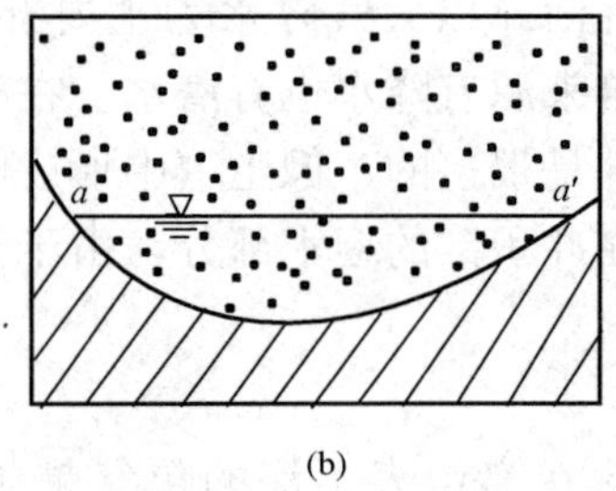

(b)

图 5-6　潜水赋存示意图

（a）潜水流；（b）潜水湖

由于组成含水层的物质常常不是均一的，加上地形等条件的不同，所以潜水的埋藏形式也是多种多样的。

2. 潜水的补给条件

潜水的补给来源主要是大气降水、雨、融化后的雪水、露水等，补给潜水数量的多少决定于降水的特点、地表岩层的透水性、开启度及植物覆盖情况等。时间不长的小雨、大雨或暴雨，由于还未来得及往下渗透就以蒸发、地表径流的形式消耗掉了，因此渗透补给潜水的数量较少。只有连绵不断的细雨降落到地表，绝大部分的水才能渗入地下，补给潜水。我国西北地区许多高山的雪水，往往是山前平原潜水的主要补给来源。

地表岩层透水性的强弱，对潜水的补给也有很大的关系，如砂土层分布地区的渗透量就比黏土层分布地区大得多。含水层的开启度就是地层出露面积与分布面积的比值。开启度的大小显然与地层的厚度和倾角有关，地层的厚度越大，倾角越小，开启度就越大，因而潜水的补给量也就越大（表 5-3)。

植物覆盖地区的地下水渗透量是比较大的，因为植物能吸收水分，尤其在融雪地区能减缓融雪速度，使渗透的水有所增加。同样，植物的落叶也能滞缓地表降水的流失。在沙漠地区蒸发量远远大于降水量，这时，凝结水对潜水的补给就具有很大的意义。有时，补给潜水的还有来自下部的承压水。当承压水层的承压水位高于潜水位，而且又有适当的通路时，承压水就源源不绝的补给潜水。

表 5-3　河南省岩溶矿区补给条件与开启度关系表

矿区名称	裸露区（km^2）	分布区（km^2）	开启程度	泉水流量（m^3/s）	最大突水量（m^3/min）
安阳矿区	289	604	0.478	1.45～2.23	24.4
鹤壁矿区	545	1313	0.415	6.43～8.43	225
焦作矿区	1073	1592	0.67	10～13	320
荥巩矿区	264.8	780	0.25	2.26	60.5
新密矿区	168.5	811.5	0.208	2.206	75.25
朝川矿区	15	130	0.11	<0.3	17.4

潜水与地表水、当地的气候条件之间的联系非常密切。在潮湿地区，潜水水位较高，潜水经常是补给河流；在干燥地区往往是河流补给潜水；有时也可能相互补给。在河水处于低水位时，潜水补给河水［图 5-7（a）］；而在河水为高水位时，河水补给潜水［图 5-7（b）］；也有的情况是河流的一侧受潜水的补给，而在另一侧却是河水补输潜水［图 5-7（c）］。潜水和地表水之间的补给关系可以根据地下水等水位线来确定。

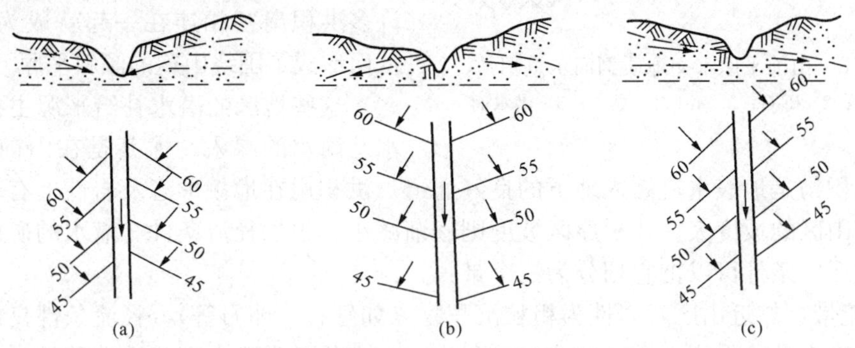

图 5-7　潜水与河水间不同补给关系的等水位线图

潜水的径流和排泄受地形、气候等因素的影响。在山区由于地势陡峻，地表坡度大，冲沟也比较发育，因此潜水经常通过冲沟排泄。在这种良好的径流条件下，一般以水平方向的排泄为主要形式。在河流下游及平原地区，因地形平坦，地表坡度不大，潜水埋藏浅，所以径流条件差，水平方向的运动大为减弱，受蒸发的影响也较大，故以垂直方向的排泄为主要形式。

潜水对建筑物的稳定性和施工均有影响。建筑物的地基最好埋在潜水位较深的地带或使基础浅埋，尽量避免水下施工。如潜水对施工有危害，宜用排水、隔离等措施处理。

3. 潜水的基本类型

潜水广泛分布在第四纪松散沉积物中，同时，也分布在基岩地区的裂隙岩石中。根据潜水的不同埋藏条件可分为：河谷潜水，冰川沉积层中的潜水，山前平原带的潜水，草原、沙漠及半沙漠潜水，滨海砂层中的潜水及基岩内的潜水六个主要类型。

（1）河谷潜水：河谷中冲积物的岩性变化在垂直及水平方向上都是很大的。一般下层多是由粗砂质、砂砾质沉积物组成，上层是由细粒砂、粉质黏土、黏土等组成。下层的透水性好，径流条件好，含水量丰富。河谷潜水主要是依靠大气降水的渗透、河流及灌溉渠道的水补给。我国有许多大江大河，如长江、黄河、渭河、松花江及嫩江等等，这些河流的冲积层多半很厚，如在西安及齐齐哈尔附近，冲积层厚达 100m 左右，主要由砂砾层组成，潜水十分丰富。

在古代河流泛滥、改道后造成的古河床，其中的沉积物较粗，透水性能良好，往往又和现代河流发生联系，所以常能得到丰富的潜水。

（2）冰川沉积层中的潜水：冰川沉积物主要是没有经过分选的漂砾黏土、漂砾粉质黏土及砂质沉积物。前两者常形成隔水层，而后者则形成含水层。冰川沉积层的潜水主要依靠大气降水和高地融雪水补给。它的特点是含水层分布情况变化不定。我国青藏高原一带冰川沉积分布较广，那里的潜水多半属于这一类型。

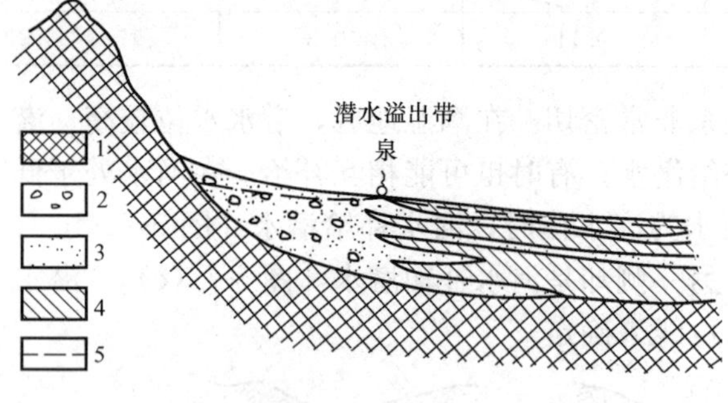

图 5-8　山前平原水文地质剖面示意图

1—基岩；2—砾石；3—砂；4—黏土；5—潜水面

（3）山前平原带的潜水：山区的河流流入平原以后，携带着大量不同粒径、不同浑圆度的沉积物，由于流速降低而在山前地带停积下来，形成洪积扇。近山处为较粗粒的物质，越往下游就逐渐地变为细颗粒的沉积，许多洪积扇互相连在一起就成为洪积扇群，从而形成了围绕山麓的倾斜平原（图 5-8）。

这些地区的潜水补给来源主要是大气降水及河水的渗入，尤其是在山前平原顶部，粗颗粒的沉积物是地表水流渗入地下的良好通道。洪积扇在地貌形态及岩性上有着一定的规律，它靠近山区的坡度大，往平原区坡度则逐渐减小。根据径流条件、潜水的矿化程度和埋藏深度及地形等条件可以把它划分为三个带：

1）径流带：靠近山区，岩性为粗粒沉积物（如砾石，卵石等），径流条件良好，潜水埋藏深，大气降水补给强烈。潜水以溶滤盐分为主，水化学类型大多是重碳酸盐水，矿化度一般小于 0.5g/L。

2）溢出带：位于洪积扇的前缘，岩性为颗粒中等的粉细砂土或粉土，透水性及径流条件都较差，潜水面开始抬高，甚至能以泉的形式出露于地表，汇成小溪，由于这些条件使潜水受蒸发的影响也较大，特别是在干旱地区，水化学类型逐渐由重碳酸盐水过渡为硫酸盐水，矿化度也逐渐增加。

3）垂直交替带：位于山前平原的前缘，沉积物主要由细粒的亚砂土、粉质黏土组成，径流条件极差，而潜水埋藏很浅，在干旱及半干旱地区受强烈蒸发作用的影响，潜水水化学类型由硫酸盐水逐渐成为氯化物水，矿化度可达 10m/L 以上。经常能看到有盐分堆积在地表的现象，我国内蒙古大青山前的呼包平原、新疆天山山前平原、甘肃河西走廊祁连山的山前平原等都是典型的山前平原类型，其中蕴藏有丰富的潜水，而且潜水的水平分带也十分显著。

（4）草原、沙漠及半沙漠潜水：草原、沙漠及半沙漠地区的主要特点是蒸发量远远超过大气降水量。潜水主要依靠为数不多的地表水以及部分凝结水来补给。由于强烈的蒸发作用，除了山前地带和河流附近以外，大部分地区的潜水是以矿化度很高的碱水为主。地表水流的特征多半是内陆河，河流两侧距河床较远的地方，潜水的矿化度就逐渐增加。在新月形砂丘附近的低洼地带也能找到一些低矿化度的淡水透镜体。我国内蒙古高原的广大草原是典型的草原地区，而柴达木、准噶尔等内陆大型盆地则为典型的沙漠、半沙漠地区。

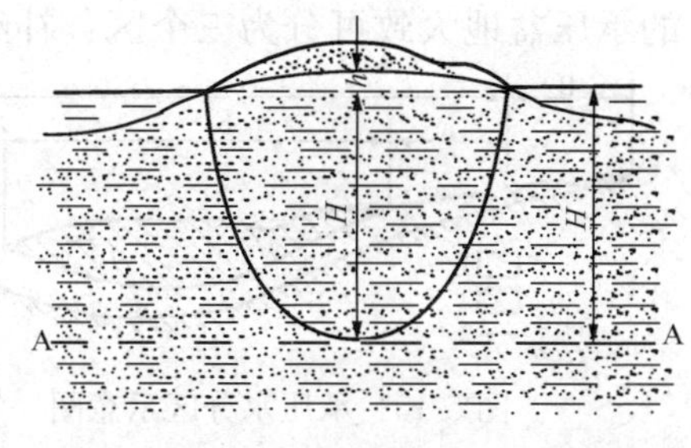

图 5-9　滨海砂层中的淡水透镜体

(5) 滨海砂层中的潜水：在砂质海岸和海岛上往往有很多渗透性强的砂丘，大气降水极易渗入，有时也能受部分凝结水的补给。这些淡水的逐渐聚集，就把由海水补给的咸水挤向两侧，而且由于比重的不同，在咸水的上部形成了大小不一的淡水透镜体（图 5-9）。淡水透镜体中央部分的厚度可由下式确定：

$$H=\frac{\rho_1(h+H)}{\rho_2} \tag{5-7}$$

式中　H——淡水底面最低点离海平面的埋藏深度，m；

h——淡水顶面最高点离海平面的距离，m；

ρ_1——淡水的密度，t/m^3；

ρ_2——咸水的密度，t/m^3。

由于淡水的密度为 $1.0t/m^3$，由海水补给的咸水的平均密度为 $1.024t/m^3$，则 $H=42h$。由此可见，淡水的埋藏深度为淡水面高出海水面距离的 42 倍。也就是说，淡水面越高出海水面，那么，淡水的下部界限就越深。

(6) 基岩内的潜水：基岩内的潜水一般表现为两种不同的产状。一种潜水主要产于基岩的构造裂隙带内，大半分布在高山地区。这里河谷割切很深，地表径流十分发育，潜水常以泉的形式流出地表，形成潜水的强烈交替带。另一种潜水则产于基岩风化壳的风化裂隙内，地形上往往以丘陵为主，如我国东南部地区，岩石风化很深，特别是花岗岩地区，普遍有潜水分布。除此以外，我国西南各省石灰岩地区的喀斯特水也十分发育，特别是广西地区，形成了丰富的岩溶潜水。

三、承压水

1. 承压水的一般概念

埋藏于两个隔水层之间的地下水，称为层间水。如果两个隔水层之间的含水层未被地下水充满，它仍具有自由水面，其性质和潜水相同，这种地下水称为下降层间水。相反，如果地下水充满了两个隔水层之间的含水层，在高水头补给的情况下其顶面具有承压的特性，这种层间水一般就称为承压水。如果在适当的地形条件下，即承压水头高于地形标高，承压水能喷出地面则称为自流水。

由于承压水具有隔水顶板，所以含水层与大气圈的联系较少，因而不受地面气温变化及蒸发作用的影响。承压水的矿化度一般较低。但是，在有些情况下，承压水从补给区到排泄区的流动过程要经过很长的路途及时间，水的矿化度也会逐渐增加。接近补给区的部分主要为淡水，而深部水的矿化度往往很高。所以，承压水的矿化度决定于它的循环条件及埋藏条件。承压水主要在含水层出露地表部分接受大气降水的补给，因此在一般情况下，一个完整的承压盆地大致可分为三个区：补给区、承压区及排泄区（图 5-10）。

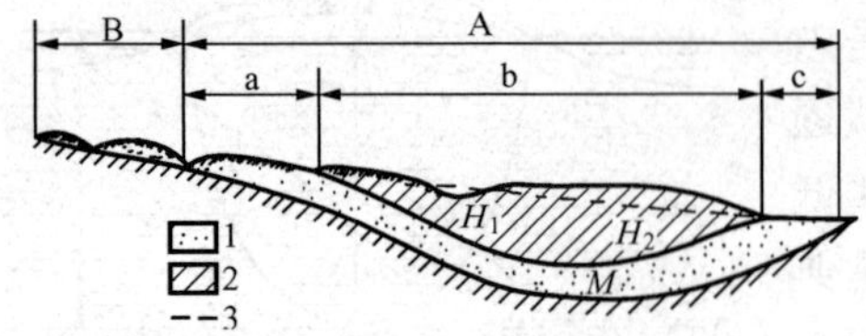

图 5-10　承压水分区示意图

A—承压水分布区；B—潜水分布区；
a—补给区；b—径流区；c—排泄区
1—砂；2—黏土；3—承压水位

在补给区，接受外界补给的水源是大气降水和地表径流等。补给区出露地点的标高在很大程度上决定了水头的大小。

在承压区，地下水充满整个含水层，如在本区打穿隔水层顶板，那么，在正水头（H_1）的条件下，地下水能涌出地表，在负水头（H_2）的条件下，地下水能上升一定的高度。H_1 和 H_2 都称为水头高度。

在排泄区，当自流水经过承压区后，就通过潜水含水层或河流排泄，有时则以上升泉的形式直接出露于地表，汇成小溪再流走。

承压水水头压力在有裂隙和大孔隙条件下可能引起基坑突涌，破坏坑底的稳定性。

2. 承压水的埋藏条件

承压水的形成主要决定于地质构造，因此，不同构造形态决定了承压水的埋藏条件，这是承压水和潜水形成的主要区别。

（1）向斜构造：向斜构造往往就是承压水存在的最有利地方，它形成完整的承压盆地。盆地的构造形态及含水层的成分等都影响着承压水的水量、水质、补给及排泄等。在补给区与排泄区高度接近的承压盆地中，水的交替作用就显得比较微弱。在大型的封闭或半封闭的承压盆地内，含有各种不同成分的水，从盆地边缘的淡水变为盆地深部的氯化钠型的盐水。

在地形和构造形态之间的关系上也能反映出不同深度的承压水在补给、承压、排泄方面的相互关系。当地形与构造形态一致（称正地形）时，下部含水层水位高于上部含水层水位，使得下部承压水有可能补给上部的含水层。此时，若承压盆地的水头足以使地下水喷出地表则称为自流盆地［图 5-11（a）］。相反，如果地形与构造形态不一致（称负地形），则上部含水层的承压水有可能补给下部含水层［图 5-11（b）］。

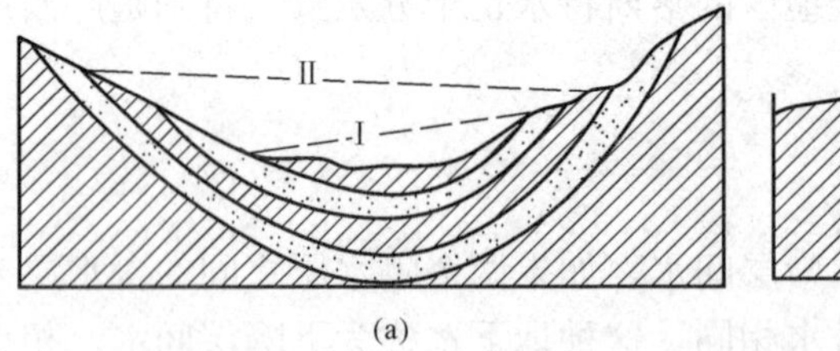

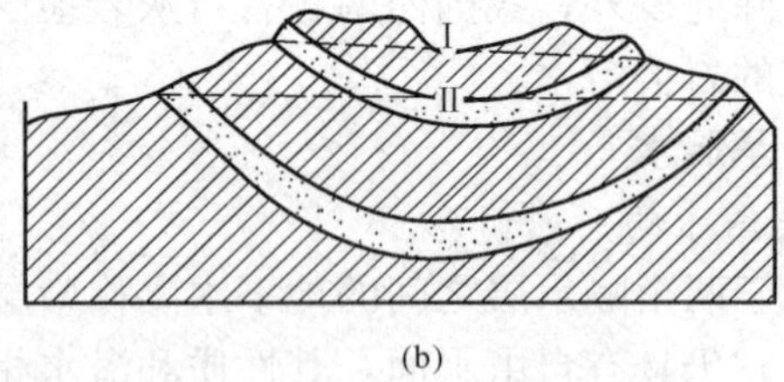

图 5-11　承压盆地类型图

（a）正地形；（b）负地形

我国向斜构造中的承压盆地十分普遍，特别是华北寒武—奥陶系构成的承压盆地与华南石炭—二叠系构成的承压盆地最为重要。此外，我国第四纪拗陷所形成的承压盆地也有特别重要的意义，不仅分布很广，而且水量充沛，水质良好。广东雷州半岛由老第四纪湛江系所构成的承压盆地就是典型实例。陕西的关中平原、山西的汾河平原，内蒙古河套平原以及新疆等地的许多山间盆地都属第四纪拗陷所构成的承压盆地。

（2）单斜构造：具有单斜构造的地层在适当条件下也能形成单斜形式的承压斜地。济南附近奥陶系石灰岩所构成的单斜构造内的承压斜地即为典型的实例。该地区奥陶系石灰岩喀斯特极为发育，并且有广大的补给范围。岩层在济南附近倾没于地面之下，并被火成岩体侵入，形成隔水岩层，喀斯特水以上升泉的形式涌出地表。如著名的趵突泉，涌水量达70000m^3/d左右。经过勘探以后进一步证实，该地区分布有丰富的高压自流水（图5-12）。

（3）山前相变：山前地带洪积物常组成尖灭状的含水层，形成山前承压斜地（图5-13）。山前部分洪积物主要为卵石及砂砾，形成潜水地带，系自流斜地的补给地区。往平原方向砂砾层逐渐产生相变，与砂、黏土互相交替而趋于尖灭，形成承压区。承压水常以上升泉的形式排出地表，而排泄区往往与补给区相邻近。北京附近就是一个典型的山前自流斜地，所以在市区及城郊附近普遍有丰富的自流水。我国内蒙古的大青山，新疆的天山以及甘肃河西走廊祁连山等的山前洪积平原都有自流斜地分布。

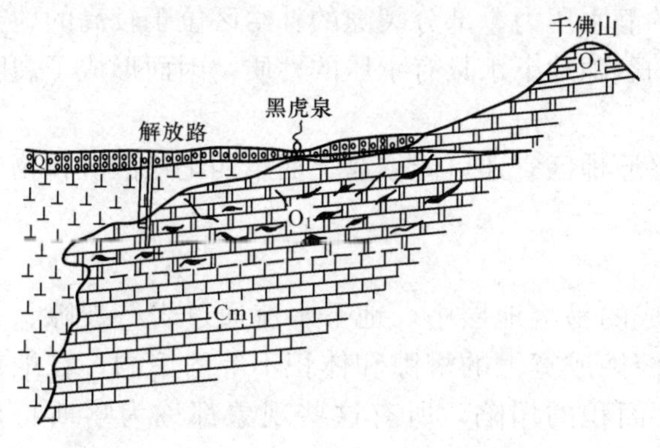

图5-12　济南市水文地质剖面示意图

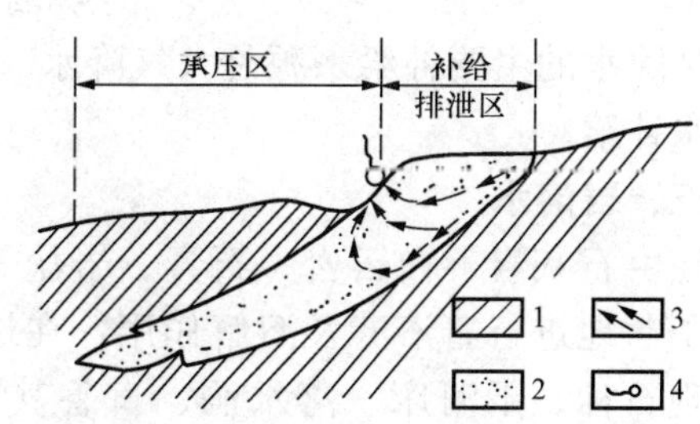

图5-13　岩性变化形成的承压斜地

1—隔水层；2—含水层；3—地下水流向；4—泉

四、裂隙水

裂隙按成因可分为风化裂隙、构造裂隙、成岩裂隙三种。风化裂隙一般发育在地壳的表层，深度一般为30～50m，有时也可达100～200m。越靠近地表则裂隙越发育，继续往地下深处则裂隙的发育程度减弱。构造裂隙主要由地壳的应力作用造成，分布的深度较大。火成岩体在形成过程中由于冷凝等作用可造成成岩裂隙。存在于各种岩石裂隙中的地下水，统称为裂隙水。

自然界的基岩绝大部分出露在山区，所以裂隙水也主要分布在山区。由于裂隙的成因不同，充填物及相互沟通的条件在各地也各不相同，因此裂隙水的分布情况、运动条件和裂隙的含水性等都很复杂。基岩裂隙水是指赋存于坚硬、半坚硬岩石裂隙中的重力水，它与松散沉积物中的孔隙水相比较，具有以下特点：①埋藏和分布具有不均一性和一定的方向性；②基岩裂隙含水层的形态多种多样；③明显受地质构造因素控制；④水动力条件比较复杂。埋藏在同一基岩中的地下水，不一定具有统一的地下水面。这是由于在含水系统中各种成因的裂隙相互切割、相互连通性不同所致。总之，基岩地下水的埋藏、分布和运移，严格受断裂和裂隙控制。

根据裂隙中地下水的性质可分为裂隙潜水及裂隙承压水两类。裂隙潜水主要分布在基岩风化壳的风化裂隙中。一般说来，风化裂隙分布较均匀，而且多相互沟通。由于风化裂隙的

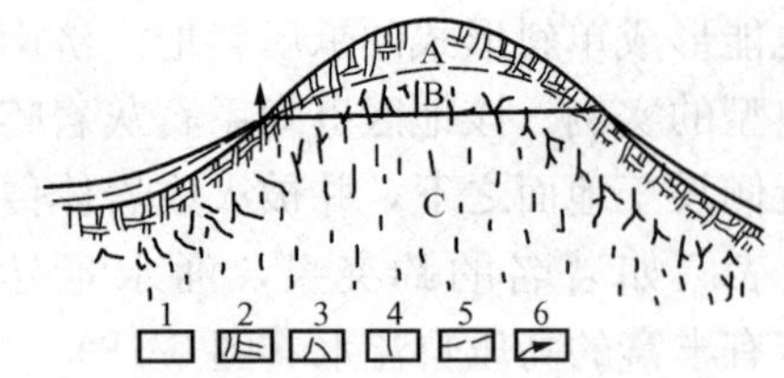

图 5-14　风化裂隙中的潜水
A—包气带；B—潜水强烈循环带；C—潜水迟缓循环带
1—坡积物；2—风化强烈基岩；3—风化基岩；4—风化微弱基岩；5—潜水面；6—泉

发育程度随着深度的增加而逐渐减弱以至消失，所以裂隙的发育程度也就决定了裂隙潜水的特点。根据裂隙潜水的循环条件可划分为季节循环带、经常循环带、迟缓循环带三部分（图 5-14）。

季节循环带（包气带）是指从地表到潜水面这一段。这一带内裂隙发育，渗透性强，地下水循环剧烈，多数裂隙是暂时含水的。位于季节循环带以下，潜水含水层上部的这一带称为经常循环带。由上部渗入的水经常充满着裂隙，潜水主要作水平方向的运动，水量充沛。从经常循环带往下，风化裂隙发育微弱，透水性弱，地下水的运动非常缓慢，所以叫做迟缓循环带。

在裂隙岩石中，由于相互交错的裂隙中的静水压力、部分裂隙的补给区位于较高的地方或者由于深部气体压力等原因，使有些地区的裂隙地下水具有承压的性质，因而形成了裂隙自流水。

裂隙水的主要补给来源是大气降水。在平原地区它还可能依靠上面第四纪松散沉积物中的潜水补给。

五、岩溶水

在由石灰岩、白云岩、石膏、岩盐等组成的易溶地层中，地下水流通过岩石裂隙、孔洞等不断地进行着溶滤及溶解作用，在地下溶蚀成宽大的溶隙和体积不等的溶洞，在地形上出现石林、干河床、落水洞、盲谷甚至大面积的塌陷，所有这些现象都称为喀斯特现象。而在这些溶隙、溶洞中的地下水称为岩溶水（喀斯特水）。岩溶水可分为无压和承压两类。

由于岩溶发育程度及气候条件的不同，决定了岩溶水的埋藏条件是多种多样的。一般在可溶岩石分布地区溶隙宽，溶洞大，岩石透水性强，如大气降水充沛，则岩溶水也就丰富。岩溶水的特征是涌水量大且分布极不均匀。只有在补给区大、补给来源稳定的情况下，涌水量变化才较小。岩溶水的化学成分也极为复杂，在一般径流条件良好、涌水量大的地区以重碳酸盐水为主。在一些深部岩溶地区则能发现氯化钠钙型的高矿化水。

我国石灰岩分布极广，喀斯特地形十分发育。特别是西南各省，中上古生代的石灰岩占有极大面积，普遍有喀斯特现象。广西七星岩溶洞全长达 2.5 公里。华北的奥陶纪灰岩、川黔等省的三叠纪灰岩，喀斯特地形也很发育，并贮存丰富的喀斯特水，可作为大型供水水源。

但是，岩溶水给建筑工程，尤其是矿井工程带来的地质灾害也是触目惊心的。在漫长的地质时期中，可溶性岩石被地下水冲刷溶蚀，形成了广袤的储水空间。因而所形成的岩溶地下水储藏量大，运移复杂，以高水头对矿床进行充水，成为煤矿开采的主要威胁。据统计资料，与岩溶水有关的突水事故是造成当前我国矿难频发的主因，自新中国成立以来全国岩溶类矿井突水量大于 $10m^3/min$ 的突水共发生 200 余次，大于 $50m^3/min$ 的突水约 20 余次。河南省焦作矿区是我国著名的岩溶型大水矿区，该矿区位于河南省西北部太行山麓，是一个具有近百年开采历史的老矿区。建矿以来，大小突水事故近千次，近 $100m^3/min$ 以上突水就达 7 次。正常生产条件下，全局矿井总涌水量达 $400\sim500m^3/min$，最高达 $589.92m^3/min$，富水系数为66.3m^3/t。频繁的突水事故，严重的威胁着矿井安全生产，增加了生产成本，20世纪90年代初，仅九里山井田年排水电费即高达400多万元。水害已成为制约焦作矿区发展的重要障碍。

六、多年冻结带地下水

1. 多年冻结的概念

年平均气温在摄氏零度以下的地区主要为多年冻土层分布地区。在这些地区，夏天所得热量还不足以使冬天冻结的土层全部解冻，到了冬天又开始冻结。长久下去，就产生了多年冻结层。冻结层的厚度随着年平均气温的降低而增加。所以一般都认为多年冻土的形成和古代的冰期是有关系的。在冻结层的下面是常年的正温度带，这和地热有关，所以地下水保持着液体状态。而在冻结层的表部，地下水随着季节性的受热、变冷而不断地在液相和固相间互相转换。

2. 多年冻结带地下水的基本类型

苏联学者H.N.托尔斯齐欣将多年冻结带的地下水划分为三类：

(1) 冻结层上水：主要埋藏在冬季冻结而夏季融化的融冻层内，从地形上是低凹地区及平缓的分水岭地区。融冻层的厚度与地区的地形，气候有关。冻结层上水存在于第四纪地层中居多。它主要是依靠大气降水补给，埋藏浅，矿化度低，易受外界物质污染，水量也比较小。在一些不外泄的洼地内冻结层上水的矿化度能增高。

(2) 冻结层间水：这是指多年冻结带上部边界到下部边界范围内的地下水。这里的地下水可以是液相的也可以是固相的。而液相的地下水只有在不断运动的情况下才能存在。冻结层间水存在的范围大小仅与多年的气温变化过程有关。随着多年平均温度的升高，融区的面积就增大，反之，则融区面积就缩小。融区是冻结层上水和冻结层下水相互补给的有利的通道。在我国东北的小兴安岭一带就存在冻结层间水。

(3) 冻结层下水：这是指多年冻结层以下的水，它的主要特点是始终保持着液相。其埋藏深度不一，较浅的主要是在河谷冲积层内。由于冻结层可视为良好的隔水层，所以冻结层下水常常具有水头压力，在地形合适的地方能喷出地表。一般冻结层下水的水质良好，不易污染，水量也比较大，经常用作供水水源。如东北银洞山地区多年冻结层厚达12m，冻结层下水的水头最高达51.5m。在额尔古纳旗地区的自流盆地内冻结层下水涌水量每天达500～1000t以上。

七、泉

1. 一般概念

涌出地表的地下水天然露头称为泉。自然界形成泉的条件是多种多样的，它决定于许多外部条件，只有当地质、地貌和水文地质条件适合时，地下水才能以泉的形式出露于地表。泉的出露在山区要比平原多，因为山区的褶皱、断裂、隆起比较发育，受外力侵蚀及切割作用也必然比较强烈。在平原区由于第四沉积物的覆盖，泉则大部分出露于河流两岸及冲沟发育的地方。

在可溶性岩石分布地区经常埋藏有岩溶水，它常以泉的形式出露于地表，这就是喀斯特泉。它的特点是涌水量比较大，一般以淡水居多。我国喀斯特泉分布极为广泛，像济南的趵突泉和黑虎泉受奥陶纪喀斯特水补给，山西的神头泉、龙子祠泉、郭庄泉等水量都很大。

温度较一般为高的泉称为温泉，温泉多半来自地壳深处，并含有特殊的气体及元素，故又称为矿泉，常具有医疗作用，甚至可作为矿物原料开采。我国有名的温泉有辽宁的汤岗子、北京的小汤山、陕西的华清池、重庆的北温泉等。有些地方泉水温度超过100℃，由于深处过热的水蒸气作用造成间歇喷发，这种泉称为间歇泉。我国西藏雅鲁藏布江以北的山区发现有间歇喷发的泉群。

2. 成因分类

根据泉的补给来源，可将泉划分为三种类型：

(1) 包气带泉：此类泉位于包气带中，由上层滞水补给，因此，其特点是涌水量变化极大，并在很大程度上取决于当地气候条件，有些季节能干涸。泉水的化学成分和温度也不稳定。

(2) 下降泉：此类泉由潜水补给，其动态较包气带泉稳定而且有规律，水量、水温、化学成分有季节性的变化。在包头地区由洪积层溢出带涌出的西濠口泉最大和最小流量之比为9：1，其变化主要受大气降水影响。

(3) 上升泉：泉水的补给来源是自流水，它的外表特征是泉水往上涌，动态稳定，全年涌水量变化很小。如济南的趵突泉及北京玉泉山断裂带的泉虽都属于喀斯特泉性质，但接受了稳定的自流水层的补给，所以水量、水温、化学成分的变化都很小。

根据泉的出露原因，又可将泉分为：侵蚀泉、接触泉、溢出泉和断层泉四类。当河流侵蚀网向下割切达到含水层时，地下水便流出地表，沿着河流在其两岸出现，这种由于侵蚀作用形成的泉称为侵蚀泉。含水层若为潜水则形成侵蚀下降泉［图5-15 (a)］，若为承压水则形成侵蚀上升泉［图5-15 (b)］。接触泉是由于透水层与隔水层局部相接而形成，或在侵入体与围岩接触带，地下水沿裂隙上升至地表形成［图5-15 (c)、(d)］。在山前倾斜平原的潜水溢出带形成大致与山区边缘平行的泉群，这种泉称为溢出泉［图5-15 (f)］。此外，尚有断层作用形成的呈线状分布的断层泉等［图5-15 (e)］。

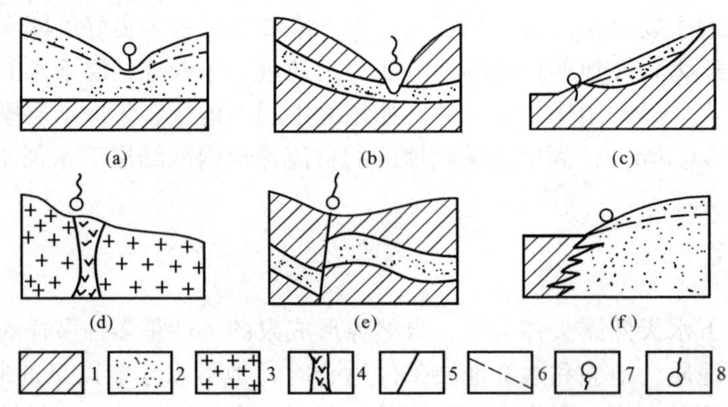

图5-15 泉形成条件示意图

1—隔水层；2—透水层；3—坚硬岩层；4—岩脉；5—导水断层；6—地下水位；7—下降泉；8—上升泉

泉的特性除取决于补给来源及气候条件外，它和补给源含水层的厚度、补给区的范围、补给区和泉的距离等都有着密切的关系。如果补给源含水层厚，补给区范围大，补给区距离远，则泉的稳定性大，反之，泉的稳定性就小。

第四节　地下水的运动

一、地下水运动的基本定律

在饱水的砂砾岩石和裂隙岩石中，地下水受到重力（水头差）的作用，从水位高的地方流向水位低的地方。重力水在多孔介质中的运动一般称之为渗透。由于岩石中孔隙和裂隙性质的差异，水在自然界的渗透是很复杂的。

地下水在天然条件下的运动规律，取决于含水层的各种边界条件、含水层的空隙性质。根据目前的研究，地下水在饱水岩层中的运动，有着三种不同性质的渗透规律：层流渗透、紊流渗透以及混合流渗透。必须指出，在天然条件下是否存在混合流渗透，目前尚有很大的争议。

（一）直线渗透定律

直线渗透定律是1852年由法国水力学家达西在实验室中对砂中水的渗透进行试验后确定的。该实验是在装满砂的金属圆筒中进行的（图5-16）。实验开始时，从管1灌入水，并使其在砂面上保持不变的水头，水渗过砂柱，由龙头2流入有刻度的器皿，从筒侧的两个水银测压计4与5中，测定水渗过砂柱全长L后的水头损失。在实验的基础上，达西得出了关于水在多孔介质中运动的基本定律。

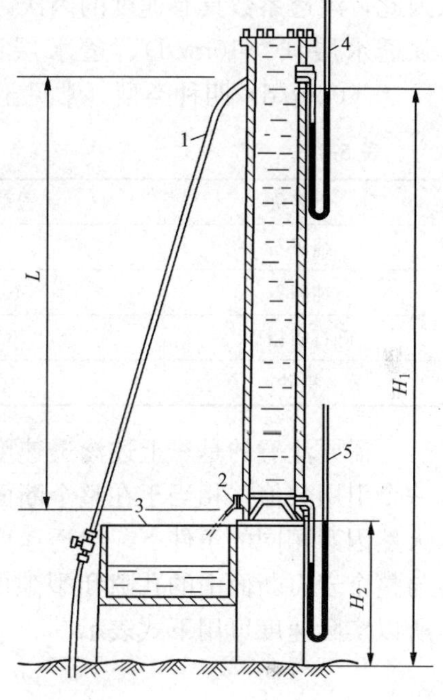

图5-16　达西渗透试验

1—注水管；2—排水管；3—量水器皿；4—进水面测压管；5—出水面测压管

水在孔隙或小裂隙中运动，主要呈单独的细小流束，彼此平行，互不干扰，连续不断地缓慢运动。这种运动形式在水力学上称为层流运动。由于达西定律反映了地下水在多孔介质中渗透的基本特点，因而成为地下水运动的理论基础。

达西定律的表示式如下

$$v = KI \tag{5-8}$$

式中　v——渗透速度，m/d；

K——渗透系数，m/d；

I——水力梯度。

上式中各项数据的获得与实验装置有关

$$v = \frac{Q}{W} \tag{5-9}$$

$$I = \frac{H_1 - H_2}{L} \tag{5-10}$$

式中　Q——水流量，即单位时间内流过砂体的水量，m^3/s；

W——过水断面积（达西仪断面积），m^2；

H_1、H_2——地下水上下断面的水头，m；

L——渗透途径长度，即仪器中砂柱长度，m。

根据定义，渗透速度 v 在数量上相当于单位时间内通过单位断面的渗流量。由式（5-8）可知，渗透速度值与水力坡度 I 的一次方成正比。

如果令 $I=1$，则

$$v = K \tag{5-11}$$

这就是说，渗透系数在数量上等于在水力坡度 $I=1$ 时通过单位面积的水流渗透速度值。因此，渗透系数具有速度的因次，常以 m/d，m/h 和 cm/s 表示。根据 K 值，含水层可分为强透水层（>10m/d）、透水层（10～1m/d）、弱透水层（1～0.001m/d）和不透水层（<0.001m/d）四种类型。常见土的渗透系数见表 5-4。

表 5-4　　常见土渗透系数一览表

土名称	渗透系数（m/d）	土名称	渗透系数（m/d）
纯砾石	200	中砂	10～25
纯卵石	100～200	细砂	23～10
砾石质粗砂	50～100	黏土质细砂	1～2
粗砂	25～75	—	—

需要注意的是，上述渗透速度 v 并不代表水在岩石孔隙或裂隙中运动的真正速度，而是一个引用数值，相当于在整个断面内不存在颗粒骨架的条件下所产生的流速。显然，在其他天然因素相同的条件下，渗透速度比水在岩石孔隙中流动的实际速度 u 要小，而实际速度是与整个岩石断面中的孔隙和裂隙的面积有关，即与孔隙率 n 有关。设 W_0 为实际过水断面，所以实际速度可用下式表示

$$u = Q/W_0 = Q/(nW) = v/n \tag{5-12}$$

由于 $n=W_0/W<1$，所以渗透速度 v 总是小于实际速度 u。

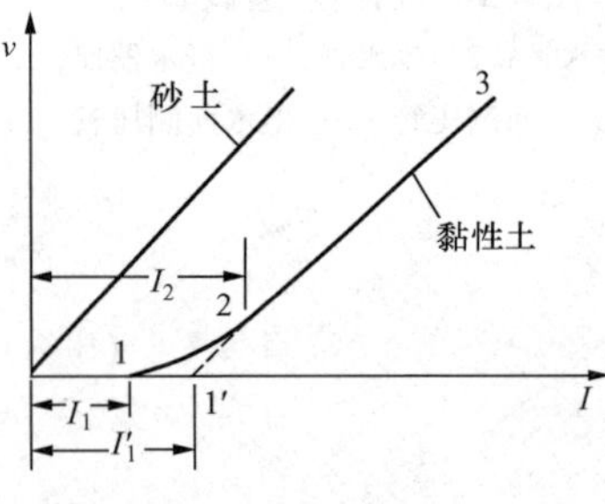

图 5-17　不同土样渗透速度与水头梯度的关系

达西定律是关于地下水在多孔介质中运动所遵循的一个基本渗透定律——直线渗透定律。它适用于层流运动。根据实际取得的资料表明，在自然界中，地下水无论是在砂质岩层中，或是在某些被大裂隙系统破坏的岩层和砾石层中，地下水的实际速度小于 1000m/d，均属层流运动性质，只有在那些巨大裂隙和喀斯特溶洞中才出现不属于层流运动的现象。因此，在解决自然界绝大部分的水文地质问题时，均可应用达西定律。

在人们的一般概念中，黏土为隔水层。但是，当渗流场的水头梯度达到某一数值时，黏土也会呈现一定的透水性（图 5-17）。此时，达西渗透定律可以被引申为分段函数，即

$$v = 0, (I \leqslant I_1) \tag{5-13}$$

$$v = K\mathrm{e}^{(I-A)/B}, (I_1 < I < I_2) \tag{5-14}$$

$$v = K(I - I'_1), (I \geqslant I_2) \tag{5-15}$$

式中　I_1——非线性起始水头梯度；

I_2——线性起始水头梯度；

I_1'——I 轴直线段截距；

A、B——由渗透试验确定的待定值。

（二）非直线渗透定律

1. 紊流运动

地下水在被巨大的裂隙系统和喀斯特溶洞所强烈破坏的岩石中运动，往往不具层流性质。水在这些巨大的裂隙和孔洞中运动，与在大管道和渠道中运动的性质相似：水流速度很大，各细小流束互相干扰和相混，并产生漩涡。这种运动在水力学上称为紊流运动。

对于呈紊流性质运动的地下水，其渗透速度可按下式计算

$$v = K_0 I^{1/2} \tag{5-16}$$

式中　K_0——该岩层的紊流渗透系数。

式（5-16）表明，在紊流条件下，渗透速度与水力坡度的 1/2 次方成正比。然而，必须指出，通常巨大的空洞并不都是互相联结成巨大的地下水通道的，而常常是分散地分布，中间被细小的裂隙相沟通。这样，对于整个岩层来说，地下水的运动仍是缓慢的，具有层流运动的性质，它仍将服从于直线渗透定律。

在受强烈冲刷的卵石层内，由于细小颗粒被带走，岩层孔隙加大，地下水运动也常常出现紊流性质。抽水试验时，在抽水孔旁，由于抽水而引起的水力坡度和流速的加大，地下水的运动可能出现紊流形式。但是，由于产生紊流运动的区段与整个抽水降落漏斗的大小相比显得很小，所以可以不予考虑。

确定地下水是层流运动还是紊流运动是一件极其复杂的工作，因为这取决于很多的自然因素，通常根据雷诺数 Re 的大小可以大致判断其运动性质。另外，沃洛基柯根据许多渗透实验的结果，确定出的流速及裂隙宽度对地下水运动性质的影响关系。在裂隙发育宽度接近于 0.5cm 的岩层中，只有当地下水流速大于 10cm/s 时，才会产生紊流运动。

2. 混合流运动

混合流运动可用斯姆列克尔关系式表示

$$v = K_H I^{1/m} \tag{5-17}$$

式中　K_H——该岩层的混合流渗透系数；

m——介于 1～2 之间的某一数值，根据试验确定。

根据斯姆列克尔的意见，呈混合流运动性质的地下水的渗透速度与水力坡度的 $1/m$ 次方成正比。当 $m=1$ 时式（5-17）呈直线渗透定律形式，当 $m=2$ 时，则上式变为紊流方程式。

综上所述，在裂隙或喀斯特化的岩层中，大裂隙、大溶洞与小裂隙和小通道常常是交错发育的。在大的溶洞中，地下水呈紊流运动，而在小的裂隙内，水的运动则保持层流的性质。水由小的裂隙流向大溶洞时，产生了运动形式的变化，一部分流束获得了紊流的性质，而另一部分流束则仍保持着层流的特征。只有在这种条件下，才出现地下水的运动由层流向紊流性质过渡的状态。

但是，有资料表明，作为渗透岩层内地下水的一种稳定的运动规律，混合流在天然条件下并不存在。因此，不能将其与直线渗透定律和非直线渗透定律相提并论。特罗扬斯基通过对喀斯特地区的许多矿床的资料进行详细分析之后认为，当 m 为 1～2 时，所谓斯姆列克尔的“规律性”对于稳定运动是没有物理意义和理论根据的。因此，在进行单个的水文地质计

算时，斯姆列克尔公式并没有实际的意义。

二、地下水流向集水建筑物的运动

研究地下水向集水建筑物运动的理论和计算方程式有极重要的实际意义。在生活生产实践中，人们常常要对各种不同的集水建筑物进行水文地质计算，以便取得利用地下水资源的可靠资料，按其形状的不同，集水建筑物有下列几种类型：①水平的引水廊道、排水渠、暗渠等；②垂直的民井、竖井和浅坑等；③垂直的钻孔。

根据垂直集水建筑物揭露含水层的程度不同，可分为完整井和不完整井两种：集水建筑物穿过含水层的全部厚度至隔水底板时，称为完整井，如果集水建筑物只是揭露了含水层的一部分厚度，则为不完整井。水平集水建筑物同样也有完整与不完整之分。在完整井的条件下，地下水只能从井壁渗入井中，而在不完整井中，水的渗入是经井壁和井底的。我国大部分民用水井的井壁常常用难渗水的物质加固，水大部分从井底渗入。在装有沉淀管的不完整钻孔中，水同样只能经井壁渗入。

揭露潜水层的钻孔或水井称为潜水井，揭露承压水层的钻孔或水井称为承压水井。潜水井和承压水井的水文地质计算方法有很大的不同。当承压水井降深很大，以致动水位下降到含水层顶板以下时，钻孔中出现了无压水的现象。处于这种状态的钻孔，称为潜水承压水井。

抽水过程中，地下水流向集水建筑物的运动有两个不同的发展阶段。在潜水井中，降落漏斗直接在含水层内形成。在开始阶段，降落漏斗不断扩大，水流向钻孔的运动处在非稳定状态。随着漏斗的逐步稳定，水量和动水位趋于不变，水趋于稳定运动状态。在承压水井中抽水，降落漏斗发生在水头带内，只有当降深很大时，动水位才下降至含水层内。

当集水建筑物的取水量大大小于含水层的补给量时，降落漏斗很快就可以达到稳定。如果取水量增大，以致超过了含水层的补给量，那么，漏斗的范围就将逐步扩大。在基坑或矿床进行疏干时就可能出现这种情况。

（一）水平集水建筑物的地下水运动特征

研究地下水的运动特征是水文地质学的核心内容。地下水运动特征一般用渗透系数、流速、流量及水头分布等水文地质参数或函数来表示。水头分布曲线也称为浸润曲线，能客观地反映研究点的地下水水头（H）与空间位置（x，y，z）之间的函数关系。由于取水渠道的长度有限，可认为渗流场水文地质条件无任何变化，因而水平集水建筑物的地下水运动是一种简单的平面流。

1. 潜水运动特征

当水位埋藏不深时，对于厚度不大的潜水含水层，常常可以利用水平集水建筑物——明渠、暗渠以及引水廊道等进行取水，对于布置在水平隔水底板上的完整渠道［图 5-18 (a)］，当渗流稳定时，设排泄边界水头为h，影响范围R处的补给边界水头为H，则地下水渗流的基本方程为

$$\frac{\partial}{\partial x}\left(Ky\frac{\partial y}{\partial x}\right)=0 \tag{5-18}$$

边界条件为

$$y(0)=h,\ y(R)=H \tag{5-19}$$

求解上述方程，可得水头分布曲线

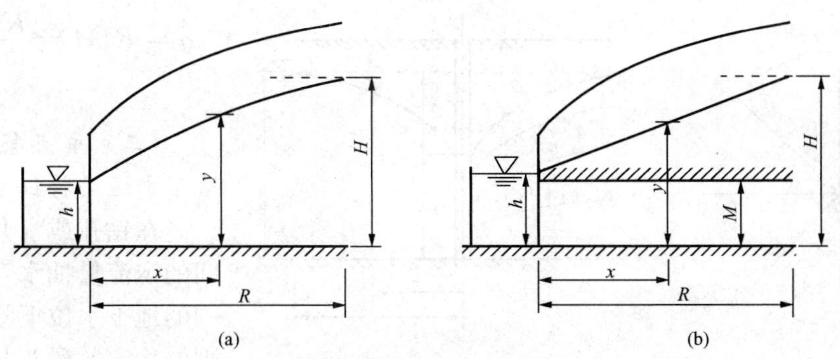

图 5-18　平面流地下水运动学模型

(a) 潜水；(b) 承压水

$$y^2 = h^2 + \frac{x}{R}(H^2 - h^2) \tag{5-20}$$

对上式进行求导后得水力梯度分布曲线

$$I = \frac{\mathrm{d}y}{\mathrm{d}x} = \frac{1}{2}\left[h^2 + \frac{x}{R}(H^2 - h^2)\right]^{-\frac{1}{2}}\left(\frac{H^2 - h^2}{R}\right) \tag{5-21}$$

则渠道一侧的单宽流量 q 为

$$q = KIy = K\frac{(H+h)(H-h)}{2R} \tag{5-22}$$

由于式（5-22）不含 x、y，可见流量均匀分布，与研究点位置无关。当水由渠道两侧流入时，流量等于由上式所求得值的 2 倍。设渠道长为 L，则流入渠道内的总流量 Q 可由下式表示

$$Q = KL\frac{(H+h)(H-h)}{R} \tag{5-23}$$

2. 承压水运动特征

承压水流向水平集水建筑物时，由于含水层的厚度不变，其运动特征与潜水相比较更为简单［图 5-18（b）］。当渗流稳定时，设排泄边界水头为 h，影响范围为 R，承压水头为 H，承压含水层厚度为 M，则地下水渗流的基本方程为

$$\frac{\partial}{\partial x}\left(KM\frac{\partial y}{\partial x}\right) = 0 \tag{5-24}$$

边界条件为

$$y(0) = h, y(R) = H \tag{5-25}$$

求解上述方程，可得水力分布曲线

$$y = \frac{H-h}{R}x + h \tag{5-26}$$

对上式进行求导后得水力梯度分布曲线

$$I = \frac{H-h}{R} \tag{5-27}$$

因此，水头梯度均匀分布，为一常数。由达西定律知，承压水渠道一侧的单宽流量同样呈均匀分布，即

$$q = KIM = \frac{KM(H-h)}{R} \tag{5-28}$$

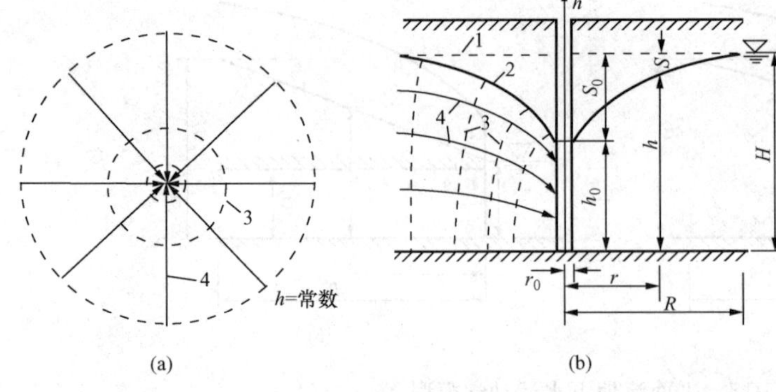

图 5-19 潜水井抽水示意图

(a) 平面图；(b) 剖面图

1—天然潜水面；2—降落漏斗；3—等水头线；4—流线

（二）垂直集水建筑物的地下水运动特征

在钻孔或水井中进行长时间的定流量抽水，会使钻孔周围的地下水位下降，形成有规则的稳定的漏斗状降低区。根据含水层性质的不同，漏斗范围可以向外扩展到一定的距离，这就是抽水所形成的影响范围，从钻孔轴线至影响边界的距离称为影响半径 R（图 5-19）。

在垂直剖面上，动水位呈曲线形状。水流由四周涌向钻孔，流线向钻孔部分收缩。上部流线与动水位一致呈曲线，而靠近含水层下部，流线与隔水层近于平行。因此地下水的进水横断面将是一个曲面，因为在潜水井中抽水时永远与流线保持垂直关系的等位面是一个曲面［图 5-19（b）］。应该指出，我们经常用来计算地下水流量的各种方程式，都假设横断面为一简单的垂直圆筒断面而推导出来的。这样，当抽水水位下降很大时，常常会造成计算成果上的误差。

1. 稳定完整井流公式（裘布依公式）

1863 年，裘布依首先研究了地下水流向完整井的计算公式。他在达西公式的基础上假设：①含水层均质、各向同性且原始水位水平；②隔水层水平、抽水井垂直揭穿含水层底板；③供水边界有定水头水平补给源，而无垂向补给；④流量 Q、任意一点水位 h 与时间 t 无关；⑤井中降深 S_0 不能太大，有一个稳定和规则的降落漏斗。

分析裘布依假设条件，我们不难发现，降落漏斗内的等水头线在平面上是一系列同心圆，而剖面上等水头线为一系列近似平行的垂直线。我们把流线在平面上沿半径指向圆心的地下水流称为辐射流［图 5-19（a）］。

(1) 潜水井。现忽略渗透速度 v 的垂直分量并将基准面取在隔水底板上。取井轴为 h 轴，在隔水底板上沿任意方向取 r 轴建立平面坐标系［图 5-19（b）］。

由达西定律

$$Q = KIW = 2\pi rhK\frac{\mathrm{d}h}{\mathrm{d}r} \tag{5-29}$$

所以

$$\int_{r_0}^{R} Q\frac{\mathrm{d}r}{r} = 2K\pi\int_{h_0}^{H} h\mathrm{d}h \tag{5-30}$$

对上式进行积分，并将 $H-h=S$ 代入，即求得计算潜水完整井涌水量常用的裘布依公式

$$Q = \pi K\frac{H^2-h_0^2}{\ln\frac{R}{r_0}} = 1.366K\frac{(2H-S_0)S_0}{\lg\frac{R}{r_0}} = 1.366K\frac{(2H-S)S}{\lg\frac{R}{r}} \tag{5-31}$$

式中　H——潜水层原始水位；

h_0——井中水位；

r_0——井的半径；

S_0——井中降深；

S——任意点的降深；

R——补给半径。

由式（5-31）可知，潜水井涌水量与任意点水位降低 S 的二次方成正比。变换上式可求渗透系数 K

$$K=0.732\frac{Q\lg\frac{R}{r_0}}{H^2-h_0^2}=0.732\frac{Q\lg\frac{R}{r_0}}{(2H-S_0)S_0} \tag{5-32}$$

若有一观察孔，则

$$K=0.732\frac{Q\lg\frac{r_1}{r_0}}{h_1^2-h_0^2}=0.732\frac{Q\lg\frac{r_1}{r_0}}{(2H-S_0-S_1)S_0} \tag{5-33}$$

若有二观察孔，则

$$K=0.732\frac{Q\lg\frac{r_2}{r_1}}{h_2-h_1^2}=0.732\frac{Q\lg\frac{r_2}{r_1}}{(2H-S_1-S_2)(S_1-S_2)} \tag{5-34}$$

变换式（5-31），得抽水后形成的水头分布曲线

$$h=\left[h_0^2+\frac{0.732Q}{K}(\lg r-\lg r_0)\right]^{1/2},r_0\leqslant r\leqslant R \tag{5-35}$$

水力梯度分布曲线按下式求出

$$I=\frac{\mathrm{d}h}{\mathrm{d}r}=\frac{0.3Q}{2Kr}\left[h_0^2+\frac{0.732Q}{K}(\lg r-\lg r_0)\right]^{-1/2},r_0\leqslant r\leqslant R \tag{5-36}$$

从式（5-31）还可以看出，当动水位降低至完整井底部时，h_0 等于零，此时，钻孔将获得最大涌水量。这样就出现了一个很有意义的问题：即当 $h_0=0$ 时，钻孔进水断面积也将等于零，水就不可能流入钻孔。但是，实际情况并不像公式所表明的那样，地下水仍然不断地涌入钻孔。这是因为抽水时，在含水层水位与钻孔水位之间形成了水头差。随着降深的加大，水头差也逐渐增大，这就是“水跃”现象。爱伦别尔格的室内试验表明，当钻孔中水位降低达最大值 $S_0=H$ 时，孔壁外的水位往往只降低到含水层厚度的一半。由此可知，裘布依方程式中的 S_0 降低值，应该是孔壁外的水位降低。只有在下降水位很小的情况下，才能用孔中降低数值代替而不致发生很大的误差。因此，当我们进行钻孔最大可能涌水量的计算时，应该根据以孔壁外的水位降低计算而得的单位涌水量值 q，乘含水层厚度的 1/2。而采用以孔中动水位计算所得的单位涌水量值 q'，乘含水层厚度的 1/2 的方法，显然是不够恰当的。

（2）承压水井。上面已经提到，在承压含水层中抽水时，降落漏斗一般在含水层以上的压力水头带内形成。下降水位的大小，在一定的限度内，似乎对含水层的影响不大。在完整井条件下，水将均匀地从四周流向钻孔，流线呈直线，且平行于含水层的顶底板（图 5-20）。

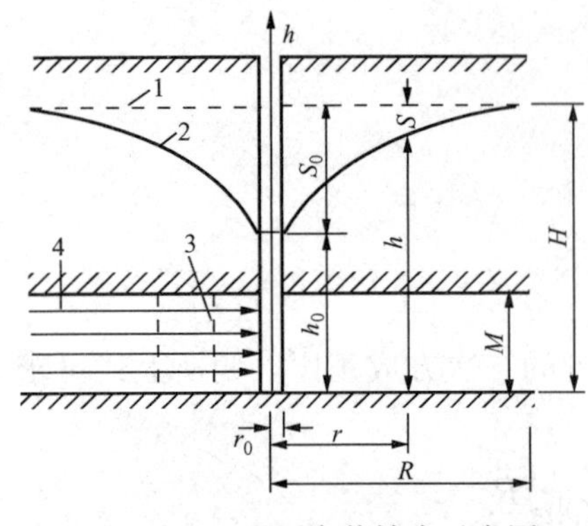

图 5-20 承压水井抽水示意图
1—原承压水位面；2—降落漏斗；
3—等水头线；4—流线

裘布依进一步假设含水层呈水平产状，含水层的透水性均一，且各向同性。利用达西原理推导了承压水流向完整井的流量方程式

$$Q = KIW = 2\pi KMr\frac{\mathrm{d}h}{\mathrm{d}r} \tag{5-37}$$

式中 M——承压含水层厚度，为一常数。

对上式积分，并考虑到 $H-h_0=S_0$，即得最常用的完整承压井涌水量计算公式

$$Q = 2.73\frac{KMS_0}{\lg\frac{R}{r_0}} = 2.73\frac{KM(S_0-S)}{\lg\frac{r}{r_0}} \tag{5-38}$$

在完整承压井中抽水，其承压水头分布曲线可按下式求得

$$y = h_0 + \frac{0.366Q}{KM}(\lg x - \lg r_0) \tag{5-39}$$

水头梯度分布曲线

$$I = \frac{0.157Q}{KMx} \tag{5-40}$$

从式（5-38）可以看出，在承压含水层中，钻孔涌水量与岩层渗透系数和含水层厚度成正比，也与水头降低值的一次方成正比，因此，涌水量与水头降低是一种直线关系。

2. 完整井非稳定流公式

(1) 含水层的弹性特征。地下水和含水层，与其他固体一样，在力的作用下都具有一定的弹性特征。含水层的弹性特征具体表现为，若孔隙水压力减小，其内部会释放出一部分水量。相反，当含水层中水位升高，由于静水压力的增加，立刻引起水分子的压缩和含水层的扩张，储进一部分水量。自然界承压含水层分布广，水头高且运移复杂，所以弹性特征最为明显。其主要成因为：①由于抽水或其他原因，含水层的水位下降，由此造成有效应力的增加和压缩排水现象；②含水层孔隙水压力的减小引起的水体膨胀；③地下水在渗流过程中产生的动水力也会促使含水层的压缩排水。这样，由含水层水位升降引起含水层储进或释放的这部分水量称为弹性水量或弹性储量。表征含水层释（储）水量能力的指标称为释水系数或储水系数，它的水文地质含义是，当水位升降一单位时，从单位面积含水层储进或释放的水量，用 μ^* 表示。释水系数可通过非稳定流抽水试验获得，也可按下列公式近似求得

承压水 $$\mu^* = M\gamma_w(n\beta_w + \beta_s) \tag{5-41}$$

潜水 $$\mu^* = \mu + M\gamma_w(n\beta_w + \beta_s) \tag{5-42}$$

式中 M——含水层厚度，m；
γ_w——水的重度，kN/m^3；
n——孔隙率；
β_w——水的压缩系数，m^2/kN；
β_s——骨架的压缩系数，m^2/kN；
μ——给水度。

由于潜水层中的弹性水量 $M\gamma_w$（$n\beta_w+\beta_s$）与疏干水量 μ 相比，其量极少，故可忽略不计。

（2）承压水井（泰斯公式）。1935 年，C. V. 泰斯首先借用热传导定律，推出了描述井周围降落漏斗随时间不断向外均匀扩展的非稳定井流方程，称为泰斯公式。泰斯假设模型可简单归纳为：①均质，各向同性；②无垂直渗漏，无侧向补给；③定流量抽水。

泰斯进一步设想：离抽水孔轴 r 处，分出一个厚度为 dr 的含水柱体，单位时间内流入、流出该柱体的水量为 Q_1 与 Q_2（图 5-21），则流入、流出量之差应等于该时间内含水柱体内弹性储量的变化值，即

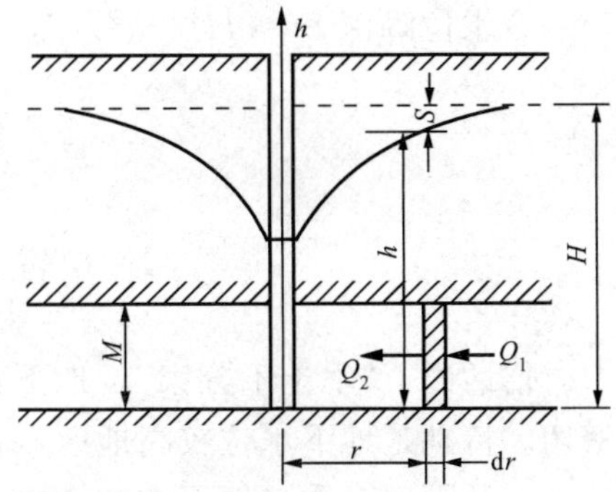

图 5-21　承压含水层定流量完整井非稳定流示意图

$$\Delta Q=\frac{\partial Q}{\partial r}\mathrm{d}r=\frac{\partial\left(2\pi KMr\dfrac{\partial h}{\partial r}\right)}{\partial r}\mathrm{d}r=2\pi KM\left(\frac{\partial h}{\partial r}+r\frac{\partial^2 h}{\partial r^2}\right)\mathrm{d}r \tag{5-43}$$

$$\Delta Q=\frac{\partial h}{\partial t}2\pi r\mathrm{d}r\mu^* \tag{5-44}$$

由式（5-43）、式（5-44）得承压井非稳定流的泰斯标准式

$$\frac{T}{\mu^*}\left(\frac{\partial^2 h}{\partial r^2}+\frac{1}{r}\frac{\partial h}{\partial r}\right)=\frac{\partial h}{\partial t} \tag{5-45}$$

式中　T——导水系数（$T=KM$），$\mathrm{m^2/d}$；

h——任意点水位，m；

t——抽水时间，d。

为求解该偏微分方程，需设中间变量 $u=\dfrac{r^2\mu^*}{4Tt}$，将其代入式（5-45）即可转化为一常微分方程，求解得

$$S=\frac{Q}{4\pi T}W(u) \tag{5-46}$$

$$W(u)=\int_u^{\infty}\frac{\mathrm{e}^{-u}}{u}\mathrm{d}u=0.5772-\ln u-\sum_{n=1}^{\infty}(-1)^n\frac{u^n}{n\cdot n!} \tag{5-47}$$

式中　S——任意时刻和任意点的水位降深。

式（5-47）即为著名的泰斯公式。当 $u\leqslant 0.05$ 时可简化为

$$S=0.183\frac{Q}{T}\lg\frac{2.25at}{r^2} \tag{5-48}$$

式中　a——导压系数，$a=T/\mu^*$。

（3）潜水井。对于均质、等向潜水含水层的潜水完整井，以定流量 Q 抽水时，不同时刻潜水面漏斗的曲线方程为

$$\frac{\partial}{\partial r}\left(Kh\frac{\partial h}{\partial r}\right)+\frac{1}{r}\left(Kh\frac{\partial h}{\partial r}\right)=\frac{\partial h}{\partial t} \tag{5-49}$$

令水位降深 $S=(H^2-h^2)/2$，$a=(KH)/\mu$，则

$$S=\frac{1}{2}(H^2-h^2)=\frac{Q}{4\pi K}W\left(\frac{r^2}{4at}\right) \tag{5-50}$$

第五节　地下水对建筑工程的影响

俗话说，“水土不分家”。地下水在地壳表面上分布极广，它与各种建筑工程的关系十分密切。特别是地下水位较高地区，含水层更是被广泛利用，如作为建筑材料、建筑地基、边坡护层及围岩介质。地下水的性质对于建筑工程的质量和性状，具有直接而又重大的影响。因此，对地下水的研究关系到工程的经济合理和安全使用问题。

地下水对建筑工程的影响主要体现为以下两方面，即水与建筑物结构本身之间的相互作用以及水与地基固体骨架之间的相互作用。

一、地基沉降

在松散沉积层中进行深基础施工时，往往需要人工降低地下水位。如降水不当，会使周围地层产生沉降，特别是不均匀沉降，常造成邻近建筑物的倾斜，甚至导致地下管线或建筑物开裂，危及安全使用。

人工降水导致地面不均匀沉降的原因主要有两个方面。一方面，井管开始抽水后，井内水位下降，井外含水层中的地下水不断流入井内，经过一段时间后，在井四周形成漏斗状的弯曲水面——降水漏斗。在这一降水漏斗范围内的软土层会发生渗透固结而造成地基沉降。并且由于土层的不均匀性和边界条件的复杂性，降水漏斗往往是不对称的，因而地基沉降也是不均匀的。另一方面，如果抽水井和砂滤层的设计不合理或施工质量差，则抽水时会将软土层中的黏粒、粉粒，甚至细砂等小颗粒随同地下水一起带出地面，从而使周围土层很快产生不均匀沉降。

二、地下水的渗透作用

地下水渗流对土单位体积内的骨架产生的作用力，称为渗透力。当此力达到一定值时，岩土中的一些颗粒甚至整体发生移动而被渗流带走，从而引起岩土的结构松散，孔隙率增大，强度降低，形成空洞，甚至导致地面沉降或塌陷，最后影响地基和基坑边坡的稳定。这种工程动力作用或现象，称为渗透变形或渗透破坏。大量的研究和实践表明，渗透变形主要包括流土和管涌两种基本形式。

1. 流土

流土是指在自下而上的渗流作用下，当渗流力大于土体的重度或地下水的水力梯度大于临界水力梯度时，黏性土或无黏性土体中某一范围内的颗粒或颗粒群同时发生移动的现象。流土发生于渗流逸出处而不发生于土体内部，如深基坑工程的坑底四周和挡土墙的墙趾处。由于现场施工时流土常常发生于砂层中，因此实际工作中都简称为流砂。流土（砂）在工程施工中能造成大量的土体流动，致使地表塌陷或建筑物的地基破坏，能给施工带来很大困难，或直接影响建筑工程及附近建筑物的稳定，因此，必须进行防治。

在可能产生流土的地区，应尽量利用其上面的土层作为天然地基，也可采用桩基穿过流土层。总之，要尽量避免水下大开挖施工，如必需时，可以采用下述方法防治流土：①人工降低地下水位：使地下水位降至可产生流土的地层之下，然后再开挖；②设置板桩：其目的

一方面可加固坑壁，另一方面可增长地下水的渗流路径以减小水力梯度；③水下挖掘：在基坑中用机械在水下挖掘，避免因排水而造成产生流土的水头差，为了增加砂的稳定性，也可向基坑中注水并同时进行开挖；④可以采用冻结法、化学加固法、爆炸法等处理地层，提高其密实度，减小其渗透性；⑤在基坑开挖过程中，如局部地段出现流土时，可采用立即抛入大块石等方法，来克服流土的活动。

2. 管涌

管涌是指在渗流作用下，地基土体中的细小颗粒，通过粗大颗粒的孔隙，发生移动或被水流带出的现象。它发生的部位可以在渗流逸出处，也可以在土体内部，故有人称之为渗流引起的潜蚀现象。管涌往往发生在不均匀系数 $C_u>10$ 的砂、砾石和卵石等粗粒土中，且发生时水头梯度较小，也可发生于一些含有较多易溶盐分的分散性黏性土中。管涌的结果是随着细颗粒的流失，岩土的孔隙不断增大，甚至形成洞穴，淘空地基或坝体，使地基或斜坡变形、失稳。

在可能发生管涌的地层中修建水坝、挡土墙及基坑排水工程时，为防止管涌的发生，设计时必须控制地下水的水力梯度，使其小于产生管涌的临界水力梯度。对管涌的处理可以采用堵截地表水流流入土层、阻止地下水在土层中的流动、设置反滤层、改造土的性质、减小地下水的流速及水力梯度等措施。

三、地下水的浮托作用

当建筑物地下室位于地下水位以下时，地下水对地下室产生浮力。《高层建筑岩土工程勘察规程》（JGJ 72—2004）规定，在稳定地下水位下，该浮力应按静水压力计算。即使在黏性土地基或地下室底板直接与基岩接触的情况下也不宜折减。因为地下室所受地下水的浮力是永久性荷载，不因黏性土的渗透性差而减小，即使地下室底板直接与基岩接触的情况下，由于基岩总是存在节理和裂隙等，且混凝土与基岩接触面也存在微裂隙，静水压力也不宜折减。如因暴雨等因素产生的临时高水位而引起的浮力，当地下室位于黏性土地基且地表水排泄条件良好时，可乘以 0.6～0.8 的折减系数，其他情况也不宜折减。

直接位于高层建筑主体结构下的地下室，主要是施工期间的临时抗浮稳定问题，一般可通过工程桩或基坑临时强排水等措施来解决；而对于附属的裙房或主楼以外独立结构的地下室，则属永久性抗浮问题，但由于荷载小，仅需设置少数抗压桩，甚至不需设置基桩，因此采用抗浮锚杆较为经济合理。如果地质条件较差，地下水位变化很大或地下室使用荷载变化较大，且变化频繁，此时可能在基底产生频繁的拉压循环荷载，且受压时地基承载力明显不足时，宜选用抗浮桩。

地下水不仅对建筑物地下室、基础产生浮力，同样对其水位以下的岩石、土体产生浮力，所以，《建筑地基基础设计规范》（GB 50007—2011）规定，在确定地基承载力特征值时，无论是基础底面以下土的天然重度还是基础底面以上土的加权平均重度，地下水位以下一律取有效重度。

四、基坑突涌

当深基坑下部有承压含水层存在时，开挖基坑会减小承压层上覆隔水层的厚度。如隔水层厚度减小到一定程度，承压水的水头压力能顶裂或冲毁基坑底板，造成突涌现象。基坑突涌将会破坏地基强度，并给施工带来很大困难。所以，在进行基坑施工时，必须分析基坑突涌的可能性。在工程实践中，通常要求承压水上覆保留土层的自重应力大于承压水的水头压力。如不满足，则必须采用人工方法抽取承压含水层中的地下水，使其承压水头下降到基坑底能够承受的水头压力。

五、地下洞室的涌水、突泥与外水压力

地下洞室施工中，在一定水压力作用下，沿透水岩体（带）及无（少）泥沙充填的洞穴，突然发生大量出水的现象称为涌水。有三种情况可能存在较严重涌水问题：①地下洞室穿越富水层或其他汇水构造；②地下洞室穿越富水的断层带、节理密集带或其他构造的破碎带；③地下洞室穿越充水岩溶洞穴、地下暗河等岩溶通道。

需要指出，岩溶地区地下洞室涌水往往具有以下显著特点：①涌水量大、水压高。当隧洞（特别是深埋隧洞）打穿高悬于洞顶之上的地下暗河向下连通的岩溶管道、溶蚀裂隙时，常发生大流量、高压力涌水。②季节性。隧洞位于地下水位以上时，枯水期洞内无涌水现象，但雨季尤其暴雨期，地表水可沿洼地、落水洞直接灌入洞中；当隧洞底板以下发育的暗河补给条件好而在暴雨期排泄不畅时，亦可造成地下暗河水位涌高并导致隧洞短时间大流量、高压力涌水。③不均匀性。涌水量与岩溶发育程度及其连通性密切相关。④突发性。隧洞打穿岩溶暗河及其他富水岩溶通道时，往往突发短时、大量涌水。

地下洞室施工中，在一定水压力作用下，沿松散（软）岩带或充填性溶洞，突然大量涌出水、泥、沙等混杂物的现象称为突泥。可能存在突泥问题的情况有：①地下洞室位于松散含水层中；②地下洞室穿越饱水断层破碎带或其他构造破碎带地段；③地下洞室穿越充填型岩溶洞穴、地下暗河等地段。

当地下洞室位于地下水位以下，并且隧洞本身为不透水隧洞或隧洞的透水量小于补给水量时，可以判定为存在外水压力问题。外水压力是作用于洞室衬砌上的一种荷载，所以当洞室埋藏较深、地下水位较高的情况下，它对洞室的衬砌型式和衬砌厚度的设计常起控制作用。外水压力大小与地下水的埋藏、补给及排水条件、隔水层位置、周围岩石节理裂隙分布情况，以及衬砌本身和周围岩石的透水性能等有关，通常分均匀外水压力和非均匀外水压力两部分进行计算。均匀外水压力强度为高出衬砌外壁顶点的地下水位线的水柱压力乘以折减系数；非均匀外水压力强度为地下水位平衬砌外壁顶点时的水压力乘以折减系数。与内水压力组合时，外水压力要用偏小值，甚至不考虑外水压力的作用。

六、地下水的腐蚀作用

（一）对钢制构件的腐蚀性

地下水对各种钢制构件（如钢筋、钢管和各种型钢）的酸性侵蚀主要与水的酸性强弱有关。pH 值越小，酸性越强，水对金属的腐蚀作用越强。这种腐蚀作用的机理比较简单，主要由铁替换了水中氢离子所造成。

$$Fe + 2H^{+} \rightarrow Fe^{2+} + H_2$$

（二）对混凝土结构的腐蚀性

硅酸盐水泥遇水硬化，可形成 $Ca(OH)_2$、水化硅酸钙 $CaSiO_2 \cdot 12H_2O$、水化铝酸钙 $CaAl_2O_3 \cdot 12H_2O$ 等，这些物质往往会受到地下水的腐蚀。根据地下水对建筑结构材料腐蚀性评价标准，腐蚀类型可分为分解类腐蚀、结晶类腐蚀和结晶分解复合类腐蚀三类。

1. 分解类腐蚀

这主要是指地下水对混凝土的碳酸侵蚀，即是由水中侵蚀性 CO_2 造成。众所周知，地下水中含有 CO_2 和 HCO_3^-，CO_2 与混凝土中的 $Ca(OH)_2$ 作用，生成碳酸钙沉淀。

$$Ca(OH)_2+CO_2 \longrightarrow CaCO_3\downarrow+H_2O$$

由于$CaCO_3$不溶于水，可填充混凝土的空隙，在其周围形成一层保护膜，能防止$Ca(OH)_2$的分解。但是，当地下水中CO_2的含量超过一定数值，而HCO_3^-的含量过低，则超量的CO_2就会与$CaCO_3$反应，生成重碳酸钙$Ca(HCO_3)_2$并溶于水，其反应式如下

$$CaCO_3+CO_2+H_2O \leftrightarrow 2HCO_3^-+Ca^{2+}$$

上述反应是可逆的。当地下水中CO_2的含量超过平衡所需的数量，即存在侵蚀性CO_2时，混凝土中的$CaCO_3$就被溶解而受腐蚀，并且侵蚀性CO_2越多，对混凝土的腐蚀就越强。地下水流量、流速都很大时，CO_2易补充，平衡难以建立，因而腐蚀较快。反过来，HCO_3^-含量越高，对混凝土的腐蚀性越弱。

如果地下水的酸度过大，即pH值小于某一数值，那么混凝土中的$Ca(OH)_2$也会分解，特别是当生成物为易溶于水的氯化物时，对混凝土的分解性腐蚀会很强烈。

2. 结晶类腐蚀

所谓结晶性侵蚀，是指硫酸侵蚀，即水中的SO_4^{2-}与水泥中的某些成分相互作用，生成含水硫酸盐晶体，造成体积的急剧胀大，因而使水泥结构疏松或破坏。例如，SO_4^{2-}与混凝土中的$Ca(OH)_2$起反应，生成二水石膏结晶体$CaSO_4\cdot 2H_2O$，这种石膏再与水化铝酸钙$CaO\cdot Al_2O_3\cdot 6H_2O$发生化学反应，生成水化硫铝酸钙，即水泥杆菌，其体积比化合前增大很多，约为原体积的221.86%，于是在混凝土中产生很大的内应力，足以使混凝土的结构遭受破坏。

3. 结晶分解复合类腐蚀

当地下水中NH_4^+、NO_3^-、Cl^-和Mg^{2+}等离子的含量超过一定数值后，与混凝土中的$Ca(OH)_2$发生反应，例如

$$MgSO_4+Ca(OH)_2 \longrightarrow Mg(OH)_2+CaSO_4$$

$$MgCl_2+Ca(OH)_2 \longrightarrow Mg(OH)_2+CaCl_2$$

$Ca(OH)_2$与镁盐作用的生成物中，除$Mg(OH)_2$不易溶解外，$CaCl_2$则易溶于水，并随之流失；硬石膏$CaSO_4$一方面与混凝土中的水化铝酸钙反应生成水泥杆菌，另一方面，硬石膏遇水后生成二水石膏。水泥杆菌和二水石膏在结晶时，体积膨胀，破坏混凝土的结构。

综上所述，地下水对混凝土结构的腐蚀是一项复杂的物理化学过程，在一定的工程地质与水文地质条件下，对建筑材料的耐久性影响很大。

（三）腐蚀性评价标准

1. 水和土对混凝土结构的腐蚀性评价

（1）按环境类型。场地环境类别对土、水的腐蚀性影响很大，《岩土工程勘察规范》（GB 50021—2001）首先将场地环境划分为三种类型（表5-5），然后根据环境类型和腐蚀介质及其含量将水土对混凝土结构的腐蚀性分为微、弱、中、强四个等级（表5-6）。

表5-5　环境类型分类

环境类别	场地环境地质条件
Ⅰ	高寒区、干旱区直接临水；高寒区、干旱区强透水层中的地下水
Ⅱ	高寒区、干旱区弱透水层中的地下水；各气候区湿、很湿的弱透水层湿润区直接临水；湿润区强透水层中的地下水

续表

环境类别	场地环境地质条件
Ⅲ	各气候区稍湿的弱透水层；各气候区地下水位以上的强透水层

注 1. 高寒区是指海拔高度等于或大于3000m的地区；干旱区是指海拔高度小于3000m，干燥度指数K值等于或大于1.5的地区；湿润区是指干燥度指数K值小于1.5的地区。

2. 强透水层是指碎石土和砂土；弱透水层是指粉土和黏性土。

3. 含水量$w<3\%$的土层，可视为干燥土层，不具有腐蚀环境条件。

4. 当混凝土结构一边接触地面水或地下水，一边暴露在大气中，水可以通过渗透或毛细作用在暴露大气中的一边蒸发时，应定为Ⅰ类。

5. 当有地区经验时，环境类型可根据地区经验划分；当同一地区出现两种环境类型时，应根据具体情况选定。

表 5-6 按环境类型水和土对混凝土结构的腐蚀性评价

腐蚀等级	腐蚀介质	环境类型		
		Ⅰ	Ⅱ	Ⅲ
微 弱 中 强	硫酸盐含量SO_4^{2-} (mg/L)	<200 200～500 500～1500 >1500	<300 300～1500 1500～3000 >3000	<500 500～3000 3000～6000 >6000
微 弱 中 强	镁盐含量Mg^{2+} (mg/L)	<1000 1000～2000 2000～3000 >3000	<2000 2000～3000 3000～4000 >4000	<3000 3000～4000 4000～5000 >5000
微 弱 中 强	铵盐含量NH_4^+ (mg/L)	<100 100～500 500～800 >800	<500 500～800 800～1000 >1000	<800 800～1000 1000～1500 >1500
微 弱 中 强	苛性碱含量OH^- (mg/L)	<35000 35000～43000 43000～57000 >57000	<43000 43000～57000 57000～70000 >70000	<57000 57000～70000 70000～100000 >100000
微 弱 中 强	总矿化度 (mg/L)	<10000 10000～20000 20000～50000 >50000	<20000 20000～50000 50000～60000 >60000	<50000 50000～60000 60000～70000 >70000

注 1. 表中数值适用于有干湿交替的情况，Ⅰ、Ⅱ类腐蚀环境无干湿交替作用时，表中硫酸盐含量数值应乘以1.3的系数；

2. 表中数值适用于水的腐蚀性评价，对土的腐蚀性评价，应乘以1.5的系数；单位以mg/kg表示；

3. 表中苛性碱（OH^-）含量（mg/L）应为NaOH和KOH中的OH^-含量（mg/L）。

(2) 按地层渗透性。受地层渗透性影响，水和土对混凝土结构的腐蚀性评价，应符合表5-7的规定。

表 5-7　按地层渗透性水和土对混凝土结构的腐蚀性评价

腐蚀等级	pH 值		侵蚀性 CO_2（mg/L）		HCO_3^-（mmol/L）	
	A	B	A	B	A	B
微	＞6.5	＞5.0	＜15	＜30	＞1.0	—
弱	5.0～6.5	4.0～5.0	15～30	30～60	1.0～0.5	—
中	4.0～5.0	3.5～4.0	30～60	60～100	＜0.5	—
强	＜4.0	＜3.5	＞60	—	—	—

注　1. 表中 A 是指直接临水或强透水层中的地下水；B 是指弱透水层中的地下水；强透水层是指碎石土和砂土，弱透水层是指粉土和黏性土。

2. HCO_3^- 含量是指水的矿化度低于 0.1g/L 的软水时，该类水质 HCO_3^- 的腐蚀性。

3. 土的腐蚀性评价只考虑 pH 值指标；评价其腐蚀性时，A 是指强透水土层；B 是指弱透水土层。

注意，当按表 5-6 和表 5-7 评价的腐蚀等级不同时，应按下列规定综合评定：①腐蚀等级中，只出现弱腐蚀，无中等腐蚀或强腐蚀时，应综合评价为弱腐蚀；②腐蚀等级中，无强腐蚀，最高为中等腐蚀时，应综合评价为中等腐蚀；③腐蚀等级中，有一个或一个以上为强腐蚀，应综合评价为强腐蚀。

2. 水和土对钢筋混凝土结构中钢筋的腐蚀性评价

水和土对钢筋混凝土结构中钢筋的腐蚀性评价，应符合表 5-8 的规定。

表 5-8　对钢筋混凝土结构中钢筋的腐蚀性评价

腐蚀等级	水中 Cl^- 含量（mg/L）		土中 Cl^- 含量（mg/kg）	
	长期浸水	干湿交替	A	B
微	＜10000	＜100	—	—
弱	10000～20000	100～500	400～750	250～500
中	—	500～5000	750～7500	500～5000
强	—	＞5000	＞7500	＞5000

注　A 是指地下水位以上的碎石土、砂土，稍湿的粉土，坚硬、硬塑的黏性土；B 是湿、很湿的粉土，可塑、软塑、流塑的黏性土。

3. 土对钢结构的腐蚀性评价

土对钢结构的腐蚀性评价，应符合表 5-9 的规定。

表 5-9　土对钢结构腐蚀性评价

腐蚀等级	pH	氧化还原电位(mV)	视电阻率(Ω·m)	极化电流密度(mA/cm²)	质量损失(g)
微	＞5.5	＞400	＞100	＜0.02	＜1
弱	5.5～4.5	400～200	100～50	0.02～0.05	1～2
中	4.5～3.5	200～100	50～20	0.05～0.20	2～3
强	＜3.5	＜100	＜20	＞0.20	＞3

注　土对钢结构的腐蚀性评价，取各指标中腐蚀等级最高者。

5-1　地下水有哪几种成因类型？

5-2　岩石空隙有哪几种成因类型?

5-3　岩石水理性质有哪几种类型?有何特征和影响因素?

5-4　潜水的主要特征是什么?

5-5　承压水的主要特征是什么?

5-6　裂隙水有哪几种类型?其特征各是什么?

5-7　岩溶现象有哪些常见形态?

5-8　岩溶发育和分布有何规律?

5-9　岩溶水的主要特征是什么?对地下工程有何影响?

5-10　裘布依数学模型与泰斯数学模型有什么异同点?

5-11　土木工程建设中可能出现哪些水文地质问题?

5-12　如何分析是否会发生流砂?主要防治措施有哪些?

5-13　地下水对地基沉降有何影响?

5-14　建筑工程中如何考虑地下水的浮托作用?

5-15　什么是地下洞室的涌水、突泥与外水压力?

5-16　地下水对混凝土的腐蚀性可分为哪几种类型?如何进行水和土对建筑材料的腐蚀性评价?

第六章　不良地质现象及其工程地质问题

所有建筑场地都具有地层、构造和地下水等一般地质条件。但是在地壳上部的岩土层还遭受着各种内外动力地质作用，如地壳运动、地震、大气营力作用、流水作用以及人类工程活动等因素的作用，形成了许多不利于工程的不良地质条件，并在此条件下造成了各种各样的地质现象。例如岩石风化、斜坡滑动与崩塌、河流的侵蚀与堆积、岩溶、地震等。这些地质现象虽然不是每个建筑场地都有发生，但是在有些场地是存在的，从而对在建或已建工程的安全和使用产生不同程度的不良影响，甚至危害甚大，因而称这些地质现象为不良地质现象。

不良地质现象通常也叫地质灾害，地质灾害将直接或间接危害人类安全，并给经济建设造成巨大影响。我国是地质灾害较多的国家之一，每年因不同的地质灾害所造成的经济损失约为 200 亿～300 亿元，从而给人民生命安全及财产造成了极大危害。上述地质灾害主要是地震、崩塌、滑坡、岩溶与土洞、泥石流等。随着国民经济的快速发展，各类工程建设的数量、速度及规模越来越大。因此，必须深入研究不良地质条件下的工程地质问题，对这些不良地质现象应查明其类型、范围、活动性、影响因素、发生机理，对工程的影响进行评价以及为改善场地的地质条件而采取必要的防治措施。

对应于工程地质学的任务，本章将重点介绍在工程建设中最常见的几种地质灾害。

第一节　地　　震

地震是一种地质现象，是地壳构造运动的一种表现。地壳深处的岩层，由于某种原因突然破裂、塌陷或者火山爆发等而产生振动，并以弹性波的形式传递到地表，这种现象称之为地震。

地球上每年约发生 50 多万次地震。不过，它们之中的绝大多数都很小，我们感觉不到。能造成严重破坏的地震，每年全世界大约有一、二十次。由此可见，地震和风、雨、雷、电一样，是地球上经常发生的一种自然现象。

一、地震的类型

引起地震的原因很多。按其成因地震可分为人工触发地震和天然地震两大类。由自然界的原因引起的地震叫做天然地震，天然地震对人类的危害最大。在构造应力原来处于相对平衡的地区，由于外界因素的作用，破坏了相对稳定的状态，发生构造运动并引起的地震，称为人工触发地震。

1. 人工触发地震

显然，人工触发地震指人类工程活动引起的地震，如大型水库的修建、大规模人工爆炸、地下核爆炸试验、各种机械振动等造成的地震。

由于修建大型水库而引起的地震问题，近来很受重视，因为它能达到较高的震级而造成地面的破坏，进而危及水坝自身的安全。我国著名的水库地震发生于广东新丰江水库（坝高

105m)，该水库1959年10月截流蓄水，1960年8月发电。水库蓄水后一个月即有地震发生。随着水位上升，坝、库区的有感地震也增多、加强，震级也越来越高，该水库蓄水后曾发生过6.1级地震。

与深井注水有关的地震，最典型的是美国科罗拉多丹佛地区的例子，该地一口排灌废水的深井（深3614m)，开始使用后不久，就发生了地震。地震出现于深井附近，当注水量加大时，地震也随之增加；当水量减少时，地震也随之减弱。其原因可能是注水后岩石的抗剪强度降低，导致破裂面重新滑动。

地下核爆炸、大爆破均有可能激发小的地震系列。

应该指出，不是所有的水库、深井注水和大爆炸都能引起地震，外界的触发只是一个外因，必须通过内在的原因而起作用。也就是说，只有在一定的构造条件和地层条件下加以激发时才能有地震发生。

2. 天然地震

天然地震根据发生原因的不同，主要有以下三种类型：

(1) 构造地震：是由地下深处岩层错动、破裂所造成的地震。这种地震的特点是：震动强烈，时间长，具有突发性与灾害性，破坏力最大，发生的次数最多，影响范围也最广。构造地震约占全球地震数的90%以上，是人类必须认真了解的地震。

(2) 火山地震：是由火山作用，如岩浆活动、气体爆炸等引起的地震。火山地震能量有限，强度不大，影响范围小，发生得也较少，约占全球地震数的7%，多发生在日本、意大利和印尼等国家，对人类一般不构成威胁。

(3) 陷落地震：是由地层陷落引起的地震，例如，当地下溶洞或矿山采空区支撑不住顶部的压力时，就会产生塌陷引起振动。这类地震强度微弱，影响范围只有几千米，发生更少，大约不到全球地震数量的3%，对人类一般也不构成威胁。

二、地震的分布

1. 地震的分布很广

世界上许多国家都经常发生地震，几乎没有从不发生地震的国家。地震不仅发生在陆地，也发生在大洋的底部。但在世界范围内发生构造地震的地区分布并不均匀，主要受地质构造条件控制，多发生在近代造山运动和地壳的大断裂带上，即形成于地壳板块的边缘地带。因此，构造地震主要分布在环太平洋地震活动带和地中海—中亚地震活动带两个地带。

(1) 环太平洋地震活动带。环太平洋带西部边缘包括日本、马里亚纳群岛、中国台湾、菲律宾、印尼，直至新西兰。它的东部边缘是南、北美洲的西海岸，包括美国、墨西哥、秘鲁、智利等国。该带所发生地震数量占地震总数的75%～80%以上。

(2) 地中海—中亚地震活动带。地中海—中亚带大致呈东西走向，与山脉延伸方向一致，从亚速尔群岛经过地中海、喜马拉雅地区，至我国的云南、四川西部和缅甸等地，与环太平洋带相接。这一带地震能量约占15%～20%。

2. 我国是多地震的国家

中国位于上述世界两大地震带之间，受太平洋板块、印度板块和菲律宾海板块的挤压，地震断裂带十分发育。20世纪以来，中国共发生6级以上地震近800次，遍布除贵州、浙江两省和香港特别行政区以外所有的省、自治区、直辖市。其中2008年5月12日发生在四川省阿坝藏族羌族自治州汶川县的大地震里氏震级高达 8.0 级，造成了极其严重的震害，如图6-1所示。这促使人们真正认识到土木工程抗震的必要性与重要性。

图 6-1　汶川大地震灾区惨状

我国的地震活动主要分布在五个地区的 23 条地震带上。这五个地区是：①台湾省及其附近海域；②西南地区，主要是西藏、四川西部和云南中西部；③西北地区，主要在甘肃河西走廊、青海、宁夏、天山南北麓；④华北地区，主要在太行山两侧、汾渭河谷、阴山—燕山一带、山东中部和渤海湾；⑤东南沿海的广东、福建等地。我国的台湾省位于环太平洋地震带上，西藏、新疆、云南、四川、青海等省区位于喜马拉雅—地中海地震带上，其他省区处于相关的地震带上。中国地震带的分布是制定中国地震重点监视防御区的重要依据。

我国是世界上地震灾害最严重的国家之一。因地震灾害死亡的累计人数占全世界地震死亡人数的一半以上。我国历史上死亡人数较多的几次大地震如表 6-1 所示。

表 6-1　　我国历史上死亡人数较多的几次地震

时　间	地　址	震　级	死亡人数
1303 年	山西洪洞	8 级	20 万
1556 年	陕西华县	8 级	83 万
1668 年	山东郯城	8.5 级	4 万
1739 年	宁夏平罗	8 级	5 万
1920 年	宁夏海原	8.5 级	23.4 万
1976 年	河北唐山	7.8 级	24.2 万
2008 年	四川汶川	8.0 级	6.9 万

造成我国地震灾害严重的原因，首先是地震又多又强，而且绝大多数是发生在大陆地区的浅源地震，震源深度大多只有十几至几十千米。其次，我国许多人口稠密地区，如台湾、福建、华北北部、四川、云南、甘肃、宁夏等都处于地震的多发地区；约有一半城市处于基

本烈度7度或7度以上地区，其中，百万人口以上的大城市，处于7度或7度以上地区的达70%，北京、天津、太原、西安、兰州等均位于8度区。

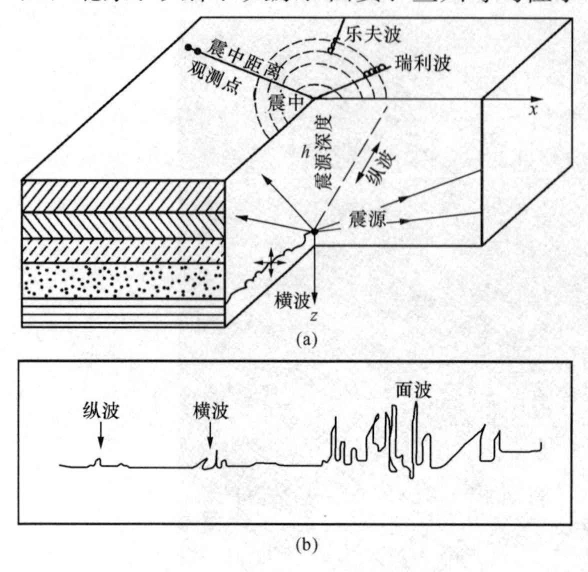

图6-2 地震波的运动示意图

(a) 各种波的传播；(b) 各种波的速度与振幅

我国地震灾害严重的另一个重要原因，就是经济不够发达，广大农村和相当一部分城市建筑物的质量不高、抗震性能差和抗御地震动的能力低。

三、有关地震的几个概念

(1) 震源。地球内部发生地震的地方叫震源，也称震源区。它是一个区域，但研究地震时常把它看成一个点，如图6-2(a)所示。

(2) 震中。地面上正对着震源的那一点称为震中，实际上也是一个区域，又称为震中区。

(3) 震中距。在地面上，从震中到任一点的距离叫做震中距。

(4) 震源深度。如果把震源看成一个点，那么这个点到地面的垂直距离 h 称为震源深度。根据震源深度可分为浅源地震（$h\leqslant70$km)、中源地震（$h=70\sim300$km）和深源地震（$h>300$km)。

(5) 远震、近震、地方震。这是根据地震台站至震中的距离远近来划分的。震中距大于1000km的地震叫远震，震中距在100～1000km范围内的地震叫近震，震中距在100km以内的地震叫地方震。例如1975年2月4日辽宁海域、营口一带发生的7.3级地震，对于辽南金县地震观测站算地方震，对于北京地震观测站算近震，而对于新疆地震观测站就算远震了。这是指同一地震对不同的地震台站而言，至于同一个地震台站对不同地区的地震，道理也是一样的。

(6) 主震—余震型地震。人们把一次较大的地震称为主震，与之有关的发生在主震前的地震称为前震，发生在主震后的地震称为余震。前震、主震、余震就构成了一个完整的地震序列。比较常见的是由一个主震和一系列余震形成的序列，叫做主震—余震型地震。

(7) 地震波。由震源的震动引起，并向四周传播的弹性波，称为地震波。地震波从震源发出后，随着传播距离越来越远，振动也会越来越减弱。地震波可以分以下两类：

1) 体波。体波是在地球内部传播的震波，包括：①纵波，又称压力波或P波，介质质点离开其平衡位置作前后振动，振动的方向与波的传播方向一致，这种波的传播速度最快，约5～6km/s，破坏力较小；②横波，又称剪力波或S波，介质质点的振动方向与波的前进方向相垂直，这种波的传播速度较小，约3～4km/s，破坏力较大。

2) 面波。面波是体波向地表传播时，经土层界面多次反射折射后，所形成的沿着地表传播的次生波，只限在地面附近传播。这种波的传播速度很慢，约3km/s，但振幅很大，破坏力也最大。面波的主要形式有：①瑞利波，又称R波，沿地面滚动传播；②乐夫波，又称L波，沿地面蛇形传播。

由于各地震波的传播速度快慢不同，地震记录图上最先测出纵波，其次是横波，最后为面波，如图 6-2（b）所示。

四、地震的震级、烈度

（一）地震震级

地震震级是按一定的微观标准，表示地震能量大小的一种量度。它是根据地震仪器的记录推算得到的，只与地震能量有关，能量越大，震级就越大。震级标准，最先是由美国地震学家里克特提出来的，所以又称“里氏震级”。一次 5 级地震释放的能量相当于二万吨黄色炸药（TNT）爆炸时所释放的能量。震级相差 1.0 级，能量相差 30 倍。一次地震只有一个震级。

按震级大小分：7 级及 7 级以上的地震，称为大震；7 级以下、5 级及 5 级以上的地震称为强震或中强震；5 级以下、3 级及 3 级以上的，称为小震；3 级以下、1 级或 1 级以上的称弱震和微震。小于 1 级的称为超微震。目前记录到的世界上最大地震是 8.9 级，发生于 1960 年 5 月 22 日的智利地震。

（二）地震烈度

1. 地震烈度的含义

地震震级是根据地震仪记录推算地震时的能量而划分的，用来表示某处地震能量的大小。但在历史上是没有地震记录的，甚至在今天地震仪的使用也不是很普及。因此记录地震的强弱是靠一些地面物质破坏现象和人的感觉来辨别，也就是说确定地震的大小以一些宏观现象作为依据，因而就又引出地震烈度这样一个表示地震影响程度大小的概念。

地震对某一地区的影响和破坏程度称地震烈度，简称烈度。它是根据地震造成的地面破坏、建筑物破坏和人的感觉、反应等宏观现象来综合评定的。当然，也可通过仪器的微观记录进行有关计算得出绝对的烈度。

地震烈度是表明地震对具体地点的实际影响，它不仅取决于地震能量，同时也受震源深度、震中距离、地震波的传播介质及地表土性质等条件的影响。一般而言，震级越大，烈度就越大。同一次地震，震中距小烈度就高，反之烈度就低。地震烈度与地震大小、震源深度、震中距离、地质构造和地基条件等因素有关。因此，一次地震的烈度根据各地遭受破坏和影响不同而不同。

我国把地震烈度分为十二度，每一烈度均有相应的地震加速度、地震系数以及相应的地震情况，以作为确定地震烈度的标准。它的内容大致见表 6-2。

表 6-2　　中国地震烈度表（1980）摘选

烈度	人的感觉	对建筑物的影响	其他现象
Ⅰ	无感		
Ⅱ	室内个别静止的人有感		
Ⅲ	室内个别静止的人有感	门、窗轻微作响	悬挂物微动
Ⅳ	室内多数人感觉，室外少数人感觉，少数人惊醒	门、窗作响	悬挂物明显摆动，器皿作响
Ⅴ	室内普遍有感，室外多数人感觉，多数人惊醒	门窗、屋顶、屋架颤动作用，灰土掉落，抹灰出现微细裂缝	不稳定器物翻倒

续表

烈度	人的感觉	对建筑物的影响	其他现象
Ⅵ	惊慌失措、仓皇出逃	损坏——个别砖瓦掉落，墙体微细裂缝	河岸和松散土上出现裂缝，饱和砂层出现喷砂冒水，地面上有的砖烟囱轻度裂缝、掉头
Ⅶ	大多数人仓皇出逃	轻度破坏——局部破坏、开裂，但不妨碍使用	河崖出现坍方，喷砂冒水现象，松软土裂缝较多，大多数砖烟囱中等破坏
Ⅷ	摇晃颠簸，行走困难	中等破坏——结构受损，需要修理	干硬土上有裂缝，大多数烟囱严重破坏
Ⅸ	坐立不稳，行走的人可能摔跤	严重破坏——墙体龟裂，局部倒塌修复困难	干硬土上许多地方出现裂缝，基岩上可能出现裂缝，滑坡、坍方常见，砖烟囱倒塌
Ⅹ	骑自行车的人会摔倒，处不稳状态的人会摔出几尺远，有抛起感	大部倒塌，不堪修复	山崩和地震断裂出现，基岩上的拱桥破坏，大多数烟囱从根部破坏或倒塌
Ⅺ		毁灭	地震断裂延续很长，山崩常见，拱桥毁坏
Ⅻ			地面剧烈变化，山河改观

对某一地区进行工程地质调查时，必须搜集有关该地区的地震烈度资料。这种资料可向有关地震研究机关索取或查阅当地有关历史档案记录，并向当地居民进行调查访问。

地震烈度在Ⅴ度以下的地区，具有一般安全系数的建筑物是足够稳定的，不会引起破坏；地震烈度达到Ⅵ度的地区，一般建筑物是不用采取加固措施的，但要注意地震可能造成的影响；地震烈度达Ⅶ～Ⅸ度的地区，则会引起建筑物的破坏，必须采取一系列防震措施来保证建筑物的稳定性和耐久性；Ⅹ度以上的地震区有很大的地震灾害，选择建筑物场地时应予以避开。

2. 基本烈度、建筑场地烈度和抗震设防烈度

(1) 基本烈度。一个地区今后一定时期（100 年）内，一般场地条件下可能遭遇的最大地震烈度，称为基本烈度，它依据于当地的地质、地形条件和历史地震情况和长期地震预报。基本烈度一般是靠近震中烈度大，远离震中烈度小。我国地震的基本烈度是根据国家地震局编制的《中国地震烈度区划分》确定的，见表 6-2。

(2) 建筑场地烈度。建筑场地烈度也称小区域烈度，它是指建筑场地内因地质条件、地形地貌条件和水文地质条件的不同而引起基本烈度的降低和提高的烈度。一般来说，建筑场地烈度比基本烈度提高或降低半度至一度。

(3) 抗震设防烈度。抗震设防烈度是指按国家规定的权限批准作为一个地区抗震设防依据的地震烈度，一般情况下取 50 年内超越概率 10%的地震烈度。它不能随意提高和降低。抗震设防标准是衡量抗震设防要求高低的尺度，由抗震设防烈度或设计地震动参数及建筑抗震设防类别确定。《建筑工程抗震设防分类标准》（GB 50223—2008）将建筑工程分为以下四个建筑抗震设防类别，具体工程的抗震设防标准可按业主的要求提高。

1）特殊设防类：指使用上有特殊设施，涉及国家公共安全的重大建筑工程和地震时可能发生严重次生灾害等特别重大灾害后果，需要进行特殊设防的建筑，简称甲类。特殊设防类应按高于本地区抗震设防烈度提高一度的要求加强其抗震措施；但抗震设防烈度为9度时应按比9度更高的要求采取抗震措施。同时，应按批准的地震安全性评价的结果且高于本地区抗震设防烈度的要求确定其地震作用。

2）重点设防类：指地震时使用功能不能中断或需尽快恢复的生命线相关建筑，以及地震时可能导致大量人员伤亡等重大灾害后果，需要提高设防标准的建筑，简称乙类。重点设防类应按高于本地区抗震设防烈度一度的要求加强其抗震措施；但抗震设防烈度为9度时应按比9度更高的要求采取抗震措施；地基基础的抗震措施，应符合有关规定。同时，应按本地区抗震设防烈度确定其地震作用。对于划为重点设防类而规模很小的工业建筑，当改用抗震性能较好的材料且符合抗震设计规范对结构体系的要求时，允许按标准设防类设防。

3）标准设防类：指大量的除1、2、4款以外按标准要求进行设防的建筑，简称丙类。标准设防类应按本地区抗震设防烈度确定其抗震措施和地震作用，达到在遭遇高于当地抗震设防烈度的预估罕遇地震影响时不致倒塌或发生危及生命安全的严重破坏的抗震设防目标。

4）适度设防类：指使用上人员稀少且震损不致产生次生灾害，允许在一定条件下适度降低要求的建筑，简称丁类。适度设防类允许比本地区抗震设防烈度的要求适当降低其抗震措施，但抗震设防烈度为6度时不应降低。一般情况下，仍应按本地区抗震设防烈度确定其地震作用。

（三）震级与地震烈度的关系

地震震级与地震烈度既有区别，又相互联系。一次地震，只有一个震级，但在不同的地区，地震烈度的大小是不一样的。震级是指这次地震大小的量级。而地震烈度则是说该地区的破坏程度。在浅源地震中，地震震级和震中烈度（即最大烈度）根据经验大致如表6-3所示。

表6-3　浅源地震震级与烈度的关系

震级（级）	3以下	3	4	5	6	7	8	8以上
震中烈度（度）	1～2	3	4～5	6～7	7～8	9～10	11	12

五、建筑场地类别与震害

建筑地基的震害大小，与场地土的性质及类别有密切关系。在地震区常可发现同一个小区内的同类建筑物，有的震害较重，有的震害却较轻，两者的地震烈度可相差1～2度，即重灾区里有轻灾的“安全岛”，轻灾区中有重灾的“危险带”的烈度异常区。其主要原因是场地土的类型与场地类别不同造成的。

1. 场地土的类型

《建筑抗震设计规范》（GB 50011—2010）规定，对于丁类建筑及层数不超过10层且高度不超过24m的丙类建筑，当无实测剪切波速时，可根据岩土名称和性状，按表6-4划分土的类型，再利用当地经验在该表的剪切波速范围内估计各土层的剪切波速。一般情况下，建筑场地的类别划分，应以土层等效剪切波速和场地覆盖层厚度为准，按以下步骤进行。

表 6-4 土的类型划分和剪切波速范围

土的类型	岩土名称和性状	土层剪切波速范围（m/s）
岩石	坚硬、较硬且完整的岩石	$v_s>800$
坚硬土或软质岩石	破碎和较破碎的岩石或软和较软的岩石，密实的碎石土	$500<v_s\leqslant800$
中硬土	中密、稍密的碎石土，密实、中密的砾、粗、中砂，$f_{ak}>150$kPa 的黏性土和粉土，坚硬黄土	$250<v_s\leqslant500$
中软土	稍密的砾、粗、中砂，除松散外的细、粉砂，$f_{ak}\leqslant150$kPa 的黏性土和粉土，$f_{ak}>130$ 的填土，可塑黄土	$150<v_s\leqslant250$
软弱土	淤泥和淤泥质土，松散的砂，新近沉积的黏性土和粉土，$f_{ak}\leqslant130$kPa 的填土，流塑黄土	$v_s\leqslant150$

注 f_{ak}为由荷载试验等方法得到的地基承载力特征值（kPa）；v_s 为岩土剪切波速。

（1）确定场地土层覆盖层厚度。一般情况下，应按地面至剪切波速大于 500m/s 且其下卧各层岩土的剪切波速均不小于 500m/s 的土层顶面的距离确定；当地面 5m 以下存在剪切波速大于其上部各土层剪切波速 2.5 倍的土层，且该层及其下卧各层岩土的剪切波速均不小于 400m/s 时，可按地面至该土层顶面的距离确定。另外，剪切波速大于 500m/s 的孤石、透镜体，应视同周围土层；土层中的火山岩硬夹层，应视同刚体，其厚度应从覆盖层中扣除。

（2）按下式计算土层的等效剪切波速 v_{se}

$$v_{se}=\frac{d_0}{t} \tag{6-1}$$

$$t=\frac{\sum_{i=1}^{n}d_i}{v_{si}} \tag{6-2}$$

式中 d_0——计算深度，m，取覆盖层厚度和 20m 二者的较小值；

t——剪切波在地面至计算深度之间的传播时间，s；

d_i——计算深度范围内第 i 土层的厚度，m；

v_{si}——计算深度范围内第 i 土层剪切波速，m/s；

n——计算深度范围内土层的分层数。

（3）建筑的场地类别，应根据土层等效剪切波速和场地覆盖层厚度按表 6-5 划分为四类，其中Ⅰ类分为Ⅰ$_0$、Ⅰ$_1$ 两个亚类。当有可靠的剪切波速和覆盖层厚度且其值处于该表所列场地类别的分界线附近时，应允许按插值方法确定地震作用计算所用的设计特征周期。

表 6-5 各类建筑场地的覆盖层厚度（m）

等效剪切波速（m/s）	场地类别				
	Ⅰ$_0$	Ⅰ$_1$	Ⅱ	Ⅲ	Ⅳ
$v_{se}>800$	0				
$500<v_{se}\leqslant800$		0			
$250<v_{se}\leqslant500$		<5	$\geqslant5$		
$150<v_{se}\leqslant250$		<3	3～50	$\geqslant50$	
$v_{se}\leqslant150$		<3	3～15	$>$15～80	>80

2. 各类场地土的震害

坚硬场地土、稳定岩石和Ⅰ类场地是抗震最理想的地基，震害轻微；中硬场地土和Ⅱ类场地，为较好的抗震地基，震害较小；软弱场地土和Ⅳ类场地，震害最严重。

【例 6-1】 某场地土层分布如下：0～1.5m 为填土，土层剪切波速 v_s＝80m/s；1.5～7.5m 为粉质黏土，v_s＝210m/s；7.5～19m 为粉细砂，v_s＝243m/s；19～26m 为砾石，v_s＝350m/s；26m 以下砾岩，v_s＞500m/s。试判别该场地的类别。

解 （1）确定场地覆盖层厚度 d_{ov}。按《建筑抗震设计规范》（GB 50011—2010）4.1.4 条规定，覆盖层厚度为地面至剪切波速大于 500m/s 的土层顶面的距离，所以该场地覆盖层厚度 d_{ov}＝26m。

（2）根据式（6-1）和式（6-2）计算等效剪切波速。计算深度 d_0 应取覆盖层厚度和 20m 二者的较小值，所以 d_0＝20m。

$$t=\frac{1.5}{80}+\frac{6}{210}+\frac{11.5}{243}+\frac{1.0}{350}=0.108\text{s}$$

$$v_{sc}=20/0.108=185.1\text{m/s}$$

根据表 6-5，覆盖层厚度 d_{ov}＝26m，v_{se}在 150～250m/s 之间，场地类别为Ⅱ类。

六、地震效应

地震发生时，地面会出现各种震害和破坏现象，也称地震效应，即地震的破坏作用。地震区对场地的地震效应主要有：地震力效应、地震破裂效应、地震液化效应和地震激发地质灾害的效应等。

1. 地震力效应

地震波对建筑物（含构筑物）所直接产生的惯性力，称为地震力。当建筑物经受不住地震力的作用时，建筑物将会发生变形、开裂，甚至倒塌。

建筑物所受地震惯性力的大小，取决于地震加速度和建筑物的质量大小。地震时质点在水平方向上的最大加速度 a_{max}可按下式求取

$$a_{max}=\pm A\left(\frac{2\pi}{T}\right)^2 \tag{6-3}$$

式中　A——振幅；

T——振动周期。

当地震发生时，假定建筑物为刚体，并承受一个均匀不变的水平加速度，这时的地震力在物理意义上是地震时建筑物自身的惯性力，设建筑物重为 W，则作用在建筑物上的最大水平地震力 P 为

$$P=\frac{a_{max}}{g}W \tag{6-4}$$

式中　g——重力加速度。

令

$$K=\frac{a_{max}}{g} \tag{6-5}$$

则

$$P=KW \tag{6-6}$$

我们称 K 为地震系数。它是地震时地面最大加速度与重力加速度的比值。通过大量数

据的总结，目前我国的地震烈度表上已列出各级烈度相应的地震最大加速度值，也总结出了地面最大加速度与地震烈度的关系。其规律是：烈度每增大一度，地面最大加速度大致增大一倍，即地震系数 K 增大一倍。

地震时，地震加速度是有方向性的，有水平向的及垂直向的，因而地震力也具有方向性，且与震源位置和震中位置有关。不过，由于地震波的垂直加速度分量较水平加速度分量的小，仅为其 1/2～1/3，且建筑物竖向安全贮备一般较大，所以设计时一般只考虑水平地震力。因此，水平地震系数也称地震系数。

上述地震分析法属于拟静力法，又称静力系数法。该法没有考虑地震时的建筑物和地基的动力反应。一般认为，拟静力法对振动周期短的低层砖砌或混凝土建筑物比较适用，而对振动周期长的高层或细长建筑物，则应按地震反应谱法或时程分析法考虑其动力反应。

地震对建筑物的破坏还与振动周期有关，如果建筑物的自振周期与地震振动周期相等或接近时，将发生共振，使建筑物振幅加大而破坏。

地震振动时间越长，土层越厚，震动历时也越长。软土场地可比坚硬场地历时长几秒至十几秒。

2. 地震破裂效应

在震源处地震以震波的形式传播于周围地层上，引起相邻岩石振动。这种振动具有很大的能量，它以作用力的方式作用于岩石上，当这些作用力超过了岩石的强度时，岩石就要发生突然破裂和位移，形成断层和地裂缝，从而引发建筑物变形和破坏，这种现象称为地震破裂效应。

（1）地震断层。在山区，特别是在震源较浅而松散沉积层不太厚的地区，地震断层在地表出露的基本特点是一狭长的延续几十至百余公里的断裂带，其方向往往和本区区域大断层相一致。在平原地区，由于巨厚的沉积层所覆盖，地震震源稍深，地震断层在地表的出露占据一个较宽的范围，往往由几个大致相平行的地表断裂带组成。如 1966 年的邢台地震，地表的地震断层由 4 个带组成，总宽近 20km。

（2）地裂缝。地震地裂缝是因地震产生的构造应力作用而使岩土层产生破裂的现象。它在地震区很常见，且对建筑物的危害甚大。其形成有两方面的原因：一是与构造活动有关，即与其下或邻近的活动断裂带的变形有关；二是地震时地震波传播，产生的地震力使岩土层开裂。前一种成因的地裂缝，其分布是严格按照一定的方位排列组合，方向性十分明显，主裂缝带的延伸完全不受地形、地貌控制，但与其附近的断裂带或地震断层的力学关系一致。受活动断裂带控制，造成的地裂缝密集，破坏成带状。由地震波传播产生地裂缝，它与地震波传播的方向及能量有关，受地形、地貌影响较大。

3. 地震液化效应

干的松散粉细砂土受到震动时有变得更为紧密的趋势，但当粉细砂土层饱和时，振动会使得饱和砂土中孔隙水压力急剧上升，而在地震过程的短暂时间内，急剧上升的孔隙水压力来不及消散，这就使原来由砂粒通过其接触点所传递的压力（称有效应力）减小。当有效应力完全消失时，砂土层会丧失抗剪强度和承载能力，变成像液体一样的状态，这就是通常所称的砂土液化现象。

地质液化在地质上可有如下的宏观液化现象。

（1）喷砂冒水。它是土体中剩余的孔隙压力区产生的管涌所导致的水和砂在地面上喷出。

（2）地下砂层液化。它是指地基中某些砂层，在其上虽覆盖有一定厚度（一般小于10m）的非液化土层，但当地震烈度大于7度时，地下饱水砂层可发生液化。这时地基的强度降低。

上述两类液化现象都可能导致地表沉陷和变形。如斜坡内埋藏有液化砂层，则地震时可发生大规模的流动性滑坡。

液化可使原来有明显层理的土层在震后变得层理紊乱，而且液化前后的土质，特别是物理力学性质，差异非常显著。

4. 地震激发地质灾害的效应

强烈的地震作用能激发斜坡上土体松动、失稳，发生滑坡和崩塌等不良地质现象。如震前久雨，则更容易发生。在山区，地震激发的滑坡和崩塌，往往是巨大的。它可以摧毁房屋，阻碍道路交通，甚至使整个村庄被掩埋，也可堵塞河道，使河水淹没两岸村镇和道路。因此一般认为，地震时可能发生大规模滑坡、崩塌的地段视为抗震危险的地段，建筑场址和铁路、道路及引、排水工程等主要线路应尽量避开。

七、地基基础抗震概念设计

1. 建筑抗震设防标准

抗震设防是以现有的科学水平和经济条件为前提的，现行建筑抗震设防的基本原则是“三水准的设防目标”。

（1）小震不坏。当建筑物遭受低于本区抗震设防烈度的多遇地震影响时，一般不受损坏或不需修理可继续使用。建筑物处于正常状态，从结构抗震分析角度，可视为弹性体系，采用弹性反应谱进行弹性分析。

（2）中震可修。当建筑物遭受相当本地区抗震设防烈度的地震影响时，可能损坏，经一般修理或不需要修理仍可继续使用。结构进入非弹性工作阶段，但非弹性变形或结构体系的损坏控制在可修复范围。

（3）大震不倒。当建筑物遭受超过本地区抗震设防烈度的预估的罕遇地震影响时，不至于倒塌或发生危及生命的严重破坏。结构有较大非弹性变形，但应控制在规定范围内，以免倒塌。

2. 选择有利场地

选择建筑场地时，应根据工程需要和地震活动情况、工程地质和地震地质的有关资料，按表6-6划分对抗震有利、一般、不利和危险地段，并作出综合评价。对不利地段，应提出避开要求；当无法避开时应采取有效措施；对危险地段，严禁建造甲、乙类建筑，不应建造丙类的建筑。

表6-6　有利、一般、不利和危险地段的划分

地段类型	地质、地形、地貌
有利地段	稳定基岩，坚硬土，开阔、平坦、密实、均匀的中硬土等
一般地段	不属于有利、不利和危险的地段
不利地段	软弱土，液化土，条状突出的山嘴，高耸孤立的山丘，陡坡，陡坎，河岸和边坡的边缘，平面分布上成因、岩性、状态明显不均匀的土层（含故河道、疏松的断层破碎带、暗埋的塘浜沟谷和半填半挖地基），高含水量的可塑黄土，地表存在结构性裂缝等
危险地段	地震时可能发生滑坡、崩塌、地陷、地裂、泥石流等及发震断裂带上可能发生地表位错的部位

3. 地基抗液化、抗震陷、抗滑移措施

对有可能发生液化的地基，消除或减少震害的地基处理方法主要有：采用桩基础或其他深基础，将桩端和深基础底面深入非软土层；挖除或加固处理软土层，挖除或处理范围应达到基础底下一定深度（基础宽度的1～2倍）和一定宽度（基础宽度的2～3倍）。在无条件采取地基处理措施时，可将软土地基的承载力折减后进行基础设计，折减系数一般可取0.8。对于可能发生震陷的地基，采取加强基础和上部结构的构造措施也是一种合适的对策。

对于地基土性质变化明显，属于严重不均匀地基的情况，为避免地震时基础倾斜，首先应考虑避开，不然则应采取类似于震陷地基的处理措施。对于地基土偏硬的部分，有时可加设“褥垫”。

对于可能在地震时产生滑动的地基土，应采取地基加固或抗滑桩等抗震措施。

4. 做好基础设计

震害调查表明，与上部结构的震害相比较，基础结构本身和地下室等埋入式结构在地震中的破坏都比较轻。这可能是因为基础结构和埋入式结构主要处于地基土的包围之中，结构与土体的相对运动较小，本身不承受太大的惯性力。在地震过程中，基础主要是承受上部结构传来的惯性力，并直接传递给地基土。所以基础在提高整个结构的抗震能力方面应起的作用主要是加强结构整体刚度和加强结构与土体的连接，但对于设置消能减振装置的特殊基础又另当别论。

(1) 适当加大基础埋深 d。基础埋深 d 加大，可以增加地基土对建筑物的约束作用，从而减小建筑物的振幅，减轻震害；还可以提高地基的强度和稳定性，有利于减少建筑物的整体倾斜，防止滑移及倾覆。实践表明，地下结构物具有良好的抗震性能。例如，唐山地震后，唐山市各类地下人防建筑都基本完好，未发生坍塌现象；唐山市区开滦煤矿的地下车库、地下通讯和小水电系统在震后仍可正常使用，在当地救灾工作中发挥了良好的作用。

(2) 选择较好的基础类型。基础类型不同，产生的震害可能不同。地震区的软土地基上应该选择刚度大、整体性好的箱形基础或筏板基础。箱基与筏基能有效地调整与减轻震陷引起的不均匀沉降，从而减轻对上部结构的破坏。例如，唐山市中心新华路和文化路拐角处的八层新华旅社唐山地震时未倒，邻近的大量平房住宅及劳动日报社三层宿舍楼全部倒塌到底，经查明，倒塌的房屋多为条形基础，八层新华旅社为箱形基础，上部为现浇钢筋混凝土框架结构，整体性强，抗震性能好。除箱基与筏基以外，桩基础的动力反应也不敏感，是一种良好的抗震基础形式。设计时注意桩基应穿过液化土层并插入非液化的坚实土层一定深度，以保持稳定。

5. 加强建筑物整体性

在设计中加强基础与上部结构的整体性，对建筑物抗震十分有利。例如，砖混结构的条形基础，在基础上面设置一道钢筋混凝土地梁，把内外墙的基础连成整体。必要时在楼房层之间设置钢筋混凝土圈梁，同时在建筑物的四周与内外墙交接处设置钢筋混凝土构造柱，并与地梁和各层之间的圈梁牢固连接，将上部结构与基础连成整体，这对抗震极为有利。

第二节 危岩和崩塌

陡峻或极陡斜坡上，某些大块或巨块岩块，突然崩落或滑落，顺山坡猛烈地翻滚跳跃，岩块相互撞击破碎，最后堆积于坡脚，这一过程称为崩塌。堆积于坡脚的物质称为崩塌堆积物，也称岩堆。危岩的含义与崩塌有所区别，它是指岩体被结构面切割，在外力作用下产生松动和塌落。岩崩的发生是突然、猛烈的，具有强烈的冲击破坏力，常使坡脚下的建筑物或构筑物遭到毁坏，甚至被掩埋，造成巨大的人员伤亡和经济损失。对铁路或公路工程而言，由崩塌造成的损失，往往不仅仅是铁路或公路工程毁坏的直接损失，并且还常常因此而使交通中断，给运输带来重大损失。崩塌有时还会使河流阻塞而形成堰塞湖，在宽广河谷中，由于崩塌能使河流改道或使河流变窄，从而造成急湍地段。

崩塌的规模大小相差悬殊，有时仅有数块落石，有时则是成千上万方石块崩落而下。若是陡峻斜坡上个别、少量岩块或碎石脱离坡体向下坠落，称为落石，而规模极大的崩塌则称为山崩。崩塌堆积以大块岩石为主，直径大于 0.5m 者往往达 50%～70%以上。在我国西南、西北地区铁路两侧的崩塌以数百万立方米为最常见。

一、危岩和崩塌的发生条件和发育因素

危岩和崩塌的发生条件和发育因素主要包括下列几个方面。

（1）山坡的坡度及其表面构造。高陡斜坡构成的峡谷地区，其坡度往往达 55°～75°，高度一般超过 30m，因而较易发生崩塌。这种地段一般属于地壳上升区，河流下蚀强烈，斜坡相对高差较大，岸坡岩体卸荷裂隙发育，特别是在河流凹岸陡坡段，都具备崩塌发生的有利条件。另外，山坡的表面构造对发生崩塌有很大影响。如果山坡表面凹凸不平，则沿突出部分可能发生崩塌。然而山坡的表面构造并不能作为评价山坡稳定性的唯一依据，还必须结合岩层的裂隙、风化等情况来评价。

（2）岩石性质和节理程度。岩性对崩塌有明显的控制作用。高陡边坡多为坚硬脆性岩石构成，而易风化的软岩则多构成低缓斜坡。由于岩石性质不同，其强度、风化程度、抗风化和抗冲刷的能力及其渗透性都是不同的。如果高陡边坡是由软硬岩层互层组成，由于软岩易风化，硬岩层则会因此失去支持而引起崩塌（图 6-3）。

在大多数情况下，岩石的节理程度是决定山坡稳定性的主要因素之一。即便岩石本身可能是坚硬的，轻微风化的，如其节理发育亦会造成山坡不稳定。当节理顺山坡发育时，特别是当发育在山坡表面的突出部分时（图 6-4），最有利于发生崩塌。

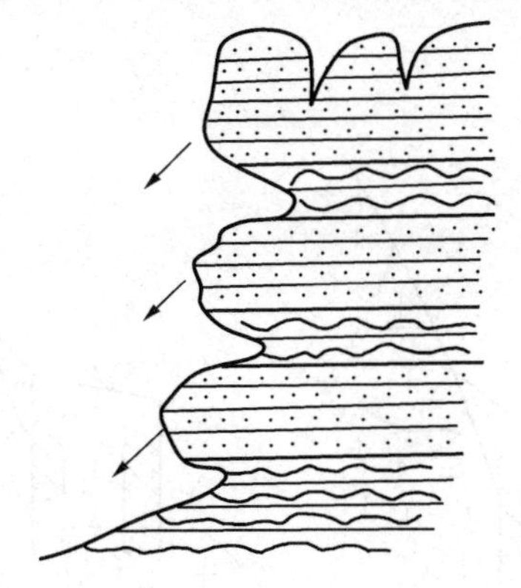
图 6-3　软硬岩相间发生的崩塌图

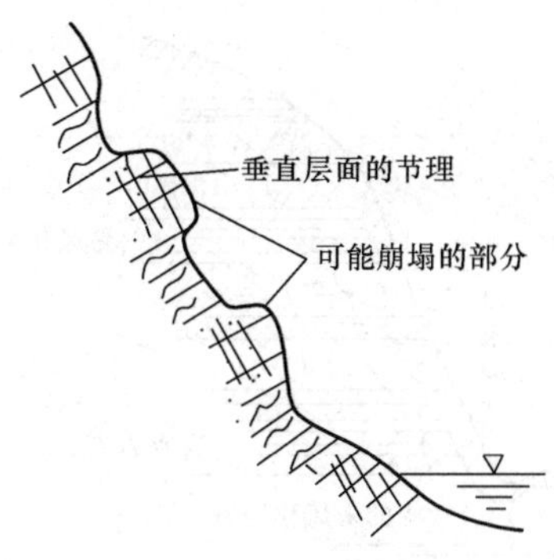

图 6-4　节理与崩塌关系示意图

（3）地质构造条件。岩层产状对山坡稳定性也有重要意义。如果岩层倾斜方向和山坡向相反，则其稳定程度较岩层顺山坡倾斜的大。岩层顺山坡倾斜，其稳定程度的大小还取决于倾角大小和破碎程度。

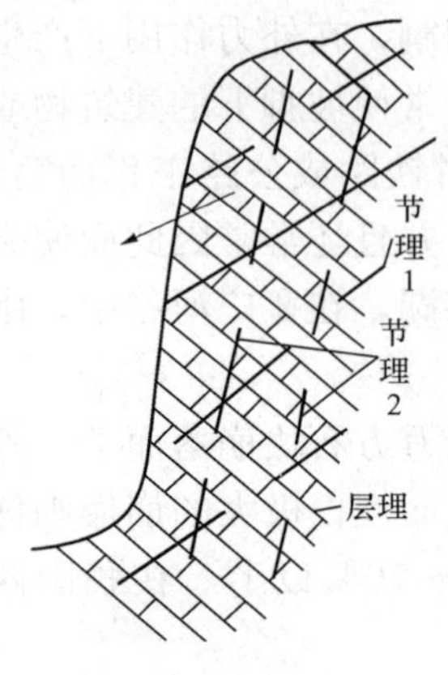

图 6-5 层间、节理、组合发生崩塌

一切构造作用，如正断层、逆断层、逆掩断层，特别在地震强烈地带对山坡的稳定程度有着不良影响，而其影响程度的大小又取决于构造破坏的性质、大小、形状和位置。

当各种不连续面的产状和组合有利于崩塌时，就成为发生崩塌的决定性因素。例如，图 6-5 中厚层石灰岩构成的高陡边坡，层理面向山内倾斜、高倾角节理面 2 与低倾角节理面 1 向山外倾斜，当坡顶出现由这三组不连续面构成的楔形体岩块时，就可能发生崩塌或落石危害。

(4) 水的条件。水是诱发岩坡崩塌的重要条件。据统计，崩塌绝大多数发生在雨季，特别是大雨过后不久。由于水分渗入岩体节理中，增大了岩体重量，降低了岩体强度，增加了水的静、动水压力，从而促使节理裂隙进一步扩展、连通，就可能诱发崩塌。

(5) 其他条件。主要为人为因素和振动影响。人为因素是指在工程设计和施工中处理不当，促使崩塌发生。振动包括地震和列车、爆破施工等引起的振动，也是诱发崩塌的外在因素。

二、危岩和崩塌的防治

在采取防治措施之前，必须首先查明危岩和崩塌形成的条件和直接诱因，有针对性地采取防治措施。只有小型崩塌，才能防止其不发生，而对于大型崩塌多采取绕避措施。

防治方法可分为防止崩塌产生的措施和拦挡防御措施，主要包括以下几个方面。

(1) 削坡：通过爆破或打楔，将陡坡削缓，并清除易坠落的岩石。

(2) 胶结裂隙：堵塞裂隙或向裂隙内灌浆，有时为使单独岩坡稳定，可用铁链锁绊或铁夹，以提高有崩塌危险岩石的稳定性。

(3) 调整地表水流：在崩塌地区上方修截水沟，以阻止水流流入裂隙。

(4) 斜坡铺砌或喷浆：为了防止风化，将山坡和斜坡铺砌覆盖起来（图 6-6），或在山坡上喷浆。

(5) 筑明洞或御塌棚（图 6-7）。

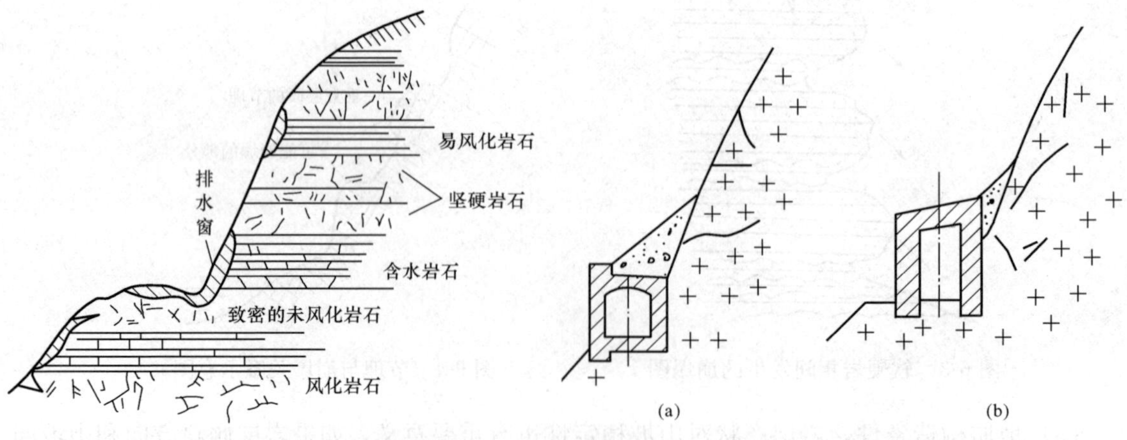

图 6-6 用砌石护面防止易风化岩层风化

图 6-7 明洞和御坍棚

（6）筑护墙及围护棚（木的、石的、铁丝网）以阻挡坠落石块，并及时清除围护建筑物中的堆积物。

（7）在软弱岩石出露处修筑挡土墙，以支持上部岩石的重量。这种措施常用于修建铁路路基而需要开挖很深的路堑时。

第三节　滑　坡

一、滑坡的定义及构造

滑坡是指斜坡上的岩、土体在重力作用下失去原有的稳定状态，沿着斜坡内部某些滑动面（或滑动带）整体向下滑动的现象。首先，滑动的岩、土体具有整体性，除了滑坡边缘线一带和局部一些地方有较少的崩塌和产生裂隙外，总的来看，它大体上仍保持着原有岩土体的整体性；其次，斜坡上岩、土体的移动方式为滑动，不是倾倒或滚动，因而滑坡体的下缘常为滑动面或滑动带的位置。因此，规模较大的滑坡一般是缓慢地往下滑动，其位移速度多在突变加速阶段才显著，有时会造成灾难性的后果。不过，有些滑坡滑动速度一开始也很快，这种滑坡经常是在滑坡体的表层发生翻滚现象，因而称这种滑坡为崩塌性滑坡。

通常情况下，一个发育完全的、比较典型的滑坡呈现出如下的基本构造特征（图 6-8）。

（1）滑坡体：指沿滑动面向下滑动的那部分岩土体。这部分岩土体虽然经受了扰动，但大体上仍保持有原来的层位和结构构造的特点。滑坡体的体积大小不等，小的为几百至几千立方米，大的可达几百万至几千万立方米。

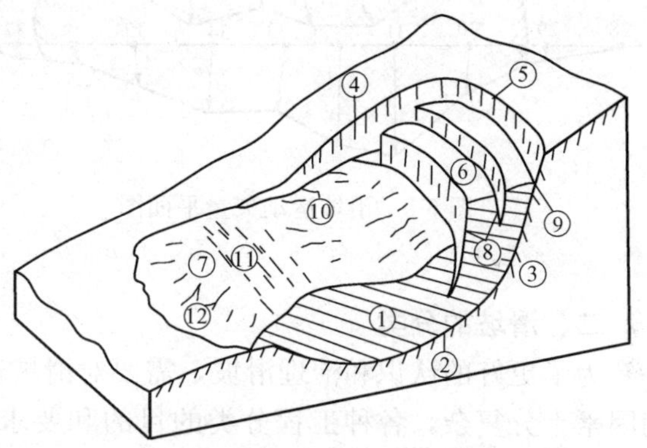

图 6-8　滑坡的形态特征

①—滑坡体；②—滑动面；③—滑坡床；④—滑坡周界；⑤—滑坡壁；⑥—滑坡台阶；⑦—滑坡舌；⑧—拉张裂缝；⑨—主裂缝；⑩—剪裂缝；⑪—鼓胀裂缝；⑫—扇形裂缝

（2）滑动面：指滑坡体沿其下滑的面。此面是滑坡体与下面不动的滑床之间的分界面。有的滑坡有明显的一个或几个滑动面；有的滑坡则没有明显的滑动面，而有一定厚度的由软弱岩土层构成的滑动带。大多数滑动面由软弱岩土层层理面或节理面等软弱结构面贯通而成。确定滑动面的性质和位置是进行滑坡整治的先决条件和主要依据。

（3）滑坡床和滑坡周界：滑坡面下稳定不动的岩体称为滑坡床；平面上滑坡体与周围稳定不动的岩土体的分界线称为滑坡周界。

（4）滑坡壁：滑坡体后缘与不滑动岩体断开处形成高约数十厘米至数十米的陡壁称为滑坡壁，平面上呈弧形，是滑动面上部在地表露出的部分。滑坡壁的左右呈弧形向前延伸，其形状似“圈椅”，称为滑坡圈谷。

（5）滑坡台阶：因滑坡体各部分下滑速度差异或滑体沿不同滑动面多次滑动，而在滑坡体上部形成的阶梯状台面称为滑坡台阶。

（6）滑坡舌：滑坡体的前缘如舌状向前伸出的部分称滑坡舌。由于受滑床摩擦阻滞，舌部往往隆起形成滑坡鼓丘。

（7）滑坡裂缝：在滑坡运动时，由于滑坡体各部分的移动速度不均匀，在滑坡体内及表面所产生的裂缝称为滑坡裂缝。根据受力状况的不同，滑坡裂缝可以分为四种：

1）拉张裂缝：在斜坡将要发生滑动时，由于拉力的作用，在滑坡体的后部将产生一些张开的弧型裂缝。与滑坡后壁相重合的拉张裂缝称为主裂缝。坡上拉张裂缝的出现是产生滑坡的前兆。

2）鼓张裂缝：滑坡体在下滑过程中，若滑动受阻或上部滑动较下部为快，则滑坡下部会向上鼓起并开裂，这些裂缝通常是张口的。鼓张裂缝的排列方向基本上与滑动方向垂直，有时交互排列成网状。

3）剪切裂缝：滑坡体两侧和相临的不动岩土体发生相对位移时，会产生剪切作用，或者因滑坡体中央部分较两侧滑动快而产生剪切作用，都会形成大体上与滑动方向平行的裂缝。这些裂缝的两侧常伴有如羽毛状平行排列的次一级裂缝。

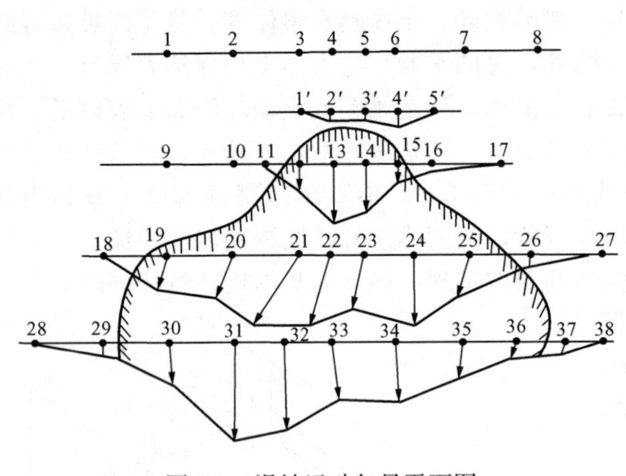

图 6-9 滑坡运动矢量平面图

4）扇形张裂缝：滑坡体向下滑动时，滑坡舌向两侧扩散，形成放射状的张开裂缝，称为扇形张裂缝，也称滑坡前缘放射状裂缝。

（8）滑坡主轴：滑坡主轴也称主滑线，为滑坡体滑动速度最快的纵向线，它代表整个滑坡的滑动方向。它可以为直线，也可以是折线。如图 6-9 所示，运动最快之点相连的主轴就为折线形。

二、滑坡的分类

为了更好的认识和治理滑坡，需要对滑坡进行合理分类。但由于自然界的地质条件和作用因素十分复杂，各种工程分类的目的和要求又不尽相同，因而可从不同角度进行滑坡分类。根据我国的滑坡类型可有如下的滑坡划分：

1. 按滑坡体的主要物质组成和滑坡与地质构造关系划分

（1）覆盖层滑坡：主要有黏性土滑坡、黄土滑坡、碎石滑坡、风化壳滑坡。

（2）基岩滑坡：此类滑坡按其与地质结构的关系又可分为（图 6-10）：

1）均质滑坡［图 6-10（a）］：多发生在均质土体或极破碎的、强烈风化的岩体中的滑坡。滑动面不受岩体中结构面控制，多为近似圆弧形滑面。

2）顺层滑坡［图 6-10（b）、（c）］：沿岩层面或软弱结构面形成滑面的滑坡。多发生在岩层面与边坡倾向接近，而岩层面倾角小于边坡坡度的情况下。顺层滑坡又可分为沿层面滑动或沿基岩面滑动的滑坡。

3）切层滑坡［图 6-10（d）］：滑动面切过岩层面的滑坡。多发生在沿倾向坡外的一组或两组节理面形成的贯通滑动面的滑坡。

（3）特殊滑坡：主要有融冻滑坡、陷落滑坡等。

2. 按滑坡力学特征划分

（1）牵引式滑坡：滑坡体下部先失去平衡滑动，逐渐向上发展，使上部滑体受到牵引而

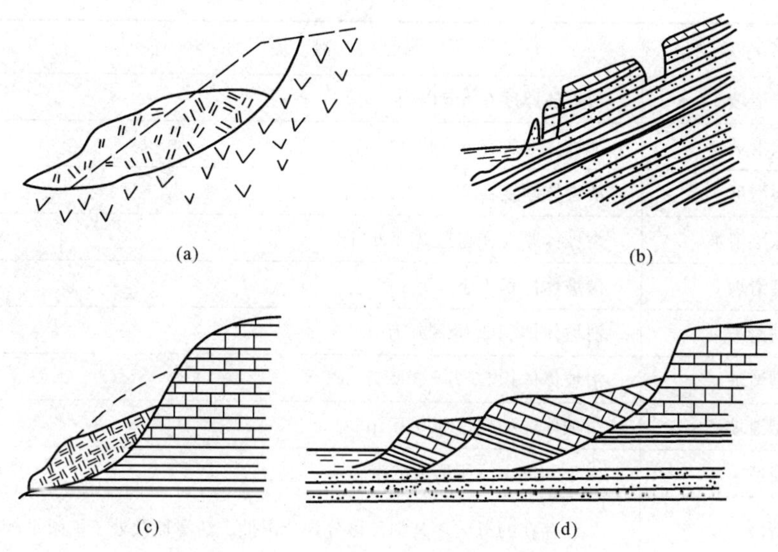

图 6-10　滑坡与地质结构关系示意图

(a) 均质土滑坡；(b) 沿岩层层面滑坡；

(c) 沿堆积层与基岩交界面滑坡；(d) 切层滑坡

跟随滑动。

(2) 推动式滑坡：滑体上部局部破坏，上部滑动面局部贯通，向下挤压下部滑体，最后整个滑体滑动。

3. 其他划分方法

例如，按滑坡体的厚度可划分为：浅层滑坡、中层滑坡、深层滑坡和超深层滑坡；按滑坡的规模大小可划分为：小型滑坡、中型滑坡、大型滑坡和巨型滑坡；按形成的年代可划分为：新滑坡和古滑坡等。

以上各种滑坡的特征列于表 6-7 中。

表 6-7　滑坡类型及其特征表

划分依据	名称类型		滑坡的特征
按滑坡物质组成成分	覆盖层滑坡	黏性土滑坡	黏性土本身变形滑动，或沿与其他成因的土层接触面或基岩接触面滑动
		黄土滑坡	不同时期的黄土层中的滑坡，并多群集出现，常见于高阶地前缘斜坡上
		碎石滑坡	各种不同成因类型的堆积层体内滑动或沿基岩滑动
		风化壳滑坡	风化壳表层间的滑动，多见于岩浆岩（尤其是花岗岩）风化壳中
	基岩滑坡	均质滑坡	发生在层理不明显的泥岩、页岩、泥灰岩等软弱岩层中，滑动面均匀光滑
		切层滑坡	滑动面与层面相切的滑坡，在坚硬岩层与软弱岩层相互交替的岩体中的切层滑坡等
		顺层滑坡	沿岩层面或裂隙面滑动，或沿坡积面与基岩交界面或基岩间不整合面滑动
	特殊滑坡		如融冻滑坡、陷落滑坡

续表

划分依据	名称类型	滑坡的特征
按滑坡体厚度	浅层滑坡	滑坡体厚度在 6m 以内
	中层滑坡	滑坡体厚度在 6～20m 左右
	深层滑坡	滑坡体厚度在 20～30m 左右
	超深层滑坡	滑坡体厚度在超过 30m 以上
按滑坡的规模大小	小型滑坡	滑坡体体积小于 3 万 m^3
	中型滑坡	滑坡体体积 3 万～50 万 m^3
	大型滑坡	滑坡体体积 50 万～300 万 m^3
	巨型滑坡	滑坡体体积超过 300 万 m^3
按形成的年代	新滑坡	由于开挖山体所形成的滑坡
	古滑坡	久已存在的滑坡，其中又可分为死滑坡、活滑坡及处于极限平衡状态的滑坡
按力学条件	牵引式滑坡	滑坡体下部先行变形滑动，上部失去支撑力量，因而随着变形滑动
	推动式滑坡	上部先滑动，挤压下部引起变形和滑动

三、滑坡的发育过程

一般而言，滑坡的发生是一个长期的变化过程，通常将滑坡的发育过程划分为三个阶段：蠕动变形阶段、滑动破坏阶段和渐趋稳定阶段。研究滑坡发育的过程对于正确认识滑坡和选择防治措施具有很重要的意义。

1. 蠕动变形阶段

斜坡在发生滑动之前通常是稳定的。有时在自然和人为因素作用下，斜坡岩土强度逐渐降低，或斜坡内部剪切力不断增加，使得斜坡的稳定状况遭到破坏。在斜坡内部某一部分因剪切力达到或稍超过抗剪强度而首先变形，产生微小的移动，以后变形进一步发展，后缘拉张，裂缝加宽，开始出现不大的错距，两侧剪切裂缝也相继出现。坡脚附近的岩土被挤压、滑坡出口附近潮湿渗水，此时滑动面已大部分形成，但尚未全部贯通。斜坡变形再进一步继续发展，后缘拉张裂缝不断加宽，错距不断增大，两侧羽毛状剪切裂缝贯通并撕开，斜坡前缘的岩土挤紧并鼓出，出现较多的鼓张裂缝，滑坡出口附近渗水混浊，最后滑动面全部贯通，接着便开始整体地向下滑动。从斜坡的稳定状况受到破坏，坡面出现裂缝，到斜坡开始整体滑动之前的这段时间称为滑坡的蠕动变形阶段。蠕动变形阶段所经历的时间有长有短。长的可达数年之久，短的仅数月甚至数天的时间。一般而言，滑动的规模越大，蠕动变形阶段持续的时间越长。斜坡在整体滑动之前出现的各种现象，称为滑坡的前兆现象，尽早发现和观测滑坡的各种前兆现象，对于滑坡的预测和预防都是非常重要的。

2. 滑动破坏阶段

滑坡在整体往下滑的时候，滑坡后缘迅速下陷，滑坡壁越露越高，滑坡体分裂成数块，并在地面上形成阶梯状地形，滑坡体上的树木东倒西歪地倾斜，形成“醉林”（图 6-11)。滑坡体上的建筑物（如房屋、水管、渠道等）严重变形以致倒塌毁坏。随着滑坡体向前滑动，滑坡体向前伸出，形成滑坡舌。在滑坡滑动过程中，滑动面附近湿度增大，并且由于重复剪切，岩土的结构受到进一步破坏，从而引起岩土抗剪强度进一步降低，促使滑坡加速滑动。滑坡滑动的速度大小取决于滑动过程中岩土抗剪强度降低的绝对数值，并和滑动面的形状，滑坡体厚度和长度，以及滑坡在斜坡上的位置有关。如果岩土抗剪强度降低的数值不大，滑坡只表现为缓慢的滑动；如果在滑动过程中，滑动带岩土抗剪强度降低的绝对数值较大，滑坡就表现为速度快、来势猛，滑动时往往伴有巨响并产生很大的气浪，有时会造成巨大灾害。

3. 渐趋稳定阶段

由于滑坡体具有动能，所以滑坡体能越过平衡位置，滑动到较远的地方。滑动停止后，除形成特殊的滑坡地形外，在岩性、构造和水文地质条件等方面都相继发生了一些变化。例如，地层的整体性被破坏，岩石变得松散破碎，透水性增强，含水量增高；经过滑动，岩石的倾角或者变缓或者变陡，断层、节理的方位也发生了有规律的变化；地层的层序也受到破坏，局部的老地层会覆盖在第四纪地层之上等。

在自重作用下，滑坡体上松散的岩土逐渐压密，地表的各种裂缝逐渐被充填，滑坡带附近岩土的强度由于压密固结又重新增加，这时整个坡体的稳定性也大为提高。经过若干时期后，滑坡体上东倒西歪的“醉林”又重新垂直向上生长，但其下部已不能伸直，因而树干呈

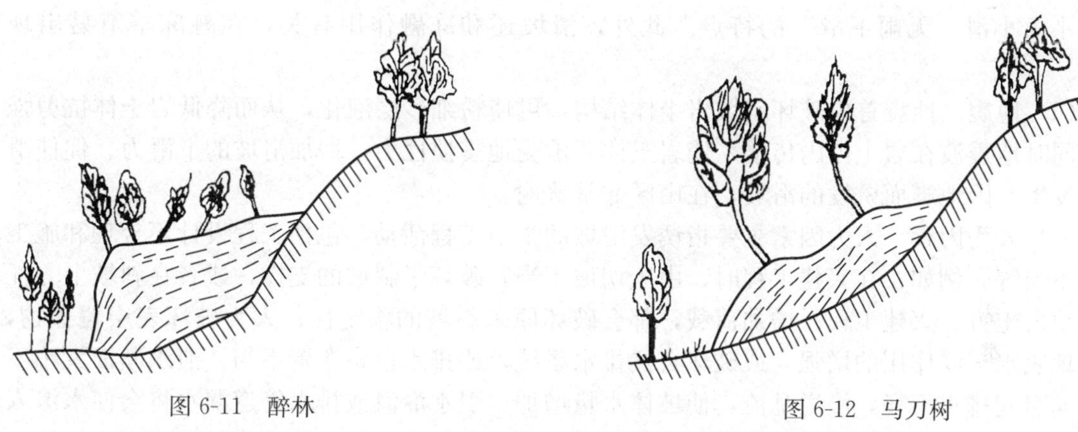

图 6-11　醉林　　图 6-12　马刀树

弯曲状，有时称它为“马刀树”（图 6-12），这是滑坡趋于稳定的一种现象。当滑坡体上的台阶已变平缓，滑坡后壁变缓并生长草木，没有崩塌发生，且滑坡体中岩土压密，地表没有明显裂缝，滑坡前缘无水渗出或流出清凉的泉水时，就表示滑坡已基本趋于稳定。

滑坡趋于稳定后，如果滑坡产生的主要因素已经消除，滑坡将不再滑动，而转入长期稳定。若产生滑坡的主要因素并未完全消除，且又不断积累，当积累到一定程度之后，稳定的滑坡便又会重新滑动。

四、影响滑坡的因素

将引起斜坡岩土体失稳的各种因素称为滑坡因素。这些因素可使斜坡外形改变、岩土体性质恶化以及增加附加荷载等而导致滑坡的发生。概括起来，影响滑坡的主要因素有：

（1）地貌。斜坡的存在，使滑动面能在斜坡前缘临空出露。这是滑坡产生的先决条件。同时，斜坡不同高度、坡度、形状等要素可使斜坡内力状态发生变化，内应力的变化可导致斜坡趋于稳定或失稳。一般而言，斜坡越陡、高度越大，滑坡越易发生。如斜坡中上部突起而下部凹进，且坡脚无抗滑地形时，滑坡也很容易发生。

(2) 岩性。坚硬完整岩体构成的斜坡，一般是不容易发生滑坡的。只有当这些岩体中含有向坡外倾斜的软弱夹层、软弱结构面，且其倾角小于坡面，能够形成贯通滑动面时，才能形成滑坡。滑坡主要发生在易亲水软化的土层中和一些软岩（页岩、泥岩、泥灰岩、千枚岩以及风化凝灰岩等）中。例如，在黏性土、黄土和黄土类土、山坡堆积、风化岩以及遇水易膨胀和软化的土层就较易发生滑坡。

(3) 地质构造。断层、节理和倾斜岩层的产状对滑坡的形成有非常重要的影响，有时是决定性因素，因为多数滑动面是沿有利于滑动的各种倾斜岩层面、节理面及其破碎岩带形成的。

(4) 水。水的作用可使岩土软化、强度降低，并可使岩土体加速风化。若为地表水作用，还可以使坡脚侵蚀冲刷。绝大多数滑坡都必须有地下水的参与才能发生滑动。地下水进入滑动体，使得滑动体重量增大；地下水到达滑动面，使滑动面抗剪强度降低；地下水的存在和渗流将对滑坡体产生静、动水压力等，这些都成为诱发滑坡形成和发展的重要因素。

(5) 气候。气候主要通过降雨和温度对滑坡产生影响，其中尤以降雨影响最为显著。降雨不仅增加滑坡体的重量，而且雨水还可起到润滑的作用，因此不少滑坡有“大雨大滑、小雨小滑、无雨不滑”的特点。此外，滑坡还和冻融作用有关，在融冻季节易出现滑坡。

(6) 地震。地震首先破坏斜坡岩土体结构，可使粉细砂层液化，从而降低岩土体抗剪强度。同时地震波在岩土体内传播，使岩土体要承受地震惯性力，增加滑坡的下滑力，促使滑坡的发生。因地震而诱发的滑坡，在山区非常普遍。

(7) 人为因素。人为因素主要指诱发滑坡的不当工程活动，包括工程设计不合理和施工方法不当等。例如：在兴建工程时，由于切坡不当，破坏了斜坡的支撑，或者在斜坡上方任意堆填岩土方、兴建工程、增加荷载，都会破坏原来斜坡的稳定性；人为破坏表层覆盖物，引起地表水下渗作用的增强，或破坏自然排水系统，或排水设备布置不当，泄水断面大小不合理而引起排水不畅，漫溢乱流，使坡体水量增加；引水灌溉或排水管道漏水将会使水渗入斜坡内，促使滑动因素增加。这些可造成短期甚至十几年后发生滑坡的恶果。

五、滑坡的治理

对滑坡的治理与防治，应当贯彻“以防为主，整治为辅”的原则；尽量避开大型滑坡所影响的位置；对大型复杂的滑坡，应采用多项工程综合治理；对中小型滑坡，则应注意调整建筑物或构筑物的平面位置，以求经济技术指标最优；对发展中的滑坡要进行整治，对古滑坡要防止复活，对预计可能发生滑坡地段要防止滑坡的发生；整治滑坡应同时做好排水工程，并针对形成滑坡的因素，采取相应措施。

1. 排水

(1) 地表排水。对滑坡体外地表水要截流旁引，不使它流入滑坡体。主要措施是在滑坡体外部设置截流排水沟和排水明沟系统。当滑体上方斜坡较高、汇水面积较大时，这种截水沟可能需要平行布置多条。对滑坡体内的地表水，则要防止地表水渗入滑坡体内，尽快把地表水用排水明沟汇集起来引出滑坡体外。应尽量利用滑坡体地表自然沟谷修筑树枝状排水明沟，或与截水沟相连形成地表排水系统（图 6-13）。同时，地表排水应注意防止渗漏，沟底及沟坡应以浆砌片石防护，图 6-14 为截水沟断面构造及尺寸示意图。

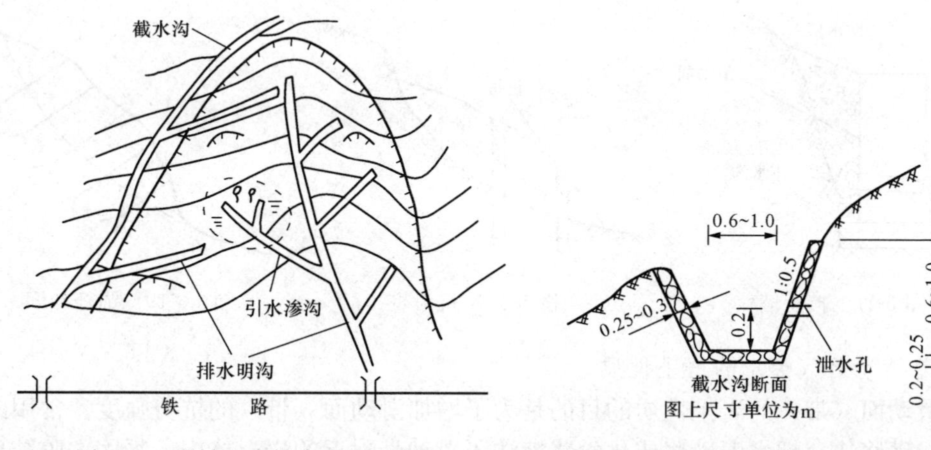

图 6-13　滑坡地表排水系统示意图　　图 6-14　截水沟断面构造及尺寸示意图

(2) 地下排水。滑坡体内地下水多来自滑体外，为了排除地下水可设置各种形式的渗沟或盲沟系统。对于滑坡体内浅层地下水，常用兼有排水和支撑双重作用的支撑盲沟截排地下水。支撑盲沟的位置多平衡于滑动方向，一般设在地下水出露处，平面呈 Y 型或 I 型（图 6-15）。盲沟的迎水面应作成可渗透层，背水面为阻水层，以防止盲沟内集水再渗入滑坡体，同时沟顶铺设隔渗层（图 6-16）。

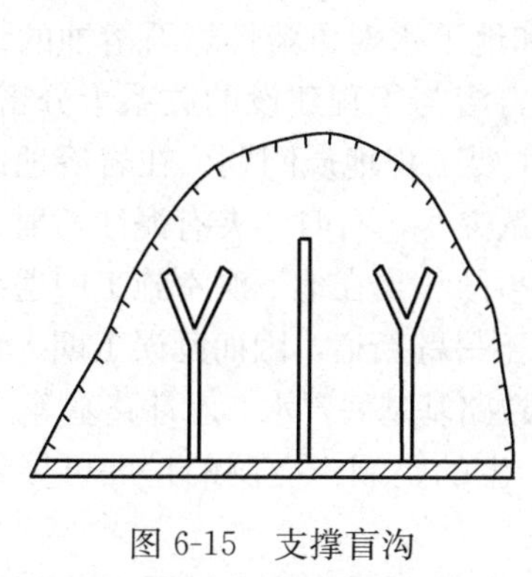

图 6-15　支撑盲沟

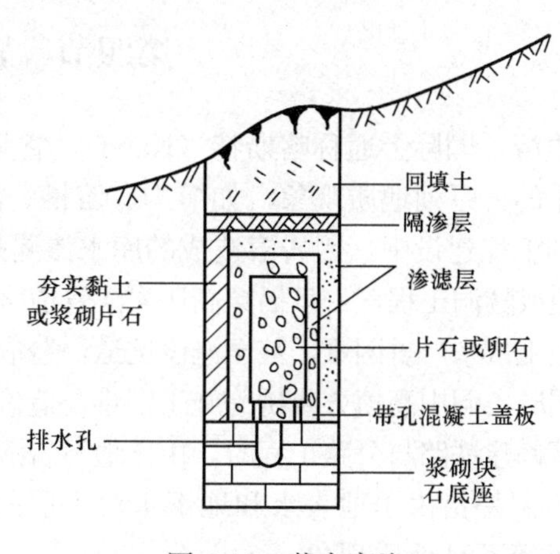

图 6-16　截水盲沟

2. 修建支挡工程

在滑坡体下部修筑挡土墙（图 6-17）、抗滑桩（图 6-18）或用锚杆加固（图 6-19）等工程均可增加滑坡体下部的抗滑力。在使用支挡工程时，应当明确各类工程的作用。如滑坡前缘有水流冲刷，则应首先在河岸作支挡等防护工程，然后再考虑滑体上部的稳定。

3. 刷方减重

刷方减重主要是通过削减坡角或降低坡高，以减轻斜坡不稳定部位的重量，从而减少滑坡上部的下滑力。主要作法是将滑坡体上部岩、土体清除，降低下滑力；清除的岩、土体可筑在坡脚，起到反压抗滑作用。这种措施施工技术简单、在滑坡防治中被广泛应用。

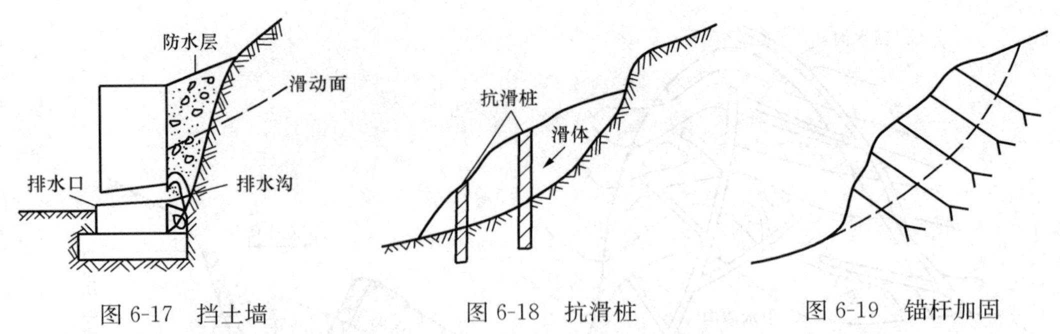

图 6-17 挡土墙　　图 6-18 抗滑桩　　图 6-19 锚杆加固

4. 改善滑动面（带）的岩土性质

改善滑动面（带）的岩土性质的目的是为了增加滑动面（带）的抗剪强度。常用的改良措施有：①灌浆法：把水泥砂浆或化学浆液注入滑动带附近的岩土体中，凝固、胶结后可使岩土体抗剪强度提高；②电渗法：在饱和土层中通入直流电，利用电渗透原理，疏干土体，提高土体强度；③焙烧法：用导洞在坡脚焙烧滑带土，使土变得像砖一样坚硬。目前，改善滑动面（带）的岩土性质的方法在我国应用还不够广泛，有待进一步研究和实践。

此外，还可以针对某些影响滑坡滑动因素进行整治，如防水流冲刷、降低地下水位、防止岩石风化等具体措施。

第四节 岩 溶 和 土 洞

岩溶，国际上通称喀斯特（Karst），它是指由于地表水和地下水对可溶性岩石溶蚀的结果而产生的一系列地质现象，如溶沟、溶槽、溶洞、暗河等。岩溶与工程建设的关系十分密切。在水利工程建设中，因岩溶造成的库水渗漏是水工建设中的主要工程地质问题。在岩溶地区修建隧道或隧洞工程，一旦揭穿高压岩溶管道水时，就会造成大量突水，有时还夹有泥沙喷射，给工程施工带来严重困难，甚至淹没坑道，造成洞毁人亡的严重事故。当在地下洞室施工中遇到巨大溶洞时，洞中高填方或桥跨施工困难，造价昂贵，有时不得不另辟新道，因而延误工期。在岩溶地区修建铁路与公路工程时，由于地下岩溶水的作用，会导致路基基底冒水、水冲路基等。

土洞是指由于地表水和地下水对土层的溶蚀和冲刷而产生的空洞，空洞的扩展可导致地表陷落等不良地质现象。

总之，岩溶与土洞作用的结果，会产生一系列对工程建设很不利的地质问题，从而严重影响建筑场地的使用与安全。

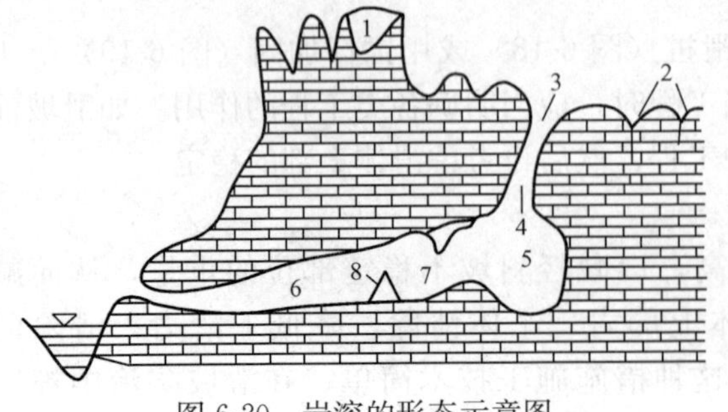

图 6-20 岩溶的形态示意图

1—石林；2—溶沟；3—漏斗；4—落水洞；5—溶洞；6—暗河；7—钟乳石；8—石笋

一、岩溶

（一）岩溶的形态特征

在可溶性岩石分布地区，溶蚀作用在地表和地下形成了一系列溶蚀现象，称为岩溶的形态特征。可分为地表岩溶形态和地下岩溶形态。地表岩溶形态有溶沟（槽）、石芽、漏斗、溶蚀洼地、坡立谷、溶蚀平原等。地下岩溶形态有落水洞（井）、溶洞、暗河、天生桥等（图 6-20）。这些形态是岩溶区所特有的地质现象，往往使该地区地表形态奇特，景色优美别致，常被开发为旅游景点，如广西桂林山水、云南路南石林及河南栾川鸡冠洞等，但是这些形态，尤其是地下洞穴、暗河，同时也是造成工程地质问题的根源。常见的岩溶形态有以下几种：

1. 溶沟、石芽和石林

地表水沿地表岩石低洼处或沿节理溶蚀和冲刷，在可溶性岩石表面形成的沟槽称溶沟。其宽深可由数十厘米至数米不等。在纵横交错的沟槽之间，残留凸起的芽状岩石称石芽。若溶沟继续向下溶蚀，石芽逐渐高大，沟坡近于直立，且发育成群，远观像石芽林，称为石林。我国的云南路南石林发育完美，堪称世界之最。

2. 漏斗及落水洞

漏斗是岩溶发育地区的一种漏斗状洼地，平面为圆形或椭圆形形状。漏斗的大小不一，近地表处直径可达上百米，漏斗深度一般为数米。漏斗是地表水沿岩石裂隙下渗过程中，逐步溶蚀岩石，使上部岩石顶板塌落而形成的（图 6-21），故其底部常有坍塌物或流水带来的物质的堆积。漏斗常成群地沿一定方向分布，一般沿构造破碎方向排列。漏斗底部常有裂隙通道，通常为落水洞的生成处，可将地表水直接引入深部的岩溶化岩体中。若漏斗底部的通道被堵塞，则漏斗内积水而成湖泊。

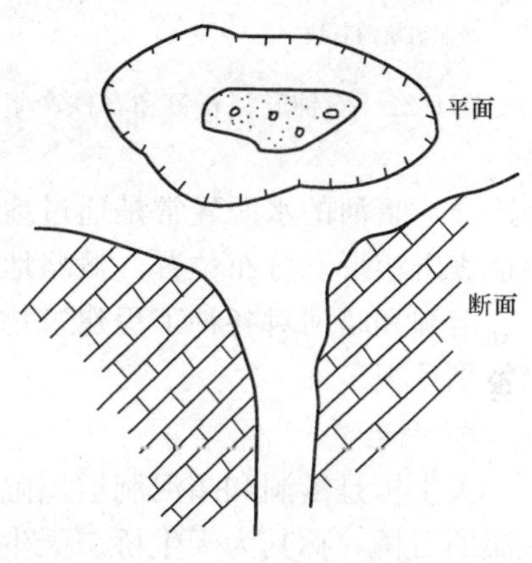

图 6-21　漏斗

落水洞是地表水沿近于垂直的裂隙向下溶蚀而成的洞穴。是地表水进入地下深处的通道，常与暗河相连。其形态有垂直的、倾斜的或弯曲的，直径也大小不一，深度可达数百米。例如平关隧道顶部二迭系厚石灰岩中一处竖井状落水洞，其深度达 175m，是较深的落水洞之一。

3. 溶蚀洼地和坡立谷

由溶蚀作用为主形成的一种封闭、半封闭的洼地称为溶蚀洼地。溶蚀洼地是由许多漏斗不断扩大汇合而成。平面上呈圆形或椭圆形，直径由数百米至数千米不等。溶蚀洼地周围常有溶蚀残丘、峰丛、峰林，底部有漏斗和落水洞。

坡立谷则是一种大型封闭洼地，也称溶蚀盆地。面积由数平方公里至数百平方公里，进一步发育则成溶蚀平原。坡立谷谷地平坦，常有较厚的第四纪沉积物，谷周为陡峻斜坡，谷内有岩溶泉水形成的地表流水，至落水洞又降至地下，故在坡立谷或溶蚀平原内经常有湖泊、沼泽和湿地等。底部经常有残积洪积层或河流冲积层覆盖。

4. 峰丛、峰林和孤峰

此三种形态是岩溶作用极度发育的产物。溶蚀作用初期，山体上部被溶蚀，下部仍相连通称峰丛；峰丛进一步发展成分散的、仅基底岩石稍许相连的石林称为峰林；耸立在溶蚀平原中孤立的个体山峰称孤峰，它是峰林进一步发展的结果。

5. 干谷

原来的河谷，由于河水沿谷中漏斗、落水洞等通道全部流入地下，使下游河床干涸而形成干谷。

6. 溶洞

溶洞是由地下水长期溶蚀、冲刷和塌陷作用而形成的近于水平方向发育的岩溶形态。溶

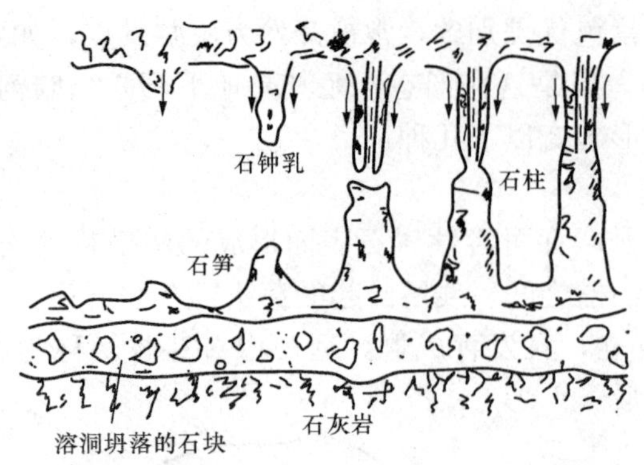

图 6-22 石钟乳、石笋和石柱产生示意图

洞早期是作为岩溶水的通道。因而溶洞形态多变，洞身曲折、分岔、断面不规则。地面以下至潜水面之间，地表水垂直下渗，溶洞以竖向形态为主；在潜水面附近，地下水多水平运动，使溶洞多为水平方向迂回曲折延伸的洞穴。同时，因地下水中多含碳酸盐，在溶洞顶部和底部饱和沉淀而成石钟乳、石笋和石柱(图 6-22)。

7. 暗河

暗河是地下岩溶水汇集和排泄的主要通道。部分暗河常与地面的沟槽、漏斗和落水洞相连通，暗河的水源经常是通过地面的沟槽和漏斗经落水洞流入暗河内。因此，可以根据这些地表岩溶形态分布位置，概略地判断暗河的发展和延伸。

溶洞和暗河对各种工程建筑物特别是地下工程建筑物造成的危害较大，工程实践中应予以特别重视。

8. 天生桥

天生桥是溶洞和暗河洞道塌陷直达地表面而局部洞道顶板不发生塌陷，形成的一个横跨水流的石桥，称其为天生桥。天生桥常为地表跨过槽谷或河流的通道。

(二) 岩溶的形成条件及发育规律

1. 岩溶的形成条件

岩溶是水对岩石溶蚀的结果，因而其形成条件必须有可溶于水而且是透水的岩石；同时，水在其中是流动的、有侵蚀力的。

(1) 岩体的可溶性。可溶性岩石是岩溶发育的物质基础，它的成分和结构特征影响岩溶的发育程度。岩石的成分不同，其溶解度也不一样。根据岩石的溶解度，能造成岩溶的岩石可分为三大组：①碳酸盐类岩石，如石灰岩、白云岩和泥灰岩；②硫酸盐类岩石，如石膏和硬石膏；③卤素岩，如岩盐。这三种岩石中以碳酸盐类岩石的溶解度最小，卤素岩类岩石的溶解度最大。但当水中含有碳酸时，碳酸盐类岩石的溶解度将剧烈增加。

(2) 岩石的透水性。岩石的透水性是岩溶发育的另一个必要条件。岩石的透水性越高，岩溶发育也越强烈。而岩石的透水性又取决于岩体的裂隙、孔隙的多少和连通情况。所以，岩石中裂隙的发育情况往往控制着岩溶的发育情况。一般在断层破碎带、背斜轴部等地段，岩溶比较发育，原因就在此。此外，在地表附近，由于风化裂隙增多，有利于地下水的运动，岩溶一般比深部发育。

(3) 水的溶蚀能力。水的溶蚀能力即水对碳酸盐类岩石的溶解能力，主要取决于水中 CO_2 的含量。水中侵蚀性 CO_2 的含量越多，则其溶解能力越强，纯水则几乎不能溶解石灰岩。水中 CO_2 的来源，主要是雨水溶解空气中所含 CO_2 形成的。其中土壤和地表附近强烈的生物化学作用，也是水中 CO_2 的主要来源之一。当水呈酸性或含有氯离子 (Cl^-) 和硫酸根离子 (SO_4^{2-}) 时，水对碳酸盐类岩石的溶解能力将进一步增强。由此可见，水的物理化学性质与岩溶的发育有着密切关系。此外，随着水温的增高，进入水中 CO_2 的扩散速度增大，使岩溶加强，故热带石灰岩岩溶速度比寒带、温带快。

（4）水的流动性。水在可溶性岩体中流动是造成岩溶的主要原因之一。它主要表现为水在岩体中流动，地表水或地下水不断交替，因而造成水流一方面对其围岩有溶蚀能力，另一方面造成水流对其围岩的冲刷。

岩溶地区地下水对其围岩的溶解作用和冲刷作用两者是同时发生的。但是，在一些裂隙或小溶洞中，溶蚀作用占主要地位；在一些大的地下暗河中，地下水的冲刷能力很强，这时溶解能力已退居次要地位了。

岩溶地区地下水的循环交替运动是造成岩溶的必要条件，因为，停滞不动的地下水对岩石的溶解会很快达到饱和，失去继续溶蚀的能力。岩溶水随深度不同，往往有不同的运动特征，分述如下（如图 6-23 所示）。

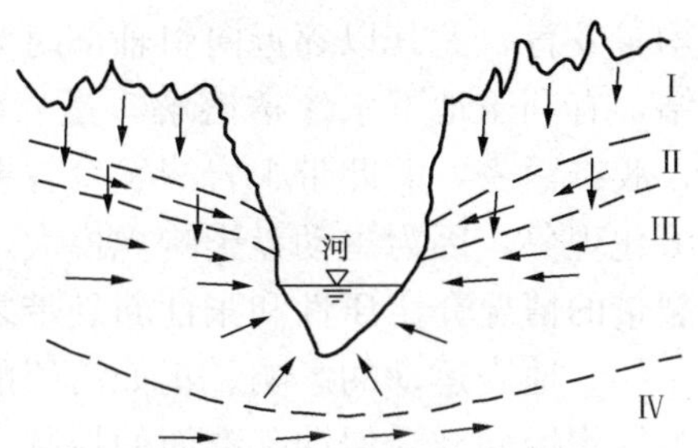

图 6-23　岩溶水的垂直分类
Ⅰ—垂直循环带；Ⅱ—季节循环带；
Ⅲ—水平循环带；Ⅳ—深部循环带

1）垂直循环带：或称包气带，位于地表以下，地下水位以上。这里平时无水，只有降水时有水渗入，形成垂直方向的地下水通道。如呈漏斗状的称为漏斗，成井状的称为落水洞。大量的漏斗和落水洞等多发育于本带内。当该带内有透水性差的透镜体岩层存在时，则形成“悬挂水”，或称“上层滞水”。于是岩溶作用可形成局部的水平或倾斜的岩溶通道。

2）季节循环带：又称过渡带。此带介于地下潜水最高水位与最低水位之间。高水位时地下水以水平运动为主，低水位时则以垂直运动为主，因此在本带形成的岩溶通道是水平的与垂直的相互交替。

3）水平循环带：或称饱水带。此带位于最低水位之下，常年充满着水，地下水作水平流动或往河谷排泄。因而本带可形成水平通道，称为溶洞，如溶洞中有水流，则称为地下暗河。若深层承压地下水由四面向上往河谷中排泄，则形成放射状溶洞。

4）深部循环带：本带内地下水的流动方向取决于地质构造和深循环水。由于地下水很深，它不向河底流动而排泄到远处。这一带中水的交替强度极小，岩溶发育速度与程度很小，不过也可在很长的地质时期中缓慢地形成岩溶现象。但是这种岩溶形态一般为蜂窝状小洞，或称溶孔。

上述现象说明水的流动会引起各种岩溶现象，但是水的流动不仅局限于其对围岩的溶蚀和冲刷，而且很多时候岩溶水还可以造成很多的堆积现象，最普遍的是见到在溶洞内沉淀有石钟乳、石笋、石柱、钙华等。组成这些岩溶沉积物一般为 $CaCO_3$，有时混杂有泥砂质。

2. 岩溶的发育规律

在岩溶发育地区，各种岩溶形态在空间的分布和排列是有一定规律的，它们主要受岩层产状、地质构造、地壳运动、地形、气候等因素的控制和影响。

（1）岩层产状的影响。可溶性岩和非可溶性岩的相互位置及产状对可溶性岩中是否有岩溶发育有重要影响。例如，接近水平产状的可溶性岩，其上若有不透水的非可溶性岩覆盖，则可溶性岩中无岩溶发育；反之，若可溶性岩在非可溶性岩之上，则地下水透过可溶性岩在底部受阻，沿两者接触面流动，岩溶多发生在可溶性岩下部岩石中。另外，当岩层产状很陡甚至直立时，如可溶性岩与非可溶性岩相间排列，则两者接触面附近的可溶性岩受溶蚀作用强烈，常有一系列漏斗、落水洞及岩溶泉出露。

(2) 地质构造的影响。褶曲、节理和断层等地质构造控制着地下水的流动通道，地质构造不同，岩溶发育的形态、部位及程度都不同。背斜轴部张节理发育，地表水沿张节理下渗，多形成漏斗、落水洞、竖井等垂直洞穴。向斜轴部属于岩溶水的聚水区，两翼地下水集中到轴部并沿轴向流动，故水平溶洞及暗河是其主要形态。此外，向斜轴部也有各种垂直裂隙，故也会形成陷穴、漏斗、落水洞等垂直岩溶形态。褶曲翼部是水循环强烈地段，岩溶一般均较发育，尤其以邻近向斜轴部时为最甚。张性断裂破碎带，宽度较小，结构松散，缺乏胶结，有利于地下水渗透溶解，是岩溶强烈发育地带。压性断裂带中常有断层泥，裂隙率低，胶结紧密，故此带中岩溶发育较差。但压性断裂的主动盘（多为上升盘），可能有强烈岩溶化现象，因为主动盘影响规模大，次级断裂发育，且多张开，故有利于岩溶发育。扭性断裂带的情况介于压性和张性断裂带之间。

(3) 地壳运动的影响。正如河流的侵蚀作用受侵蚀基准面控制一样，地下水对可溶性岩的溶蚀作用同样受侵蚀基准面的控制。而侵蚀基准面的改变则是由地壳升降运动所决定。因此，当地壳相对上升时，侵蚀基准面相对下降，岩溶以下蚀作用为主，形成垂直的岩溶形态；而当地壳相对稳定时，侵蚀基准面在一定时间内也相对不变，地下水以水平运动为主，形成较大的水平溶洞。地壳升降和稳定呈间歇交替变化，垂直和水平溶洞形态也交替变化。水平溶洞成层发育，每层溶洞的水平高程与当地河流阶地高程相对应，是该地区地壳某个稳定时期的产物。

(4) 地形的影响。在岩层裸露、坡陡的地方，因地表水汇集快、流动快和渗入量少，多发育溶沟、溶槽或石芽；在地势平缓、地表径流排泄慢、向下渗入多的地方，常发育漏斗、落水洞和溶洞；一般斜坡地段，岩溶发育较弱，分布也较少。同时，岩溶发育的程度在地表和接近地表的岩层中最强烈，往下越深越弱。在岩层倾角较大的石灰岩层深部，偶尔见到岩溶发育，但在富有 CO_2 和循环较快的承压水地区，也可能有深层的岩溶发育。

(5) 气候的影响。在气候炎热、潮湿、降水量大、地下水充沛和流量大并分布有碳酸盐岩层的地区，岩溶的发育和分布较广，岩溶形态也比较齐全。我国广西就属于典型的热带岩溶地区，以溶蚀峰林为主要特征；位于长江流域的川、鄂、湘一带，属于亚热带气候，岩溶形态以漏斗和溶蚀洼地为主要特征；黄河流域以北属于温带气候，岩溶一般不很发育，以岩溶泉和干沟为主要特征。在我国北方地区，极少见到像本溪附近的落水洞那样大规模的溶洞。

(三) 岩溶地区的主要工程地质问题及防治措施

因为岩溶的发育可导致建筑物场地和地基的工程地质条件大为恶化，所以，在岩溶发育地区建设各类工程时，常常会因此给工程设计或施工带来诸多困难。如果不认真对待，可能因此而造成工程失败或返工。

1. 主要工程地质问题

在岩溶发育地区进行工程建设，经常遇到的工程地质问题主要是地基塌陷、不均匀下沉和基坑、洞室涌水等。

(1) 地基稳定性及塌陷问题。

在岩溶地区，由于地表覆盖层下有石芽溶沟，岩体内部有暗河、溶洞，建筑物地基通常是不均匀的。而且，岩溶地区土层的特点是厚度变化大、孔隙率高，地基容易产生不均匀沉降，从而导致建筑物倾斜或破坏。因此，在设计、施工之前，必须进行详细的工程地质勘察。

1）石芽地基。因地表岩溶作用，石灰岩表层溶沟发育。纵横交错的溶沟之间多残留有锥状或尖棱状的石芽，致使石灰岩基面高低不平，形成石芽地基。石芽间的溶沟常被土所充填，导致强度较低，压缩性较高，容易引起地基的不均匀沉降而影响到建筑物的稳定性。因此，在石芽地基上修建建筑物时，必须查清基岩的埋深、起伏状况、覆盖土层的压缩性及石芽的强度。

2）溶洞地基。溶洞地基的稳定性取决于溶洞的规模、埋深及充填情况。当溶洞规模大、埋深浅、溶洞顶板承受不了建筑物的荷载作用时，就会使溶洞顶板坍塌、地基失稳。当建筑物地基直接遇到溶洞时，可视溶洞的规模及充填物情况，进行适当处理。规模小时，可采用清除、堵塞或盖板跨越；规模大时，则不易作为建筑物的地基。为了确保溶洞地基的稳定性，必须根据溶洞的规模、顶板岩层的性质确定洞穴离地面的安全深度，即溶洞顶板的安全厚度。

（2）渗漏和突水问题。

由于岩溶地区中的岩体中存在有较多裂隙、管道和溶洞，在进行隧道、大坝、基坑等工程活动时，若有承压水存在并有富水优势断裂作为通道，则可能会遇到地下突水而导致隧道、大坝、基坑等工程的排水困难甚至淹没，也可能导致水库无法蓄水。

对岩溶突水的处理方法，原则上应以疏导为主，对隧道中的岩溶水，可用水管等引入隧道边沟或中心排水沟排出。

2. 常用防治措施

当拟建建筑物的位置可以移位时，为了减少工程量和确保建筑物的安全，应首先设法避开有威胁的岩溶发育区，实在不能避开时，应首先将岩溶的位置勘察清楚，然后针对实际情况采取相应的处理措施。常用的处理方案有以下几种：

（1）挖填：即挖除溶洞中的软弱充填物，同时以碎石、块石等进行回填，或以混凝土进行灌注，以达到有效地改良地基的效果。

（2）灌注：若溶洞埋置较深，不能够采用挖填和跨盖等方法进行处理时，可采用水泥灌浆或水泥黏土混合灌浆于岩溶裂隙中。

（3）跨盖：当溶洞埋藏较深或洞顶板不稳定时，则可采用跨盖方案，如采用长梁式基础、桁架式基础及刚性大平板等方案进行处理。但梁板的支撑点必须放置在较完整的岩石或可靠的持力层上，并注意其承载能力与稳定性。

（4）排导：洞中水的活动可使洞壁和洞顶溶蚀、冲刷或潜蚀，造成裂隙和洞体扩大，或洞顶坍塌。因此，对岩溶地区的自然降雨和生产、生活用水应采取有效的防渗措施。对岩溶水一般宜采用排堵结合的综合处理措施，不宜强行拦堵，并且应作好由于长期排水造成的地面环境问题（如地面塌陷或地表缺水干涸等）的处理补救措施。

例如，当隧道穿越岩溶区时，可视所遇溶洞规模及出现部位采取相应措施。若溶洞规模不大且出现于洞顶或边墙部位时，一般可采用清除充填物后回填堵塞（图 6-24）；若出现在边墙下或洞底可采用加固或跨越的方案（图 6-25）；若溶洞规模较大，甚至有暗河时，可在隧道内架桥跨越。

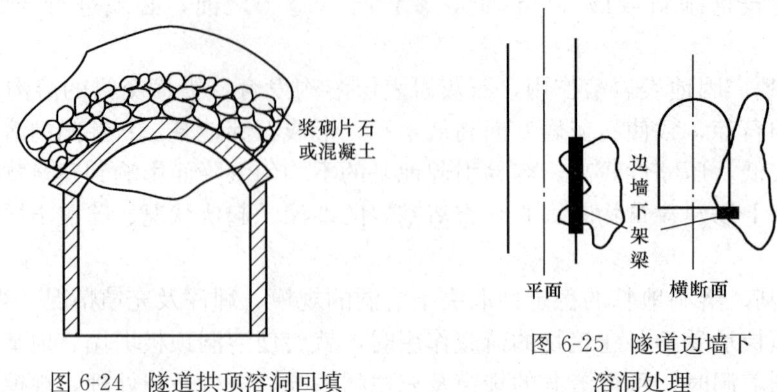

图 6-24 隧道拱顶溶洞回填

图 6-25 隧道边墙下溶洞处理

二、土洞

因地下水或地表水流入地下土体内，将土颗粒间可溶性成分溶滤，带走细小颗粒，使土体被掏空而形成的洞穴称为土洞。这种地质作用的过程称为潜蚀。当土洞逐渐发展到一定程度时，往往使上部土层发生塌陷，从而破坏地表原来形态，危害工程安全和使用。

（一）土洞的形成条件

土洞主要是因潜蚀作用而形成的。潜蚀是指地下水流在土体中进行溶蚀和冲刷的作用，可分为机械潜蚀和溶滤潜蚀两种。机械潜蚀是指如果土体内不含有可溶性成分，则地下水流仅将细小颗粒从大颗粒间的孔隙中带走的现象。其实机械潜蚀也是冲刷作用之一，所不同的是它发生于土体内部，因而也称为内部冲刷。如果土体内含有碳酸盐、硫酸盐或氯化物等可溶性成分，地下水流先将土体中可溶性成分溶解，而后将细小颗粒从大颗粒间的孔隙中带走，我们称这种具有溶滤作用的潜蚀为溶滤潜蚀。溶滤潜蚀使土中颗粒间的联结减弱或破坏，从而使颗粒分离和散开，为机械潜蚀创造条件。

土洞在形成过程中，沉积在洞底的塌落土体有时不能被水带走，而起堵塞通道作用。若潜蚀大于堵塞，土洞将继续发展；反之，土洞就会停止发展。因此，并不是所有的土洞都能够发展到地表塌陷的程度。

（二）土洞的类型

根据土洞的生长特点和水的作用形式，土洞可分为由地表水机械作用形成的土洞和地下水潜蚀作用形成的土洞。

1. 地表水机械作用形成的土洞

形成这种土洞的主要因素有以下三点。

（1）土层的性质。土层的性质是造成土洞发育的根本因素。最容易发育成土洞的土层是含有碎石的砂土等级配不均匀或不连续的粗颗粒土。这主要是此类土层不但具有较强的透水性，地表水易于下渗，而且细颗粒易于在粗颗粒形成的孔隙内移动，从而造成潜蚀的良好条件。另外，孔隙率较大的黄土等分散性黏性土因其中的胶结物容易溶解在水中也常常形成土洞。

（2）土层底部必须有排泄水流和土体颗粒的良好通道。此时可使水流挟带土颗粒向底部排泄和流失。上部覆盖有土层的岩溶地区，土层底部岩溶发育是造成水流和土颗粒排泄的最好通道。在这些地区中，土洞发育一般较为剧烈。

（3）地表水流能直接渗入土层中。地表水渗入土层内有三种方式：一种是利用土中孔隙渗入；另一种是沿土体中的裂隙渗入；此外是沿一些洞穴或管道流入。其中第二种渗入水流是造成土洞发育的最主要方式。因长期干旱而形成的土中裂隙，数量会不断增多，裂口不断扩大，这就为雨水创造良好的下渗通道。水量越大，潜蚀就越快，并逐渐在土体中形成一条不规则的渗水通道。在水力作用下，将松散的土颗粒带走，就产生了土洞。土洞继续发育，直至顶板破坏，形成地表塌陷。

2. 地下水潜蚀作用形成的土洞

这类土洞与岩溶水有水力联系，它分布于岩溶地区基岩面与上覆的土层（一般是饱和的松软土层）接触处（图 6-26）。这类土洞的生成主要是因为岩溶地区的基岩面与上覆土层接触处分布有一层饱水程度较高的软塑至半流动状态的软土层。而在基岩表面有溶沟、裂隙、落水洞等发育。这样，基岩透水性很强。当地下水在岩溶的基岩表面附近活动时，水位的升降可使软土层软化，地下水的流动能在土层中产生潜蚀和冲刷，并可将软土层中的土颗粒带走，于是在基岩表面处被冲刷成洞穴，这就是土洞的形成过程。随着潜蚀和冲刷的不断进行，土洞体积逐渐扩大，致使顶板不能负担上部压力时，地表就发生下沉或整块塌落，使地表呈碟形的、盆形的、深槽的和竖井状的洼地。

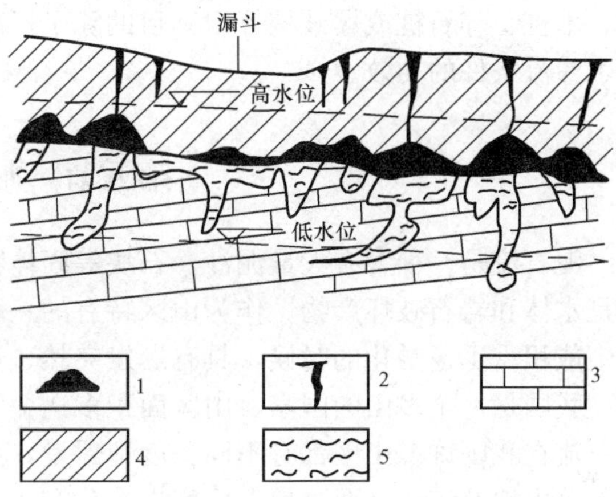

图 6-26　土洞的分布和发育示意图
1—土洞；2—裂隙；3—石灰岩；
4—黏性土；5—软土或稀泥

此类土洞发育的快慢主要取决于以下几个方面。

（1）基岩面上覆土层的性质。如上覆土层为软土或是高含水量的稀泥，则基岩面上很容易被水流潜蚀和冲刷，如果基岩面上覆土层为不透水的或很坚硬的黏土层，则土洞发育缓慢。

（2）地下水的活动强度。地下水位变化越大，越容易产生土洞。地下水位以下土洞的发育速度较快，土洞形状多呈上小下大形状。而当地下水位在土层以下时，土洞的发育主要由于入渗水的作用，发育较缓，土洞多呈竖井状。

（3）基岩面附近岩溶和裂隙发育程度。当基岩面与土层接触附近，如裂隙和溶洞、溶沟及溶槽等岩溶现象发育较好时，则地下水活动加强，为形成潜蚀创造了有利条件。因此，在这些地下水活动强的基岩面上，土洞一般发育都较快。

（三）土洞的工程地质问题

在进行拟建工程的设计与施工过程中，应当首先将土洞的位置勘察清楚，并根据实际情况采取合理的防治措施。

（1）地表水形成的土洞处理。在建筑物场地和地基范围内，应认真做好地表水的截流、防渗、堵漏等工作，杜绝地表水渗入土层，使土洞停止发育和发展，再对土洞采取挖填、灌注及跨盖等工程措施。

（2）地下水形成的土洞处理。在地质条件许可的情况下，应首先对地下水采取截流、改道等方案，以阻止土洞的进一步发展。然后根据具体情况采用以下几种方法进行处理：①当土洞埋深较浅时，可采用挖填和跨盖方法进行处理。挖填时应注意要在土洞回填的碎石上设置反滤层，以防止潜蚀发生；②对于洞体较小的深埋土洞，若稳定性较好，危害性小，可不进行处理，仅在洞顶上部采取梁板跨越即可；③对于体积较大的深埋土洞，若不易采取挖填和跨盖方法进行处理时，可在洞体范围内的顶板钻孔灌砂（砾）或灌碎石混凝土，以充填空间，施工时应注意灌满和密实；④对于土洞埋深较大时，可采用桩基处理，如采用混凝土桩、木桩、碎石桩或爆破桩等。其目的除了提高支撑能力外，并有靠桩来挤紧土体和改变地下水渗流条件的功效。

第五节 泥 石 流

泥石流是一种含有大量泥沙、石块等固体物质的特殊洪流。一般而言，泥石流的组成成分是水体和岩石破坏产物。作为山区特有的一种不良地质现象，泥石流一般突然爆发在暴雨集中或积雪迅速融化的时候，具有爆发突然、运动快速、历时短暂和破坏力极大的特点。

我国是一个多山的国家，山区面积多达70%左右，是世界上泥石流最发育的国家之一。泥石流在我国许多山区都有不同程度地爆发，主要分布在西南、西北和华北山区，华东、中南部分山地及东北辽西、长白山区也有分布，其中尤其以西藏东南部和川滇黔等地山区最为严重。每当泥石流爆发时，混浊的泥石流体沿着陡峻的山涧、峡谷冲出山外，在沟口平缓处堆积下来，往往在很短的时间内将沿途遇到的村镇建筑物、道路、桥梁等工程设施瞬间摧毁、掩埋，形成严重的工程地质灾害。

一、泥石流的形成条件

泥石流与一般的洪流不同之处就在于它含有大量的固体物质。因此泥石流形成必须具备丰富的松散固体物质、足够的突发性水源和陡峻的地形地貌特征三个基本条件。此外，某些人为因素也可以对泥石流的形成造成不可忽视的影响。

（一）松散的固体物质

泥石流沟流域范围内的地质环境条件，决定了松散固体物质是否丰富。一般泥石流活跃地区多是地质构造复杂、新构造运动和地震活动强烈、岩石风化破碎严重、滑坡和崩塌等地质灾害多发地区。新构造运动强烈、地震活动频繁、构造断裂发育，使岩石破碎、山体失稳、风化加速和地质灾害频繁发生，就为泥石流提供了大量的松散固体物质。

（二）水源条件

水既是泥石流的组成部分，又是泥石流固体物的搬运介质，因此，可以说水是产生泥石流的必要条件。水的来源主要是集中的暴雨，也可以是冰雪迅速大量融化或水库溃决。在季候风的影响下，我国大部分地区降雨量多集中于5～9月的季节，雨季降雨量占年降雨量的60%，甚至90%以上。在许多山区，连续几日甚至几小时的降雨量可达100～1000mm。因此，雨季是泥石流最容易发生的季节。

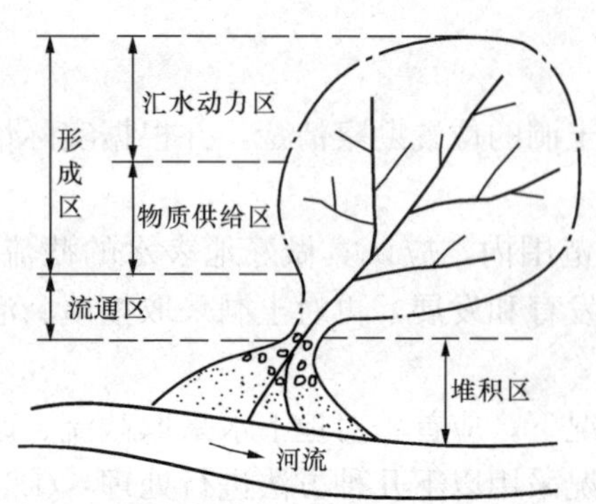

图 6-27 泥石流流沟分区示意图

（三）地形条件

典型的泥石流沟域可以划分为形成区、流通区和堆积区，如图 6-27 所示。

1. 形成区

泥石流的地形条件要求大气降雨能够迅速汇集，并拥有巨大的动能。因此，流沟上游应有一个面积很大，便于汇水的区域，此区域多为三面环山、一面出口的瓢形围谷地形。周围山坡陡峻，多为30°～60°的陡坡。其面积大者可达数十平方公里。坡面往往岩土光秃破碎、植被稀少，斜坡常被冲沟切割，且有崩塌、滑坡发育。这样的地形条件有利于汇集周围山坡上的水流和固体物质。

形成区一般位于泥石流流沟的上、中游。它又可分为汇水动力区和固体物质供应区。汇水区是汇集和提供水源的地方，物质供应区山体裸露、风化严重、不良地质作用广泛分布，是为泥石流储备与提供大量泥砂和石块的地方。

2. 流通区

泥石流流通区是泥石流搬运通过的地段。位于泥石流沟的中、下游，多为狭窄而深切的峡谷或冲沟，谷壁陡峻而且坡降较大，且多陡坎和跌水。泥石流进入本区后具有极强的冲刷能力，将沟床和沟壁上的土石冲刷下来携走。当流通区纵坡陡长而顺直时，泥石流流动畅通，可直泄而下，造成很大危害。

非典型的泥石流流沟，可能没有明显的流通区。

3. 堆积区

位于泥石流沟下游，该区是泥石流物质的停积场所，一般多位于山口外地形较开阔、平缓地段。由于地形豁然开阔平坦，泥石流的动能急剧变小，最终堆积下来，形成扇形、锥形或带形堆积体，统称洪积扇。当洪积扇稳定而不再继续扩展时，泥石流对其破坏力减缓直至消失。

（四）人为因素

如人类工程活动不当，也可促使泥石流发生、发展或加剧其危害。砍伐森林、开垦陡坡，造成植被破坏，使山体裸露，矿山开采、采石、修路中任意堆放废渣，都直接或间接地为泥石流发生创造了物质条件和地表流水迅速汇集的条件。对此，必须引起高度重视。

二、泥石流的类型

为了深入研究和有效防治泥石流，有必要对泥石流进行合理分类。

1. 按照泥石流物质组成分类

按照泥石流的物质组成，泥石流可分为以下三种类型。

（1）水石流型泥石流：一般含有非常不均的粗颗粒成分，如块石、漂砾、碎石、岩屑及砂等。由于黏土质细粒物质含量少，且它们在泥石流运动过程中极易被冲洗掉，所以水石流型泥石流的堆积物通常是很粗大的碎屑物质。

（2）泥石流型泥石流：一般既含有很不均匀的粗碎屑物质如块石、漂石、砾石、砂砾等，又含有相当多的黏土质细粒物质如黏粒、粉粒。因黏土具有一定的粘结性，所以堆积物常形成连结较牢固的土石混合物。

（3）泥水流型泥石流：固体物质基本上由细碎屑和黏土物质组成，仅含有少量岩屑碎石，黏度大，呈不同稠度的泥浆状。该类泥石流主要分布在我国黄土高原地区。

2. 按照泥石流成因分类

按照泥石流的基本成因类型，可分为以下几种类型。

（1）暴雨型泥石流：以暴雨形成的地表径流为其主要水源的泥石流称为暴雨型泥石流。其疏松物质来源通常为坡残积、崩塌滑坡堆积及黄土等第四纪堆积物，也有人为排放的各类废渣。暴雨型泥石流在我国分布最广、数量最多、活动也最频繁。并主要分布在我国人口较集中、经济较发达的东部和中部地区，因而造成的危害最大。暴雨型泥石流往往爆发突然、来势较猛、持续时间短、具有极强的破坏力。

（2）冰川型泥石流：冰川型泥石流是指以冰川和积雪消融为主要水源的泥石流。其疏松物质来源主要是古、今冰川堆积物。这类泥石流主要分布在我国西部高原、高山地区。冰川型泥石流大多为典型的沟谷泥石流，固体物质含量十分丰富，爆发猛烈而频繁，一次泥石流可以持续很长时间，冲出沟口的堆积物数量多、颗粒粗大。冰川型泥石流不仅可以在大雨、暴雨天气爆发，也会在无雨高温的晴天爆发，因而比暴雨型泥石流更具有突发性。虽然冰川型泥石流在我国分布范围也很广，破坏力特强，但因其大多分布在人烟稀少地区，故除了局部地区外，其总的危害程度远没有暴雨型泥石流高。

（3）冻融型泥石流：冻融型泥石流是坡地冻土表层在消融过程中形成的塑性流体，规模小而且流动缓慢，危害较小。在我国主要分布在青藏高原腹地和东北大兴安岭北段的多年冻土地区。

3. 按照泥石流流域形态特征分类

（1）标准型泥石流：为典型的泥石流，流域呈扇形，流域面积较大，能明显地划分出形成区、流通区和堆积区。

（2）河谷型泥石流：流域呈狭长条形，其形成区多为河流上游的沟谷，固体物质来源较分散，沟谷中有时常年有水，故水源较丰富，流通区与堆积区往往不能明显分出。

（3）山坡型泥石流：沟小且流短，流域呈斗状，面积一般小于 1km^2，无明显流通区，形成区与堆积区直接相连。

三、泥石流地区工程建设适宜性评价

为进行泥石流地区工程建设适宜性评价，首先应按表 6-8 对其进行工程分类。考虑到 I_1 类和 II_1 类泥石流沟谷规模大，危害性大，防治工作困难且不经济，故不能作为各类工程的建设场地。对于 I_2 类和 II_2 类泥石流沟谷，一般以避开为好，不宜作为工程建设场地。当必须作为建设场地时，应提出综合防治措施的建议。对线路工程（包括公路、铁路和穿越线路工程）宜在流通区或沟口选择沟床固定、沟形顺直、沟道纵坡比较一致、冲淤变化较小的地段设桥或墩通过，并尽量选择在沟道比较狭窄的地段以一孔跨越通过，当不可能一孔跨越时，应采用大跨径以减少桥墩数量。对于 I_3 类和 II_3 类泥石流沟谷，由于其规模及危害性均较小，防治也比较容易和经济，堆积扇可作为工程建设场地；线路工程可以在堆积扇通过，但宜用一沟一桥，不宜任意改沟、并沟，根据具体情况做好排洪、导流等防治措施。

表 6-8　　泥石流的工程分类和特征

类别	泥石流特征	流域特征	亚类	严重程度	流域面积（km^2）	固体物质一次冲出量（$\times10^4$m^3）	流量（m^3/s）	堆积区面积（km^2）
Ⅰ高频率泥石流沟谷	基本上每年均有泥石流发生。固体物质主要来源于沟谷的滑坡、崩塌。暴发雨强小于 2～4mm/10min。除岩性因素外，滑坡、崩塌严重的沟谷多发生黏性泥石流，规模大，反之多发生稀性泥石流，规模小	多位于强烈抬升区，岩层破裂，风化强烈，山体稳定性差。泥石流堆积新鲜，无植被或仅有稀疏草丛。黏性泥石流沟中下游沟床坡度大于 4%	I_1	严重	>5	>5	>100	>1
			I_2	中等	1～5	1～5	30～100	<1
			I_3	轻微	<1	<1	<30	—

续表

类别	泥石流特征	流域特征	亚类	严重程度	流域面积（km^2）	固体物质一次冲出量（$\times 10^4 m^3$）	流量（m^3/s）	堆积区面积（km^2）
Ⅱ低频率泥石流沟谷	暴发周期一般在10年以上。固体物质主要来源于沟床，泥石流发生时“揭床”现象明显。暴雨时坡面产生的浅层滑坡往往是激发泥石流形成的重要因素。暴发雨强一般大于4mm/10min。规模一般较大，性质有黏有稀	山体稳定性相对较好，无大型活动性滑坡、崩塌。沟床和扇形地上巨砾遍布。植被较好，沟床内灌木丛密布，扇形地多已辟为农田。黏性泥石流沟中下游沟床坡度小于4%	$Ⅱ_1$	严重	＞10	＞5	＞100	＞1
			$Ⅱ_2$	中等	1～10	1～5	30～100	＜1
			$Ⅱ_3$	轻微	＜1	＞5	＜30	—

注　1. 表中流量对高频率泥石流沟指百年一遇流量；对低频率泥石流沟指历史最大流量。

2. 泥石流的工程分类宜采用野外特征预定量指标相结合的原则，定量指标满足其中一项即可。

四、泥石流的防治措施

由于泥石流一旦发生就较为迅速，同时它又是一种水、泥、石的混合物，而且泥石流往往持续时间很短，来势突然凶猛，冲刷力和摧毁力极强，在堆积区堆积的范围和厚度迅速加大，故对已有工程的掩埋和破坏力极大，必须对泥石流采取有效的预防与治理措施。

防治泥石流的原则是以防为主，兼设工程措施。通常可采取如下的防范措施。

1. 预防

为了预防泥石流，可在上游汇水区，充分作好水土保持工作，如植树造林、种植草皮等；调整地表径流，横穿斜坡修建导流堤，筑排水沟系，使水能不沿坡度较大处流动，以降低流速；加固岸坡，以防岩土冲刷和崩塌，尽量减少固体物质的来源。

2. 修建拦挡工程

拦挡工程主要用于上游形成区内，主要是修筑各种形式的拦截构筑物，如拦截坝、拦挡墙（图6-28）、排走流水的格栅坝（图6-29）或溢流坝等。各种坝可以拦截泥石流固体物质，使沟床纵坡变缓，过坎下跌消耗泥石流的下冲能量，减少泥石流的流速和规模，同时固定沟床，防止下切谷坡，发生坍塌。

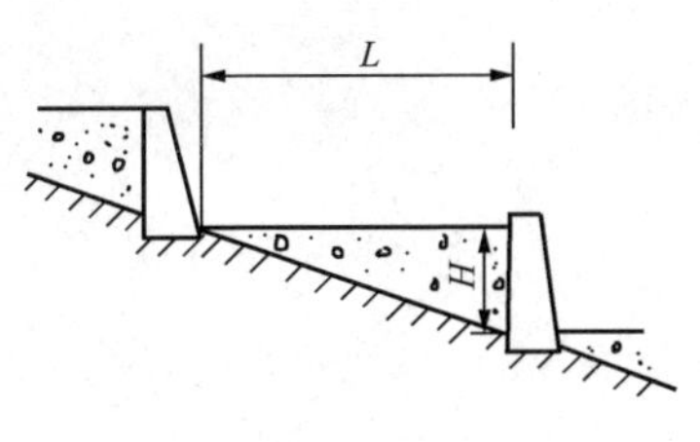

图6-28　拦挡墙

图6-29　格栅坝

3. 修建排导工程

排导工程主要用于下游洪积扇上，例如修筑排洪道、导流坝、急流槽等，目的是为了防治泥石流出山口后漫流改道，减少冲刷和淤积的破坏性，使泥石流沿一定的方向和位置通畅排泄。

排洪道是排泄泥石流的工程建筑物，应尽可能布置成直线形，主要用于约束泥石流由固定的排洪道排泄。排洪道出口一般与河流流向成锐角，以有利于河流流水带走泥石流淤积的固体物质。排洪道底部和边坡应浆砌片石或混凝土砌筑。

导流坝是一种堤坝工程建筑物，主要用于导引泥石流改变方向，不至于危害道路、桥梁或城镇、厂矿企业的安全。

思考题

6-1 何谓不良地质现象？常见的不良地质现象有哪些？

6-2 何谓地震？根据地震的成因可将地震分为哪几类？

6-3 何谓地震烈度、地震震级？震级和烈度之间的关系是什么？

6-4 何谓崩塌？崩塌形成的基本条件是什么？如何防治崩塌？

6-5 何谓滑坡？其基本构造特征是什么？

6-6 滑坡的发育过程通常可划分为哪三个阶段？影响滑坡的主要因素有哪些？滑坡的防治措施有哪些？

6-7 何谓岩溶？岩溶的形态特征主要有哪些？其发育的基本条件有哪些？

6-8 何谓土洞？土洞的形成条件有哪些？根据土洞的生长特点和水的作用形式，土洞可分为哪几种类型？

6-9 岩溶地区的主要工程地质问题有哪些？常用的防治措施有哪几种？

6-10 何谓泥石流？泥石流的形成条件有哪些？其发育特点是什么？

6-11 泥石流流域可分为哪些区？各区的特点是什么？常见防治泥石流的措施有哪几种？

6-12 如何对泥石流地区工程建设进行适宜性评价？

第七章 岩土工程勘察

第一节 概 述

勘察、设计、施工与监测是我国现行工程建设的三个主要程序。各项工程在设计和施工之前，必须按基本建设程序进行相应的岩土工程勘察。获得的勘察成果在服务于设计和施工需要的同时，也在一定程度上消除了拟建工程的安全隐患。

建国初期，由于基础建设的需要，城建、水利、铁路及公路等部门在勘察方面引用的是苏联模式，即以苏联的勘察技术规范、规程为依据，一般只提供钻孔柱状图和土、水质分析的成果资料，不编写勘察报告；野外工作只注重布置取原状土的钻孔，很少采用小螺旋钻、洛阳铲等辅助勘察手段查清暗浜、古墓等不良地质现象。这一勘察模式在当时的工程建设中发挥了重大的作用，但随着市场发展的需要，各部门研究的方向、方法和侧重点不一样，使得我国的岩土工程勘察工作很不统一，各行业根据需要制定了适应于本行业的行业标准，这些标准中或多或少地存在着一些缺陷，主要表现在勘察与设计、施工严重脱节；专业分工过细，勘察工作的范围局限在查清条件，提供参数，很少涉及如何处理勘察过程中发现的岩土工程问题，加上行业和地方保护严重，很难保证勘察质量，以致很难适应工程建设和市场经济的需要。

针对岩土工程勘察中存在的问题，20 世纪 80 年代以来，我国进行了岩土工程专业体制的改革，引入了岩土工程体制。岩土工程勘察的任务，除了应正确反映场地和（或）地基的工程地质条件外，还应结合工程设计、施工条件，进行技术论证和分析评价，提出解决岩土工程问题的合理建议。

岩土工程勘察的范围很广，涉及土木工程建设中所有与岩体和土体有关的工程技术问题。勘察行业体制的改革虽然取得了明显的成绩，但仍存在一些问题，缺乏法定的规范、规程和技术监督。为了使岩土工程行业能够真正形成岩土工程体制，适应市场经济的需要，并且与国际接轨，规范岩土工程勘察工作，做到技术先进，经济合理，确保工程质量和提高经济效益，由建设部会同有关部门共同制定了国家标准《岩土工程勘察规范》（GB 50021—1994），于 1995 年 3 月 1 日正式实施，该规范首次提出了岩土工程勘察等级，以便在工程实践中按工程的复杂程度和安全等级区别对待。2002 年建设部在对该规范进行修改和补充的基础上，颁布了国家标准《岩土工程勘察规范》（GB 50021—2001）（以下简称勘察规范），2009 年住房和城乡建设部发布了局部修订版。该规范是目前我国岩土工程勘察行业实行的强制性国家技术标准。本章将以该规范为主，介绍岩土工程勘察的基本知识。

一、岩土工程勘察的目的与任务

在勘察工作开始之前，设计和建设单位应按工程要求向勘察单位提交“岩土工程勘察任务书”，以便勘察单位制订勘察工作计划。任务书应说明工程的意图、设计阶段、对勘探技术和勘察成果的具体要求等，并尽可能地为勘察工作提供所必需的各种资料。这些资料视设计阶段的不同而有所差别。如在初步设计阶段，在勘察任务书中应说明工程类别、规模、建筑面积及建筑物的特殊要求、主要建筑物的名称、最大荷载、最大高度、基础最大埋深和最大设备等有关资料等，并向勘察单位提供附有坐标的、比例为1∶1000～1∶2000的地形图，图上应画出勘察范围；在详细设计阶段，在勘察任务书中应说明需要勘察的各建筑物的具体情况：包括建筑物的上部结构特点、层数及高度、跨度及地下设施情况、地面整平标高、采取的基础形式、尺寸和埋深、单位荷载或总荷载以及有特殊要求的地基基础设计和施工方案等，并附有经上级部门批准的附有坐标及地形的建筑总平面布置图（1∶500～1∶2000）。

岩土工程勘察的目的是运用各种勘察技术手段和方法，有效查明工程场地内的原始工程地质条件，并结合工程项目的特点及要求，分析场地内存在的工程地质问题，论证场地地基的稳定性和适宜性，提出正确的岩土工程评价和相应对策，为工程建设的规划、设计、施工和正常使用提供所需的工程地质资料。

岩土工程勘察的基本任务是按照建筑物所处的不同勘察阶段的要求，正确地反映工程地质条件，查明不良地质作用和地质灾害，为工程的规划、设计、施工以及岩土体治理、加固、开挖、支护和降水等工程提供详实的工程地质资料和必要的技术参数，同时对工程存在的有关岩土工程问题做出论证和评价，以便使建筑物与地质环境相互适应。

二、岩土工程勘察分级

考虑到建筑工程的重要性、建筑场地复杂程度以及地基复杂程度各不相同，所以岩土工程勘察的任务大小就各不相同，工作内容、工作量及勘察方法包括钻孔的数目、孔深、取不扰动土样（又称原状土样）的试验项目与原位测试种类的多少等也不一样。岩土工程勘察等级划分的目的在于突出重点、区别对待和利于管理。因此需要首先确定建筑工程重要性等级、建筑场地复杂程度等级和地基复杂程度等级，然后在综合分析的基础上确定勘察等级。

1. 建筑工程重要性等级

根据工程的规模和特征，以及由于岩土工程问题造成工程破坏或影响正常使用的后果，工程重要性按下表可分为三个等级：

表7-1 工程重要性等级

安全等级	工程类型	破坏后果
一级	重要工程	很严重
二级	一般工程	严　重
三级	次要工程	不严重

2. 建筑场地等级

根据场地的复杂程度，建筑场地可分为如下三个等级，并且按下列规定从一级开始，向二级、三级依次推定，以最先满足者为准。

（1）一级场地（复杂场地）。符合下列条件之一者为一级场地：①对建筑抗震危险的地段；②不良地质作用强烈发育；③地质环境已经或可能受到强烈破坏；④地形地貌复杂；⑤有影响工程的多层地下水、岩溶裂隙水或其他水文地质条件复杂，需专门研究的场地。

（2）二级场地（中等复杂场地）。符合下列条件之一者为二级场地：①对建筑抗震不利的地段；②不良地质作用一般发育；③地质环境已经或可能受到一般破坏；④地形地貌较复杂；⑤基础位于地下水位以下的场地。

（3）三级场地（简单场地）。符合下列条件者为三级场地：①抗震设防烈度等于小于6度，或对建筑抗震有利的地段；②不良地质作用不发育；③地质环境基本未破坏；④地形地貌简单；⑤地下水对工程无影响。

3. 建筑地基等级

根据地基的复杂程度，建筑地基等级也可分为如下三级，并且按下列规定从一级开始，向二级、三级依次推定，以最先满足者为准。

（1）一级地基（复杂地基）。符合下列条件之一者为一级地基：①岩土种类多，很不均匀，性质变化大，需特殊处理；②严重湿陷、膨胀、盐渍、污染的特殊性岩土，以及其他情况复杂，需作专门处理的岩土。

（2）二级地基（中等复杂地基）。符合下列条件之一者为二级地基：①岩土种类较多，不均匀，性质变化较大；②除一级地基规定以外的特殊性岩土。

（3）三级地基（简单地基）。符合下列条件者为三级地基：①岩土种类单一，均匀，性质变化不大；②无特殊性岩土。

4. 勘察等级

根据建筑工程重要性等级、建筑场地复杂程度等级、地基复杂程度等级，可按下列条件划分岩土工程勘察等级。

（1）甲级。在工程重要性、场地复杂程度和地基复杂程度等级中，有一项或多项为一级。

（2）乙级。除勘察等级为甲级和丙级以外的勘察项目。

（3）丙级。工程重要性、场地复杂程度和地基复杂程度等级均为三级。

另外，建筑在岩质地基上的一级工程，当场地复杂程度和地基复杂程度均为三级时，岩土工程勘察等级可定为乙级。

三、岩土工程勘察的阶段划分和基本要求

工程建设的不同阶段，对岩土工程勘察的详尽程度和岩土工程评价的内容也提出了不同的要求。根据工程建设阶段的不同，相应的勘察阶段通常划分为可行性研究勘察（选址勘察）、初步勘察、详细勘察三个阶段。对于场地条件复杂或有特殊要求的工程，宜进行施工勘察。但是，也应注意到，各行业设计阶段的划分不完全一致，工程的规模和要求各不相同，场地和地基的复杂程度也差别很大，因此要求每个工程都分阶段勘察，是不切实际的也是不必要的。所以，场地较小且无特殊要求的工程可合并勘察阶段。当建筑物平面布置已经确定，且场地或其附近已有岩土工程资料时，可根据实际情况，直接进行详细勘察。

1. 可行性研究勘察（选址勘察）阶段

本勘察阶段是为项目的可行性研究及场址选择提供主要的工程地质资料，并根据建筑条件，进行技术经济论证和方案比较，对各拟选场址的稳定性和适宜性做出工程地质评价。这一阶段的勘察工作的规定和要求为：

（1）搜集区域地质、地形地貌、地震、矿产、工程地质和建筑经验等资料。

（2）在充分搜集和分析已有资料的基础上，通过踏勘了解场地的地层、构造、岩性、不良地质作用和地下水等工程地质条件。

（3）当拟建场地工程地质复杂，已有资料不能满足要求时，应根据具体情况进行工程地

质测绘和必要的勘探工作。

(4) 当有两个或两个以上拟选场地时，应进行比选分析。

根据我国的建筑经验，一般情况下宜避开下列工程地质条件恶劣的地区或地段：不良地质现象发育且对场地稳定性有直接危害或潜在威胁的地区，如泥石流河谷、危岩和崩塌、滑坡、土洞、岸边冲刷、地下潜蚀等地区；地基土性质严重不良的场地，如Ⅲ级自重湿陷性场地、胀缩性强烈的Ⅲ级膨胀岩土地基、软硬突变的场地；对建筑物抗震危险的地段，即地震时可能发生滑坡、崩塌、地裂、泥石流等及发震断裂带上可能发生地表错动的部位；洪水或地下水对建筑场地有严重不良影响的地段，如洪水淹没区；以及地下有尚未开采的有价值矿藏或未稳定的地下采空区。

2. 初步勘察阶段

本阶段勘察的目的是为初步设计或者扩大初步设计提供依据，对场地内各建筑地段的稳定性和地基的岩土技术条件做出岩土工程评价，为确定建筑总平面布置、主要建筑物地基基础方案以及不良地质作用的防治方案等提供必要的资料。这一阶段的规定和要求为：

(1) 搜集拟建工程的有关文件，工程地质和岩土工程资料以及工程场地范围的地形图。

(2) 初步查明地质构造、地层结构、岩土工程特性、地下水埋藏条件。

(3) 查明场地不良地质作用的成因、分布、规模、发展趋势，并对场地稳定性做出评价。

(4) 对抗震设防烈度等于或大于 6 度的场地，应对场地和地基的地震效应做出初步评价。

(5) 季节性冻土地区，应调查场地土的标准冻结深度。

(6) 初步判定水和土对建筑材料的腐蚀性。

(7) 对高层建筑初步勘察时，应对可能采取的地基基础类型、基坑开挖和支护、工程降水方案进行初步分析评价。

初步勘察时勘探线的布置应垂直于地貌单元边界线、地质构造线和地层界线，对甲级建筑物应按建筑物的体形纵横两个方向布置勘探线。勘探点应该布置在这些界线上，并在变化最大的地段予以加密。在地形平坦土层简单的地区，可按方格网布置勘探点。

同时每个地貌单元都应设有控制性勘探孔（勘探孔是指钻孔、探井、触探孔等）并到达预定深度，其他一般性勘探孔只需达到适当深度即可，前者一般占勘探孔总数的1/5～1/3。勘探线和勘探点的间距、勘探孔深度可分别根据地基复杂程度等级和工程重要性等级按现行勘察规范选定。在探井、钻孔中取试样或进行原位测试的竖向间距应按地层的特点和土的均匀性确定，各土层一般均需采取试样或取得测试数据。

3. 详细勘察阶段

本阶段勘察应按单体建筑物或建筑群提出详细的岩土工程资料和设计、施工所需的岩土参数；对建筑地基做出岩土工程评价，并对地基类型、基础形式、地基处理、基坑支护、工程降水和不良地质作用的防治等提出建议。主要应进行下述工作：

(1) 搜集附有坐标和地形的建筑总平面图，场地的地面整平标高，建筑物的性质、规模、荷载、结构特点，基础形式、埋置深度，地基允许变形等资料。

(2) 查明不良地质作用的类型、成因、分布范围、发展趋势和危害程度，提出整治方案的建议。

（3）查明建筑范围内岩土层的类型、深度、分布、工程特性，分析和评价地基的稳定性、均匀性和承载力。

（4）对需进行沉降计算的建筑物，提供地基变形计算参数，预测建筑物的变形特性。

（5）查明埋藏的河道、沟浜、墓穴、防空洞、孤石等对工程不利的埋藏物。

（6）查明地下水的埋藏条件，提供地下水位及其变化幅度。

（7）在季节性冻土地区，提供场地土的标准冻结深度。

（8）判定水和土对建筑材料的腐蚀性。

（9）对抗震设防烈度等于或大于 6 度的场地，应不确定场地类型，划分对抗震有利、一般不利或危险的地段；对抗震设防烈度等于或大于 7 度的场地，应分析预测地震效应，判定饱和砂土或粉土的地震液化可能性。

（10）当建筑物采用桩基础时，还需提供桩基设计所需的岩土技术参数，并确定单桩承载力；提出桩的类型、长度和施工方法的建议；根据水文地质条件，评价地下水对桩基设计和施工的影响；查明可液化土层和特殊性岩土的分布及其对桩基的危害程度，并提出防治措施的建议；当采用基岩作为桩的持力层时，应查明基岩的岩性、构造、岩面变化、风化程度，确定其坚硬程度、完整程度和基本质量等级，判定有无洞穴、临空面、破碎岩体或软弱岩层；评价成桩可能性，论证桩的施工条件及其对环境的影响。

（11）如为深基坑开挖，则应提供坑壁稳定计算和支护方案设计所需的岩土参数，评价基坑开挖、降水等对邻近建筑的影响。

（12）应论证地下水在施工期间对工程和环境的影响。对情况复杂的重要工程，需论证使用期间水位变化和需提出抗浮设防水位时，应进行专门研究。

详细勘察的手段主要以勘探、原位测试和室内土工试验为主，必要时可以补充一些物探和工程地质测绘和调查工作。详勘勘探点的布置和勘探孔深度应按建筑物特性和岩土工程条件确定：对甲、乙级建筑物，宜按主要柱列线或建筑物的周边线布置勘探点；对丙级建筑物可按建筑物或建筑群的范围布置勘探点；对重大设备基础，应单独布置勘探点。勘探点间距视建筑物和岩土工程等级而定，布孔间距参看相关的规范。

4. 施工勘察阶段

施工勘察的目的和任务是配合设计、施工单位进行勘察，解决与施工有关的岩土工程问题，并提供相应的勘察资料。遇到下述情况时，应该进行施工勘察。

（1）基坑或基槽开挖后，岩土条件与勘察资料不符或发现必须查明的异常情况。

（2）深基础施工设计及施工中需要进行有关地基监测工作。

（3）地基处理、加固需进行检验工作。

（4）地基中溶洞或土洞较发育，需进一步查明及处理。

（5）在工程施工中或使用期间，当地基土、边坡体、地下水等发生未曾估计到的变化时，应进行监测，并对施工和环境的影响进行分析评价。

第二节　工程地质测绘和调查

工程地质测绘与调查是岩土工程勘察中的一项基础工作，在可行性研究或初步勘察阶段，工程地质测绘和调查往往是主要勘察手段，实质上是运用地质学、工程地质学理论对地面地质体和地质现象进行观察描述，根据野外调查测绘结果在地形图上填绘测区工程地质条件的主要因素，并绘制工程地质图，为确定勘探、测试工作及对场地工程分区与评价提供依据。

一、工程地质测绘和调查的基本原则

工程地质测绘一般遵循以下三个原则：

（1）工程地质测绘与调查一般在可行性研究或初步勘察阶段进行。在可行性研究阶段收集资料时，应尽量利用航空相片、卫星相片的解译成果。

（2）岩土出露或地貌、地质条件复杂的场地应进行工程地质测绘。对地质条件简单的场地，可用调查代替工程地质测绘。

（3）对经初步勘察测绘与调查仍未解决的某些专门工程地质问题，应在详细勘察阶段进行补充测绘。

二、工程地质测绘和调查的比例尺精度及范围

工程地质测绘的详细程度由测绘比例尺决定。在可行性研究勘察阶段，可选用1∶5000～1∶50000的比例尺；初步勘察阶段为1∶2000～1∶10000；详细勘察为1∶500～1∶2000。在地质条件较为复杂地段，比例尺可适当放大。对工程有重要影响的地质单元体（滑坡、断层、软弱夹层、洞穴等），可采用扩大比例尺来表示。工程地质测绘精度由每平方米图上平均观测点数来决定，地质界限和地质观测点的测绘精度，在图上的误差不超过3mm。

测绘和调查范围应包括场地及其附近与研究内容有关的地段：对查明场地的地貌、地层、地质构造等问题有重要意义的临近地段；为追索对拟建工程有影响的不良地质现象的成因规律、分布范围所需扩展的地质地貌单元；工程建设引起的工程地质现象可能影响的范围。

三、工程地质测绘和调查的主要内容

工程地质测绘和调查，主要包括下列主要内容：

（1）查明地形、地貌特征及其与地层、构造、不良地质作用的关系，划分地貌单元。

（2）岩土的年代、成因、性质、厚度和分布；对岩层应鉴定其风化程度，对土层应区分新近沉积土、各种特殊土。

（3）查明岩体结构类型，各类结构面(尤其是软弱结构面)的产状和性质，岩、土接触面和软弱夹层的特性等，新构造活动的形迹及其与地震活动的关系。

（4）查明地下水的类型、补给来源、排泄条件、井泉位置，含水层的岩性特征、埋藏深度、水位变化、污染情况及其与地表水体的关系。

（5）搜集气象、水文、植被、土的标准冻结深度等资料；调查最高洪水位及其发生时间、淹没范围。

（6）查明岩溶、土洞、滑坡、崩塌、泥石流、冲沟、地面沉降、断裂、地震震害、地裂缝、岸边冲刷等不良地质作用的形成、分布、形态、规模、发育程度及其对工程建设的影响。

（7）调查人类活动对场地稳定性的影响，包括人工洞穴、地下采空、大挖大填、抽水排水和水库诱发地震等。

（8）建筑物的变形和工程经验。

四、地质测绘和调查的方法

1. 实地测绘法

工程地质测绘主要依靠野外工作，即实地测绘。测绘时，在测区内合理布置若干条观测

线路，沿线作沿途观察。根据测绘区的地质条件特征，实地测绘法常用的有路线穿越法、界线追索法及布点法三种。

(1) 路线穿越法：沿一定的线路穿越测绘场地，详细观测沿线地区地质情况并填绘于地形图上，路线方向应大致与岩层走向、构造线及地貌单元相垂直。

(2) 界线追索法：沿地层走向、重要构造线或不良地质现象边界线详细追索，以查明复杂构造或者地质现象。

(3) 布点法：在地形图上预先布置一定数量（根据比例尺大小确定）的观测点，广泛观测地质现象。

地质观测点的布置是否合理，是否具有代表性，对于成图的质量至关重要。地质观测点宜布置在地质构造线、地层接触线、岩性分界线、不整合面和不同地貌单元、微地貌单元的分界线和不良地质作用分布的地段。同时地质观测点应充分利用天然和已有的人工露头，例如采石场、路堑、井、泉等。当露头不足时，应根据具体情况布置一定数量的探坑或探槽。条件适宜时，还可配合进行物探工作，探测地层、岩性、构造、不良地质作用等问题。地质观测点的密度应根据场地的地貌、地质条件、成图比例尺和工程要求等确定，并应具有代表性。地质观测点的定位应根据精度要求选用适当方法，如目测法、半仪器法、仪器法或卫星定位系统。有特殊意义的地质观测点，如地质构造线、不同时代地层接触线、不同岩性分界线、软弱夹层、地下水露头以及有不良地质作用等均宜采用仪器法。

2. 相片成图法

相片成图法是利用地面摄影或航空（卫星）摄影的相片，在室内根据判释标志，结合所掌握的区域地质资料，把判明的地层岩性、地质构造、地貌、水系和不良地质现象等，调绘在单张相片上，并在相片上选择需要调查的若干地点和路线，作实地调查，进行校对修正和补充，并将调查得到的资料，转绘在地形图上绘成工程地质图。相片成图法一般要求搜集航空相片和卫星相片的数量，同一地区应有 2～3 套，一套制作镶嵌略图，一套用于野外调绘，一套用于室内清绘，并且现场检验的地质观测点数宜为工程地质测绘点数的 30%～50%。进行大面积中、小比例尺或者在工作条件不便等情况下，可以借助于航测技术解译一些地质现象，对于提高测绘精度和加快工作进度，将会收到良好的效果。

五、工程地质测绘成果资料

工程地质测绘和调查完成后应编制实际材料图、工程地质图、柱状图、剖面图、各种素描图、照片等及文字说明。工程地质测绘和调查一般不单独提出成果报告，而是把测绘资料依附于某一勘察阶段，使该阶段工作得以深入进行。

第三节 工程地质勘探方法

地质勘探是工程地质勘察过程中查明地下地质情况的一种必要手段，它是在地面的工程地质测绘和调查所取得的各项定性资料基础上，进一步对场地的工程地质条件进行定量的评价。地质勘探所采用的方法通常有地球物理勘探、坑（槽、井、洞）探、钻探和触探以及地下水的勘察等，勘探方法的选取应符合勘察目的和岩土的特性。其中，触探分静力触探和动力触探两大类，既是一种勘探方法，同时也是一种原位测试技术，将在后续章节再作介绍。

一、地球物理勘探

地球物理勘探简称“物探”，即采用物理学的基本原理勘测地层分布、地质构造、地下水埋藏深度和矿藏分布的一种方法。它是以各种岩石、矿石、土层和地质构造具有的不同的物理性质，诸如密度、磁性、电性、弹性、放射性等物理性质的差异为研究基础，用不同的物理方法和物探仪器，探测天然的或人工的地球物理场的变化，通过分析、研究获得的物探资料，推断、解释地质构造和矿产分布情况。地球物理勘探是一种简便而迅速的间接勘探方法，如果运用得当，可以减少直接勘探（如钻探和坑探）的工作量，降低成本，加快勘探进度。随着现代科学技术的进步，基于多种理论的超前地质预报技术得到了较快的发展，应用这些新技术可以有效的控制地质灾害的发生，保证施工质量，确保安全，避免人员伤亡和设备的损坏，加快施工进度，节约投资等。同时虚拟仪器技术的引入，基于传感器和电脑自编软件处理数据的检测技术正在很大程度上改变着勘探过程中对设备及设备精度的依赖。

岩土工程勘察中可在下列方面采用地球物理勘探：①作为勘探的先行手段，了解隐蔽的地质界线、界面或异常点；②在钻孔之间增加地球物理勘探点，为钻探成果的内插、外推提供依据；③测定岩土体某些特定参数，如波速、动弹性模量、土对金属的腐蚀等。

地球物理勘探的方法很多，如重力勘探、磁法勘探、电法勘探、地震勘探、声波勘探、雷达勘探、放射性勘探等。这些勘探方法所测得的结果都必须经过专门的处理软件才能得到理想的效果。

二、坑探

在建筑场地上用人工开挖探井、探槽或平洞，直接观察了解槽壁土层情况与性质，可以取得比较准确的地质资料，同时还可以利用这种井、槽、洞，进行取样或原位试验，称之为坑探法。当地基中含有大块漂石、块石等，钻探法难以进行勘察时，可采用坑探法，或遇地层很不均匀、颗粒大小相差悬殊、分布不规则，少数小孔径钻探很难代表全面情况时，可采用探槽，效果较好。对于黄土地基，黄土试样的质量等级常常必须是Ⅰ级，而探井是保证取得Ⅰ级湿陷性黄土土试样质量的主要手段，因此《湿陷性黄土地区建筑规范》（GB 50025—2004）要求必须有足够数量的探井。另外，当建筑物发生墙体开裂等事故时，为检验基础尺寸、埋深、材料、施工质量及地基持力层土质等情况，可以挖探槽。

探井、平洞通常采用直径 0.8～1.0m 圆形断面或 1.0m×1.2m 矩形断面。竖井深不宜超过 20m，浅于 5 m 的常称为探坑。探槽也常常浅于 5m。掘进中，应对井壁、槽壁作必要的支护以防垮塌，确保施工安全。

在探井（坑、槽）中取黏性土不扰动土样时（图 7-1），先在坑底的指定深度挖一土柱，

图 7-1 探坑示意图

其尺寸稍大于铁皮取土筒直径，土要保持不受扰动。削平柱面，放上取土筒，一面削去筒外多余土，一面将筒压入，直到筒完全套入土柱后，切断土柱，削平筒两端土体并盖上筒盖，用布包裹，贴上标签，注明土样上下方向，用熔蜡全密封，妥善装箱送实验室。土样尺寸为：圆柱体的直径10～15cm，长度一般是直径的2～3倍；立方体的边长为10～20cm，少数为30cm。

在开挖过程中，应详细记录如编号、位置、标高、尺寸、深度等，描述岩土性状及地质界线，并在指定深度取样，也可取代表性部位拍摄彩色照片，对需要表示尺度的部位，可用钢尺或钢笔等作参照。整理资料时，用适当比例尺绘制有代表性的剖面图或整个探井探槽的展示图，把全部岩性、地层分界、构造特征、取样与原位试验位置，逐一标示在图上，一目了然，以供分析使用。

很显然，坑探法的优点是通过大面积开挖，人员可以进入探槽直接观察并可用手或简单工具实地检验各土层的密实度。必要时可取大块优质不扰动原状土，进行物理力学特性试验，还可以在探槽中做现场荷载试验。这是钻探与触探所无法比拟的。其缺点是：槽探开挖深度有限，通常为5～6m；土质疏松或深探井必须支撑，以保证人身安全。勘察完成后，应当认真回填，分层压实，因而工程量较大。另一缺点是地下水位以下难以应用。

三、钻探

钻探是用钻机在地层中钻孔，以鉴别和划分地层，并可沿孔深取样，用以测定岩石和土层的物理力学性质的勘探方法。此外，在钻孔内还可以进行触探试验或其他原位试验，确定地下水位埋深，了解地下水的类型。

钻机的种类较多，分类标准也不尽相同。工程上常按钻进方式一般分回转式与冲击式两种。回转式钻机是利用钻机的回转器带动钻具旋转，磨削孔底的地层进行钻进，它通常使用管状钻具，能取柱状岩芯标本。冲击式钻机则利用卷扬机借助钢丝绳带动钻具，利用钻具的质量上下反复冲击，使钻头冲击孔底，破碎地层形成钻孔，但它只能取出岩石碎块或扰动土样。勘探浅部土层时可采用小口径麻花钻、洛阳铲等人工钻探方法。钻探操作的具体方法，应按现行标准《建筑工程地质勘探与取样技术规程》（JGJ/T 87—2012）执行。

为研究地基土的工程性质，需要从钻孔中采取土样。土样有扰动的和不扰动的两种。扰动土样的原状结构已被破坏，只能用来测定土的颗粒成分、含水量、可塑性及定名等。不扰动土样（又称原状土样）是指土的原位应力状态虽已改变，但其结构、密度和含水量变化很小的土样，能满足室内试验各项要求。土样受扰动的程度不同，所能进行的试验也不同，勘察规范将土试样的质量等级分为四级，见表7-2。

表7-2　土试样质量等级

级　别	扰动程度	实　验　内　容
Ⅰ	不扰动	土类定名、含水量、密度、强度试验、固结试验
Ⅱ	轻微扰动	土类定名、含水量、密度
Ⅲ	显著扰动	土类定名、含水量
Ⅳ	完全扰动	土类定名

注　除地基基础设计等级为甲级的工程外，在工程技术要求允许的情况下可用Ⅱ级土试样进行强度和固结试验，但宜先对土试样受扰动程度作抽样鉴定，判定用于试验的适宜性，并结合地区经验使用试验成果。

扰动土样的采取比较容易，可自探井或钻孔中采取0.5～1.0kg保持天然级配和湿度的土装入瓶内或塑料袋内即可。在钻孔内采取不扰动土样时，需用取土器，按不同土质条件，常分别采用击入或压入两种方式。击入法一般以重锤少击的效果较好；压入法则以快速压入为宜，这样可以减少取土过程中土样的扰动。取土器按其上部封闭装置的结构形式，可分为活阀式与球阀式两类。

四、岩土工程地下水勘察

地下水能降低岩土的强度和地基承载力，对砂土、粉土产生潜蚀作用，破坏土体结构，地下工程施工中若出现砂土、粉土，还可能产生流砂现象，给施工带来困难；有些地下水还会腐蚀地下结构物。因此，在勘察时应根据设计和施工的需要提供有关的参数，预测可能产生的后果，提出监测和防护措施。

对地下水一般要进行化学分析，分析其对基础的浮力作用，对混凝土、钢筋等腐蚀性。常用的地下水参数包括：导水系数 T、导压系数 a、储水系数 S、渗透系数 K 等。

第四节　原位测试技术

原位测试指的是在土（岩）体的本来位置，对处于天然状态下的土（岩）体所进行的工程性质测试，是岩土工程勘察工作的重要内容。一般来说，原位测试能在现场条件下直接测定土的性质，避免试样在取样、运输以及室内试验操作过程中被扰动后导致结果的失真，因而其结果较为可靠。但需要注意的是，根据原位测试成果，利用地区性经验估算岩土工程特性参数和对岩土工程问题做出评价时，应与室内试验和工程反算参数作对比，检验其可靠性。

原位测试技术发展很快，有很多测试方法，应根据岩土条件、设计对参数的要求、地区经验和测试方法的适用性等因素选用。

一、静力载荷试验

静力载荷试验是指在拟建建筑场地中的挖至设计基础埋置深度的平整坑底，放置一定规格的方形或圆形承压板，然后在其上逐级施加荷载，测定相应荷载作用下地基土的稳定沉降量，并分析研究岩土的承载力和变形性质的一种试验手段。

静力载荷试验可分为浅层平板载荷试验、深层平板载荷试验和螺旋板载荷试验三种。浅层平板载荷试验适用于浅层地基土；深层平板载荷试验适用于埋深等于或大于3m和地下水位以上的地基土；螺旋板载荷试验适用于深层地基土或地下水位以下的地基土。本节仅介绍平板载荷试验。

平板载荷试验是在现场试坑坑底土层面上放置刚性平板，也称承压板或载荷板，在板上分级施加中心竖向荷载，直至地基破坏，量测各级荷载作用下承压板的下沉量，即地基的沉降量，利用荷载沉降 p-s 关系曲线，确定地基土的有关工程性质。

1. 平板载荷试验设备

图7-2（a）、（b）为常用的平板载荷试验装置，其构造由加载稳定装置、反力装置和沉降量测装置三部分组成。

加载稳定装置包括承压板、油压千斤顶、油泵和压力表等。其中，承压板宜采用圆形刚性板，常用标准承压板为0.5m^2（方形承压板70.7cm×70.7cm，圆形承压板直径79.8cm）。

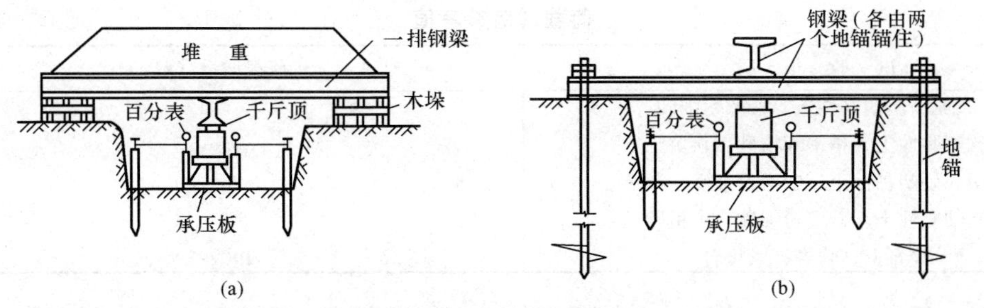

图 7-2　浅层平板载荷试验装置图

根据地基土软硬程度的不同，承压板面积也有所差别：土的浅层平板载荷试验承压板面积不应小于 0.25m²，对软土或粒径较大的填土不应小于 0.5m²；土的深层平板载荷试验承压板面积宜选用 0.5m²；岩石载荷试验的承压板面积不宜小于 0.07m²。

反力装置分堆载系统和地锚系统两种：前者如图 7-2(a)所示，千斤顶的向上反力由堆放在钢梁上的重物来平衡，按堆放工艺要求，一次堆足重物，再用千斤顶逐级加载；后者千斤顶的向上反力一般经由反力梁[图 7-2(b)]传给与该梁连接的地锚，地锚系统的抗拔能力需经过试验设计确定。

沉降量测装置包括百分表（或电测位移计）和固定百分表（或电测位移计）用的支架，支架需架在不受试验沉降影响的小木桩上。

2. 平板载荷试验方法

(1) 试坑的准备工作。浅层平板荷载试验的试坑宽度不应小于承压板宽度或直径的 3 倍；深层平板荷载试验的试井直径应等于承压板直径；当试井直径大于承压板直径时，紧靠承压板周围土的高度不应小于承压板直径；试坑底的岩土应避免扰动，保持其原状结构和天然湿度，并在承压板下铺设不超过 20mm 的砂垫层找平，尽快安装试验设备。

(2) 设备标定和稳压工作。试验前必须进行千斤顶、油泵和压力表等加载系统的标定；试验中需考虑加压过程中压力的稳定性，往往由于地锚的上拔，承压板的下降，加载设备的变形和千斤顶的漏油，千斤顶的压力（表现在油表的读数上）不易稳定，出现松压现象，必须及时补充压力，保持恒压。

(3) 加荷方式。加载方式分三种：第一种为常规的慢速加载法，采取分级加载，待沉降稳定后再施加下一级荷载；第二种为快速加载法，同样采取分级加载，每级荷载只需维持 2h 便可施加下一级荷载，而不必等待沉降稳定，最后一级荷载沉降观测至稳定标准或仍维持 2h；第三种为等沉降速率法，控制承压板按一定的沉降速率下沉，测量与沉降相应的所施加的荷载，直至破坏状态。目前采用较多的是慢速加载法。

1) 分级荷载量。分级荷载量一般取所试验土层极限荷载的 1/8～1/10，或临塑荷载的 1/4～1/5，当难以预估极限荷载值时，可参考表 7-3 取用，荷载量测精度不宜低于最大荷载的±1%。为使 p-s 关系曲线更接近土层变形情况，第一级荷载（包括设备重量）宜接近试坑开挖所卸去的试坑土的重量，与其对应的沉降量可不计。

2) 各级荷载下的沉降稳定标准。该标准直接影响着试验成果，它的确定与测量沉降的精度有关。采用的百分表（或电测位移计）量测精度不应低于±0.01mm，对应的沉降相对稳定标准为连续 2h 观测沉降量不大于 0.1mm/h，但每级荷载下的观测时间，对软黏土不少

表 7-3 荷载增量参考值

试验土层	荷载增量（kPa）
淤泥、流塑黏性土、松散粉细砂	≤15
软塑黏性土、稍密细粉砂、新黄土	15～25
可塑～硬塑黏性土、中密粉细砂、黄土	25～50
坚硬黏性土、密实粉细砂、中粗砂	50～100
碎石土、软岩、风化岩	100～200

于 24h，对一般黏性土不少于 8h，对较坚实的土（如老黏土、密实砂土、碎石土等）不应小于 4h。

3）各级荷载下沉降的读数。每加一次荷载都要按一定的时间间隔记录沉降读数，压力刚加上时承压板下降很快，开始 5～15min 需测读变形，1h 后可放宽到 30～60min 读数一次（砂土取小值，黏性土取大值）。

4）试验终止条件。在载荷试验中，一般应以地基破坏为试验终止条件。具体操作时，如出现下列情况之一，即可终止试验：①承压板周边的土出现明显侧向挤出，周边岩土出现明显隆起或径向裂缝持续发展；②本级荷载的沉降量大于前级荷载沉降量的 5 倍，荷载与沉降曲线出现明显陡降；③在某级荷载下 24h 沉降速率不能达到相对稳定标准；④总沉降量与承压板直径（或宽度）之比超过 0.06。

3. 静力载荷试验资料整理及试验成果

通过静力载荷试验，可绘出每级荷载下的时间沉降 t-s 曲线（图 7-3）和荷载沉降 p-s 曲线（图 7-4），这两条曲线即为载荷试验的主要成果。

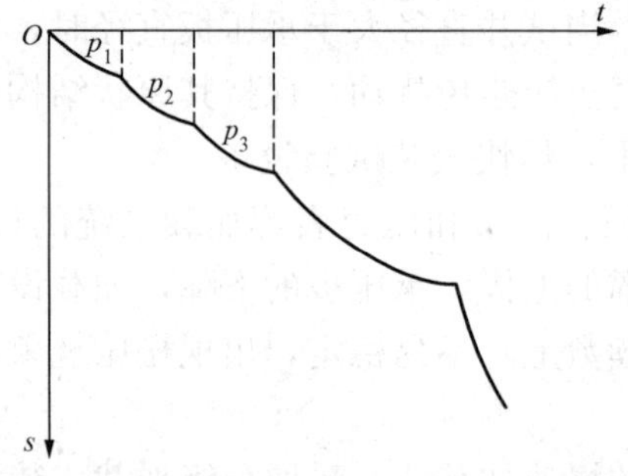

图 7-3 承压板的时间沉降 t-s 曲线

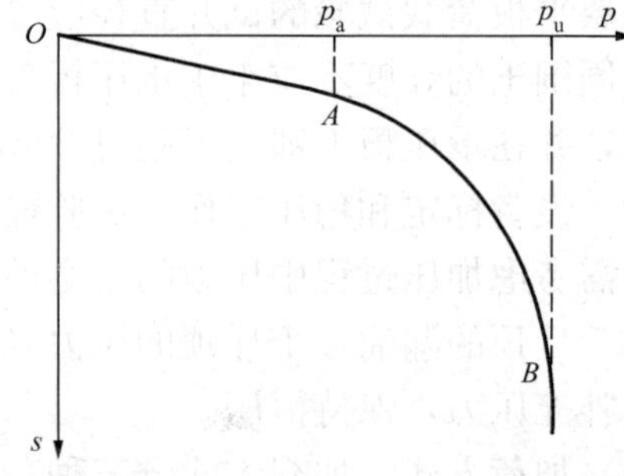

图 7-4 承压板的荷载沉降 p-s 曲线

除试验设备及其安装、量测仪表等应准确可靠外，在加载过程中精确读数、及时描绘上述两条曲线亦很重要，这样，可根据地基情况和破坏形式分析各次量测的可靠性。由时间沉降 t-s 曲线可看出每一级荷载作用下随时间的沉降过程和各级荷载作用下曲线的变化规律，可供分析地基极限荷载时参考。将各级荷载下的沉降量点绘在图上即可直接得出 p-s 曲线，但往往由于承压板和地基之间不够密贴，或加载设备的某个部件不够紧固，致使 p-s 曲线的直线段不通过零点，在资料整理时应进行修正，确保初始直线段通过零点。

p-s 曲线的线型与地基土的类型有关，根据土力学原理和大量的现场实践可知：逐级加载和基础浅埋时的密实砂土地基，快速加载和基础浅埋时的饱和黏土地基，常出现整体剪切破坏形态；中密砂土和一般黏土地基在基础浅埋时常出现局部剪切破坏形态；只有松散结构土（如松砂）在逐级加载时才出现冲切破坏形态。由于很少将建筑物置于松散结构土层上，故第三种破坏形态常不去研究。这样一来，在 p-s 曲线上直线段的终点 A 和反映极限荷载时的 B 点便成为整理资料时要细心得出的两个主要点。对应 A 点的荷载 p_a 称为比例界限荷载，或叫临塑荷载，当 $p<p_a$ 时，地基处于弹性变形阶段。对应点 B 的荷载叫极限荷载，它是破坏荷载的前一级荷载，当 $p=p_u$ 时，地基土已破坏。其中，A 点的确定方法为：若地基为整体剪切破坏，p-s 曲线常有较明显的直线段，该直线的拐点 A 即为对应比例界限荷载上的点（图 7-4）；若为局部剪切破坏，其直线段可能不明显，此时可在 $\lg p$ -$\lg s$ 关系曲线上或 p-$\Delta s/\Delta p$ 关系曲线上找到拐点 A。B 点可按下述方法确定：对于整体剪切破坏的情况，它为地基破坏时前一级荷载所对应的 p-s 曲线上的点，即 p-s 曲线突然下落的点；对于局部剪切破坏的情况，在破坏前的曲线段随着荷载的增加，曲线总是逐渐变陡，如图 7-5（a）所示，没有突然的转折点，同样需根据现场实测资料绘制 $\lg p$ -$\lg s$ 关系曲线，在如图 7-5（b）上找到曲率最大的点，即为 B 点，有时采用其他方法也可找到 B 点，但用 $\lg p$ -$\lg s$ 曲线，一般都能得到 B 点的较满意的结果。

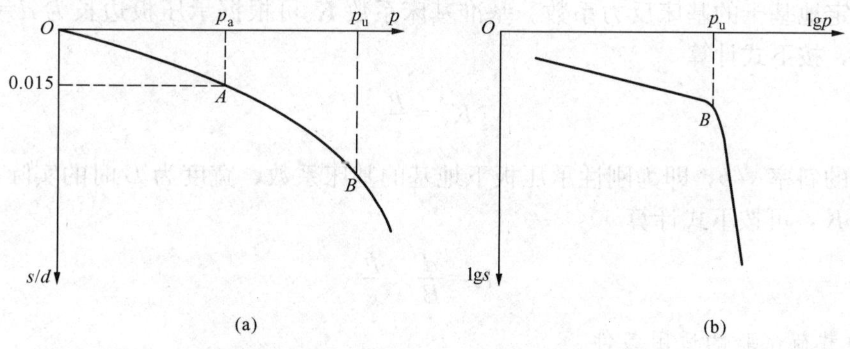

图 7-5　局部剪切破坏时地基承载力的确定

（a）p-s 曲线；（b）$\lg p$ -$\lg s$ 曲线

4. 载荷试验成果的利用

现场载荷试验的成果主要用于以下三个方面，且需注意应用的条件。

（1）确定地基承载力特征值。根据 p-s 曲线，可按下述方法确定地基承载力特征值：①当 p-s 曲线上有比例界限 p_a（起始直线段末对应的压力）时，取该比例界限所对应的荷载值作为承载力特征值；②当满足终止试验条件的前三种之一时，其对应的前一级荷载定为极限荷载 p_u，如极限荷载小于对应比例界限的荷载值的 2 倍时，取极限荷载值的一半为承载力特征值；③当不能按上述二款要求确定时，当承压板面积为 0.25～0.50m²，可取 $s=(0.01\sim0.015)d$（d 为承压板直径或边长）所对应的荷载为承载力特征值，但其值不应大于最大加载量的一半。

同一土层参加统计的试验点不应少于 3 点，当试验实测值的极差不超过其平均值的 30％时，取此平均值作为该土层的地基承载力特征值 f_{ak}。

值得注意的是，当在地表或敞坑中作载荷试验时，所确定的上述地基承载力特征值，在具体设计时需要根据基础的实际宽度和埋深，决定是否进行宽深修正，并按有关规范具体计算。

（2）确定地基土的变形模量 E_0。土的变形模量应根据 p-s 曲线的起始直线段，按均质各向同性半无限弹性介质的弹性理论计算。

浅层平板荷载试验的变形模量 E_0（MPa），可按下式计算

$$E_0=I_0(1-\mu^2)\frac{pd}{s} \tag{7-1}$$

深层平板荷载试验和螺旋板荷载试验的变形模量 E_0(MPa)，可按下式计算

$$E_0=\omega\frac{pd}{s} \tag{7-2}$$

式中 I_0——刚性承压板的形状系数，圆形承压板取 0.785；方形承压板取 0.866；

μ——土的泊松比(碎石土取 0.27，砂土取 0.30，粉土取 0.35，粉质黏土取 0.38，黏土取 0.42)；

d——承压板直径或边长，m；

p——p-s 曲线线性段的压力，kPa；

s——与 p 对应的沉降，mm；

ω——与试验深度和土类有关的系数，可按勘察规范表 10.2.5 选用。

(3) 确定地基土的基床反力系数。基准基床系数 K_v 可根据承压板边长为 $d=30$cm 的平板荷载试验，按下式计算

$$K_v=\frac{p}{s} \tag{7-3}$$

直线段的斜率 s/p，即为刚性承压板下地基的基床系数，宽度为 B 时的实际基础下地基的基床系数 K，可按下式计算

$$K=\frac{d}{B}\times\frac{p}{s} \tag{7-4}$$

5. 静力载荷试验的适用条件

静力载荷试验的成果一般是可靠的，除可直接利用外，也常作为其他原位测试方法资料对比的重要依据。但该试验方法仍具有模型性质，并非实际基础，受影响深度小和加载时间短的局限性，应用时要注意分析成果资料和实际建筑物地基基础的作用效果之间可能存在的差异。例如，由于模型和实物尺寸不等，因而不能用 p-s 曲线确定实物基础的沉降量，特别是地基中有软弱下卧层而模型的影响深度尚未达到该软弱层时，由于软弱层对沉降的影响较大，致使二者的差别更大；对于变形模量 E_0 和基床系数 K，也只能表示承压板下地基压缩层的性质，若地基是均匀的，直接运用于整个基础的地基，二者间差别可能很小；当地基不均匀或有软弱下卧层时，则不能盲目地用于整个基础下的压缩层；至于地基的承载力，一般按规范规定的承压板静力载荷试验测得，经过宽深修正后，可直接作为实物基础地基的承载力。

二、十字板剪切试验

十字板剪切试验简称 FVT(Field Vane Test)，是用十字板剪切仪在现场原位测试软土地基不排水抗剪强度的试验。与室内试验比较，它避免了土样扰动，保存了其天然状态，且所需设备简单，操作方便，是一种有效的测试方法。

1. 十字板剪切试验的原理

十字板剪切试验的基本原理，是将装在轴杆下的十字板头（图 7-6）

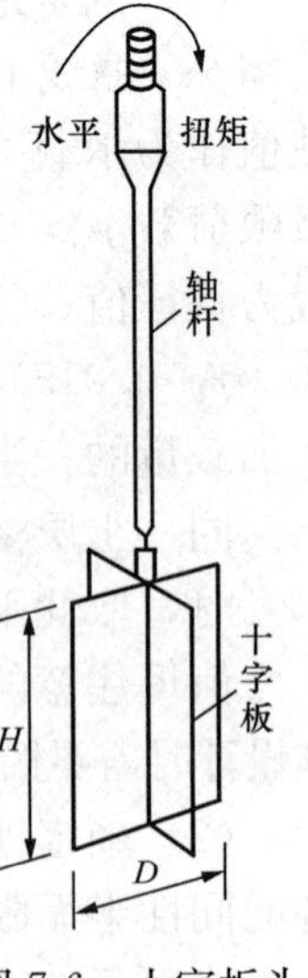

图 7-6 十字板头

压入钻孔孔底下土中测试深度处，再在杆顶施加水平扭矩 M，由十字板头旋转将土剪破。设破裂面为直径 D、高 H 的圆柱面，根据该圆柱体侧面和顶底面上土的抗剪强度产生的阻抗力矩之和与外加水平扭矩平衡的原理，有

$$M=\pi DH\frac{D}{2}S_u+2\frac{\pi D^2}{4}\frac{D}{3}S_H \tag{7-5}$$

式中 H——十字板头高度，m；

D——十字板头宽度，m；

M——土体产生剪切破坏时，所施加的外力总扭矩，kN·m；

S_u——圆柱体侧面处土的抗剪强度，kPa；

S_H——圆柱体上下两底面上土的抗剪强度，kPa。

实用上按 $S_u=S_H$进行简化，上式变为

$$S_u=\frac{2M}{\pi D^2\left(H+\frac{D}{3}\right)} \tag{7-6}$$

式（7-6）可称为常规分析法的计算公式，它假定圆柱体表面上的剪应力为均匀分布。若考虑上下底面上剪应力的分布规律，上式可改写成

$$S_u=\frac{2M}{\pi D^2\left(H+\frac{D}{\eta}\right)} \tag{7-7}$$

式中 η——系数，根据 Jackson（1969）的分析，当圆柱体上下底面上的剪应力为均匀分布时，$\eta=3.0$；抛物线分布时，$\eta=3.5$；三角形分布时，$\eta=4.0$。

实际上外力作用于十字板头圆柱体剪切面上的扭矩应为外力施加的总扭矩减去轴杆与土体间的摩擦力矩和仪器机械的阻力矩，即

$$M=(P_f-f)R \tag{7-8}$$

将式（7-8）代入式（7-6），可得

$$S_u=K(P_f-f) \tag{7-9}$$

$$K=\frac{2R}{\pi D^2\left(H+\frac{D}{3}\right)} \tag{7-10}$$

式中 P_f——剪破土体时所施加的总作用力，kN；

f——轴杆与土体间的摩擦力和仪器机械阻力之和，kN；

R——施力旋盘的半径，m；

K——十字板常数。

十字板剪切仪有普通型和轻便型两种，近年来发展了电阻应变式量测装置。十字板剪切仪的主要部件为十字板头、施加扭矩装置、扭力量测装置和轴杆等。常用的十字板头尺寸为 $D\times H=50\text{mm}\times100\text{mm}$，板厚 2mm，刃口为 60°，轴杆直径为 20mm，轴杆和十字板的连接有分离式和套筒式两种。

2. 十字板剪切试验的应用

十字板剪切试验主要用于饱和软黏土地层，可得到下列土性参数。

(1) 饱和黏土不排水抗剪强度 S_u [见式 (7-9)]。

(2) 饱和黏土不排水残余抗剪强度 S'_u

$$S'_u = K(P'_f - f) \tag{7-11}$$

式中 P'_f——在峰值强度或稳定值测试完后，顺扭转方向连续转动 6 圈后所施加的总作用力，kN。

(3) 饱和黏土的灵敏度 S_t

$$S_t = \frac{S_u}{S'_u} \tag{7-12}$$

应用成果参数时，需注意以下几点：

(1) 在圆柱体破裂面上，圆柱体侧面上的抗剪强度 S_u 实际上不等于其顶底面上的抗剪强度 S_H，原因是在天然地基中水平固结压力并不等于垂直固结压力，在正常固结黏土地基中，垂直固结压力大于水平固结压力，故圆柱体顶底面上的抗剪强度 S_H 大于其侧面上的抗剪强度 S_u，在应用以上公式计算时，可把 S_u 理解为综合抗剪强度。

(2) 剪切破裂面实际上并非圆柱面，由于其破裂面面积比圆柱面面积大，使得算出的 S_u值偏大。

(3) 每 10s 转 1°的旋转速率快于实际建筑物的加载速率，由于黏滞阻力的存在，旋转越快，测得的饱和黏土不排水抗剪强度就越高。

(4) 在试验过程中，各杆件的竖直、接头拧紧程度、量测标定的正确性等，将直接影响试验成果。至于土的各向异性、孔底下十字板的插入深度、土的扰动、逐渐破坏效应等多方面的影响因素，都是在成果分析时值得考虑的。

三、标准贯入试验

标准贯入试验简称 SPT (Standard Penetration Test)，它是用重 63.5kg 的穿心锤，以 760mm 高的落距，将置于试验土层上的特制的对开式标准贯入器 (图 7-7) 打入孔底，先打入孔底 15cm，不记锤击数，然后再打入 30cm，并记下锤击数 N。最后提出钻杆和标准贯入器，取出土样，进行土的物理力学性质试验。当锤击数已达 50 击，而贯入深度未达 30cm 时，可记录实际贯入深度 ΔS (cm)，按下式换算成相当于 30cm 的标准贯入试验锤击数 N，并终止试验。

$$N = 30 \times \frac{50}{\Delta S} \tag{7-13}$$

标准贯入试验实际上也是土的动力触探试验类型之一，只不过探头不是圆锥探头，而是标准的圆筒形探头，由两个半圆筒合成的取土器。这种试验一般适用于黏性土和砂性土地基，不适用于软塑～流塑软土。

按一般理解，土层越硬或越密实，取土器被锤入土中一定深度 (30cm) 所需的锤击次数 N 就越大，即 N 反映了土层的软硬或密实程度。从理论上讲，集中表现在 N 值大小的标准贯入试验的机理是比较复杂的，它是地基土层与贯入器的一种共同作用，在重复的冲击荷载作用下，取土器打入土中时，一方面土要进入取土器，另一方面它又将周围的土体向外挤出并压紧，此时土体还可能具有局部排水的性状。

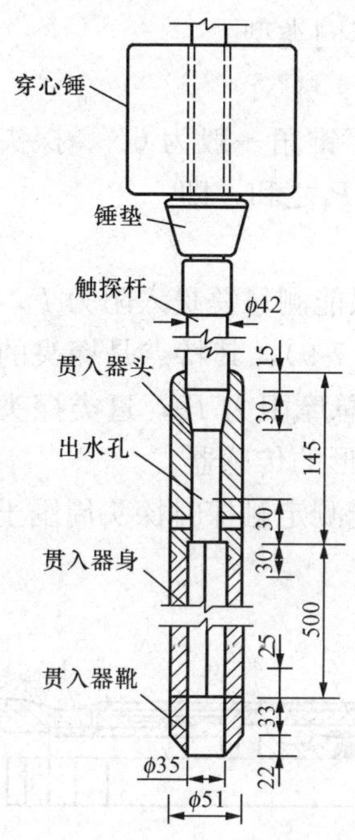

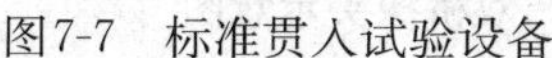

图7-7　标准贯入试验设备

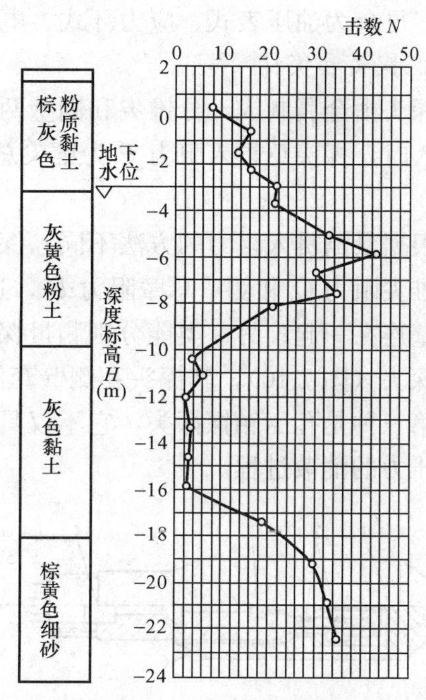

图 7-8　N-H 测试结果

标准贯入试验成果 N 值可直接标在工程地质剖面图上，也可绘制单孔标准贯入击数 N 与深度 H 关系曲线（图 7-8）或直方图。统计分层标贯击数平均值时，应剔除异常值。利用 N 值可对砂土、粉土、黏性土的物理状态、土的强度、变形参数、地基承载力、单桩承载力、砂土和粉土的液化、成桩的可能性等作出评价。另外，应用 N 值时是否修正和如何修正，应根据建立统计关系时的具体情况确定。

四、静力触探试验

静力触探试验简称 CPT（Cone Penetration Test）是将一锥形金属探头，按一定的速率（一般为 0.5～1.2m/min）匀速地静力压入土中，测量其贯入阻力，而进行的一种原位测试方法。

静力触探在国内外发展迅速且应用广泛。最早是 1917 年，瑞典铁路工程中正式采用了螺旋锥头静力触探，之后其他国家相继采用了静力触探技术，并将其标准化，设备也日趋现代化。我国于 1956 年研制成双层管式静力触探车，1965 年制造了电阻应变式静力触探仪，1967 年成功地研制了机械传动静力触探仪，利用静力触探的勘探深度一般为 15～30m，在软土中可达 50m 以上，且有很多单位从事这一技术的开发和使用。

静力触探是一种快速的现场勘探和原位测试方法，具有设备简单、轻便、机械化和自动化程度高、操作方便等一系列优点，受到了国内外工程界的普遍重视，理论和应用等方面发表的文献很多，值得学习和参考。

（一）静力触探设备

1. 静力触探仪

静力触探仪按贯入能力大致可分为轻型（20～50kN）、中型（80～120kN）、重型（200～300kN）三种：按贯入动力及传动方式可分为人力给进、机械传动及液压传动三种；按测力装置可分为油压表式、应力环式、电阻应变式及自动记录等不同类型。

2. 探头和探杆

探头由金属制成，分锥尖和侧壁两个部分，锥尖为圆锥体，锥角一般为60°。探头在土中贯入时，探头总贯入阻力 P 为锥尖总阻力 Q_c 和侧壁总摩阻力 P_f 之和，即

$$P=Q_c+P_f \tag{7-14}$$

根据量测贯入阻力的方法不同，探头可分为两大类：一类只能测量总贯入阻力 P，不能区分锥尖阻力 Q_c 和侧壁总摩阻力 P_f，这类探头叫单桥探头（图7-9），其特点是探头的锥尖与侧壁连在一起；另一类能分别测量探头锥尖总阻力 Q_c 和侧壁总摩阻力 P_f，这类探头称为双桥探头（图7-10），其探头和侧壁套筒分开，并有各自测量变形的传感器。

第三种是孔压触探探头，它不仅具有双桥探头的作用，还能测定触探时探头周围土中孔隙水压力的消散过程。

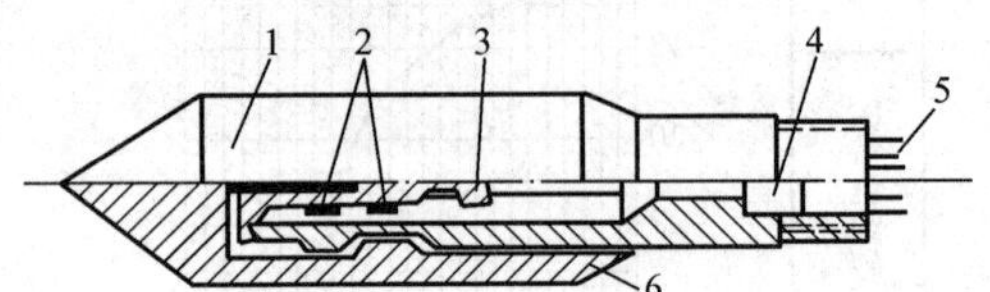

图7-9 单桥探头示意图

1—顶柱；2—电阻应变片；3—传感器；4—密封垫圈套；5—四芯电缆；6—外套筒

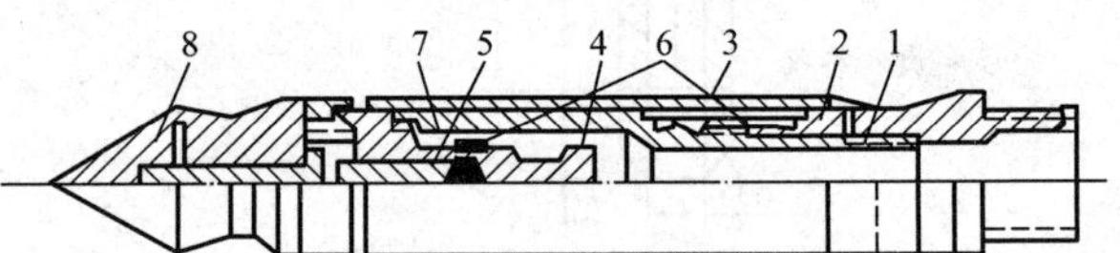

图7-10 双桥探头示意图

1—传力杆；2—摩擦传感器；3—摩擦筒；4—锥尖传感器；5—顶柱；6—电阻应变片；7—钢珠；8—锥尖头

3. 量测系统

量测系统是静力触探仪的重要组成部分，测量静力触探的贯入阻力，国外常用油压法或电测法，而我国普遍采用的是电测法。如图7-9所示的单桥探头，它有一个传感器和一组电桥，只反映探头端部的变化，当探头下压时，锥头所受到的阻力，通过顶柱传给传感器，使传感器受拉变形。传感器是弹性元件，一般均选用高强合金钢，在弹性范围内，该材料的应力应变呈正比关系。在传感器工作面上，贴有一组电阻应变片，它们按电桥形式组成，当传感器产生受拉变形时，电阻应变片的阻值发生变化。测得了阻值变化的大小，通过转换计算，便可求得贯入阻力。在我国另一类应用较多的是双桥探头，它设有两个传感器和两组电桥，能分别反映探头端部和一个摩擦套筒上所受阻力的变化（图7-10）。

4. 触探指标

单桥探头能测定一个触探指标——比贯入阻力 p_s，即总贯入阻力 P 与探头锥尖底面积 A 的比值

$$p_s=\frac{P}{A} \tag{7-15}$$

双桥探头可以测定两个触探指标——锥尖阻力 q_c 和侧壁摩阻力 f_s，其定义如下

$$q_c=\frac{Q_c}{A} \tag{7-16}$$

$$f_c=\frac{P_c}{F} \tag{7-17}$$

式中　Q_c、P_f——锥尖总阻力和侧壁摩阻力，kN；

　　A、F——锥底截面积和摩擦筒表面积，m^2。

另外，也需要计算双桥探头的摩阻比 R_f

$$R_f = \frac{f_s}{q_c} \tag{7-18}$$

当采用孔压静力触探探头时，为孔压静力触探（CPTU），可以测量初始孔隙水压力 u_i 以及孔压消散过程中时刻 t 的孔隙水压力 u_t。

（二）静力触探成果的应用

静力触探现场采集的数据导入岩土工程勘察软件，输入相关工程的信息如工程项目名称、钻孔编号等信息，即可自动绘制出静力触探曲线，并以CAD图形的格式保存下来，便于分析利用。

1. 划分土层界限

土层界限划分是岩土工程勘察工作的一个重要内容，特别是在桩基工程设计时，对桩尖持力层顶面标高的准确确定和桩的施工长度确定具有十分重要的意义。静力触探试验曲线结合钻探分层的结果可以更加准确地确定土层分界线的标高。划分时，必须考虑到试验时超前和滞后的影响，具体划分方法如下：

（1）上下层贯入阻力相差不大时，取超前深度和滞后深度的中心位置，或中心偏向小阻力土层5～10cm处作为分层界限。

（2）上下层贯入阻力相差一倍以上时，当由软土层进入硬土层（或由硬土层进入软土层）时，取软土层最后一个（或第一个）贯入阻力小值偏向硬土层10cm处作为分层界限。

（3）上下土层贯入阻力变化不是很明显时，可结合 f_s 和摩阻比 R_f 的变化情况确定分层界限。

2. 预估单桩承载力

由于静力触探探头和土的作用机理以及桩土作用机理两者具有一定的相似性，可以利用静力触探估算单桩承载力，具体计算方法可参阅有关规范。

同时值得注意的是，静力触探以及桩的机理迄今仍然没有圆满的探讨清楚，现有的理论分析建立在相关的假设和模型试验近似模拟的基础上，得到的是半经验解。单从实用的角度上来说，还需要进一步的研究，并通过实际资料的对比确定统计规律，这将使得静力触探变为一项简单易行、准确有效、多用途的测试手段。

3. 其他应用

国内利用静力触探的成果和相关试验的成果进行了大量的对比研究，建立起来了很多经验公式，可利用静力触探的成果来确定土的强度参数，如不排水抗压强度和砂土内摩擦角，土的变形参数，如黏性土的压缩模量（变形模量）以及饱和黏性土的不排水模量，尤其是在确定地基承载力方面积累了大量经验，但各有其适用范围、适用地区和土类。具体的取值可参考相关资料分类选取。

五、旁压试验

旁压试验是利用圆柱形旁压器弹性膜（图7-11）在土中的扩张对钻孔壁施加均匀横向压力，使得孔壁土体发生径向变形直至破坏，同时通过测量系统测得压力 p 与旁压器量测腔体积 V 的关系，从而估算地基土的强度、变形等岩土工程参数，如旁压模量 E_m、剪切模量G_m、黏土的不排水抗剪强度c_u，也可用来划分土的类别及物理状态，确定浅基础的地基承载力和沉降等。

旁压试验按照旁压器在土中设置的方式分为预钻式旁压试验、自钻式旁压试验和压入式旁压试验。无论是哪种形式，旁压试验都是在钻孔中央用旁压仪向孔壁岩土体施加平面轴对称压力，使得岩土体产生横向变形。这一作用方式，可以认为是轴对称的圆柱形孔的扩张问题，同时也可理想化为轴对称平面应变问题。由于预钻式试验初始阶段旁压器与孔壁之间存在明显的空隙，得到的p-V关系曲线也比较典型，如图7-12所示，可划分为接触加压段、似弹性阶段和塑性变形阶段。前两段交点的压力相当于初始接触加荷的初始水平应力p_0，后两段交点的界限压力相当于临塑压力p_f，最后端末尾渐近线的压力为极限压力p_l。同时，根据p-V曲线的直线段斜率，可得旁压模量E_m（kPa）：

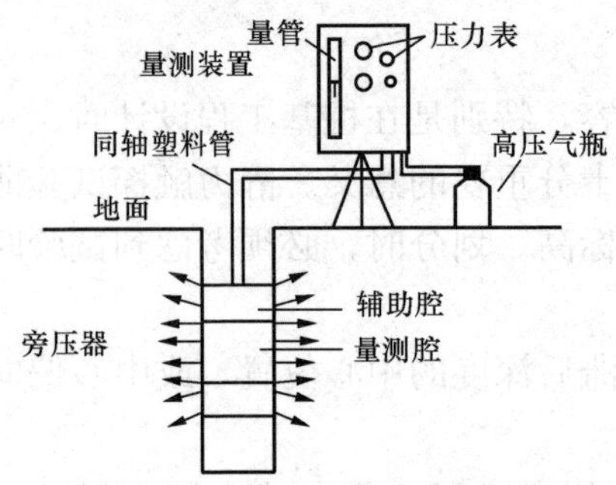

图7-11 旁压仪示意图

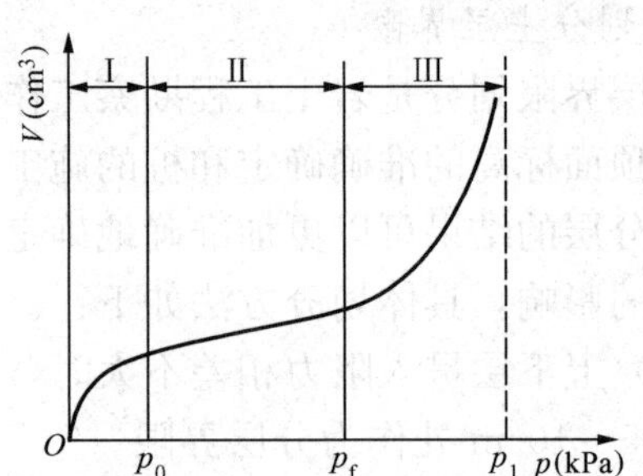

图7-12 旁压试验p-V曲线

$$E_m = 2(1+\mu)\left(V_c + \frac{V_0 + V_f}{2}\right)\frac{\Delta p}{\Delta V} \tag{7-19}$$

式中 V_c——旁压器量测腔初始固有体积，cm^3；

V_0——与初始压力p_0对应的体积，cm^3；

V_f——与初始压力p_f对应的体积，cm^3；

μ——泊松比；

$\Delta p/\Delta V$——旁压曲线直线段的斜率，kPa/cm^3。

旁压试验具有较广泛的适用性，可适合于黏性土、粉土、砂土、碎石土、极软岩、软岩等各类岩土的测试。同时测试方便，不受地下水位的限制，与室内试验相比，具有试样大，代表性强，扰动小的优点。具体的技术要求可参考勘察规范。

六、波速测试

波速测试试验主要是为工程抗震、动力机器基础设计提供必要的资料。弹性波分体波和面波两大类。体波是在介质内部传播的，又分压缩波和剪切波两类。当体波传播时，如质点振动方向与波的传播方向一致时，为压缩波，如相互垂直时，则为剪切波。在岩土介质表面，存在以瑞利波形式传播的面波，其质点振动轨迹呈椭圆状，按逆时针方向运动。在不同岩土介质的交界面上，还存在勒夫波。土的波速测试，主要是测试剪切波速v_s。同时应该注意的是，在地表的剪切波测试中会受到压缩波的干扰，为了提高波速测试的精度，避免剪切波检测的困难，工程上常用瑞利波波速测试来代替剪切波测试。

波速测试根据任务要求，可采用单孔法、跨孔法或面波法。

单孔法波速测试中假定地下介质为水平层状地层模型，剪切波速在水平方向为均匀分布，而在垂直方向随深度变化。其技术要求应符合下列规定：①测试孔应垂直；②将三分量检波器固定在孔内预定深度处并紧贴孔壁；③可采用地面激振或孔内激振；④应结合土层布置测点，测点的垂直间距宜取 1～3m。层位变化处加密，并宜自下而上逐点测试。

跨孔法利用相隔一定间距的两个平行钻孔，一个孔放置震源，另一个放置检波器，接收信号。其技术要求应符合下列规定：①振源孔和测试孔，应布置在一条直线上；②测试孔的孔距在土层中宜取 2～5m，在岩层中宜取 8～15m，测点垂直间距宜取 1～2m；近地表测点宜布置在 0.4 倍孔距的深度处，震源和检波器应置于同一地层的相同标高处；③当测试深度大于 15m 时，应进行激振孔和测试孔倾斜度和倾斜方位的量测，测点间距宜取 1m。

面波法波速测试可采用瞬态法或稳态法，宜采用低频检波器，道间距可根据场地条件通过试验确定。

波速测试成果分析应包括下列内容：①在波形记录上识别压缩波和剪切波的初始时间；②计算由振源到达测点的距离；③根据波的传播时间和距离确定波速；④计算岩土小应变的动弹性模量、动剪切模量和动泊松比。

七、岩体原位应力测试

岩体应力是工程岩体稳定性分析及工程设计的重要参数。目前，岩体应力主要靠实测求得，特别是构造活动较强烈及地形起伏复杂的地区，自重应力理论将无力解决岩体应力问题。由于岩体应力不能直接测得，只能通过量测应力变化而引起的诸如位移、应变等物理量的变化值，然后基于某种假设反算出应力值，因此，目前国内外使用的所有应力量测方法，均是在洞室壁面或地表露头面上打钻孔或刻槽，引起岩体中应力扰动，然后用各种探头量测由于应力扰动而产生的各种物理量变化值的方法来实现。常用的应力量测方法主要有：应力解除法、应力恢复法和水压致裂法等。这些方法的理论基础都是弹性力学。因此，岩体应力测试均视岩体为均质、连续、各向同性的线弹性介质。本节仅介绍应力解除法的有关内容。

应力解除法的基本原理是：岩体在应力作用下产生变形（或应变）。当需测定岩体中某点的应力时，可将该点一定范围内的岩体与基岩分离，使该点岩体上所受应力解除。这时由应力产生的变形（或应变）即相应恢复。通过一定的量测元件和仪器量测出应力解除后的变形值，即可由确定的应力与应变关系求得相应应力值。

测试岩体原始应力时，测点深度应超过应力扰动影响区；在地下洞室中进行测试时，测点深度应超过洞室直径的二倍。在测点测段内，岩性应均一完整；测试孔的孔壁、孔底应光滑、平整、干燥。同一钻孔内的测试读数不应少于 3 次。解除后的岩芯如不能在 24h 内进行围压试验时，应立即包封，防止干燥。

应力解除法根据测量方法不同可分为孔壁应变法、孔径变形法和孔底应变法三种。这些方法均适用于无水、完整或较完整的岩体。下面仅简述孔壁应变法测试的有关内容。

孔壁应变法测试是采用孔壁应变计量测套钻解除后钻孔壁的岩石应变，按弹性理论建立的应变与应力之间的关系式，求出岩体内某点的空间应力。该法适用于各向同性岩体的应力测试。

（1）测试准备。根据测试要求，选择适当场地，并将钻机安装牢靠。首先用套钻解除钻头钻至预定测试深度，取出岩芯，进行描述。然后用磨平钻头磨平孔底，用锥形钻头打喇叭口。再用小孔径钻头钻测试孔，要求与解除孔同轴，深度应视应变计要求长度而定，取出岩芯进行描述；当孔壁不光滑时，应采用金刚石扩孔器扩孔。最后，清洗测试孔，并对孔壁进行干燥处理。

（2）仪器安装。在测试孔孔壁和应变计上均匀涂上粘结胶。然后用安装器将应变片送入测试孔，就位定向，并施加一定的预压力，保证应变片牢固地粘结在孔壁上。待粘结胶充分固化后，检查系统绝缘值不应小于50MΩ。最后取出安装器，量测测点方位角和深度。

（3）测试及稳定标准。①从钻具中引出应变计电缆，接通仪器。向钻孔中注水，每隔10min读数一次，连续三次读数相差不超过5με时，即认为稳定，将此读数作为初始值；②按预定分级深度钻进，进行套钻解除，每级深度宜为2cm。每解除一级深度，停钻读数，连续读取2次；③套钻解除深度应超过孔底应力集中影响区。解除到一定深度后，应变计读数趋于稳定。最终解除深度（即应变计中应变丛位置至解除孔底深度）不得小于岩芯外径的2倍；④向钻孔内继续注水，每隔10min读数一次，连续三次读数相差不超过5με时，即认为稳定，不再解除；⑤退出钻具，取出岩芯，并进行描述。

（4）岩芯围压试验。现场测试结束后，应立即将解除后的岩芯连同其中的应变计放入围压器中，进行围压率定试验。其间隔时间不宜超过24h。解除后的岩芯如不能在24h内进行围压试验时，应立即包封，防止干燥。

（5）成果整理。应按《工程岩体试验方法标准》（GB/T 50266—2013）的附录A的规定计算岩体空间应力，并根据岩芯解除应变值和解除深度，绘制解除过程曲线，且根据围压试验资料，绘制压力与应变关系曲线和计算岩石的弹性模量和泊松比。

第五节　室内试验及指标整理

一、测试工作的内容

在一般的中小型工程设计或初步设计中，可采用土的某些物理指标，根据有关规范中的经验表格或地区经验公式，确定地基承载力；当需计算建筑物沉降，预估发展趋势时，要求提供压缩性指标和固结系数；重大或有特殊要求的工程，还需测定前期固结压力，土的应力应变关系和强度参数，可见岩土的室内试验是岩土工程地质勘察必不可少的步骤和方法。室内试验的方法很多，大致可分为如下几种：

（1）土的物理性质试验。含水量 w 与密度 ρ 是土的两个最基本的物理指标，同时，土粒相对密度 d_s 也在室内直接测得。液限 w_L 与塑性 w_P 的测定方法常采用锥式液限仪和搓条法测定，或采用液限塑限联合试验测定。

（2）土的压缩固结试验。可以得到土的压缩系数 a，压缩指数 C_c 及压缩模量 E_s。

（3）土的抗剪强度试验。土的抗剪强度指标可由室内三轴压缩试验、直剪试验、无侧限抗压强度试验测得，也可由原位试验求得。

（4）土的动力性质试验。动三轴试验可测定土的动弹性模量、动阻尼比和动强度参数，以及饱和砂土的抗液化强度。大型振动台试验是研究土的液化势的室内大型动力试验设备，可以同时测出孔隙水压力和应力应变的变化。

（5）特殊试验。如黄土的湿陷性试验，膨胀土的自由膨胀率、膨胀率和膨胀力测定以及酸碱度，可溶盐，有机质含量等试验。

有必要时还需要进行岩石的力学试验和离心模拟试验。

二、岩土指标的统计整理

由于岩（土）自身的不均匀性，取样和运输过程的扰动，试验仪器及操作方法差异等原因，同类土层测得的土性指标值是离散的。在勘察中，若取得足够多的数据，可按工程地质单元及层次分别进行统计整理，以便求得具有代表性的指标。统计整理时，应在合理分层的基础上，对每层土的有关测试项目，根据指标测试次数（对土的物理力学性质指标、标准贯入试验和轻便触探试验锤击数，每项参加统计的数据不宜小于 6 个）、地层均匀性和建筑物等级等因素选择合理的数理统计方法。

岩土工程参数统计的特征值可分为两类：一类是反映资料分布的集中情况或中心趋势，它们作为某批数据的典型代表，可以用算术平均值 ϕ_m 来表示；另一类是反映参数分布的离散程度，用标准差 σ 和变异系数 δ 来表征。对于数据 ϕ_i，这几个参数可按以下公式计算

$$\phi_m = \frac{\sum_{i=1}^{n}\phi_i}{n} \tag{7-20}$$

$$\sigma_f = \sqrt{\frac{1}{n-1}\left[\sum_{i=1}^{n}\phi_i^2 - \frac{1}{n}\left(\sum_{i=1}^{n}\phi_i\right)^2\right]} \tag{7-21}$$

$$\delta = \frac{\sigma_f}{\phi_m} \tag{7-22}$$

式中 n——统计数据的个数。

算出平均值和标准差后，应剔除不合理的数据。一般情况下，对于数据 ϕ_i，当离差 $d = \phi_i - \phi_m$ 大于等于 3 倍标准差时，该数据应该舍弃。

对主要的岩土参数，需要分析其在深度方向的变异规律，并按变化特点划分为相关型和非相关型。必要时也要分析参数在水平方向的变异规律。

相关型参数宜参照岩土参数与深度的经验关系，按下式确定剩余标准差 σ_r，并用剩余标准差计算变异系数 δ

$$\sigma_r = \sigma_f\sqrt{1-r^2} \tag{7-23}$$

$$\delta = \frac{\sigma_r}{\phi_m} \tag{7-24}$$

式中 r——相关系数，对于非相关型 $r=0$。

按变异系数，岩土参数随深度的变异特征可分为均一型（$\delta<0.3$）和剧变型（$\delta\geqslant0.3$）。

在正确划分地质单元和采用标准试验方法的条件下，变异系数反映了岩土固有的变异性特征，例如土的重度的变异系数一般小于 0.05，而渗透系数的变异系数一般大于 0.4，这表明土的重度指标离散性较低，而渗透系数即使对于同一个工程地质单元也往往有较大的差别。

需要说明的是变异系数与指标的合格与否无关，它只是定量评价岩土参数变异特性的，变异系数大不代表勘察中存在问题，仅说明指标之间的离散性较大。

对于承载能力极限状态计算需要的岩土参数，岩土工程勘察报告中应给出指标的标准值 ϕ_k。工程上一般取置信概率为 95%，为了便于工程上应用，避免误用统计学上的小样本容量，勘察规范中采用的是风险率为 5%时的统计修正系数 γ_s，即

$$\gamma_s = 1 \pm \left(\frac{1.704}{\sqrt{n}} + \frac{4.678}{n^2}\right)\delta \tag{7-25}$$

式中的正负号按不利组合考虑，如抗剪强度指标取负号，压缩系数取正号。另外，统计修正

系数 γ_s 也可按岩土工程的类型和重要性、参数的变异性和统计数据的个数，根据经验确定。

在岩土工程勘察报告中，应按下列不同情况提供岩土参数值：一般情况下，应提供岩土参数的平均值、标准差、变异系数、数据分布范围和数据的数量；承载能力极限状态计算所需要的岩土参数标准，应按置信概率为95%单侧置信界限值来确定；当设计规范另有专门规定的标准值取值方法时，可按有关规范执行。

第六节 现 场 监 测

现场监测工作是对施工过程中以及有特殊要求的工程完工后由于施工及运营的影响，引起岩土性质和周围环境条件，包括工程地质条件、水文地质条件及相邻结构、设施等发生变化进行的各种观测工作。这里所谓有特殊要求的工程，是指有特殊意义的、一旦损害将造成生命财产重大损失，或产生重大社会影响的工程；对变形有严格限制的工程；采用新的设计施工方法，而又缺乏经验的工程。

监测工作对保证工程安全有重要作用。例如：建筑物变形监测、基坑工程的监测、边坡和洞室稳定的监测、滑坡监测、崩塌监测。当监测数据接近安全临界值时，必须加密监测，并迅速向有关方面报告，以便及时采取措施，保证工程和人身安全。

一、建筑物沉降观测

建筑物的沉降观测能反映地基的实际变形对建筑物的影响程度，是分析地基事故及判断施工质量的重要依据，也是检验勘察资料的可靠性、验证理论计算正确性的重要资料。勘察规范规定，下列工程应进行沉降观测：①地基基础设计等级为甲级的建筑物；②不均匀地基或软弱地基上的乙级建筑物；③加层、接建，邻近开挖、堆载等，使地基应力发生显著变化的工程；④因抽水等原因，地下水位发生急剧变化的工程。

沉降观测工作要求应按《建筑变形测量规范》(JGJ 8—2007) 的规定执行，其主要技术要求如下：

1. 基准点的布设

水准基点的布设应符合下列要求：

(1) 每一测区的水准基点不应少于3个；对于小测区，当确认点位稳定可靠时可少于3个，但连同工作基点不得少于3个。水准基点的标石，应埋设在基岩层或原状土层中。在建筑区内，点位与邻近建筑物的距离应大于建筑物基础最大宽度的2倍，其标石埋深应大于邻近建筑物基础的埋深。

(2) 工作基点与联系点布设的位置应视构网需要确定。作为工作基点的水准点位置与邻近建筑物的距离不得小于建筑物基础埋深的1.5～2.0倍。工作基点与联系点也可在稳定的永久性建筑物墙体或基础上设置。

(3) 各类水准点应避开交通干道、地下管线、仓库堆栈、水源地、河岸、松软填土、滑坡地段、机器振动区以及其他能使标石、标志易遭腐蚀和破坏的地点。

2. 观测点的布设

观测点的布设应能全面反映建筑物地基变形特征并结合地质情况及建筑结构特点确定。点位宜选设在下列位置：①建筑物的四角、大转角处及沿外墙每10～15m处或每隔2～3根柱基上；②高低层建筑物、新旧建筑物、纵横墙等交接处的两侧；③建筑物裂缝和沉降缝两侧、基础埋深相差悬殊处、人工地基与天然地基接壤处、不同结构的分界处及填挖方分界处；④宽度大于等于15m或小于15m而地质复杂以及膨胀土地区的建筑物承重内隔墙中部设内墙点，在室内地面中心及四周设地面点；⑤邻近堆置重物处、对振动有显著影响的部位基础下的暗沟处；⑥框架结构建筑物的每个或部分柱基上或沿纵横轴线设点；⑦片筏基础、箱型基础底板或接近基础的结构部分之四角及其中部位置；⑧重型设备基础和动力设备基础的四角、基础形式或埋深改变处以及地质条件变化处两侧；⑨电视塔、烟囱、水塔、油罐、炼油塔、高炉等高耸构筑物，沿周边在与基础轴线相交的对称位置上布点，点数不少于4个。

观测点的标志，可根据不同的建筑结构类型和建筑物材料，采用墙（柱）标志、基础标志和隐蔽性标志等形式。各类标志的立尺部位应加工成半球形或有明显的突出点，并涂上防腐剂。其埋设位置应避开如雨水管、窗台线、暖气片、暖水管、电器开关等有碍设标与观测的障碍物，并应视立尺需要离开墙（柱）面和地面一定距离。

3. 观测工作

建筑物施工阶段的观测，应随施工进度及时进行。一般建筑，可在基础完工后或地下室施工完成后开始观测。大型、高层建筑，可在基础垫层或基础底部完成后开始观测。观测次数与间隔时间应视地基与加荷情况而定。民用建筑可每加高1～5层观测一次；工业建筑可按不同施工阶段分别进行观测。如建筑物均匀增高，应至少在增加荷载的25%、50%、75%和100%时各测一次。施工过程如暂时停工，在停工及重新开工时应各观测一次。停工期间，可每隔2～3个月观测一次。

竣工后的观测，应视地基土类型和沉降速度大小而定。除有特殊要求外，一般情况下，可在第一年观测3～4次，第二年观测2～3次，第三年后每年1次，直到稳定为止。观测期限一般不少于如下规定：砂土地基2年，膨胀土地基3年，黏土地基5年，软土地基10年。沉降稳定的标准为沉降速度小于0.01～0.04mm/d。

在观测过程中，如有基础附近地面荷载突然增减、基础四周大量积水、长时间连续降雨等情况，均应及时增加观测次数。当建筑物突然发生大量沉降、不均匀沉降或严重裂缝时，应立即进行逐日甚至一天数次的连续观测。

4. 观测成果

观测工作结束后，应提交下列成果：沉降观测成果表、沉降观测点位分布图、沉降速度—时间—沉降量曲线图、荷载—时间—沉降量曲线图以及沉降观测分析报告等。

二、斜坡岩土体变形和滑坡动态观测

边坡工程和滑坡监测的目的有两个，一是正确判定其稳定状态，预测位移、变形的发展趋势，作出边坡失稳或滑坡临滑前的预报；二是为整治提供科学依据以及检验整治的效果。监测内容包括滑坡体的位移，滑面位置及错动，滑坡裂缝的发生和发展，滑坡体内外地下水位、流向、泉水流量和滑带孔隙水压力，以及支挡结构及其他工程设施的位移、变形、裂缝的发生和发展。下面主要介绍地面位移监测以及岩土体内部变形和滑动面位置监测的有关知识。

1. 地面位移监测

根据滑坡的具体情况，可以采用地面测量、航空摄影测量、伸缩计测量、倾斜仪测量等方法。

(1) 地面测量。可分为简易观测（图 7-13）和精密观测（图 7-14）两种。前者是在斜坡两侧设固定标尺、打桩或在挡墙等结构物贴水泥砂浆片等作为标志进行的观测；后者则是用经纬仪、水准仪或光电测距仪、全站仪等通过设置十字交叉网、放射网、任意方格网等方法进行的观测。其中十字交叉网适用于狭长形、范围较小且滑动方向明确的滑坡，布置测点方式是沿主轴方向布设一排观测点，垂直于主轴方向布设若干观测点，在同一排上变形区和稳定区均设置观测点，以便比较。放射网布设一般适用于通视条件好、范围不大的滑坡，测点布置方式是在滑坡体外选择通视条件好的位置，设置两处固定测点，自测站按放射状设置若干观测线，观测线在稳定区设置照准点，用图解法或解析法，量测观测点偏离两观测线交点的位移量，测量时应注意交会角不宜太小。任意方格网适用于地形条件复杂的大型滑坡，在观测区范围内设置纵横交叉的观测线，组成方格网，观测点设置在纵横剖面的交叉点上。方格网只要求每条观测线通视，受地形条件影响较小，观测点分布可任意调整，观测精度较高；但是测站多，建网时比较麻烦，且每次观测时，需要多次搬动仪器。

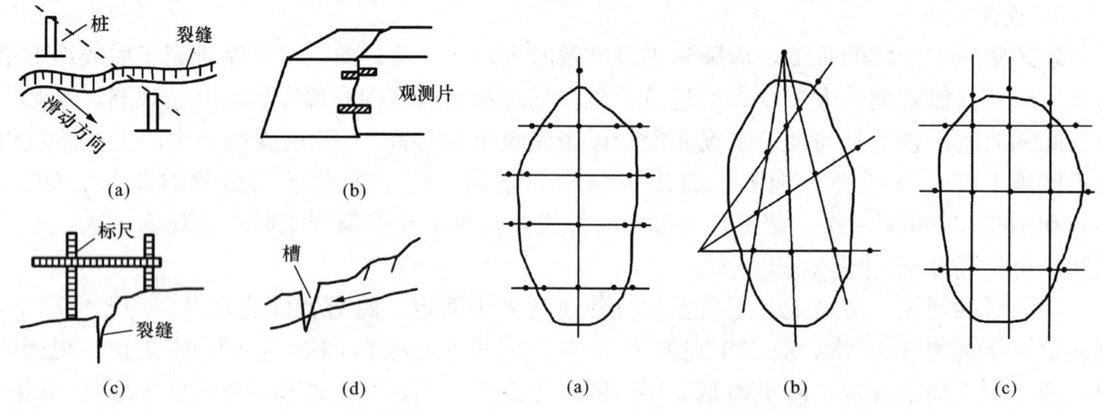

图 7-13　滑坡简易观测装置
(a) 设桩观测；(b) 设片观测；
(c) 设尺观测；(d) 刻槽观测

图 7-14　滑坡观测网布置
(a) 十字网；(b) 放射网；(c) 任意方格网

(2) 航空摄影测量。对于位移量大的滑坡，可以用不同时期的航测照片来判释地面位移。航空摄影测量的特点是所测量的平面位移具有统一的精度。

(3) 伸缩计测量。伸缩计是一种用铟钢线量测滑坡体相对位移的装置，它一端固定在滑坡体上，一端固定在稳定地段上，广泛用于研究滑坡体的滑动速度。一般是将若干伸缩计通过总管，用自动化记录系统联系在一起，置于专门的观测室内。由于多个伸缩计可以连续获得滑坡体的移动，所以通过变形速率可有效地计算并预测滑坡体破坏的时间，据此发出警报。

(4) 倾斜仪测量。该法通常用水准管倾斜仪测量地面的微小变动，其主要目的是判断一个潜在滑坡是否继续活动或判断滑坡处于活动阶段还是稳定阶段。

通过观测，可绘制滑坡水平位移矢量图、垂直和水平位移分布图以及位移历时曲线。位移矢量图可用于区分两个不同方向的滑坡和同一个滑坡体的局部滑动区，确定滑坡周界以及主滑方向。当滑坡只有一个滑动面时，由于各观测桩的水平位移和垂直位移的合成矢量与水平线的交角，常近似于滑动面倾角，所以据此可判断滑动面的形状；根据沿滑动方向同一断面各观测桩的水平位移，计算各观测桩间单位长度的平均相对拉伸或压缩值，从而分析各段受力性质和相对大小；对于压缩变形且呈整体滑动的滑坡，也可利用观测桩以上滑体沉降面积与该桩顺轴向水平位移的比值，估算滑床深度。

2. 岩土体内部变形和滑动面位置监测

准确地确定滑动面位置是进行滑坡稳定性分析和整治的前提条件，它对于正处于蠕滑阶段的滑坡效果显著。目前常用的监测方法有：管式应变计、倾斜计和位移计（图 7-15）等。它们皆借助于钻孔进行监测的。

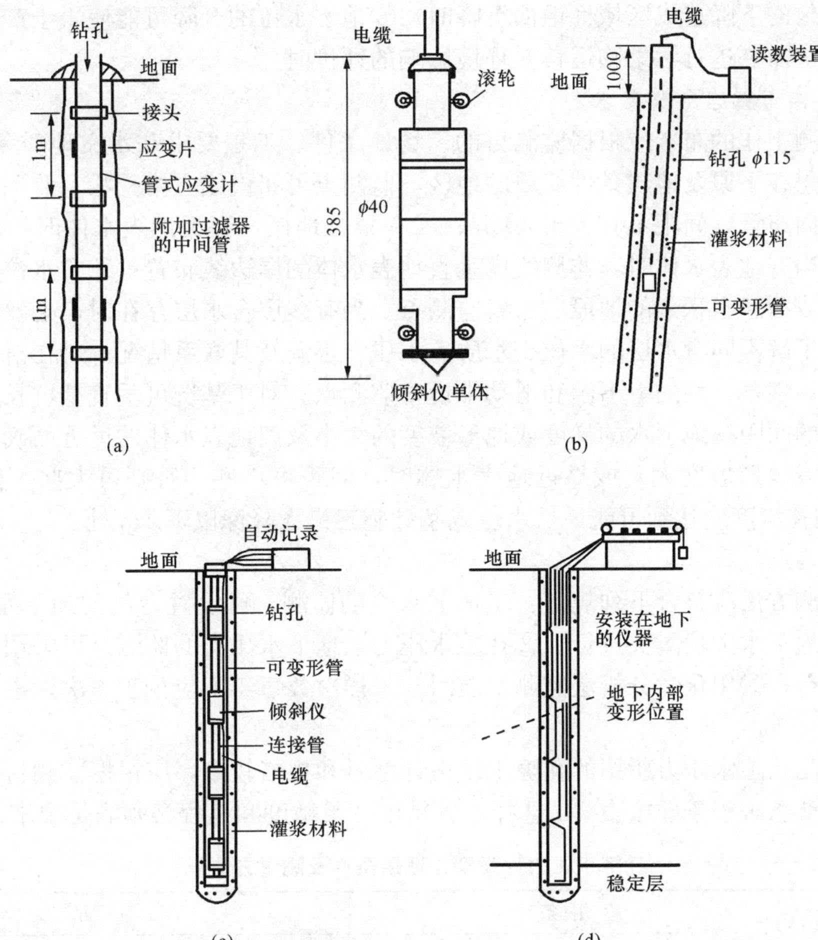

图 7-15 滑动面测量

(a) 管式应变计；(b) 放入式倾斜仪；(c) 固定型倾斜仪；(d) 位移计

(1) 管式应变计是将应变片正对滑动方向贴在聚氯乙烯套管上，置于钻孔中，用于测量滑坡滑动引起的套管弯曲变形，可用于确定滑动面深度。

(2) 倾斜仪是测量滑坡引起的钻孔弯曲的装置，可有效地了解滑动面的深度。倾斜仪有两种型式：一种是由地面悬挂一个传感器放到钻孔中，测量预定深度的弯曲，另一种是在钻孔中按深度放置固定的传感器。

(3) 位移计是一种靠测量金属线伸长来确定滑坡位移的装置，其末端固定于滑动面的下部。多层位移计是一种连续量测固定于钻孔壁上各层位的金属线伸长的装置，它可用于判断滑动面深度，也可用于地下位移的长期观测。

三、地下水监测

地下水的监测是指对地下水的水位、水量、水质、水压、水温及流速、流向等，在自然或人为因素影响下随时间或空间的变化规律的监测。勘察规范规定下列情况应进行地下水的监测：①地下水位升降影响岩土稳定时；②地下水位上升产生浮托力对地下室或地下构筑物的防潮、防水或稳定性产生较大影响时；③施工降水对拟建工程或相邻工程有较大影响时；④施工或环境条件改变造成的孔隙水压力、地下水压力变化、对工程设计或施工有较大影响时；⑤地下水位的下降造成区域性地面沉降时；⑥地下水位的升降可能使岩土产生软化、湿陷、胀缩时；⑦需要进行污染物运移对环境影响的评价时。

1. 监测工作布置原则及要求

地下水监测工作的布置应根据监测目的、场地条件、工程要求和水文地质条件等确定。一般原则是：①在平原及地质条件简单的地区，监测点可布设成方格网状、监测线应平行或垂直地下水流向布置，间距不宜大于400m；②在狭长地区，当无地表水体时，监测点可按三角形布置；当有地表水体时，监测线应垂直地表水体的岸边线布置；③在水位变化大的地段、上层滞水或裂隙水积聚的地段应布置监测点。当有多层含水层存在时，必要时可分层设置监测孔，以了解不同含水层的水位、水质、水压、水温及其联系情况；④在滑坡、岸边地段，应在坝肩、坝基、坝的上下游和滑动带设置监测点。对于基坑可垂直基坑长边布置监测线；⑤监测点的间距视地下水的梯度或地形坡度的大小及离地表水体的远近而确定。当地下水流梯度大（或地形坡度大）或靠近地表水体时，间距可小些，否则可大些，但不宜超过400m；⑥检测孔深度应达到可能最低水位或基础施工最大降深以下1m处。

2. 监测方法

地下水监测方法应符合下列规定：①地下水位的监测，可设置专门的地下水位观测孔，或利用水井、地下水天然露头进行；②孔隙水压力、地下水压力的监测，可采用孔隙水压力计、测压计进行；③用化学分析法监测水质时，采样次数每年不应少于4次，进行相关项目的分析。

其中，监测孔隙水压力所用的孔隙水压力计型号和规格较多，应根据监测目的、岩土的渗透性和监测期长短等条件按表7-4选择，其精度、灵敏度和量程必须满足要求。

表7-4　　孔隙水压力计类型、适用条件及测量方法

仪器类型		适用条件	测量方法
立管式（敞开式）		渗透系数大于 10^{-4}cm/s 的岩土层	将带有过滤器的测压管打入土层，直接在管内量测
水压式（液压式）		渗透系数小的土层，量测精度＞2kPa，监测期＜1个月	在孔壁安装小型测压计探头，地下水压力通过导管传导至压力计测定
气动式（气压式）		各种岩土层，量测精度≥10kPa，监测期＜1个月	利用两根排气管是压力为常数，传来的压力在透水元件中水压阀产生压差测量
电测式	振弦式	各种岩土层，量测精度≤2kPa，监测期＞1个月	地下水压力通过透水石传导至变化膜片，引起产生挠度变化诱发电阻片（或钢弦）变化，用不同的接收仪器测量孔隙水压力
	电阻应变式	各种岩土层，量测精度≤2kPa，监测期＜1个月	

3. 监测时间

监测时间应满足下列要求：①动态监测时间不应少于1个水文年；②当孔隙水压力变化可能影响工程安全时，应在孔隙水压力降至安全值后方可停止监测；③对受地下水浮托力的工程，地下水压力监测应进行至工程荷载大于浮托力后方可停止监测。

4. 监测成果

应将现场监测收集的原始资料逐旬、逐月、逐年地进行整理，并提交下列成果：①地下水和降水量的动态变化曲线，地下水与地表水体的动态变化曲线，地下水压动态变化曲线；②不同时期的水位埋深图、等水位线图，不同时期有害化学成分等值线图、矿化度等值线图等；③预测地下水水位、水质的变化趋势，分析地下水与地表水体的补排关系，对地下水受污染的可能性进行判断分析等；④论述地下水对岩土工程的不良现象、危害程度及防治措施。

四、地下洞室围岩变形观测

洞室开挖后破坏了围岩的应力状态，洞室表面将产生收敛位移，围岩内部将产生松弛变形。这些变形的量测，对评价洞室稳定性和设计补砌都具有指导作用。

1. 地下洞室围岩收敛观测

收敛观测是洞室工作现场监测中应用最广的方法。它可以了解围岩和补砌的变形形态，判断围岩压力的类型，推算最大位移，以正确指导设计和施工。主要仪器和设备包括：收敛计、钻孔工具、测桩和温度计等。

(1) 观测断面和观测点的布置原则。应根据地质条件、围岩应力大小、施工方法、支护形式及围岩的时间和空间效应等因素，按一定间距选择观测断面和测点位置。观测断面间距宜大于2倍洞径。观测断面与开挖掌子面的距离不宜大于1.0m。测点应牢固地埋设在岩石表面，其深度不宜大于10cm。另外根据洞室的形状和大小确定基线。

(2) 观测准备。观测前应标定收敛计，清除测点埋设处的松动岩石，并用钻孔工具垂直洞壁钻孔，将测桩固定在孔内，注意在孔口设保护装置。

(3) 观测步骤。首先将测桩端头擦洗干净，将收敛计两端分别固定在基线两端的测桩上，按预定的测距固定尺长。然后调节拉力装置，使钢尺达到恒定张力，读记收敛值三次，取平均值。观测的同时，测记收敛计的环境温度。

(4) 观测时间间隔。第一次观测时间应尽早进行，宜在掌子面开挖后立即埋设测点并进行观测。观测时间间隔应根据开挖情况和收敛值变化的大小来确定，一般在洞室开挖或支护后的半月内，每天应观测1～2次；当掌子面推进到距观测断面大于2倍洞径的距离后，每两天观测1次；当变形稳定后，长期观测一般每月观测1～2次。当在观测断面附近进行开挖时，爆破前后均应观测1次；在观测断面进行支护或加固处理时，应增加观测次数。当测数出现异常时，应增加观测次数，以便正确地进行险情预报和获得关键性资料。

(5) 成果整理。按下式计算经温度修正后的实际收敛值 u

$$u = u_i + \alpha L(t_n - t_0) \tag{7-26}$$

式中　u_i——收敛读数值，mm；

α——收敛计系统温度线胀系数，1/℃；

L——基线长，m；

t_n、t_0——收敛计观测时和标定时的环境温度，℃。

然后，绘制收敛值与时间关系曲线、收敛值与开挖空间变化关系曲线以及收敛值的断面分布图。

2. 钻孔轴向岩体位移观测

钻孔轴向岩体位移观测是通过钻孔轴向位移计量测孔壁岩体不同深度与钻孔轴向方向一致的位移。

(1) 观测断面和观测点的布置原则。观测断面及断面上观测孔的数量，应根据工程规模、工程特点以及地质条件进行布置。观测孔的深度和方向，应根据观测目的和地质条件确定，其深度应超过应力扰动区。观测孔中测点的位置，宜根据位移变化梯度确定，梯度大的部位应加密。测点应避开构造破碎带。孔口或孔底应布置测点。

(2) 观测准备。在预定部位，按要求的孔径、方向和深度钻孔。孔口松动岩石应清除干净，孔口应保持平整，钻孔应冲洗干净，并保持通畅。然后根据预定位置，由孔底向孔口逐点安装测点或固定点，应防止测点与固定点之间传递位移的连接件相互干扰。孔口应设保护装置。

(3) 观测。每个测点应重复测读 3 次，取其平均值。3 次读数差不应大于仪器精度范围。观测时间间隔，应根据工程需要或岩体位移情况确定。

(4) 成果整理。要绘制测点位移与时间关系曲线、同一时间测孔内的测点位移与深度关系曲线、测点位移与断面和空间关系曲线。对地下洞时，还应绘制测点位移随掌子面距离的过程曲线。

3. 钻孔横向岩体位移观测

钻孔横向岩体位移观测是通过测斜仪量测孔壁岩体不同深度与钻孔轴线垂直的位移。一般采用单向伺服加速度计式滑动测斜仪。

观测孔应根据工程岩体受力情况和地质条件，重点布置在最有可能发生滑移，或对工程施工及运行安全影响最大的部位。其深度应超过预计滑动带 5m。钻孔直径应大于测斜管外径 50mm。测量时应对两对导槽的两个方向都分别读数。每一深度的正反两读数的绝对值宜相同；当读数有异常时，应及时补测。最后绘制变化值与深度关系曲线、位移与深度关系曲线，对于有明显位移的部位，应绘制该深度的位移与时间的关系曲线。

第七节 岩土工程勘察报告

一、勘察报告书的内容

岩土工程勘察的最终成果是以报告书的形式提出的。勘察工作结束后，把取得的野外工作和室内试验的记录和数据以及搜集到的各种直接和间接资料整理分析、检查校对、归纳总结后做出建筑场地的工程地质评价。这些内容，最后以简要明确的文字和图表编成报告书。

勘察报告书的编制必须配合相应的勘察阶段，针对场地的地质条件和建筑物的性质、规模以及设计和施工的要求，提出选择地基基础方案的依据和设计计算数据，指出存在的问题以及解决问题的途径和办法。一个单项工程的勘察报告书一般包括下列内容：①勘察目的、任务要求、依据的技术指标、拟建工程概况、勘察方法和勘察工作布置；②场地地形、地貌、地质构造、不良地质现象及地震设计烈度；③场地的地层分布、岩石和土的均匀性、物理力学性质、地基承载力和其他设计计算指标；④地下水的埋藏条件和腐蚀性以及土层的冻结深度；⑤对建筑场地及地基进行综合的工程地质评价，对场地的稳定性和适宜性做出结论，指出存在的问题和提出有关地基基础方案的建议。

所附的图表可通常情况下包括：勘探点平面布置图；工程地质剖面图；工程地质柱状图或综合地质柱状图；土工试验成果表；其他测试成果图表（如现场载荷试验、标准贯入试验、静力触探试验、旁压试验等）。

上述内容并不是每一项勘察报告都必须全部具备的，而应视具体要求和实际情况有所侧重并以充分说明问题为准。对于地质条件简单和勘察工作量小且无特殊设计及施工要求的工程，勘察报告可以酌情简化。

二、常用图表的编制方法

1. 勘探点平面布置图

勘探点平面布置图是在建筑场地地形图上，把建筑物的位置、各类勘探、测试点的编号和位置用不同的图例表示出来。并注明各勘探、测试点的标高和深度、剖面线及其编号等。

2. 钻孔柱状图

钻孔柱状图是根据钻孔的现场记录整理出来的。记录中除了注明钻进的工具、方法和具体事项外，其主要内容是关于地层的分布（层面的深度、层厚）和地层的名称和特征的描述。绘制柱状图之前，应根据土工试验成果及保存于钻孔岩芯箱中的土样对分层情况和野外鉴别记录进行认真的校核，并做好分层和并层工作。当测试成果与野外鉴别不一致时，一般应以测试成果为主，只有当试样太少且缺乏代表性时才以野外鉴别为准。绘制柱状图时，应自上而下对地层进行编号和描述，并用一定的比例尺、图例和符号绘图。在柱状图中还应同时标出取土深度、地下水位等资料。

3. 工程地质剖面图

柱状图只反映场地某一勘探点处地层的竖向分布情况；剖面图则反映某一勘探线上地层沿竖向和水平向的分布情况。由于勘探线的布置常与主要地貌单元或地质构造轴线相垂直，或与建筑物的轴线相一致，故工程地质剖面图是勘察报告的最基本的图件。

工程地质剖面图的垂直距离和水平距离可采用不同的比例尺。绘图时，首先将勘探线的地形剖面线画出，标出勘探线上各钻孔中的地层层面，然后在钻孔的两侧分别标出层面的高程和深度，再将相邻钻孔中相同的土层分界点以直线相连。当某地层在邻近钻孔中缺失时，该层可假定于相邻两孔中间尖灭。剖面图中应标出原状土样的取样位置和地下水位深度。各土层应用一定的图例表示，可以只绘出某一地段的图例，该层未绘出图例部分可由地层编号识别，这样可使图面更为清晰。

在柱状图和剖面图上也可同时附上土的主要物理力学性质指标及某些试验曲线（如触探和标准贯入试验曲线等）。

4. 综合地质柱状图

为了简明扼要地表示所勘察的地层的层次及其主要特征和性质，可将该区地层按新老次序自上而下以 1∶50～1∶200 的比例绘成柱状图。图上注明层厚、地质年代，并对岩石或土的特征和性质进行概括的描述。这种图件称为综合地质柱状图。

5. 土工试验成果总表

土的物理力学性质指标是地基基础设计的重要依据，应将土的试验和原位测试所得的成果汇总列表表示。

第八节 勘察报告实例

一、概述

1. 工程概况

受建设方委托，某某勘察公司承担拟建某现代城的岩土工程勘察工作。

拟建建筑为2栋高层住宅楼，地上33层，地下二层，平面尺寸均为80.0m×26.0m，建筑物高度均不大于100m，基底埋深自然地坪下约8.5m，基底压力均为650kPa，拟采用筏板基础，剪力墙结构。

2. 勘察目的、技术要求

本次勘察目的是为施工图设计和施工提供可靠的岩土工程资料和设计所需的岩土技术参数，对建筑地基做出岩土工程分析评价，并对基础设计、地基处理、基坑开挖支护、不良地质作用防治等具体方案做出论证和建议。

具体技术要求如下：

1）查明建筑物范围内地层结构及其物理力学性质，并对地基稳定性、均匀性和承载力做出评价。

2）查明建筑物范围内有无影响工程稳定性的不良地质作用。

3）查明场地内有无液化土层，并对液化可能性做出评价，判定建筑场地类别，提供抗震设计有关参数。

4）查明地下水类型、水位及其变化情况，查明地下水是否具有腐蚀性。

5）提出经济合理的地基方案建议和相关设计参数，提出设计施工中应注意的问题及其处理措施。

6）除上述外，勘察还应符合国家及地方现行有关规范及规定要求。

3. 勘察工作布置与勘察方法

本工程重要性等级为一级，场地复杂程度等级为二级（中等复杂），地基复杂程度等级为二级（中等复杂），地基基础设计等级为甲级，岩土工程勘察等级为甲级。

依据《岩土工程勘察规范》（GB 50021—2001）（2009版）和《高层建筑岩土工程勘察规程》（JGJ 72—2004），按拟建建筑物性质、轮廓，各勘探点沿建筑物周边及角点布设。勘探点间距为22.0～28.0m；勘探点钻孔深度为45～50m；为评价场地湿陷性，布设探井两个；为查明场地等效剪切波速值，在两个钻孔中进行波速测试。在场地内进行常时微动试验。布设载荷试验点3个，待基槽开挖后在槽内进行。探勘平面布置图如图7-16所示：

本次勘察采用钻探、井探、取土试样、原位测试及室内土工试验相结合的方法。

原位测试采用标准贯入试验、重型动力触探试验、剪切波速测试、常时微动及载荷试验等方法。室内土工试验项目主要为物理力学性质试验、直接快剪试验、颗分试验、湿陷试验等。

4. 完成工作量

本次勘察实际完成的工作量见表7-5。

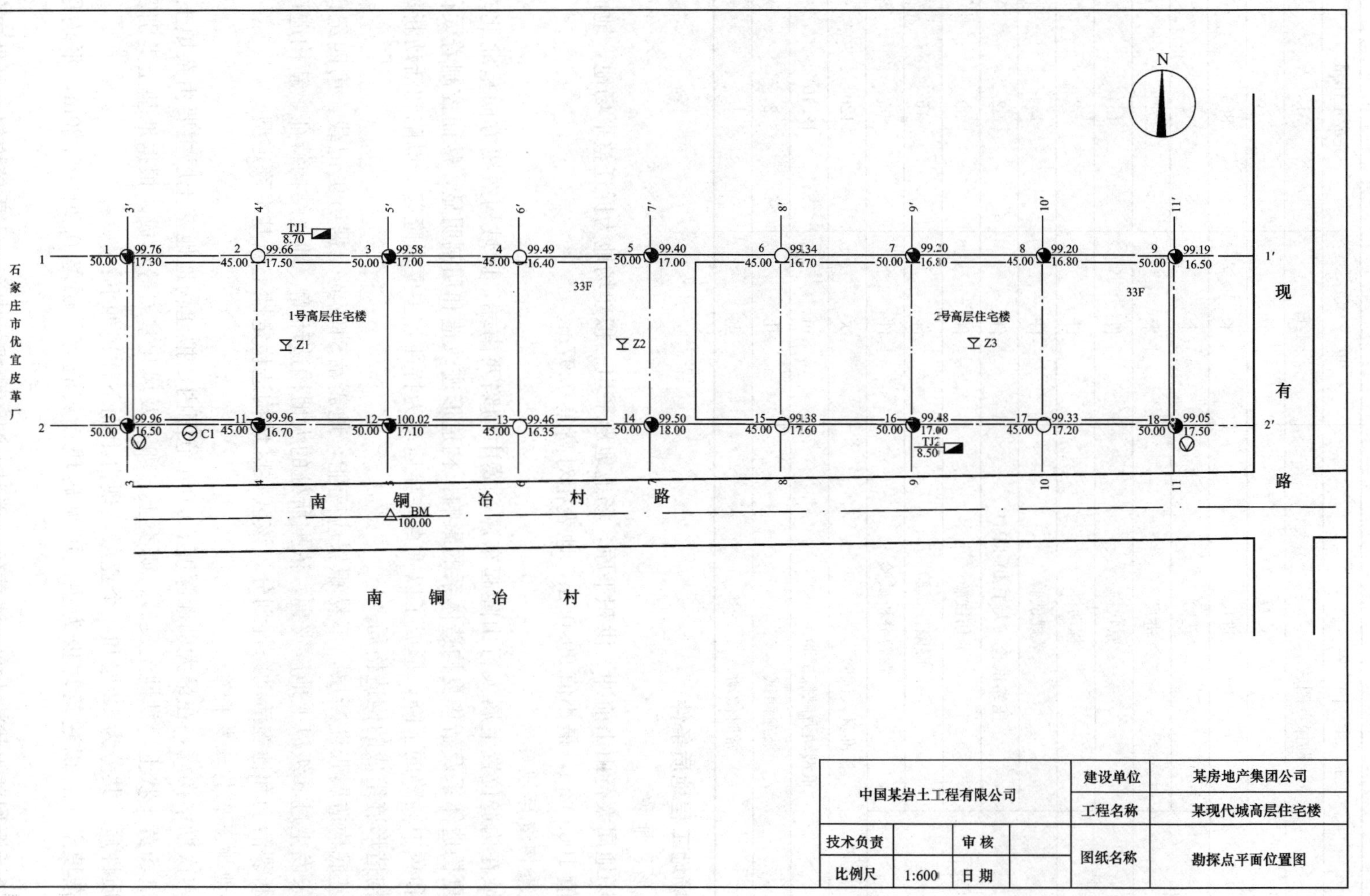

图 7-16 勘探点平面布置图

表 7-5 **实际完成工作量一览表**

工作内容		单位	完成工作量
勘探点测放		工日	1
钻探	孔数	个	18
	进尺	米	860
探井	孔数	个	2
	进尺	米	17.2
取土试样	原状样	件	154
	扰动样	件	52
土工试验	常规试验	件	154
	压缩试验（大于 400kPa）	件	92
	剪切试验	件	59
	湿陷性试验	件	16
	颗粒分析试验	件	95
标准贯入试验		次	120
重型动力触探试验		m	12.10
波速测试		孔	2
常时微动		点	1

二、场地工程地质条件

1. 地形、地貌

拟建场地属太行山山前冲、洪积平原，场地地形平坦。拟建场地为拆迁整平场地，地面标高最大值 100.02m，最小值 99.05m，地表相对高差 0.97m。

2. 地质构造与地震

该区域在构造位置上属太行山隆起东麓，冀中坳陷西南端，区域构造线方向呈北北东向。受华夏构造体系及新华夏构造体系的影响，构造形迹改造和切割明显，从而控制着太行山的隆起和冀中坳陷的下降，形成了以垂直差异运动为特征，主要由隆起、坳陷和活动断裂三种基本构造形迹组成的构造格局。

区内基底构造属张性断层，不易积累应变能，地震活动较弱。据历史记载，第四纪以来，区内未发生过 6 级以上地震灾害，依据所处的大地构造环境、地壳结构特征、新构造运动特征、断裂活动和地震活动条件划分，该区在区域构造稳定性上属基本稳定型。

3. 场地地基土构成及特征

根据本次勘察揭露，在最大勘探深度 50.0m 范围内，拟建场地地基土层主要由杂填土、第四系冲洪积黄土状土、黏性土及砂、砾类土、卵石及风化基岩等组成。根据地基土类别及其工程地质性质，共分为 12 层和 5 个亚层，现自上而下详述如下：

（1）杂填土①：以建筑垃圾为主，可见砖块、灰渣等。层厚 0.20～0.80m，平均层厚 0.52m。

（2）新近沉积黄土状粉土②：浅黄色，稍湿～湿，稍密～中密。土质较均匀，可见白色钙质条纹及少量炭屑，夹黏性土薄层。具湿陷性。无光泽，摇震反应中等，干强度低，韧性低。层顶标高 98.45～99.46m，层顶埋深 0.20～0.80m，层厚 1.40～2.50m，平均层厚 1.77m。

（3）黄土状粉质黏土③：灰褐～灰绿色，坚硬～可塑，局部软塑。土质不均匀，可见铁锰氧化斑点及姜石，局部夹粉土薄层。具湿陷性。摇震反应中等，稍有光泽，干强度中等，韧性中等。层顶标高 96.58～97.76m，层顶埋深 2.00～2.80m，层厚 1.00～1.80m，平均层厚 1.44m。

（4）黄土状粉土④：褐黄色，稍湿～湿，稍密～中密。土质不均匀，可见铁锰氧化斑点，下部夹灰绿色黏性土团块，夹黏性土薄层。具湿陷性。无光泽，摇震反应中等，干强度低，韧性低。层顶标高 95.19～96.26m，层顶埋深 3.20～4.00m，层厚 1.50～2.50m，平均层厚 2.06m。

（5）黄土状粉土⑤：褐黄色，稍湿～湿，中密。土质不均匀，可见白色钙质条纹及姜石，下部局部黏粒含量高，夹黏性土薄层。具湿陷性。无光泽，摇震反应中等，干强度低，韧性低。层顶标高 92.86～94.46m，层顶埋深 5.30～6.20m，层厚 1.10～3.10m，平均层厚 2.21m。

（6）角砾⑥：杂色，稍湿，松散～中密。颗粒棱角状，含碎石，充填砂及黏性土，该层局部砾石含量较少，为粗砂层。层顶标高 90.96～92.86m，层顶埋深 6.90～8.60m，层厚 0.20～2.60m，平均层厚 1.11m。

（7）粉质黏土⑦：棕黄色，坚硬～可塑。土质不均匀，含铁锰氧化物斑点，含角砾及少量碎石，夹中粗砂及角砾透镜体，局部层顶分布粉土层。摇震反应中等，稍有光泽，干强度中等，韧性中等。层顶标高 89.36～92.38m，层顶埋深 7.10～10.60m，层厚 0.50～6.20，平均层厚 3.39m。

粗砂$⑦_{-1}$：灰黄色，稍湿，中密。砂质不纯，分选性差，含少量砾砂及砾石。层顶标高 88.48～89.96m，层顶埋深 9.90～11.10m，层厚 0～0.70m。

角砾$⑦_{-2}$：杂色，稍湿，中密。颗粒棱角状，含碎石，充填砂及黏性土，夹黏性土薄层。重型动力触探试验 N63.5 击数平均值为 8.1 击（修正值）。层顶标高 85.86～87.76m，层顶埋深 12.00～13.60m，层厚 0～1.60m。

（8）角砾⑧：杂色，稍湿，中密。颗粒棱角状，含少量碎石，充填砂及黏性土，夹黏性土透镜体$⑧_{-1}$层。层顶标高 83.72～87.00m，层顶埋深 12.20～16.30m，层厚 0.40～3.00m，平均层厚 1.28m。

粉质黏土$⑧_{-1}$：棕黄～黄褐色，硬塑～可塑。土质不均匀，含铁锰氧化物斑点。摇震反应中等，稍有光泽，干强度中等，韧性中等。层顶标高 84.24～86.30m，层顶埋深 12.90～15.10m，层厚 0～1.00m。

（9）粉质黏土⑨：棕黄～灰绿色，可塑。土质不均匀，含铁锰氧化物斑点，黏性土中含 30%左右砂粒及少量碎石。摇震反应中等，稍有光泽，干强度中等，韧性中等。层顶标高 80.66～85.09m，层顶埋深 14.40～19.00m，层厚 0.30～5.10m，平均层厚 1.95m。

粗砂$⑨_{-1}$：黄褐色，湿～饱和，中密。砂质不纯，分选性差，含黏性土颗粒及少量卵石。层顶标高 82.18～82.53m，层顶埋深 16.80～17.30m，层厚 0～1.50m。

角砾$⑨_{-2}$：杂色，饱和，中密。颗粒棱角状，含碎石，充填砂及 40%左右黏性土。层顶标高 80.58～82.80m，层顶埋深 16.70～18.80m，层厚 0～2.00m。

(10) 粗砂⑩：灰黄色，饱和，中密。砂质不纯，分选性差，含大量黏性土团块及20%～30%碎石。层顶标高77.16～81.40m，层顶埋深17.80～22.50m，层厚0.40～3.00m，平均层厚1.46m。

(11) 卵石⑪：杂色，中密～密实。卵石含量50%左右，粒径一般20～40mm，最大150mm，成分多为砂岩，次棱角状及亚圆形，充填黏性土及砂，局部卵石含量30%～40%。层顶标高76.76～80.56m，层顶埋深19.20～22.90m，层厚1.10～4.80m，平均层厚3.48m。

(12) 含碎石粉质黏土⑫：浅棕黄～黄褐色，坚硬～硬塑。土质不均匀，可见铁锰氧化斑点，碎石含量约20%～30%，局部富集可达50%，碎石为强风化岩块，粒径20～50mm，大者150mm，部分碎石风化成砂，局部胶结。层顶标高72.75～76.12m，层顶埋深23.90～26.30m，最大揭露厚度26.10m。

各地基土层的岩性特征、厚度及分布情况详见工程地质剖面图和钻孔/探井柱状图（由于篇幅所限，本教材仅给出一个钻孔的钻孔柱状图，如图7-17所示）。各地基土层的物理力学性质及原位测试指标见相关统计表格。

4. 地下水

根据区域地质资料及钻孔揭露，拟建场地地下水初见水位埋深17.0～18.5m，稳定水位埋深16.35～18.00m，稳定水位标高81.50～83.46m，微具承压性，属潜水类型。地下水接受大气降水及山前径流侧向补给，地下水水位随季节变化而变化，地下水年变化幅度约1.5m。根据调查，本层地下水为农业灌溉用水及居民饮用用水，因地下水埋藏较深，根据工程经验，可不考虑地下水的腐蚀性。通过勘察期间的调查，本场地及周边无污染源，地基土对建筑材料无腐蚀性。

三、岩土工程评价

1. 场地稳定性

拟建场地位于构造相对稳定地带，无新构造活动迹象，地貌单一，地形平坦，沉积环境较稳定，物理力学性质较均匀，地震活动微弱，未发现不良地质作用，场地稳定，适宜建筑。

2. 地震效应

(1) 场地的抗震设防烈度。依据《建筑抗震设计规范》(GB 50011—2010) 附录A，该场地抗震设防烈度为6度，设计基本地震加速度值为0.05g（第一组）。

(2) 建筑场地类别。本次勘察在10#和18#钻孔中进行了剪切波速测试，测试方法为单孔检层法，测试结果详见相应孔号的“波速测试成果图表”，计算20.0m深度范围内土层的等效剪切波速为185～202m/s，依据《建筑抗震设计规范》(GB 50011—2010) 第4.1.3条判定，场地土类型属中软土；根据本次波速资料，拟建场区覆盖层厚度44m左右，依据《建筑抗震设计规范》(GB 50011—2010) 第4.1.6条判定，建筑场地类别为Ⅱ类。

(3) 场地土的液化。依据《建筑抗震设计规范》(GB 50011—2010) 中有关规定进行判定，按抗震设防烈度7度、地下水位自然地表下15.0m对粗砂⑨$_{-1}$、粗砂⑩进行液化判别，地基土不液化；场地为非液化场地。详见砂土液化判别成果表。

(4) 抗震地段的划分。根据本次勘察，地基土具有一定强度，场地地势平坦，开阔，场地土属中软土，依据《建筑抗震设计规范》(GB50011—2010)第4.1.1条及该条条文说

钻孔柱状图

工程名称	某现代城				工程编号	20061026
孔 号	1	坐标	钻孔直径	130mm	稳定水位	17.30m
孔口标高	99.76m		初见水位	17.50m	测量日期	2006.10.17

层号	层底标高(m)	层底深度(m)	分层厚度(m)	柱状图 1:200	岩性描述	标贯中点深度(m)	标贯实测击数	附注
1	99.26	0.50	0.50		杂填土:杂色,稍湿,结构松散,以素填土为主			
2	97.76	2.00	1.50		新近沉积黄土状粉土:浅黄~黄褐色,稍湿~湿,稍密,土质较均匀,有砂感,可见白色钙质条纹及少量炭屑	1.95	9.0	
3	95.96	3.80	1.80		黄土状粉质黏土:灰褐~灰绿色,硬塑.土质不均匀,可见铁锰氧化斑点,具垂直裂隙,下部姜石含量15%左右	3.45	15.0	
4	93.96	5.80	2.00		黄土状粉土:褐黄色,稍湿~湿,稍密~中密.土质不均匀,可见铁锰氧化斑点,下部夹灰绿色黏性土团块	4.95	8.0	
5	92.86	6.90	1.10		黄土状粉土:褐黄色,稍湿~湿,稍密~中密.土质不均匀,可见白色钙质条纹及姜石,下部局部粘粒含量高	6.45	10.0	
6	90.26	9.50	2.60		角砾:灰白~灰黄色,稍湿,稍密~中密,砾石含量45%左右,多呈棱角状,含大量20~80mm碎石,充填砂及黏性土			
7	87.76	12.00	2.50		粉质黏土:棕黄色,硬塑.土质较均匀,含铁锰氧化物斑点			
7-2	87.16	12.60	0.60		角砾:杂色,稍湿,中密,以中粗砂为主,夹黏性土薄层			
7	84.96	14.80	2.20		粉质黏土:棕黄色,可塑.土质较均匀,含铁锰氧化物斑点,含少量碎石,下部粉粒含量增多	14.05	19.0	
8	83.56	16.20	1.40		角砾:棕黄色,稍湿,中密,砾石棱角状,充填物为砂			
9	82.06	17.70	1.50		粉质黏土:棕黄~棕褐色,可塑.土质较均匀,含铁锰氧化物斑点			
9-2	80.56	19.20	1.50		角砾:杂色,饱和,中密,以粗砂为主,含大量角砾			
11	75.76	24.00	4.80		卵石:杂色,中密~密实.卵石含量50%左右,粒径一般20~40mm,成分多为砂岩,局部为碎石,次棱角状及亚园形,充填黏性土及砂			
12	49.76	50.00	26.00		含碎石粉质黏土:浅棕黄~黄褐色,坚硬.土质不均匀,可见铁锰氧化斑点,碎石含量约20%~30%,局部富集可达50%,碎石全~强风化,粒径20~50mm,大者80mm,部分碎石风化成砂,局部胶结			

中国某岩土工程有限公司　　制图:　　审核:

外业日期: 2006.10.15-16

图 7-17 某孔的钻孔柱状图

明，拟建场地地处抗震一般地段，属可进行建设的一般场地。

（5）场地卓越周期。本次勘察在10＃钻孔附近进行常时微动测试，测试结果见表7-6。

表7-6 场地卓越周期

方向 位置	垂直方向UD（s）	东西方向EW（s）	南北方向SN（s）
地表	0.2558	0.2625	0.2625

3. 地基土湿陷性

依据探井土试样湿陷性试验结果，新近沉积黄土状粉土②、黄土状粉质黏土③、黄土状粉土④、黄土状粉土⑤具湿陷性，湿陷系数δ_s＝0.015～0.038，湿陷程度轻微～中等；湿陷起始压力为65～175kPa。湿陷带下限为8.5m。基础埋深为8.5m，已穿过湿陷带，设计时可不考虑湿陷性影响。

4. 天然地基承载力特征值及计算参数综合确定

依据《湿陷性黄土地区建筑规范》（GB 50025—2004）、《建筑地基基础设计规范》（GB 50007—2011），根据外业勘探、原位测试及室内土工试验，结合本地区实践经验，综合确定各地基土层天然地基承载力特征值及各压力段压缩模量见表7-7。

表7-7 天然地基承载力特征值及各压力段压缩模量一览表

土层名称及序号	承载力特征值 f_{ak}（kPa）	压缩模量推荐值（MPa）				
		$E_{S(0.1\sim0.2)}$	$E_{S(0.3\sim0.4)}$	$E_{S(0.4\sim0.6)}$	$E_{S(0.6\sim0.8)}$	$E_{S(0.8\sim1.0)}$
新近沉积黄土状粉土②	100	5.0				
黄土状粉质黏土③	120	7.0				
黄土状粉土④	130	7.7				
黄土状粉土⑤	140	8.1	12.6	14.7	16.8	
角砾⑥	170	17.0*				
粉质黏土⑦	200	8.7	14.0	15.4	15.8	
粗砂⑦$_{-1}$	210	17.0*				
角砾⑦$_{-2}$	220	21.0*				
角砾⑧	250	25.0*				
粉质黏土⑧$_1$	220	9.8	15.2	16.5	16.9	
粉质黏土⑨	200	7.3	11.9	13.5	15.4	
粗砂⑨$_{-1}$	250	21.0*				
角砾⑨$_{-2}$	280	25.0*				
粗砂⑩	280	23.0*				
卵石⑪	400	30.0*				
含碎石粉质黏土⑫	320	10.8	18.2	21.8	26.0	30.3

注 带*者为经验值。

若地基压力发生改变，地基变形计算参数E_s可根据固结试验综合曲线，依据相关公式进行计算。

5. 主要地基土层抗剪强度等指标的确定

表 7-8 抗剪强度标准值及重度推荐值一览表

土层名称	重度推荐值 γ (kN/m^3)	直接快剪标准值	
		黏聚力 c (kPa)	内摩擦角 φ (°)
新近沉积黄土状粉土②	19.3	15.2	12.7
黄土状粉质黏土③	18.9	27.3	9.2
黄土状粉土④	19.6	17.7	10.5
黄土状粉土⑤	19.1	16.9	15.3
角砾⑥	19.5	0	40.0
粉质黏土⑦	19.9	38.1	12.8
粗砂$⑦_{-1}$	19.5	0	36.0
角砾$⑦_{-2}$	19.5	0	40.0
角砾⑧	20.0	0	40.0
粉质黏土$⑧_1$	20.0	30.0	13.0
粉质黏土⑨	20.2	15.2	14.7
粗砂$⑨_{-1}$	19.5	0	38.0
角砾$⑨_{-2}$	20.0	0	40.0
粗砂⑩	19.5	0	38.0
卵石⑪	23.0	0	42.0
含碎石粉质黏土⑫	21.1	53.6	17.4

注 砂、砾及卵石指标为经验值。

6. 地基均匀性评价

依据《高层建筑岩土工程勘察规程》(JGJ 72—2004),计算各钻孔地基变形计算深度范围内压缩模量当量值见表 7-9。

表 7-9 地基变形计算深度内各钻孔压缩模量当量值一览表

建筑物编号 \ 钻孔编号	钻孔编号	压缩模量当量值	钻孔编号	压缩模量当量值
1号住宅楼	1#	21.04	10#	18.62
	2#	19.81	11#	19.14
	3#	19.79	12#	19.97
	4#	22.51	13#	20.06
	5#	22.30	14#	19.29
	平均值	20.25		
2号住宅楼	5#	22.30	14#	19.29
	6#	21.31	15#	21.29
	7#	23.11	16#	22.36
	8#	21.64	17#	21.43
	9#	22.77	18#	20.43
	平均值	21.59		

依据《高层建筑岩土工程勘察规程》(JGJ 72—2004)第8.2.4条持力层是否为同一地貌单元或工程地质单元、持力层层面坡度、持力层和下卧层在基础宽度方向上地层厚度的差值、压缩层内各土层压缩模量当量为评价依据计算出地基不均匀系数来判定地基均匀性，判定结果为拟建建筑物地基为不均匀地基。

7. 天然地基评价

(1)持力层强度验算。根据设计意图，基础埋深为自然地坪下约8.5m，1#和2#高层住宅楼北侧均为2层地下车库，本报告按基底标高91.00m计算。1#高层住宅楼地基持力层为角砾⑥层，角砾⑥层一般剩余厚度0.50～0.70m，最大1.04m；2#高层住宅楼地基持力层为黄土状粉土⑤层、角砾⑥层和粉质黏土⑦层，黄土状粉土⑤层剩余厚度0.75m，角砾⑥层最大剩余厚度1.20m；因此，地基持力层均按粉质黏土⑦层进行验算。北侧地下车库作为超载折算成土层厚度为2.2m，因此d取2.2m，根据《建筑地基基础设计规范》(GB 50007—2011)中5.2.4式和表5.2.4，计算地基持力层粉质黏土⑦深宽修正后的地基承载力特征值f_a。计算结果为：$f_a=462.3\text{kPa}<650\text{kPa}$，即地基持力层经深宽修正后的地基承载力特征值小于基底压力，天然地基强度不满足建筑物荷载设计要求。

(2)按理论公式进行持力层强度验算。依据《建筑地基基础设计规范》(GB 50007—2011)式(5.2.5)，根据土的抗剪强度指标$c_k=38.1\text{kPa}$，$\varphi_k=12.8°$计算地基承载力特征值：$f_a=M_b\gamma b+M_d\gamma_m d+M_c c_k$，计算结果为：$f_a=510.8\text{kPa}<650\text{kPa}$，表明按理论公式计算天然地基强度不满足建筑物荷载设计要求。

(3)下卧层强度验算。按《建筑地基基础设计规范》(GB 50007—2011)第5.2.7条对下卧层进行强度验算，部分计算结果见表7-10。

表7-10　　1#高层住宅楼下卧层强度验算一览表

土层名称及序号	p_{CZ} (kPa)	p_Z (kPa)	p_Z+p_{CZ} (kPa)	f_{az} (kPa)	判　定
角砾⑧	264.5	479.2	743.7	833.7	$p_Z+p_{CZ}<f_{az}$，满足强度要求
粉质黏土⑨	278.4	475.3	753.7	435.0	$p_Z+p_{CZ}<f_{az}$，属软弱下卧层
粗砂⑩	352.4	428.3	780.7	1290.3	$p_Z+p_{CZ}<f_{az}$，满足强度要求
卵石⑪	361.8	418.5	780.3	1384.2	$p_Z+p_{CZ}<f_{az}$，满足强度要求

计算结果表明，粉质黏土⑨不满足下卧层强度要求，其余各层强度均满足规范要求。

(4)天然地基沉降验算。按《高层建筑岩土工程勘察规程》(JGJ 72—2004)附录B中有关规定，计算各钻孔天然地基的平均沉降量，部分计算结果见表7-11。

表7-11　　天然地基各钻孔沉降计算结果

建筑物编号	1#高层住宅楼									
计算点编号	1	10	2	11	3	12	4	13	5	14
沉降量(mm)	31.54	41.31	61.17	69.17	64.87	62.19	53.55	55.92	39.80	49.38
倾斜值	<0.0025		<0.0025		<0.0025		<0.0025		<0.0025	

经计算，拟建建筑物地基变形满足规范要求。根据以上计算，天然地基强度不能满足设计要求，且存在软弱下卧层粉质黏土⑨层，不应采用天然地基方案。

8. 桩基及复合地基评价

根据本工程特点及地区经验，拟建建筑可采用桩基础，选卵石⑪做桩端持力层。桩基成孔可选用钻（冲）孔或旋挖成孔方式。地基处理方式也可考虑采用复合载体夯扩桩，选取卵石⑪层做桩端持力层。复合地基设计参数见表 7-12。由于角砾层及粗砂层的存在，采用复合载体夯扩桩处理前，应进行试桩，以确定地基处理方式的适宜性及确定单桩承载力。

表 7-12　　桩基与复合地基设计参数

地层名称及编号	钻（冲）孔灌注桩		复合载体夯扩桩	
	极限侧阻力标准值 q_{sik}（kPa）	极限端阻力标准值 q_{pk}（kPa）	极限侧阻力标准值 q_{sik}（kPa）	极限端阻力标准值 q_{pk}（kPa）
角砾⑥	80		75	
粉质黏土⑦	50		45	
粗砂⑦$_{-1}$	70		65	
角砾⑦$_{-2}$	70		65	
角砾⑧	80		75	
粉质黏土⑧$_1$	55		50	
粉质黏土⑨	60		55	
粗砂⑨$_{-1}$	70		60	
角砾⑨$_{-2}$	85		75	
粗砂⑩	80		70	
卵石⑪	130	2500	120	2700
含碎石粉质黏土⑫	85	2000		

9. 基坑边坡稳定性分析

1＃、2＃高层住宅楼北侧场地开阔，具备放坡条件；其他地段均不具备放坡条件。

本工程基坑深度 8.5m 左右，构成基坑边坡土体为杂填土①、黄土状粉质黏土和黄土状粉土、砾石及黏性土层，对于具备放坡地段，按 1：0.75 进行放坡。对不具备放坡条件地段，可采用土钉墙支护，基坑支护设计参数可按表 7-13 所列数值采用。

表 7-13　　支护设计参数建议值

地层名称	重度 γ（kN/m^3）	粘聚力 c（kPa）	内摩擦角 φ（°）
杂填土①	16.0	按 1：1 放坡	
新近沉积黄土状粉土②	19.3	15.2	12.7
黄土状粉质黏土③	18.9	27.3	9.2
黄土状粉土④	19.6	17.7	10.5
黄土状粉土⑤	19.1	16.9	15.3
角砾⑥	19.5	0	40.0
粉质黏土⑦	19.9	38.1	12.8

基坑开挖过程中，不宜长期暴露，防止周围积水。基坑顶面周边严禁超量堆载，以减少基坑的不稳定因素。

四、结论与建议

（1）拟建建筑场地稳定，属可进行建设的一般场地，无不良地质作用，适宜建筑。

（2）拟建建筑地基为不均匀地基，沉降验算变形能够满足规范要求。

（3）各地基土层天然地基承载力特征值及压缩模量值按表 7-7 采用。

（4）天然地基强度不能满足设计要求，且存在软弱下卧层粉质黏土⑨层，不应采用天然地基方案。

（5）根据本工程特点及地区经验，拟建建筑可采用桩基础，选卵石⑪做桩端持力层。桩基成孔可选用钻（冲）孔或旋挖成孔方式。也可考虑采用复合载体夯扩桩进行地基处理，选取卵石⑪层做桩端持力层。桩基及复合地基设计参数见表 7-12。

由于角砾层及粗砂层的存在，采用复合载体夯扩桩处理前，应进行试桩，以确定地基处理方式的适宜性及确定单桩承载力。

（6）新近沉积黄土状粉土②、黄土状粉质黏土③、黄土状粉土④、黄土状粉土⑤具湿陷性，基础埋深已穿过湿陷带，设计时可不考虑湿陷性影响。

（7）拟建场地抗震设防烈度为 6 度，设计基本地震加速度值为 0.05g（第一组）；场地土类型属中软土，场地类别为Ⅱ类；拟建场地地基土不液化。

（8）拟建场地地下水初见水位埋深 17.0～18.5m，稳定水位埋深 16.35～18.00m，微具承压性，属潜水类型。地下水接受大气降水及山前径流侧向补给，地下水水位随季节变化而变化，地下水年变化幅度约 1.5m。根据调查，地下水为农业灌溉用水及居民饮用用水，因地下水埋藏较深，根据工程经验，可不考虑地下水的腐蚀性。

（9）根据本地区工程经验判定，土对建筑材料无腐蚀性。

（10）场地标准冻结深度 0.60m。

（11）基槽开挖后，请通知我公司会同有关部门进行验槽。

思考题

7-1　岩土工程勘察的目的和要求是什么？

7-2　岩土工程勘察等级是如何确定的？

7-3　岩土工程勘察一般分为哪几个阶段？每个阶段的任务是什么？

7-4　建筑工程中常用哪几种勘探方法？试比较其优缺点和适用条件。

7-5　原位测试工作的主要内容是什么？

7-6　岩土参数如何整理？

7-7　岩土工程勘察报告的基本内容是什么？

参 考 文 献

[1] 白晓红. 基础工程设计原理. 北京：科学出版社，2005.
[2] 白云峰. 工程地质. 郑州：郑州大学出版社，2007.
[3] 陈洪江. 土木工程地质. 2版. 北京：中国建材工业出版社，2010.
[4] 重庆市建设委员会. 建筑边坡工程技术规范(GB 50330—2013). 北京：中国建筑工业出版社，2013.
[5] 崔冠英. 水利工程地质.4版. 北京：水利电力出版社，2008.
[6] 《工程地质手册》编写委员会. 工程地质手册.4版. 北京：中国建筑工业出版社，2007.
[7] 顾晓鲁，钱鸿缙，刘惠珊，汪时敏. 地基与基础.3版. 北京：中国建筑工业出版社，2003.
[8] 黄河勘测规划设计有限公司. 水利水电工程水文地质勘察规范(SL 373—2007). 北京：中国水利水电出版社，2008.
[9] 机械工业勘察设计研究院. 高层建筑岩土工程勘察规程(JGJ 72—2004). 北京：中国建筑工业出版社，2004.
[10] 李隽蓬，谢强. 土木工程地质. 3版. 成都：西南交通大学出版社，2015.
[11] 李永乐. 岩土工程勘察. 郑州：黄河水利出版社，2004.
[12] 李智毅，杨裕云. 工程地质学概论. 北京：中国地质大学出版社，1994.
[13] 林宗元. 简明岩土工程勘察设计手册. 上册. 北京：中国建筑工业出版社，2003.
[14] 陆可政. 构造地质学教程. 山东：石油大学出版社，2002.
[15] 孔宪立. 工程地质学. 2版. 北京：中国建筑工业出版社，2011.
[16] 孔思丽. 工程地质学.2版. 重庆：重庆大学出版社，2005.
[17] 齐丽云，徐秀华. 工程地质. 3版. 北京：人民交通出版社，2009.
[18] 中华人民共和国住房和城乡建设部. 城市轨道交通岩土工程勘察规范(GB 50307—2012). 北京：中国计划出版社，2012.
[19] 孙广忠，孙毅. 岩体力学基础. 北京：科学出版社，2011.
[20] 孙家齐. 工程地质.4版. 武汉：武汉理工大学出版社，2011.
[21] 汤康民. 岩土工程. 武汉：武汉工业大学出版社，2001.
[22] 许兆义. 工程地质基础. 2版. 北京：中国铁道出版社，2011.
[23] 杨连生. 水利水电工程地质. 武汉：武汉大学出版社，2004.
[24] 中国电力企业联合会. 工程岩体试验方法标准(GB/T 50266—2013). 北京：中国计划出版社，2013.
[25] 张倬元. 工程地质勘察. 北京：地质出版社，1981.
[26] 张倬元，王士天，王兰生. 工程地质分析原理. 4版. 北京：地质出版社，2016.
[27] 张耀庭，虞海珍，陈洪江. 土木工程地质学. 武汉：华中科技大学出版社，2002.
[28] 张咸恭，王思敬，张倬元. 中国工程地质学. 北京：科学出版社，2000.
[29] 张忠苗. 工程地质学. 北京：中国建筑工业出版社，2007.
[30] 赵树德，廖红建，徐林荣等. 高等工程地质学. 北京：机械工业出版社，2005.
[31] 中华人民共和国住房和城乡建设部. 建筑工程抗震设防分类标准(GB 50223—2008). 北京：中国建筑工业出版社，2008.
[32] 中华人民共和国住房和城乡建设部. 建筑抗震设计规范(GB 50011—2010). 北京：中国建筑工业出版社，2010.

[33] 中华人民共和国住房和城乡建设部. 岩土工程勘察规范(GB 50021—2001)(2009 年版). 北京：中国建筑工业出版社，2009.
[34] 中华人民共和国住房和城乡建设部. 建筑地基基础设计规范(GB 50007—2011). 北京：中国建筑工业出版社，2011.
[35] 中华人民共和国住房和城乡建设部. 建筑变形测量规范(JGJ 8—2007). 北京：中国建筑工业出版社，2007.
[36] 中华人民共和国住房和城乡建设部. 土的工程分类标准(GB/T 50145—2007). 北京：中国计划出版社，2008.
[37] 中华人民共和国住房和城乡建设部. 工程岩体分级标准(GB/T 50218—2014). 北京：中国计划出版社，2014.
[38] 中华人民共和国住房和城乡建设部. 岩土工程基本术语标准(GB/T 50279—2014). 北京：中国计划出版社，2014.
[39] 中南勘察设计院有限公司. 建筑工程地质勘探与取样技术规程(JGJ/T 87—2012). 北京：中国建筑工业出版社，2012.
[40] 朱建明，谢谟文，赵俊兰. 工程地质学. 北京：中国建材工业出版社，2006.
[41] 徐开利，朱志澄. 构造地质学. 北京：地质出版社，2006.
[42] 左建，温庆博. 工程地质及水文地质 . 3 版. 北京：中国水利水电出版社，2013.